eSER.
eBUS.

普通高等教育“十一五”国家级规划教材

“信息化与信息社会”系列丛书之
高等学校电子商务专业系列教材

电子商务管理

王学东　主　编

電子工業出版社
Publishing House of Electronics Industry
北京 • BEIJING

内 容 简 介

本书共分上、下两篇，共 12 章。上篇是理论篇，主要介绍电子商务管理学科基础、电子商务管理的产生与发展、电子商务管理的体制、电子商务组织等内容；下篇是方法与应用篇，主要包括电子商务战略管理、电子商务信息流管理、电子商务物流管理、电子商务运营管理、电子商务营销管理、电子商务项目管理、电子商务安全管理、电子商务管理工具与方法等内容。

本书既可作为高等学校电子商务专业专科生、本科生和研究生的教材，又可作为高等学校经济、管理、信息类等相关专业本科生的教材或参考书，还可作为企、事业单位技术或管理人员学习电子商务知识的参考书。

图书在版编目（CIP）数据

电子商务管理 / 王学东主编. —北京：电子工业出版社，2011.1
（"信息化与信息社会"系列丛书）
高等学校电子商务专业系列教材
ISBN 978-7-121-12633-8

Ⅰ. ①电…　Ⅱ. ①王…　Ⅲ. ①电子商务－经济管理－高等学校－教材　Ⅳ. ①F713.36

中国版本图书馆 CIP 数据核字（2010）第 250932 号

策划编辑：刘宪兰
责任编辑：张　京
印　　刷：北京虎彩文化传播有限公司
装　　订：北京虎彩文化传播有限公司
出版发行：电子工业出版社
　　　　　北京市海淀区万寿路 173 信箱　邮编　100036
开　　本：787×1092　1/16　印张：22　字数：455 千字
版　　次：2011 年 1 月第 1 版
印　　次：2025 年 1 月第 19 次印刷
定　　价：68.00 元

凡所购买电子工业出版社图书有缺损问题，请向购买书店调换。若书店售缺，请与本社发行部联系，联系及邮购电话：（010）88254888，88258888。

质量投诉请发邮件至 zlts@phei.com.cn，盗版侵权举报请发邮件至 dbqq@phei.com.cn。

本书咨询联系方式：（010）88254530。

作 者 简 介

王学东，教授、博士生导师。现任华中师范大学信息管理系主任，教育部电子商务专业教学指导委员会委员、信息系统协会中国分会理事会理事，全国优秀教师，华中师范大学桂苑名师，首届中国信息界学术大会中国信息化大奖——“中国信息化百名学术与管理带头人”，国家精品课程负责人，国家级优秀教学团队负责人。

多年来一直从事知识管理、电子商务管理方向的教学和科研工作。主持并完成多项国家级、省部级课题。目前有国家社科基金项目、省级科技攻关项目及教育部“十一五”规划项目在研。曾获教育部、湖北省社会科学优秀成果一等奖 1 项、三等奖 2 项。在高等教育出版社等国家级出版单位出版《企业电子商务管理》、《电子商务管理》等教材 6 部；主编华中师范大学出版社出版的一套“电子商务专业”系列教材 13 本和武汉理工大学出版社出版的一套“电子商务专业”系列教材 8 本。在《中国图书馆学报》、《情报学报》、《情报科学》等权威、重点核心期刊上发表学术论文数十篇，EI，ISTP 收录 5 篇。

总　　序

信息化是世界经济和社会发展的必然趋势。近年来，在党中央、国务院的高度重视和正确领导下，我国信息化建设取得了积极进展，信息技术对提升工业技术水平、创新产业形态、推动经济社会发展发挥了重要作用。信息技术已成为经济增长的“倍增器”、发展方式的“转换器”、产业升级的“助推器”。

作为国家信息化领导小组的决策咨询机构，国家信息化专家咨询委员会一直在按照党中央、国务院领导同志的要求就信息化前瞻性、全局性和战略性的问题进行调查研究，提出政策建议和咨询意见。在做这些工作的过程中，我们愈发认识到，信息技术和信息化所具有的知识密集的特点，决定了人力资本将成为国家在信息时代的核心竞争力，大量培养符合中国信息化发展需要的人才已成为国家信息化发展的一个紧迫需求，成为我国应对当前严峻经济形势，推动经济发展方式转变，提高在信息时代参与国际竞争比较优势的关键。2006 年 5 月，我国公布《2006—2010 年国家信息化发展战略》，提出“提高国民信息技术应用能力，造就信息化人才队伍”是国家信息化推进的重点任务之一，并要求构建以学校教育为基础的信息化人才培养体系。

为了促进上述目标的实现，国家信息化专家咨询委员会一直致力于通过讲座、论坛、出版等各种方式推动信息化知识的宣传、教育和培训工作。2007 年，国家信息化专家咨询委员会联合教育部、原国务院信息化工作办公室成立了“信息化与信息社会”系列丛书编委会，共同推动“信息化与信息社会”系列丛书的组织编写工作。编写该系列丛书的目的，是力图结合我国信息化发展的实际和需求，针对国家信息化人才教育和培养工作，有效梳理信息化的基本概念和知识体系，通过高校教师、信息化专家、学者与政府官员之间的相互交流和借鉴，充实我国信息化实践中的成功案例，进一步完善我国信息化教学的框架体系，提高我国信息化图书的理论和实践水平。毫无疑问，从国家信息化长远发展的角度来看，这是一项带有全局性、前瞻性和基础性的工作，是贯彻落实国家信息化发展战略的一个重要举措，对于推动国家的信息化人才教育和培养工作，加强我国信息化人才队伍的建设具有重要意义。

考虑当前国家信息化人才培养的需求、各个专业和不同教育层次（博士生、硕士生、本科生）的需要，以及教材开发的难度和编写进度时间等问题，“信息化与信息社会”系列丛书编委会采取了集中全国优秀学者和教师，分期分批出版高质量的信息化教育丛书的方式，根据当前高校专业课程设置情况，先开发"信息管理与信息系统"、"电子商务"、"信息安全"三个本科专业高等学校系列教材，随后再根据我国信息化和高等学校相关专业发展的情况陆续开发其他专业和类别的图书。

对于新编的三套系列教材（以下简称系列教材），我们寄予了很大希望，也提出了基本要求，包括信息化的基本概念一定要准确、清晰，既要符合中国国情，又要与国际接轨；教材内容既要符合本科生课程设置的要求，又要紧跟技术发展的前沿，及时地把新技术、新趋势、新成果反映在教材中；教材还必须体现理论与实践的结合，要注意选取具有中国特色的成功案例和信息技术产品的应用实例，突出案例教学，力求生动活泼，达到帮助学生学以致用的目的，等等。

为力争出版一批精品教材，"信息化与信息社会"系列丛书编委会采用了多种手段和措施保证系列教材的质量。首先，在确定每本教材的第一作者的过程中引入了竞争机制，通过广泛征集、自我推荐和网上公示等形式，吸收优秀教师、企业人才和知名专家参与写作；其次，将国家信息化专家咨询委员会有关专家纳入到各个专业编委会中，通过召开研讨会和广泛征求意见等多种方式，吸纳国家信息化一线专家、工作者的意见和建议；再次，要求各专业编委会对教材大纲、内容等进行严格的审核，并对每本教材配有一至两位审稿专家。

如今，我们很高兴地看到，在教育部和原国务院信息化工作办公室的支持下，通过许多高校教师、专家学者及电子工业出版社的辛勤努力和付出，"信息化与信息社会"系列丛书中的三套系列教材即将陆续和读者见面。

我们衷心期望，系列教材的出版和使用能对我国信息化相应专业领域的教育发展和教学水平的提高有所裨益，对推动我国信息化的人才培养有所贡献。同时，我们也借系列教材开始陆续出版的机会，向所有为系列教材的组织、构思、写作、审核、编辑、出版等作出贡献的专家学者、教师和工作人员表达我们最真诚的谢意！

应该看到，组织高校教师、专家学者、政府官员以及出版部门共同合作，编写尚处于发展动态之中的新兴学科的高等学校教材，还是一个初步的尝试。其中，固然有许多的经验可以总结，也难免会出现这样那样的缺点和问题。我们衷心地希望使用系列教材的教师和学生能够不吝赐教，帮助我们不断地提高系列教材的质量。

曲维枝
2008 年 12 月 15 日

序　言

电子商务作为新的先进的生产力，正以其无比强大的生命力推动着人类历史上继农业革命、工业革命之后的商业革命——第三次产业革命。它直接作用于商贸流通，间接作用于生产、科研和创新。

对于工农业生产的原材料采购、产成品销售、企业的市场营销和商业零售业、国际贸易等经济活动，电子商务正从微观到中观和宏观对企业、行业、区域的经济发展产生着巨大的影响和作用；对于人们的日常生活消费，电子商务正逐步地、越来越大和越来越深刻地改变着人们的消费观念、消费习惯和消费方式，在为人们带来显著的经济利益的同时带来安逸的精神享受；对于国家和社会，电子商务对社会效率的发挥、资源的优化配置和再利用、再分配发挥着日益强大的作用，当天灾人祸来临时，它能以最快的速度调配资金和物资，在金融风暴和经济危机到来时，它能迅速为政府、企业和个人进行有限资源的调集和重组。

伴随以互联网为主的电子信息技术的进一步发展和信息产品（三网合一、3G 手机等）的广泛使用，电子商务更呈现出泛在性、虚拟性、个人性、社会性和数据海量性等新特征，电子商务的应用和研究犹如东方日出，其前景充满了朝气和阳光。

显然，加快电子商务的发展已经成为很多国家乃至中国的一项重要政策。这就对中国培养高素质的创新型电子商务人才提出了迫切的要求。到 2008 年年底，国家教育部已经批准了 300 多所本科院校和 800 多所高职高专学校开设电子商务专业；在校学生人数已经达到 30 多万，每年毕业生人数达到 8 万多。

但正如其他新生事物的发展一样，随着网络与电子商务经济理论的研究不断深入，电子商务法规政策的纷纷出台，企业现代化管理水平的不断提高，电子商务创新模式的不断涌现，使得电子商务专业的建设也在变化之中，有关电子商务专业的定义仍在不断充实、完善之中。

2005 年，教育部启动的“全国高校电子商务专业人才培养模式研究”项目中对电子商务专业的定义是：电子商务专业是现代经济学、管理学和工学（以信息技术为主）融合形成的综合性、复合型学科，电子商务专业培养的是适应现代社会需要的复合型人才，电子商务专业的建设和发展必须要求得到经济学、管理学和工学等学科的合力支撑。

2008 年，“全国高等学校电子商务本科专业知识体系”（教育部高等学校电子商务专业教学指导委员会编写）中将中国现阶段电子商务本科专业的培养目标定义为：“面向世界、面向未来、面向现代化”，为国家培养德、智、体、美、劳全面发展的具备现代经济、管理理论和信息技术等多种知识和电子商务综合技能的，能从事网络环境中企业、事业和社会的商贸购销、商务管理或商务技术支持等现代化商务实践、研究和教学等工作的复合型、专门化人才。目前，中国电子商务本科专业的两大基本方向为：电子商务经济管理类方向和电子商务工程类方向。它们分别在经济管理知识与技能体系和信息技术知识与技能体系方面有所侧重。

电子商务专业教育涉及通识教育、综合教育、专业教育三大部分。专业教育按知识层面划分，包括专业基础知识和专业知识两个层次；按教学内容划分，包括课堂教学和实践教学两个方面；从教学计划角度考虑，包括知识体系和课程体系两方面的组织；从学科要求角度考虑，包括知识体系、能力体系和素质体系。

而这种专业教育和相应技术内容最直接地体现在相应教材上。为此，国家信息化专家咨询委员会与教育部电子商务专业教学指导委员会联合组织了本系列教材（高等学校电子商务专业系列教材），以奉献出一批符合国家电子商务发展方向和有利于“提高国民信息技术应用能力，造就信息化人才队伍”的优秀教材，充实电子商务教育市场。

本系列教材在内容编排上努力将理论与实际相结合，尽可能反映电子商务的最新发展，以及国际上对电子商务的最新释义；在内容表达上力求由浅入深、通俗易懂；在知识体系划分上严格按照教育部电子商务专业教学指导委员会最新知识体系，具体如下：

知识领域名称	知识领域标记	备　注
电子商务综合	ECG	理论、政策、法规等
电子商务经济	ECE	经济类相关学科
电子商务管理	ECM	管理类相关学科
电子商务技术	ECT	信息技术类相关学科

其编写的内容主要包括：电子商务导论、电子商务管理、电子商务法学教程、电子商务网站建设、网络经济学、网络营销、网络金融、网络财务、电子支付与清算、电子商务物流管理、电子商务系统建设与管理、电子商务安全、电子商务案例分析教程、移动商务、电子政务与商务（侧重政府采购部分）、电子服务及其应用、电子商务项目策划与管理、网上创业、客户关系管理、服务科学概论，共 20 本。其中，电子商务导论（李琪主编）、电子商务物流管理（魏修建主编）是 2008 年“信息化与信息社会”系列丛书编委会重点扶持的教材。

本系列教材突出了“准确把握理论、理论联系实际、优选典型案例、把握发展前沿、启发读者思维、编写科学合理”的特色：对基本概念、基本知识、基本理论给予准确的表述，树立严谨求是的学术作风，注意与国内外的对应及对相关概念、术语的正确理解和表达；从实践到理论，再从理论到实践，把抽象的理论与生动的实践有机地结合起来，使读者在理论与实践的交融中对电子商务有全面和深入的理解和掌握；精选国内外典型案例，支撑相关的理论与实践，使读者能够从具体案例中深入浅出地了解、认识更多的电子商务的应用及其相关问题；对电子商务的理论、研究、技术、实践等多方面的发展状况给出发展前沿和趋势介绍，拓展读者的视野；注意在理论和实践两方面以启发读者学习、专业研究、创新为导向，为读者提供发散思维的空间和精确思考的焦点问题；本系列教材在内容逻辑和形式体例上力求科学、合理、严密和完整，使之系统化和实用化。

自系列教材编写工作启动以来，在国家信息化专家咨询委员会的指导和关怀下，在电子工业出版社与我们的共同努力下，在本系列教材各位主编、副主编和全体参编人员的辛勤劳动下，在各位专家、许多高校教师和研究生及朋友们的关心、帮助下，终于陆续面世了。在此，我们对以上各位领导、专家、老师、同学和朋友们表示最衷心的感谢！

我们深知，虽然我们对本系列教材的组织和编写尽了最大努力，但离我们的目标仍然有较大的差距，衷心希望各位读者不吝赐教，使我们能在今后的再版工作中不断改进，使系列教材越编越好！

高等学校电子商务专业系列教材
编委会
2009 年 6 月 25 日

前　　言

伴随着服务经济的全球扩张和信息技术的广泛应用，电子商务在国民经济中显现出日益重要的作用。如今，电子商务能力不仅是企业竞争力的重要表现形式，更关乎国家综合竞争力。因此，各个国家在新一轮全球竞争中高度重视对电子商务管理理论的研究与实践应用。在我国电子商务专业本科人才培养中，《电子商务管理》被列为专业基础类核心课程，系统介绍电子商务管理的基本原理、基本内容、基本方法等内容，勾画出电子商务专业知识体系中电子商务管理知识领域的框架与轮廓，为后续专业课程的学习奠定基础。

依据2008年春由全国高等学校电子商务专业教学指导委员会研制出版的《电子商务专业本科知识体系》，本书的内容主要分为上、下两篇：上篇是理论篇，主要探讨电子商务管理学科基础、电子商务管理的产生与发展、电子商务管理的体制、电子商务组织等；下篇是方法与应用篇，主要包括电子商务战略、电子商务信息流管理、电子商务物流管理、电子商务运营管理、电子商务营销管理、电子商务项目管理、电子商务安全管理、电子商务管理工具与方法等。

本书的编写团队以华中师范大学王学东教授负责的电子商务管理国家级教学团队为核心，具体执笔人如下：第1章由王学东、黄平阳、孙丹编写，第2章由商宪丽编写，第3章由李丛伟编写，第4章由易明、覃伟编写，第5章由杨斌编写，第6章由王学东、黄平阳编写，第7章由王学东、杜晓曦编写，第8章由王伟军、官思发编写，第9章由夏立新、王俊编写，第10章由胡伟雄、姜政军编写，第11章由胡伟雄、常杰菊编写，第12章由易明、占旺国、张钊编写。全书由主编王学东教授拟订大纲，并负责最后统稿和定稿。感谢国家信息化专家咨询委员会的专家！感谢电子工业出版社的领导和编辑！

本书在编写过程中，曾引用和参考了大量的文献资料和研究成果。限于篇幅，书后只列出了主要参考文献，如有遗漏，谨向作者致歉。由于编写人员水平有限，书中还有一些不尽如人意的地方，恳请专家和读者批评指正。

王学东

2010.08.16

目　　录

上篇　理　论　篇

上　篇

理论篇

第 1 章

电子商务管理学科基础

内容提要

在信息技术迅速发展的今天，电子商务已在国民经济中显现出极其重要的作用。电子商务能力不仅是企业竞争力的重要表现形式，更关乎国家综合竞争实力。电子商务管理也成为当前最重要社会实践活动之一。作为本书的开篇，本章主要阐述电子商务管理的概念、电子商务管理的性质、电子商务管理的对象、电子商务管理的研究对象与内容体系，以便对电子商务管理学科基础有一个基本了解，对电子商务管理有一个总体认识。

本章重点

- 电子商务管理的内涵；
- 电子商务管理的研究对象；
- 电子商务管理的内容体系。

1.1 电子商务管理的内涵

电子商务作为一种新的管理模式，无论从深度还是广度上都强烈地冲击着传统的管理模式，给传统的管理理论和方法带来了严峻的挑战，也为发展新的管理技术提供了机遇。

1.1.1 电子商务管理的概念

1. 管理的定义

管理定义自古即有，但什么是“管理”，从不同的角度出发，可以有不同的理解。从字面上看，管理有“管辖”、“处理”、“管人”、“理事”等意，即对一定范围的人员及事务进行安排和处理。但是这种字面的解释是不可能严格地表达出管理本身所具有的完整含义的。

关于管理的定义，至今仍未得到公认和统一。长期以来，许多中外学者从不同的角度出发，对管理做出了不同的解释，其中较有代表性的是管理学家赫伯特·A·西蒙（Herbert A .Simon）认为“管理就是决策”。当前，美国、日本及欧洲各国的一些管理学著作或管理教材中，也对管理有不同的定义，例如，管理就是由一个或更多的人来协调他人的活动，以便收到个人单独活动所不能收到的效果而进行的活动；“管理”就是计划、组织、控制等活动的过程；“管理”是筹划、组织和控制一个组织或一组人的工作；给管理下一个广义而又切实可行的定义，可把它看成是这样的一种活动，即它发挥某些职能，以便有效地获取、分配和利用人的努力和物质资源，来实现某个目标；管理就是通过其他人来完成工作。

上述定义可以说从不同的侧面、不同的角度揭示了管理的含义，或者揭示管理某一方面的属性。但可以对“管理”做如下定义，能够全面概括管理这个概念的内涵和外延，即：管理是指一定组织中的管理者，通过实施计划、组织、人员配备、指导与领导、控制等职能来协调他人的活动，使别人同自己一起实现既定目标的活动过程。由此，管理是一种活动、一个过程，它的构成主要是两个方面或两部分：一是管理者，即管理主体；二是被管理者，即管理客体。

1）管理主体与管理客体

管理主体即管理者，是指具有管理科学知识和技能，拥有相应权力、从事管理活动的人。主要包括主管机构、管理人员。

管理客体即被管理者，是指进入管理主体活动领域的人、财、物。主要包括人、物资、资金、业务技术、时间、信息、环境、过程及各种现象。

在管理客体系统中，人是唯一能动的、活的因素，财和物是受人管理的，是被动的因素。因此，管理主要是对人的管理，对财和物的管理可以通过对人的管理来实现。由此，管理主体是人，管理客体也主要是人。一个人是管理主体还是管理客体，是由他在管理活动中所处的地位和所起的作用决定的。

2）管理主体和管理客体的关系

管理主体和管理客体作为管理活动的两极，不是各自独立、彼此隔绝的，而是不可分割地联系在一起的。

首先，管理主体和客体相互依存。管理主体和管理客体是在管理活动中形成的，离开管理活动，就无所谓管理主体和管理客体。管理主体拥有权力，处于管理、领导的地位，以自己的聪明才智去指挥、影响下属，但这必须以管理客体的追随、服从为条件。

其次，管理主体和客体相互转化。管理主体和客体的相互转化主要表现为社会角色的变换。这种角色变换主要有两种情况。一种是不同级别之间的变换。各级领导都对下一级进行管理，成为管理主体，但同时受到上级的管理，成为管理客体。领导干部要想管理好下属，做一个有效的管理者，首先必须服从上级的管理，对上级负责，但服从是为了管理，服从上级的管理，领会上级的精神、意图，目的是将上级的精神变为自己的管理指令，向下级发出，实现管理职能。在社会管理中，这种集管理和服从两种职能于一身的情况，是管理主体和客体角色变换的表现。另一种是同一级别之间的变换。在同一级别、层次的不同管理关系中，往往也发生角色变换。例如作为管理者的厂长、经理，要受公司内部的党、工会、职工代表大会、监事会等的监督和管理，厂长、经理以个人身份参加其他组织，也要受该组织的管理，等等。

最后，管理主体的自我管理就是把自己当做管理客体加以对待，对自己的思想、举止行为进行管理。一位管理者，只有严格要求自己，自觉地调整自己的思想和行为，加强自我修养，提高自己的威信，才能有效地进行管理活动。也就是说，只有先管好自己，才能管好别人。

2. 电子商务管理的定义

1）电子商务的含义

1997 年 11 月 6 日至 7 日在法国首都巴黎，国际商会举行了世界电子商务会议（The World Business Agenda for Electronic Commerce）。全世界商业、信息技术、法律等领域的专家和政府部门的代表共同探讨了电子商务的概念问题。会议根据目前电子商务的发展现状，对电子商务的概念做了比较权威的界定，认为电子商务是指对整个贸易活动实现电子化。从涵盖范围方面可以定义为：交易各方以电子交易方式而不是通过当面交换或直接面谈方式进行的任何形式的商业交易。从技术方面可以定义为：电子商务是一种多技术的集合体，包括交换数据（如电子数据交换、电子邮件）、获得数据（共享数据库、电子公告牌）及自动捕捉数据（条形码）等。

2）电子商务管理的含义

企业管理是指企业为了有效地实现预期的目标，遵循一定的原则，运用一定的方法对企业生产经营活动中产、供、销各个环节，人、财、物各种要素进行计划、组织、指挥、协调、控制，以取得最佳经济效益的一系列活动的总称。对于当今企业而言，电子商务管理则主要利用计算机技术、网络技术、通信技术和计划、组织、领导、控制等基本功能，针对电子商务活动中的财务、营销、人事、生产物料、机器设备及技术等有限资源做妥善的安排，使企业得到更有效率的产出。具体而言，电子商务管理涵盖几个方面的要素，即电子商务管理的前提条件、电子商务管理的核心、电子商务管理的基础及电子商务管理的对象。电子商务管理的前提条件是信息技术，特别是以 Internet 技术为代表的网络技术应用。电子商务管理的核心是掌握现代信息技术与商务理论及实务的复合型人才，他们是电子商务管理的关键要素。电子商务管理的基础是综合运用网络环境和各类系统化的电子工具。电子商务管理的对象是从事以商品交易为中心的各种商务活动。

1.1.2　电子商务管理的性质

对于一般的管理，它既有同生产力、社会化大生产相联系的自然属性，又有同生产关系、社会制度相联系的社会属性。电子商务管理也一样，所不同的是其管理过程是建立在现代科技发展的基础上的，对信息技术的要求也更高一些。

1. 电子商务管理的自然属性

电子商务管理的自然属性主要体现在两个方面。

（1）电子商务管理渗透了电子商务活动的“三流”——资金流、信息流、物流相互协同与和谐的过程中的每个细节，是现代电子商务活动运行的不可或缺的机制。电子商务管理之所以必要，是由电子商务的迅猛发展、电子商务技术不断革新、商务内容不断扩张、商务区域的全球化所决定的。它是电子商务在全球范围内得以顺利进行的必要条件。而且，随着新技术的不断运用、经济水平的不断发展、信息和资讯不断膨胀，电子商务管理的作用就越来越重要。

（2）电子商务管理对于现代电子商务活动具有特殊作用。只有通过电子商务管理，把电子商务活动中的各种要素，包括电子商务的技术核心、电子商务的应用基础、电子商务的活动对象、电子商务的交易内容等要素组合起来，使各种要素发挥各自的作用，才可能使电子商务这一活动产生强大的经济活力，才能为社会创造更大的价值。

2. 电子商务管理的社会属性

管理的社会属性体现在管理作为一种社会活动，它只能在一定的社会历史条件下和一定的社会关系中进行。管理具有维护和巩固生产关系、实现特定生产目的的功能。管理的社会属性与生产关系、社会制度紧密相连。那么，电子商务管理也不能脱离管理的基本范畴，虽然它是一种新兴的管理类别，所管理的对象是更抽象的信息、资讯及不显现为具体经济形态的生产方式，但这些项目的产生仍然是建立在现有的生产关系和社会制度之上的。无论经济形态如何变更、生产方式如何更替、交易办法如何多样化，它都必须统一在一个具体的社会制度之下，不可能凌驾于基本的社会制度（如法律法规、经济分配、政治制度）之上。电子商务管理的社会属性就是其作为一种具体经济活动的管理方式，本质上与一个国家或一个社会所奉行的社会制度、经济制度、法律制度、政治制度的内涵是一致的，都旨在维护经济活动更好地运行和发展。电子商务管理的自然属性和社会属性是相互联系、相互制约的。一方面，电子商务管理的自然属性不可能孤立地存在，它必须存在于一定的社会制度、生产关系之中。同时，其社会属性也不可能脱离自然属性而存在，否则就会成为没有内容的形式。另一方面，这两个属性又是互相制约的。电子商务管理的不断发展和革新要求有一定社会属性的组织形式和生产关系与其相适应。同时，电子商务管理的社会属性必然对具体的管理方法和技术产生影响。

因此，电子商务管理的性质是建立在一定的生产关系和社会制度之下的，通过对参与电子商务活动的各种具体要素进行规范和整理，使电子商务的信息流、物流、资金流——三流达到协同与和谐的状态，从而推进电子商务活动产生具体的经济效益，推动整个社会经济向前发展。

1.1.3　电子商务管理的对象

管理的对象也称为管理的客体，是指管理者实施管理活动的对象。在一个组织中，管理对象主要是指人力、财力、物力、信息、技术、时间等一切资源，其中，最重要的是对人的管理。对人的管理，主要涉及人员调配、工作评价、人力开发、组织发展等。对资金的管理，主要涉及财务管理、预算控制、成本控制、成本效益分析等。对物的管理，主要涉及物料的采购、存储与使用，设备的保养与更新等。对信息的管理，主要是涉及组织外部和内部信息的快速收集、传递、反馈、处理与利用，以及发展趋势的准确预测等。对技术的管理，主要涉及新技术的研发、引进与使用，各种技术标准的制订与执行等。对时间的管理主要是如何合理安排工作时间并提高工作效率等。

电子商务管理的对象，也是电子商务的内容，它揭示了电子商务的本质。电子商务是传统商务活动的电子化、网络化，是以传统商务活动为基础的。所以，电子商务既继承了传统的商务活动，又发展了传统的商务活动，如在网上进行的电子商务活动，这种电子商务活动是其他活动无法替代的。因此，认为电子商务管理的对象就是电子商务活动，具体可以从横向和纵向两个方面来认识。

1．横向

电子商务活动的内容从横向来看主要是体现在企业与企业之间、企业与市场（消费者）之间、企业与政府之间、企业内部之间的电子商务。

（1）企业对企业的电子商务是指企业可以使用互联网或各种商务网络向供应商订货、接收发票和付款结算。B2B 的商业模式直接关系到国民经济的发展，且由于企业与企业之间有现成的庞大的交易，通过电子商务可以大大加快交易的速度，迅速见效。因此，企业纷纷开展电子商务，企业的改造和管理的提升也明显地向电子商务型企业发展和转移。电子商务的核心是信息流更加有效的管理。企业的电子商务活动主要有三个方面：即企业本身、供应商和客户。企业通过应用电子商务，对内能够提高内部管理过程的效率，对外能够有效地定位市场、扩展市场、提供个性化服务以赢得客户满意度，并加强与供应商的合作，使业务流程科学化。企业—企业方面，公司可以使用网络向供应商订货、接收发票和付款。电子商务在这方面的应用已经有很多年的历史了，而且使用得很好，特别是通过专用网络或增值网络实施的电子数据交换。

（2）企业对消费者的电子商务。主要通过网上商品浏览、挑选、在线支付、配送等环节完成。网上零售已无可争议地成为典型的网上的电子商务活动。企业通过网络向消费者推销产品，其中又可为企业销售自己的产品和网站提供一个平台，让其他企业向消费者推销产品。企业—消费者方面基本等同于电子化的零售，它主要随着 WWW 网的出现而迅速地发展起来。目前，在 Internet 上遍布各种类型的商业中心，出售从鲜花、书籍到计算机、汽车等的各种消费商品和服务。

（3）政府对企业的电子商务。指企业与政府部门的电子商务。政府上网后通过政府服务网（GSN）提供各种行政应用和便民服务的同时，也直接参加电子商务活动，实施政府网上采购工程。它包括信息发布、数据利用、政府采购等。企业将可以针对不同的问题访问有关的网站并可以迅速有效地得到问题的详尽解答。企业—政府方面，包括公司与政府组织间的各项事务。例如，在美国，政府采购清单可以通过 Internet 发布，公司可以以电子化的方式回应。目前，在这方面应用还很少，但随着政府利用自己的行为去促进电子商务的发展，这方面的应用一定会迅速增长。美国政府已经宣布从 1997 年 1 月起将通过 EDI 完成政府年度采购任务，并于 1999 年最终取消纸面单证。

（4）企业内部电子商务。主要有员工与企业、企业与消费者和员工与消费者等电子商务。企业内部电子商务是利用企业内部网创建的电子商务活动。消费者—政府方面的应用尚未出现，但随着企业—消费者方面和企业—政府方面的发展，政府也许会把电子商务扩展到福利费发放和个人财产税的征收方面。

2. 纵向

电子商务活动的内容从纵向来看主要体现在电子商务的形成和电子商务管理的职能方面。企业的发展沿袭了历史，历史是发展的。电子商务活动从产生到发展，都不会随时代的变迁而变化。无论是 20 世纪 80 年代的基于 EDI 的商务运作全过程的电子化，还是 20 世纪 90 年代的基于全球计算机信息网络的电子商务，他们所从事的仍然是电子商务活动。

从电子商务管理的职能来看，电子商务管理仍然具有决策、组织、领导、控制、创新等职能。在决策中，决策者可以通过基于全球计算机信息网络的决策软件进行信息收集、市场调查、数据整理等来进行决策。在组织活动中，组织者可以通过决策目标将适当的人员安排在适当的岗位上，用制度规定各个成员的职责及其相互关系，形成一个有机的组织结构，使整个组织协调地运转。在领导中，领导者通过指导人们的行为，沟通人们之间的信息，增强相互理解，统一人们的思想和行动，激励每个成员自觉地为实现组织目标共同努力。在控制中，管理者通过计算机信息网络控制系统，使实践活动符合计划。创新职能，特别是技术创新是电子商务管理中最突出的一个职能，电子商务的基础技术发展是与计算机技术、软件技术、网络技术的开发、研制和创新分不开的，因为在电子商务的发展中，新兴的标准、快速的技术创新及处理、存储和数据资源的不断提高，都要求技术不断推陈出新。

1.2　电子商务管理的研究对象与内容体系

研究对象是人们进行科学认识的客体，也是研究和思考时人们作为目标的人、事、物或现象。研究对象可以是事物或现象的整体或某一部分、某一方面。研究对象的确定有利于规范研究内容，以便形成体系。

1.2.1　电子商务管理的研究对象

管理作为一门科学，其研究对象是管理要素、管理关系和管理运行规律。管理学是研究一定社会历史条件下，人、物、环境要素的一般管理关系及其一般管理规律的学说。管理学之所以学派林立，关键是对管理学的研究对象认识不统一。在相当长的一个历史时期，管理学的研究对象并不明确。有些管理理论重点对物的要素进行研究（泰罗制），有些管理理论重点对人的要素进行研究（人际关系学说和各类领导理论），还有个别理论结合环境因素对管理进行研究（系统理论和权变理论等）。在现代社会历史条件下，管理已经突破了一个组织内部的人和物的界限，管理活动同外部的环境已经形成了日益密切的联系，仅仅主张管理好组织内部的人和物已经难以达到预期的管理效果，必须由过去的仅仅注重内部管理，到实现内外管理一体化，综合人、物、环境要素进行整体管理。管理关系是管理者与被管理者的作用与反作用关系，涉及人的要素的管理关系、物的要素的管理关系和环境要素的管理关系。但由于管理关系的复杂性，管理学主要研究一般的管理关系，或者被称为共性的管理关系。在管理活动中，有一定的规律需要遵循，因此，管理学还应当研究人、物、环境要素的一般管理规律。管理关系的配置是明确要素的管理地位及其联系方式问题；管理规律的目的是揭示管理运行的基本指导思想和方略。

互联网在全球迅速普及使得电子商务在企业经营管理领域得到了广泛应用，运用电子商务改革企业管理，已成为当代企业发展的新趋势。作为管理学科的一个分支，越来越多的专家、学者把更多的精力投向了电子商务管理的研究。然而，对于电子商务管理的研究对象的定义尚未达成统一。我们认为，电子商务管理的研究对象是电子商务管理活动中管理要素、管理关系及其运行规律三个方面。

首先，电子商务管理要素是指在电子商务活动过程中，企业为了达到个人无法实现的目标，合理分配、协调的相关资源要素。具体来说，电子商务管理的管理要素主要是指人、资金、物、时间、信息、环境、客户等。与传统管理理论中的管理要素不同的是，由于互联网的引入，受聘人员和客户不再受时空束缚，产品以“客户”为导向，交易时间大大缩短，企业面临的竞争环境愈加恶劣。

其次，电子商务管理的管理关系同传统管理理论中的管理关系相比，都是研究管理者与被管理者的作用与反作用关系。不同的是，电子商务管理的管理关系，不单单涉及人的要素的管理关系、物的要素的管理关系和环境要素的管理关系，还涉及信息流管理及技术管理等。而且，随着网络越来越深入人心，电子商务管理的管理关系将更透明化、清晰化、有序化。

最后，在电子商务活动中，有一定的运行规律需要遵循，因此，在探索电子商务活动的规律时，需要系统总结电子商务发展过程中的理论、方法与技术法则。

电子商务的出现，对企业管理产生了深刻的影响，从而呈现出新的管理运行规律，具体体现在以下四点。

第一，电子商务改变了企业的管理模式。在传统的组织理论下形成的金字塔式、自上而下控制的管理结构，随着网络办公及电脑会议的普及，这种组织结构暴露了越来越多的问题，公司的组织结构将成为一种象征性的虚拟，而这种具有流动性特点的虚拟组织结构将更能适应信息时代的瞬息万变。

第二，电子商务改变了企业的生产方式。电子商务通过企业生产过程现代化、低库存生产和数字化定制生产三个方面改变了企业的生产方式。

第三，电子商务改变了企业的经营方式。电子商务以数字化网络和设备替代了传统的纸介质。这种方式突破了传统企业中以单向物流为主的运作格局，实现了以物流为依据、以信息流为核心、以商流为主体的全新运作方式。在这种新型运作方式下，企业的信息化水平将直接影响到企业供应链的有效建立，进而影响企业的竞争力。

第四，电子商务改变了企业的结算支付方式。企业可通过网上银行系统实现电子付款，进行资金结算、转账、信贷等活动。目前主要的信用传输安全保障和认证问题还未得到全面解决，但是纸质货币流被无纸电子流代替而引发的结算革命是不可阻挡的发展趋势。

因此，探讨网络环境下电子商务管理面临的新问题及实现电子商务组织功能的新方法，目的就是为管理学补充新的学科知识内容和技术，挖掘新的学科知识生长点。同时，充分利用现代信息技术大发展的网络环境，尽快实现电子商务活动数字化、自动化、网络化、智能化。

网络环境下的电子商务管理被赋予了新的内涵，激发出了新的活力。中国企业如何健康、稳定地发展电子商务，需要根据中国的国情在政府的引导下开拓创新，发展具有中国特色的电子商务。

1.2.2　电子商务管理的内容体系

电子商务管理的内容体系如图 1.1 所示，主要涵盖了组织管理、战略管理、信息流管理、物流管理、运营管理、营销管理、项目管理、安全管理、管理工具与方法等内容。

电子商务组织管理是电子商务管理的核心，是维持电子商务活动顺利、有序进行的首要条件。它主要包括电子商务组织要素、电子商务组织原则与思想和电子商务组织形态。其中，电子商务组织要素指人、产品、资金、信息、网络、客户、时间七个要素，电子商务组织形态主要有虚拟企业、电子商务企业及企业电子商务。

电子商务战略管理正是为了充分发挥电子商务的潜在优势，从战略角度来看待电子商务。电子商务战略分析电子商务战略外部环境有宏观、微观之分。电子商务战略的基本模式主要有以下几种：抢占快车道战略、专一化战略、人才风险战略、从不定式中寻找定式战略及隐形进攻战略。电子商务战略实施包含四个相互联系的阶段，而电子商务战略评估与控制活动贯穿于整个电子商务战略实施过程。

电子商务信息流管理主要包括电子商务信息流管理与电子商务信息流运营平台等内容。其中，电子商务信息流管理内容包括信息搜集与处理、信息存储与检索、信息利用与反馈。电子商务信息流运营平台指的是企业开展电子商务活动过程中需要自建、租用、借用的运营条件或设施。这些运营条件或设施包括两类：一类是实物形式存在的物理运营平台；另一类是非实物形式存在的逻辑运营平台。

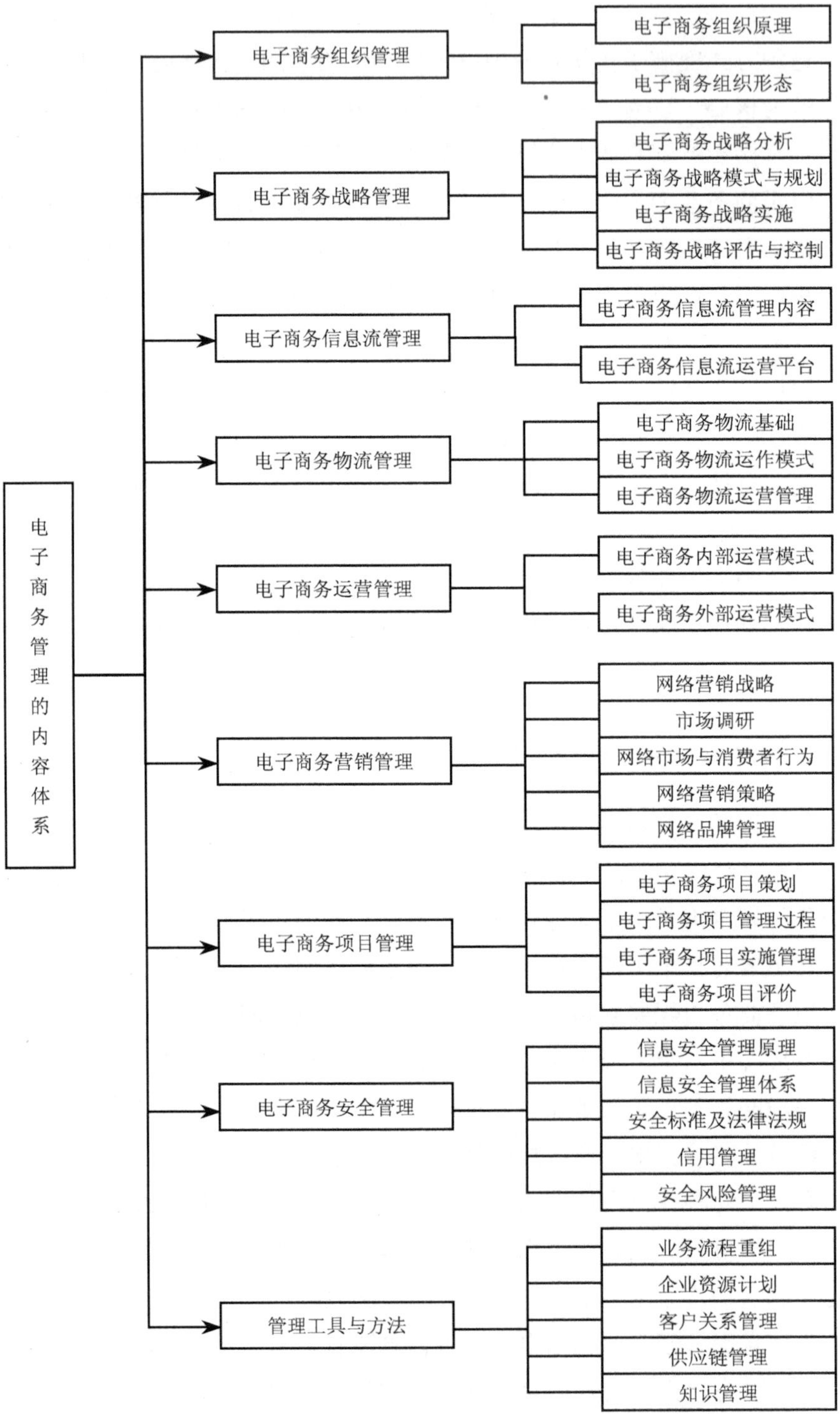

图 1.1　电子商务管理的内容体系

电子商务物流管理包括电子商务物流基础、电子商务物流运作模式、电子商务物流运营管理等内容。其中，电子商务物流基础包括电子商务下物流系统的再造、电子商务物流业务流程、电子商务中物流服务内容设计等基础性内容。电子商务物流运作模式包括了电子商务物流运作模式的选择、按经营主体划分的物流运作模式和按商务模式划分的物流运作模式。电子商务物流运营管理主要包括电子商务物流企业的组织架构及职责、运作成本和服务水平的控制等方面。

电子商务运营管理就是企业对电子商务运营过程的计划、组织、实施和控制，是与电子商务活动中的商品生产和服务创造密切相关的各项管理活动的总称，其核心就是构建完善的电子商务运营模式。电子商务运营模式的内容主要包括电子商务内部运营模式和电子商务外部运营模式。

电子商务营销管理是电子商务活动中实现价值的关键组成部分。网络营销战略包括网络营销战略的概念、网络营销战略规划、网络营销战略实施。市场调研包括市场调研内容、市场调研过程、市场调研策略和方法。网络市场与消费者行为包括网络市场概念及其特征、网络消费需求及消费者行为特征、网络消费者动机及购买决策过程、网络市场开拓及引导消费方法、市场商情分析与数据挖掘技术。网络营销策略包括网络营销产品与服务内容和策略、网络产品价格策略及定价方法、网络渠道策略及营销渠道应用、网络促销策略及网络广告应用、网络环境下的营销资源利用与管理。网络品牌管理包括网络品牌的含义及其价值表现形式、网络品牌的创建与信誉保持、网络品牌的拓展与维护、网络环境下的品牌危机管理。

电子商务项目管理从电子商务项目策划、电子商务项目管理过程、电子商务项目实施管理、电子商务项目评价这四个方面展开。电子商务项目策划是整个项目管理工作的核心，是决定项目成功的关键因素。电子商务项目策划的成功，就意味着一个新项目的诞生，随后就要制订项目计划。电子商务项目的各项实施计划经过论证获得批准后，即可进入实施阶段。电子商务项目实施总体情况如何，是否实现了项目预期的目标，这就涉及收尾阶段对电子商务项目的评价。

电子商务安全管理一般包括制订信息安全政策、风险评估、控制目标与方式选择、制定规范的操作流程、对员工进行安全意识培训等一系列工作，通过在安全方针策略、组织安全、资产分类与控制、人员安全、物理与环境安全、通信与运营安全、访问控制、系统开发与维护、业务持续性管理、符合法律法规要求等十个领域内建立管理控制措施，来为实施电子商务的企业建立起一张完备的信息安全“保护网”，以保证信息资产的安全与业务的连续性。

电子商务管理工具与方法主要包括业务流程重组、企业资源计划、客户关系管理、供应链管理及知识管理等。这些管理工具与方法都是电子商务环境下，管理理论与方法创新的结晶，也只有利用它们，电子商务管理的效能才能得以有效提升。

本章小结

1. 电子商务管理是重要的社会实践活动，电子商务管理学科基础是指导电子商务管理活动有效进行的重要理论。了解电子商务管理的内涵，就是要理解电子商务管理的概念，识别电子商务管理的性质，认清电子商务管理的对象。

2. 电子商务管理的研究对象是电子商务管理的活动规律。电子商务管理是一种普遍存在的社会现象，而每一种社会现象都可以作为研究对象。电子商务管理从本质上讲是对企业的电子商务应用能力的管理。

3. 电子商务管理的内容体系主要包括电子商务组织管理、电子商务战略管理、电子商务信息流管理、电子商务物流管理、电子商务运营管理、电子商务营销管理、电子商务项目管理、电子商务安全管理、管理工具与方法九大部分。通过对各部分的学习，可解决电子商务管理过程中最基本的问题。

问题讨论

1. 电子商务管理内涵从哪几个方面理解？
2. 电子商务管理的研究对象有哪些？
3. 电子商务管理内容体系是什么？

第 2 章

电子商务管理的产生与发展

内容提要

管理产生的根本原因是出于人的欲望的无限性和资源的有限性之间的矛盾。而不同的生产方式决定着不同的管理：农业经济的生产方式，决定着传统的管理；工业经济的生产方式，决定着古典的管理和现代管理；在当生产力的发展使人类进入电子商务时代时，电子商务管理也应运而生。在电子商务时代，信息技术的发展日新月异，它促使组织结构产生了戏剧性的变化，这无疑也加剧了电子商务管理的变化与发展。

本章重点

- 电子商务管理产生的原因；
- 电子商务管理的发展阶段。

2.1　电子商务管理的产生

在人类发明了电报和电话后，其经济活动中就存在了利用电子技术进行的部分商务活动。在商务活动中，人们使用电话和电报来互通商务交易中的信息、传递交易中的凭证和文件及合同，但当时没有人认为这就是电子商务。原因是，它未能成为经济活动中商务活动的主流，社会还没有形成电子商务交易的环境和条件。在 20 世纪 80 年代以后，计算机和网络技术的发展，构建了电子商务赖以存在的环境，并预示着未来商务活动的一种发展方向，电子商务作为一种重要的商务活动被广泛提出并应用。资源具有稀缺性，电子商务活动中的资源同样具有这一特性。而管理产生的根本原因是出于解决人的欲望的无限性和资源的有限性之间的矛盾，管理的功能就在于通过科学的方法来提高资源的利用率，力求以有限的资源实现尽可能多或高的目标。电子商务作为一种活动，同样需要管理，随着电子商务的产生和发展，电子商务管理应运而生。

2.1.1　电子商务管理产生的背景

管理的早期萌芽到当代全面系统的管理理论的产生，发展历经几千年。纵观这几千年的管理发展史，管理的发展与社会生产力和社会经济的发展状况密切相关，生产力的每一次突飞猛进无不促进了管理的迅速成熟和飞跃发展。可以这么说，社会生产力是影响时代管理发展的主要因素，而生产力又主要取决于科学技术的发展和创新、人类各种文化渗透和融合的程度。其中，生产组织方式的形式是形成新的管理思想的主要来源：农业经济的生产方式决定着传统的管理，并以此支配着当时的管理过程；工业经济的生产方式决定着古典的管理思想和现代管理思想，以及相应的经济规律；当生产力的发展使人类进入电子商务时代时，首先表现的也是生活和生产方式的转变，如电子商务改变了商务活动方式、电子商务改变了人们的消费方式、电子商务改变了企业的生产方式等，从而产生了适应于电子商务时代的管理——电子商务管理。

2.1.2　电子商务管理产生的原因

1．网络信息技术的发展

自 20 世纪 60 年代末 EDI 技术在美国产生后，人们开始采用 EDI 作为企业实施电子商务的应用技术，这便是电子商务的雏形。EDI（Electronic Data Interchange）是将业务文件按一个公认的标准从一台计算机传输到另一台计算机的电子传输方法。人们也形象地称它为“无纸贸易”或“无纸交易”。EDI 的应用有利于降低纸张使用成本、提高工作效率、节省库存费用、减少错误数据处理工作、节省人员费用、带来其他相关收益等，更为重要的是，这种以 EDI 方式实现的电子商务活动可以说已经将新的电子技术与商业活动较好地融合起来。但是，由于那时应用 EDI 方式的企业所从事的电子商务活动仅限于在封闭的系统中进行运作，真正大规模、普及化的电子商务活动是在超文本传输协议开发和 Internet 技术成熟后才开始的。

因为 EDI 的局限性，现在人们谈论的电子商务都是基于互联网的。互联网最初起源于阿帕网（APPANET），它是 20 世纪 60 年代末至 70 年代初，由美国国防部资助，Advanced Research Project Agency 公司承建的。1981 年，美国另一个政府机构——全国科学基金会（NSF）开发了 5 个超级计算机中心相连的网络。1982 年，在 ARPA 的资助下，加州大学伯克利分校将 TCP/IP 协议嵌入 UNIXBSD4.1 版本，这极大地推动了 TCP/IP 的应用过程。1983 年 TCP/IP 成为该网络的主要协议，真正意义的 Internet 产生了。1991 年，美国政府宣布 Internet 向社会公众开放，允许在网上开发商业应用系统。自 1992 年起，Internet 进入了商业化阶段。1993 年，万维网（Word Wide Web，WWW）及其相关技术的推出使得互联网具备了支持多媒体应用的功能，而且突破了平台的局限。1994 年年底，Internet 已通往全世界 150 个国家和地区，连接了 3 万多个子网、320 多万台计算机主机，直接用户超过 3500 万。看到 Internet 的羽翼丰满，NSFNET 于 1995 年 4 月 30 日正式宣布停止运作，由美国政府指定的 3 家私营企业代替。至此，Internet 的商业化彻底完成。

Internet 历史上的第二次飞跃应当归功于 Internet 的商业化。1991 年，美国政府宣布 Internet 向社会公众开放，允许在网上开发商业应用系统。1993 年万维网及相关技术的推出开创了电子商务应用的新局面。WWW 是一个关键性的突破，它使因特网具备了支持多媒体应用的功能，可以让用户能够访问任意一台计算机上的超文本链接的信息。因其在应用方式和使用上的便利性，WWW 飞速发展，从而形成了电子商务的转折点。全球网络使电子商务成为低成本的比较有经济规模的商业方式，也造就了更多种类的商业机会。它让小公司可以以比较接近的技术立足点来与跨国企业竞争。

2. 电子商务的发展

基于 EDI 的电子商务是现代信息技术和商务活动相结合的一个成功例子，它极大地改变了传统的商贸手段和管理手段，不仅使商贸业务的操作方式根本改观，而且影响了企业的行为和效率，在市场结构、国民经济的运行方式等方面都引起了较大变化，因而被认为是一次影响深远的结构性商业革命。它主要应用于制造业、运输业、零售业及卫生保健和政府部门。EDI 使用的专用增值网（VAN），须架设专门线路，成本较高，因而大量的小型企业和消费者不能进入网络，使得它所处的市场模型依然是一个旧的市场模型——生产商设计的模型，所有的产品都取决于企业和企业的伙伴想让市场需要什么。

随着 Internet 的迅速普及和商业化，基于 Internet 的电子商务迅猛发展，电子商务表现出新的活力。它几乎囊括了社会和经济活动的各个方面，例如，商品信息采集、信息存储处理、信息交换、广告发布；售前售后服务、促销营销、销售；电子支付；运输；组建虚拟企业；旅游；金融等各种各样的内容。

除此之外，电子商务在政府的应用——电子政务，也迅速崛起，它使政府通过网络实现政府业务职能、行政管理与服务社会的电子化、信息化、网络化。它不仅可以在政府内部，也可以在政府外部实现信息传递交换、共享、服务功能，使政府的政务程序公开化与透明化，政府办事过程的便利化与快捷化。同时，可以实现政府与社会、企业、公众进行双向交流，进一步完善政府职能。

3．社会经济的变革

互联网和基于互联网的电子商务，对整个社会的经济活动产生了直接、深刻的影响，对管理也提出了全方位的挑战。

1）改变了交易方式

传统的市场交易逐步过渡到网上交易。表面上，这是最寻常的改变。毫无“石破天惊”之感。然而，最不寻常的改变正孕育在这最寻常的改变之中。回顾银行的诞生：在金属货币时代，它不过是“替富商管理货币”的小角色，也就是给诸多富商当“出纳员”的小角色，由于发现手中的货币可以贷出去赚取利息，而逐步发展成了控制社会经济命脉的大亨。当它还是富商“出纳员”的小角色时，谁能想到后来会发生翻天覆地的变化呢？

2）改变了人们的消费方式

消费者找厂家、跑商场、进银行、排队、交涉、办手续等行为，都在被改变着。“腰酸腿疼”的购物方式，将被轻松的“点击鼠标”所代替。用经济学的语言来说，极大地降低了购买方的交易费用。

3）改变了厂家的营销方式

（1）改变厂商的广告方式，网上广告的传播范围更为广泛，平均费用大为降低。

（2）改变品牌的塑造方式，因而品牌的市场优势的作用正在改变。不知名品牌进入市场的机遇之门正在打开。

（3）改变销售的组织方式：从接订单，到资信的确认或收款的确认，到货物的准备和发送等一系列工作流程，都会发生变化。

（4）改变客户的管理方式：客户的消费特征可以在网上直接被记录，并可以由一定的软件统计分析，从而厂商可以为客户提供更好的服务。

4）再造整个流通环节

传统的“厂家—批发—零售—消费者”的方式正在被打破，“厂家—（直接面对）—

消费者”的方式正在形成，新的物配体系正在形成。从而新的物流体系正在形成。这是无情的“大浪淘沙”。其结果是流通组织的再造：有的要消亡（特别是有的传统的商业中介很多要消亡），有的要改进（不改进，也要消亡），有的流通组织则要新创。运输体系、运输的组织方式和相应的存储方式也会因电子商务而再造。

5）改变了厂家的采购方式

从厂家的生产流程来看，电子商务不仅极大地改变着厂家的“出口”端，而且对“入口”端也有巨大的影响。由于更容易“货比三家”，所以更有利于找到合适的（物美价廉的）原材料和零部组件，更有利于找到合适的合作伙伴，从而降低采购的交易费用。进而迫使企业的采购方式和组织发生相应的变化，进而影响到企业与供应商的战略联盟的建立。

6）改变了企业资金筹措的操作手段

资金筹措的部分手段（如作为资本市场一部分的股票与债券市场）早已电子化了。而且人们已经领教了，基于电子信息网络的资本交易，在规则不完善或控制有疏漏时的巨大破坏力，那是震撼世界的力量，1997 年的金融风暴令每一个业内人士记忆犹新。企业资金筹措的另一个重要来源，是（作为资金市场中介的）商业银行，由于 IT 技术和信息网络的发展，它也正在发生着巨大的变革。网络银行的出现，完全改变了企业资金操作的手段，降低了操作的成本。企业财务管理的部分规则，不得不随之而有所变化。例如，在银行授信额度内，发出借款信息的时机选择，有关还款数量与时间的决策技术等，将会由于操作的手段的更新而改变，以进一步降低成本、提高利润。

7）人才的挑选与聘用，正在发生革命性的变化

在电子商务产生的初期，人才市场没有受到足够的重视。事实上，基于 IT 技术、基于电子信息网络的人才交易（人才自荐，企业对人才的挑选，甚至对人才的测试和聘用），早就进行了，而且正在依托 Internet、依托多媒体，迅速地发展着。在网上测评人才的技术（问卷的设计与考察方式之类）正在迅速发展着。

8）企业技术来源与企业 R&D 正在改变

企业生产所需要的技术，总是部分来源于企业自身的 R&D，部分来源于企业外部。两个来源的比例，对于不同的企业而言，可以相差很大。但不可能完全没有外部的技术来源。例如中国企业，其技术的外部来源始终是企业“入口”端的重要要素之一。

输入企业的技术有两种基本形态：① 购买现成的技术；② 委托开发，获取所需要的技术（这就是所谓技术外化问题）。后者是中国企业最值得发展的一种形态。

从外部来源的视角看：电子商务也改变着技术交易的形态，大大拓宽了企业搜索所需技术的视野，拓宽了企业委托开发的视野，改变了企业从外部获取所需技术的管理方式。从内部来源的视角看：企业生产所需技术的两个来源是一个有机的体系，外部来源

的改变，必然导致企业自身 R&D 任务、开发投入与开发组织的变化。

另外，企业自身的 R&D 必然要有技术信息与市场信息的输入，特别是“需求信息”的输入。这必然会改变企业 R&D 的组织形态。例如，消费者可以基于软件设计出自己喜爱的轿车车型，生产厂家在网上与消费者协商好价格之后，就必须在足够短的时间内完成设计、生产、送货的工作。

9）改变了厂家的生产组织和生产过程的管理

离电子商务“距离”最远的，是企业物流链条的中间段，即生产过程的组织与管理。它同样受到电子商务的深刻影响。企业输出端与输入端的巨大变化，必然带来中间端的巨大变化。为适应电子商务所引起的输入端与输出端的变化，企业生产流程的再造必不可免。事实上，虚拟企业的出现，就已经把生产过程的组织方式改变到了极致。

总而言之，互联网和基于互联网的电子商务改变了从开发到生产、流通、消费、再到金融运作的整个经济过程，正在变革、刷新着管理观念、理论与方法，并且，变革还按照如下逻辑传递着：生产力—生产关系—上层建筑—文化、观念。

4. 电子商务环境下管理理论的发展

目前，国内外学者在电子商务对管理变革研究方面已经形成了一些新的观点和理论，如企业再造工程（reengineering）、业务流程再造（BPR）、供应链（supply chain）管理和基于供应链的新型物流（logistics）管理方法等，这些新的管理概念、观点和方法都与电子商务环境密切相关，因此，学术界开始以上述管理变革的观点和方法为出发点来探讨电子商务环境下的管理理论与方法创新问题。从总体上看，目前电子商务环境下新型管理理论框架已初露端倪，一种以信息流为直接管理对象，以高效率、低成本、高质量为目标的管理理念正在形成。这些研究成果表现为大量论文和专著的出版。

统观国内外学术界的研究情况，目前正在研究和已经取得部分成果的、关于电子商务管理的研究体系主要包括以下几个方面。

（1）电子商务环境下企业战略管理方法，如企业的总体发展战略、经营战略决策及战略管理模式、方法和工具的创新。

（2）电子商务环境下信息管理的特点与相应方法研究。

（3）知识对电子商务的影响及电子商务环境下知识管理理论、方法与工具研究。

（4）电子商务环境下供应链研究。

（5）电子商务环境下基于供应链的新型物流管理方法研究。

（6）电子商务环境下网络型产业结构的构造和管理方法及网络型产业结构中企业的生产管理、组织设计及竞争和联盟策略问题研究。

（7）电子商务虚拟市场的运行规律研究。

（8）电子商务环境下金融业务创新和金融风险管理方法研究。

（9）电子商务环境下企业财务管理，尤其是资金的运用与监督、审计及税收等的管理理论、方法及相应的工具研究。

（10）电子商务环境下企业文化及伦理道德问题研究。

（11）电子商务环境下研究与开发（R&D）的管理理论和方法研究。

（12）电子商务环境下人力资源的管理理论与方法研究。

（13）现代企业适应电子商务环境的基础研究，如信息化过程、管理体制的转轨策略。

5．集中体现电子商务管理思想的软件生产与应用的逐渐成熟

企业管理软件的灵魂是管理思想，它具有双重核心：管理思想和信息技术，而且其本身就是管理思想和管理模式的最好载体。软件的发展过程就是软件开发商与目标企业间交流的互动过程。成熟的软件已经凝聚了本行业中先进的管理思想、管理方法和管理经验。

随着电子商务的不断发展，各种集中体现电子商务管理方法、理念及思想的软件不断被生产和应用，如企业资源计划（ERP）软件、客户关系管理（CRM）软件等。其中 ERP 的代表厂商有浪潮通软、金蝶、用友、SAP、东软、和佳、艾克国际、四班、利玛等；CRM 的代表厂商有 TurboCRM、Avaya、Peoplesoft、Onyx、创智等。此外，还有许多厂商也生产管理信息系统（MIS）软件、决策支持系统（DSS）软件。

这些公司开发的软件在不少企业应用取得成功，但也有失败，它们的成败又反过来不断检验管理理论的正确与否。这些都为电子商务管理的发展提供了实践基础。

2.2　电子商务管理的发展

作为管理发展的新境界，电子商务管理是利用信息技术对电子商务活动中各个流程、资源的整合管理，实际上就是对电子商务活动中“三流”（即信息流、资金流、物流）的管理。管理的关键不是要实现“三流”合一，而是“三流”协同互动。所以，电子商务管理的实质是实现电子商务活动中信息流、资金流和物流的协同与和谐管理。在这其中体现了电子商务管理的协同与和谐的管理思想，其直接表现就是“三流”的协同与和谐。

电子商务活动中信息流、资金流和物流的协同与和谐是通过信息技术在人类商务活动中不断渗透和融合而实现的，所以电子商务管理当然也产生于信息技术和商务活动不断融合的过程中，以此为主要的依据将电子商务管理的发展划分为三个阶段来描述。

2.2.1　电子商务管理的萌芽期

尽管电子商务的概念大约是在 20 世纪 90 年代中期被提出并迅速传播和推广的，但是它可以追溯到 19 世纪 40 年代。那时人们已有意识用电报这一电子通信来传递商务活动信息，利用电子技术进行商务活动，这也可算是广义的电子商务，或者说电子商务的萌芽，因此，认为电子商务管理思想的萌芽从那时开始。

1．信息技术及经济发展状况

继 1837 年莫尔斯发明电报后，1864 年马可尼和波波夫几乎同时发明了无线电技术，随后无线电电报产生，1876 年贝尔又发明了电话，人类进入了电子通信时代。在这之前，从英国开始的逐步向其他国家扩展的第一次工业革命使人类进入了蒸汽机时代，生产力水平有了很大的提高，人类从轻工业中的棉纺织业开始，扩展到动力和交通业。尽管如此，当时的经济还是短缺经济，企业最关心的问题是如何提高生产率，信息流的及时协同对此显得不太重要，企业更加关注生产过程中的协调和效率，如劳动分工、提高工人劳动熟练度、将工资和劳动量挂钩等内部管理措施。因此，电报、电话作为当时比较先进的通信工具还没能普遍运用到商业活动中。

19 世纪 70 年代，人类第二次科技革命开始，人类进入了电气时代。随后，垄断组织出现，作为超大型企业，它是一种新的经济联合体。垄断组织有财力购买先进设备、有能力了解并开辟世界市场、有力量进行科研以不断开发新产品、有能力在竞争中占据优势，这使得企业管理幅度和范围增大，难度加大，企业必须重视组织管理的和谐与协调。但此时企业之间进行商务信息交流仍然停留在借助电报、电话等工具上。

20 世纪 40 年代，以电子计算机为代表的第三次科技革命爆发，计算机技术、通信技术得到迅猛发展。计算机技术主要成就有：1944 年冯 • 诺依曼提出程序存储和顺序计算的概念；1946 年第一台电子计算机 ENIAC 诞生；1948 年 Bell Lab 发明了二极管；1954 年第一台晶体管计算机诞生；1958 年仙童公司的诺宜斯发明了第一块集成电路。通信技术主要成就有：电报、电话进一步普及；1948 年，维纳、香农提出信息论、控制论、系统论的基础，信息、频谱、时分、频分等概念导致微波多路通信成为 20 世纪 50 年代主体通信技术，后来 20 世纪 60 年代后期开始的卫星通信也是微波通信为基础的；1958 年集成电路的出现，把布尔代数的基本原理、数字集成电路、数字信号处理结合在一起，数字通信开始出现。计算机和通信工具马上成为人们经济活动中不可或缺的工具。早期计算机只是用于单机处理一些文件，储存一些数据，随着处理各类商务文件的增多，人们逐渐发现由人工输入一台计算机中的数据约 70%是来源于另一台计算机输出的文件，由于过多的人为因素，还影响了数据的准确性和工作效率的提高，人们便开始尝试在贸易伙伴之间的计算机上使数据能够自动交换，这样电子数据交换技术（Electronic Data Interchange，EDI）随之产生，这也标志着电子商务的诞生。利用 EDI，商务活动的参与者通过网络连成了一个统一的整体，可以方便地进行商务信息流的交互，但还远远没有实现“三流”在同一个系统中协同运作。

2．特点

1）“三流”由捆绑到分离

尽管电报、电话对部分商务信息流的整理和传播有所改善和促进，但在很长一段时间里，社会经济的细胞——企业，为了获取最大利润，采用“劳动分工”原理组织生产；为了提高生产率，普遍推行标准化制度；在交易过程中，人们最关心的是获取和占有。这种以产品为导向的理论，导致了以物流和资金流为交易中心的商务过程，而且商业也是直接交易方式，“三流”以捆绑形式发生。

随着服务业的发展，促使运输部门与生产部门相分离；随着大众传媒（如报纸、广告、电视）的出现，信息流被剥离出来；随着金融业的发展，为了交易安全，资金流开始不在现场进行，而采用支票等转账结算。于是，“三流”开始分离，被专业化运作，交易水平有了提高，但是交易成本并没有降低多少，而且由于分离的“三流”之间相互协同能力低，反而导致了交易效率的降低。

2）信息技术的冲击力度较小

由于当时的条件限制，电子技术并没有一开始就广泛渗透到商业活动中，人们更多地关心企业内部的生产协调和高效。随着社会的发展，计算机的发明，EDI 的产生和应用，人们才更多地关注与企业外部环境进行协作和沟通。但是初期的 EDI 仅是在社会商务活动的局部范围实现了电子化协同互动。例如，它基本上只是局限于企业对企业间，社会的终端消费者被拒之门外，而且由于接入费用的限制，很多小企业都不能列入其中。

因此，在这一阶段，社会经济活动还没有因为生产力水平，尤其是信息技术的发展而开始产生变化，对管理活动也没有产生深远的影响。

3）知识不断积累

自古至今，人们在社会经济活动中就萌发了协同与和谐的思想，但是由于生产力水平的限制，人们找不到实现协同与和谐的方法和途径，因此，它没有得到管理学研究主流的重视。但在许多的管理学成果中，都可以分析出协同与和谐的痕迹，如在管理组织理论研究成果中，美国的切斯特·巴纳德就提出了自觉协作活动系统，他认为组织是一个由人们有意识地加以协调的各种活动的系统，这个系统能否长期存在、发展就决定于它的协同效果和效率。另外，系统管理论学派也讲究协同与和谐。

2.2.2　电子商务管理的形成期

电子商务管理思想是在信息技术的迅猛发展和应用、社会经济管理模式不断变革的过程中产生的，它的产生没有一个明显的时间界限，根据信息技术和经济发展状况及管理理论和思想成果，大致可以将这一时期划分为20世纪60、70年代到20世纪末期。

1. 信息技术和经济发展状况

20世纪60年代以来，计算机技术及通信技术进一步发展，它们的结合又产生了计算机网络。互联网 Internet 及基于它的电子商务的出现和迅速普及成为此时期最为显著特征。

因为EDI的局限性，现在人们谈论的电子商务都是基于互联网的。互联网最初起源于阿帕网（APPANET），它是20世纪60年代末至70年代初，由美国国防部资助，Advanced Research Project Agency公司承建的。为了达到建设此网的目的：如果核弹击毁了军事网络的一部分，数据仍然能够通过未被破坏的网络到达目的地，该网络使用“包交换/分组交换”的信息传播技术。APPANET 的关键技术是用一种新的方法使不同的计算机系统互连，成为互联网。

1981年，美国另一个政府机构——全国科学基金会（NSF）开发了5个超级计算机中心相连的网络。当时的美国许多大学和学术机构已经建立了一批地区性网络与5个超级计算机中心连接，形成了一个新的大网络——NSFNET，该网络成员可以相互进行通信，从而开始了互联网真正快速发展阶段。NSFNET 逐渐代替了 APPANET 成为互联网的主干网。

1982年，在ARPA的资助下，加州大学伯克利分校将TCP/IP协议嵌入UNIX BSD 4.1版本，这极大地推动了TCP/IP的应用过程。1983年TCP/IP成为该网络的主要协议，真正意义的Internet产生了。

1991年，美国政府宣布Internet向社会公众开放，允许在网上开发商业应用系统。自1992年起，Internet进入了商业化阶段，其用户向全世界迅速扩张，Internet从一个国防和科研应用的计算机连网系统，发展为全面商业化的全球信息网。

1993年，万维网（Word Wide Web，WWW）及其相关技术的推出使得互联网具备了支持多媒体应用的功能，而且突破了平台的局限。Internet迅速走向普及化，逐步从大学、科研机构走向企业和百姓家庭，它的功能也从信息共享转变为一种大众化的信息传播工具。

1994年年底，Internet已通往全世界150个国家和地区，连接了3万多个子网、320多万台计算机主机，直接用户数超过3500万。

看到Internet的羽翼丰满，NSFNET于1995年4月30日正式宣布停止运作，由美国政府指定的3家私营企业代替。至此，Internet的商业化彻底完成。

基于 EDI 的电子商务是现代信息技术和商务活动相结合的一个成功例子。随着Internet的迅速普及和商业化，基于Internet的电子商务迅猛发展，电子商务表现出新的活力。除此之外，电子商务在政府的应用——电子政务，也迅速崛起，它使政府通过网络实现政府业务职能、行政管理与服务社会的电子化、信息化、网络化。

互联网和基于互联网的电子商务，对整个社会的经济活动产生了直接、深刻的影响，对管理也提出了全方位的挑战。

2．特点

基于 Internet 的电子商务被称为真正意义上的电子商务，原因从其特点可以看出，它对整个社会的经济活动产生深远影响，同时，对整个管理理论提出了挑战。随着人们对电子商务活动的广泛实践和对电子商务及电子商务管理理论的深入研究，其理论基本成型，将这一时期划分为电子商务管理思想的形成期。此阶段的主要特点如下。

1）“三流”合一并趋向协同

资金流、物流或信息流，都是流通客体运动在某一个侧面的具体表现，它们从来都是客体整体运动的有机组成部分，而不是游离于整体之外的某种孤立存在。商品流通是商流、物流和信息流的结合体，但在不同的历史时期，不同的社会经济和技术环境条件下，三流的结合方式存在着明显的区别。

基于 Internet 的电子商务有了计算机技术、通信技术和网络技术的支撑，使得人类第一次能够将商务活动的信息流、资金流和物流集合到一个系统中。并且已不仅停留在合并上，逐步趋向协同互动。此时，“三流”协同互动是这样一个过程：首先由商务活动的需求信息流引发和牵引，然后是供应信息流发生，进而带动物流沿着供应链的方向流动，资金流沿着供应链的反方向流动。总之，是信息流带动其他二流，将它们编制成一个整体，使电子商务成为一种非常协调的商业模式。而电子商务管理中的一切管理理论、方法、理念都应该围绕着“三流”协同互动展开。

2）信息技术和商务活动已密不可分

随着电子商务的发展，信息技术已深深融入经济活动。例如，在顾客信息收集、整理、挖掘、产品设计、产品生产、产品销售等各个环节，计算机管理无所不在，而且，为了使得企业的信息流、资金流和物流达到协同，必须借助计算机、通信和网络技术的支持。

商务活动的协同开展离不开信息技术的支持，信息技术又在商务活动不断发展的过程中逐步具备商业观念。这个时期，不能把信息技术理解为是一种普通资源，其真正的内涵在于对商业观念、商业模式及商业方法的全面革新。正如全球的汽车都使用一样的燃料但行驶速度有天壤之别，更重要的是，“信息技术燃料”是一种能够改变商务“行驶方式”的“资源”。这是关键所在，不能把互联网等信息技术仅仅当做一个技术或资源的概念，它更是一个商业概念。

3）理论与实践相互促进

随着电子商务实践活动不断开展，电子商务管理理论也日益丰富。两者相互促进，共同发展，实践活动是理论之源，理论又来指导新的实践活动。将理论研究与实践结合起来最好的例子是企业管理软件，如电子商务系统、企业资源规划系统（ERP）、客户关系（CRM）系统、供应链管理（SCM）系统、知识管理（KM）系统，它们既包含了最新的电子商务管理理论和思想，又是直接为企业开展电子商务活动服务的，所以能够起到及时地将理论研究新成果应用于实践的桥梁作用，同时，检验了这些理论的正确与否，并为进行新的、更加深入的研究提供了参考。

4）电子商务管理思想体系初步形成

在此阶段，电子商务已被人们认为是今后的商务形式，社会经济的各个层面都离不开网络，离不开电子商务。但是，这样一种基于网络的经济怎样才能和谐地发展呢？企业怎样才能有效地组织各种资源，实现比传统经济更加高效、活跃的目标呢？唯有构建一个协同与和谐的组织。因此，产生了基于信息流协同的和谐理论，进一步发展，我们提出了电子商务管理的实质：电子商务活动中“三流”的协同与和谐，围绕这一主题，国内外学者对电子商务管理理论进行了广泛的研究，并取得了较大的成果。以电子商务管理思想的实质而展开的理论研究已经初成体系，电子商务管理思想初步形成。

2.2.3　电子商务管理的发展期

电子商务管理思想的发展期的主要特征是虚拟组织和协同商务理论研究的逐步深入和整个电子商务学科体系的建设完善。这一时期主要是从20世纪末开始的，随着时间的推移，其实践和理论还将不断发展和完善。

1. 信息技术和经济发展状况

20世纪末期，信息技术得到进一步发展，可以说，在社会生活的每一个角落都看到它的影子。但随着它的普及，也出现了新的特点，同时，电子商务的发展也出现了新景象。

企业软件注重信息集成。信息技术的重要应用就是企业软件，近几年来，互联网和电子商务的急速发展引发了企业应用程序可用信息数量和类型的爆炸性增长。企业应用程序面临的挑战是实现跨企业不同信息平台和跨互联网，并尽可能快地将大量可用的数据集成和转换成信息资产，这些信息资产可以让企业更有针对性地回应市场及客户的需求，从而保持领先的市场竞争力并不断开辟新的商机。所以，当前企业面临的挑战是信息集成。企业应用程序必须能够与数据库、应用程序服务器、内容管理系统、数据仓库、工作流管理系统、搜索引擎、信息队列、Web Crawlers、挖掘和分析包及其他企业集成应用程序交互。技术集成成为IT业的竞争力重要表现。技术集成也是一种技术，实际上是用系统工程的方法来组合各种类型的技术和子系统，高端机的“调谐”也是集成，技术集成能力是竞争力的重要表现。有了此技术，信息集成也将更加容易。信息技术向商业技术过渡。在商业社会，人们不仅需要 IT 技术，更需要结合自身的商业模式所运用的 IT 技术，即商业技术。信息系统工程也出现了很多新领域，如虚拟现实技术、新控制算法、CIMS 应用、嵌入式系统。

20 世纪末 21 世纪初，电子商务步入了一个平稳发展的时期。随着电子商务管理思想的产生及其对电子商务活动的影响，人类逐步意识到电子商务活动要实现“三流”协同与和谐，必然要构建一个协同的商务平台，并在一定理论指导下来运作。这时，协同商务的概念诞生了。协同商务将在整个供应链上全面拓展，并将给企业的业务模型和商务运作带来变革。

企业实施电子商务的发展过程可划分为四个阶段：基础阶段、功能阶段、集成阶段和协同阶段。在基础阶段，企业仅通过简单的网站来发布产品信息，电子商务的其他要素都很不完善，因而需要大量的资金、人力和物力来实现电子商务的全过程；在功能阶段，企业已经建立了相对完善的网上交易系统、物流系统，可以完成基本的电子商务功能，但由于没有和企业内部的信息化管理结合起来，因而还算不上完善的电子商务；在集成阶段，电子商务的各个因素，如 ERP、CRM、SCM、OA、网上门户、电子支付系统等都被较好地集成起来，电子商务的运作效率大大提高；在协同阶段，企业进一步完善了各种应用系统的集成，业务流程实现了重组和优化，全面实现了知识管理，与客户和合作伙伴都能够很好地协同工作。可以说，协同商务是电子商务的发展方向，是充分整合企业知识信息、业务流程、运作环节、关联商务主体的“知识化、智能化和协同化的商务平台”。

2．特点

电子商务管理的发展时期还很漫长，现在看，它的特点还不是很明显。只能根据其目前的发展情况归纳其特点。

1）“三流”协同互动

我们知道，“三流”的协调匹配、良性互动是电子商务健康发展的必要条件和客观要求。因为电子商务中，信息流便捷、快速、实时，客观上要求资金流可靠、安全、准确，物流快速同步和顺畅。可以这样说，信息流是电子商务的首要标志和特征，资金流是电子商务的实现手段和方式，物流是电子商务的物质基础和完成手段。成熟完善的电子商务不仅通过快捷、便利的信息流来表现，而且需要发达、安全的资金流来支持，同时，更需要综合可靠的物流来完成。

随着信息化进程的加速，电子支付问题的解决和现代化物流的建设，以及协同电子商务平台的不断完善，“三流”的协同与和谐就可以实现了。

2）信息技术商务化

信息技术的商务化，是指信息技术的发展，给予企业以新的能力，企业将这些前所未有的能力应用于自己的运营中，从而产生了新的商业模式，激发了新的利润增长点。

有人说当今IT产业已经走向无用的境地，但是更多的人说它的明天充满了阳光，因为IT技术发展的最终目标是随时随地向用户提供支持但不打扰用户，即敢于充当配角。例如，IBM最初提出电子商务，它提出了一组技术的有机整合，实际上这就是典型的信息技术商务化。

未来的竞争生态环境将是围绕商务技术（BT）的竞争，谁能通过有效整合现有的信息技术创造性地缔造出商务技术（BT），谁就可以在未来的竞争中取得自己的市场优势。由此，信息流在商务活动中的通畅和快捷就更有保障了。

3）协同商务从理论走向实践

如果说最初的协同商务只是从理论上加以研究，那么现在国内外已经有很多软件开发商纷纷推出基于协同商务的解决方案，国外以SAP公司的mySAP.com为代表，国内以泛微公司的e-cology为代表。

mySAP.com是SAP公司在其著名ERP产品R/3基础上推出的。在协同电子商务中，SAP将30年的关键业务流程管理经验融入客户关系管理、供应链管理、财务及人力资源管理等应用中，构成一个强大而全面的电子商务平台。通过一体化和协同化的运作方式，企业可以提高销售预测和生产计划能力、降低生产成本和增加收入、增加灵活性以适应市场的不断变化。有数据表明，在2000年上半年，R/3与mySAP.com各占SAP软件销售额的95%和5%。而在2001年上半年，这一组数字变为69%和31%。

泛微协同商务系统e-cology是由上海泛微公司推出的、内容极其丰富的企业软件集成包，能够有效地管理电子商务的各个环节，它不仅包含传统电子商务的功能，更在横向上进行了扩充，纵向上进行了深化，涉足企业经营管理的各个方面——从知识管理到客户资源管理、资产管理、流程管理等。

4）虚拟企业理论和协同理论的深入研究

在这一时期，电子商务管理理论研究成果越发丰富，尤其是虚拟企业理论和协同商务理论的研究已经具备一定深度。

早在20世纪90年代初期，虚拟企业就已经被提出。简而言之，虚拟企业就是各个独立的企业之间建立动态的临时合作，来完成业务。它包含有两个重要的观点：“动态”和“跨企业”。动态的意思是，企业间的这种合作是基于当时的利益的，伴随着业务的完成，合作也就自然终结，下一个合作事项完全视业务的需要而定。跨企业的意思是，合作是在两个甚至多个独立个体间展开的，彼此并没有固定的关联性。

国内咨询公司 AMT 认为，协同商务是一个现代企业经营管理的思想，它强调在全球经济的背景下，利用 Internet 技术，在企业的整个供应链及跨供应链进行各种业务的合作，最终通过改变业务经营的模式与方式达到资源最充分利用的目的。协同商务是一个基于 Web 架构的应用，为企业（或机构）建立一个以“人”为中心，以企业的业务流程为“血脉”的信息平台，通过这个信息平台来打通企业内部和外部的各种信息节点：人事、工作任务、客户、知识（文档）、资产、产品、项目、财务、合作伙伴（代理商、分销商、供应商），以使所有的信息达到充分共享，使企业整个供应链上的资源得到最大的开发、使用和增值。协同商务具有协同的信息管理、协同的业务管理、协同的资源交互等特点。

2.3　电子商务管理的发展趋势

20 世纪 50 年代以来，信息技术的发展促使组织结构产生了戏剧性的变化。随着计算机技术、自动化技术和通信技术等现代信息技术的飞速发展，广泛采用信息技术支持组织运行的各种信息系统正在不断地研制和开发出来，并得到不同程度的应用，无疑又加剧了电子商务管理的变化，并出现了新的趋势。

1．组织规模缩减和扁平化

表现在组织结构的柔性化、中层管理人员的规模缩减和组织结构模式的扁平化：过去比较刚性的、等级森严的金字塔式的组织模式已成为历史，取而代之的是讲究轻巧和柔性的组织结构；中层管理人员的规模在不断缩小；随着中层管理人员规模的缩小，组织的层次数目减少了，组织模式变得更加精简和有效；中层管理职能在组织结构层次上发生了显著的移动，一些中层管理职能上升到组织的高层，而另一些则下移到了执行层次。

长期以来，中层管理人员一直是高层决策层和操作执行层之间的桥梁，其职能角色有三个方面。

（1）“放大器”效用：中层管理人员将上层决策者的决策和政策进行分解和具体化，形成可以操作的指令传递给下层人员，并对下层人员的执行情况进行监督和调控。这就是“下达”或“具体化”的过程。“层层加码”是其负面效应。

（2）“过滤器”效用：中层管理人员将下层收集到基础信息和数据进行加工和汇总，并将分析结果呈交给高层决策者。据此，高层领导可以制订有关政策和决策。这就是“上达”或“抽象化”的过程。“投其所好”（报喜不报忧或报忧不报喜）是其负面效应。

（3）横向协调：中层管理的各部门之间还存在协调和合作的功能，以实现组织的整体目标。也就是中层管理人员之间需要通过协商，以适当的合作方式达到一定程度的整体协调，并完成一个完整的任务。“互相扯皮”是其负面效应。

随着中层管理的缩减，组织的等级结构的层次减少了，组织的整体结构变得比较扁平了。这意味着上层和下层之间的通信节点和环节减少了，上层和下层之间剩余的每一个通信渠道的信息传递量增加了，中间管理层节点对下层的监控范围扩大了。同时，中层管理部门和部门领导之间的合作与协调应当加强。另外，组织的整体工作并没有减少，甚至有所增加。因此，组织机构必须寻找一种能适应这种结构变化要求的新的管理模式和相应的信息系统。

2．组织团队工作

团队工作（或组队工作）是近年来组织结构变化的一个比较新颖的特征。这种概念和变化最初源于制造业的管理工程，过去由若干职工独立完成一部分的一系列工作，现在由一组职工共同完成，就像一个队组一样行动。这种队组模型形成于日本和瑞典的汽车生产组装方式，其中具有自我管理机制的队组完成整车的组装工作。目前，美国雇佣劳动力占总数 70 %的服务业正在尝试采用基于队组模型的组装管理方式，以实现队组内部协作，提高整个组织的知识共享、创新和工作效率。

3．组织职能的社会化

组织职能的社会化是指组织将其原来设置的某种职能由其他单位或组织来完成，同时对该组织的运行不产生任何负面影响。这种改革的好处有：既可以减少有关投资和雇员，在职能上又没有削弱；使组织能集中力量于核心业务；组织之间的相互依赖性将加强，组织之间的合作和战略联盟更加重要；整个社会的资源也就可以得到更加合理、经济的配置。

目前，世界上许多著名的国际信息产业集团已经运用这一方式进行管理和经营，并已取得了成功。例如，Kodak 公司与 IBM 公司签订合同，由 IBM 公司来管理其数据处理中心，Microsoft 公司等广泛采用的 OEM 生产方式等。

4．组织功能单元的虚拟化

组织功能单元的虚拟化即分布化和网络化，与全球经济一体化趋势相适应，组织结构的信息支撑体系呈现多元化、分布化和网络化的体系结构，运作空间为组织内部网（Intranet）+国际互联网（Internet），从而有利于组织对环境变化的快速响应，增强组织的敏捷性。

5．组织经营的伦理化

由于组织经营环境的改变，组织出现了经营和伦理相融合的伦理化趋势，这既是现代组织自律的内在要求，又是现代市场经济条件下组织经营的主要取向和持续发展的重要支柱。

6. 组织管理的知识化

随着知识经济的崛起和发展，组织的经营活动日益专业化和知识化，即要求组织的管理从基于信息的管理向基于知识的管理高层次发展。知识管理能提高企业的信息处理能力和员工的创新能力，并使两者结合起来，增强企业的应变能力、预见能力和国际竞争力。

目前，很多专家正在继续研究组织结构的变化和信息技术对这种变化的促进作用。例如，有的专家提出了组织的分簇结构，在这种结构中，组织的等级层次被面向项目或任务的群组职员之间的正式或非正式的通信网络所取代。其中，信息技术使得信息可以充分共享，缩短组织成员之间交流和联系的时间和空间，识别组织成员每个人的专业技能，为高层管理人员提供即时获取信息的手段；减轻所有组织成员工作的操作性负担，使得他们可以集中于创造性的工作等。有的专家甚至认为：可能会出现类似于管弦乐队或医院的组织，没有中间管理层，操作层拥有更多的专家，而最高层或总部则仅有较少的职员。在这种组织结构下，任何一项任务可能由临时性的一个群组来完成，而其中每一个人的工作都可以是时空上分布的、异步的，但通过信息技术仍然可以有效地协调起来。传统的管理跨度概念将会成为历史。

本章小结

在 20 世纪 80 年代以后，计算机和网络技术的发展，构建了电子商务赖以存在的环境，并预示着未来商务活动的一种发展方向，电子商务作为一种重要的商务活动被广泛提出并应用。而电子商务作为一种活动，同样需要管理，随着电子商务的产生和发展，电子商务管理应运而生。

电子商务管理是利用信息技术对电子商务活动中各个流程、资源的整合管理，实际上就是对电子商务活动中“三流”（即信息流、资金流、物流）的管理。管理的关键不是要实现“三流”合一，而是“三流”协同互动。所以，电子商务管理的实质是实现电子商务活动中信息流、资金流和物流的协同与和谐管理。其中体现了电子商务管理思想即协同与和谐的管理思想，其直接表现就是“三流”的协同与和谐。这一思想就其外延而言，是极其广泛的，如融合互补、动态协作、系统开放、知识创新等思想，它们是围绕其实质“三流”协同与和谐而进行的细化和扩展，而且在不断充实、发展和完善中。电子商务活动中信息流、资金流和物流的协同与和谐是通过信息技术在人类商务活动中不断渗透和融合而实现的，所以电子商务管理思想当然也产生于信息技术和商务活动不断融合的过程中，以此为主要的依据将电子商务管理的发展划分为三个阶段来描述。

信息技术的发展促使组织结构产生了戏剧性的变化，出现了新的组织形态——电子商务组织，与此同时，电子商务管理也出现了变化趋势。

问题讨论

1. 如何理解电子商务管理的形成？
2. 与传统管理相比，电子商务管理有哪些新的变革和挑战？
3. 在电子商务管理背景下，政府和企业面临怎样的形势，对策如何？

第 3 章

电子商务管理的体制

内容提要

组织是最重要的管理职能之一。一方面，对电子商务活动中的人、财、物、信息等资源形成的信息流、资金流和物流进行的计划组织；另一方面，有效地建立和规范电子商务活动的组织形式，这是电子商务管理过程中所必须完成的重要职能。也就是说，除了熟悉电子商务活动领域之外，更重要的是如何运用电子商务管理体制去保障电子商务活动高效地实施。因此，探讨新经济条件下电子商务管理体制是认识电子商务活动、开展电子商务管理的基本前提。

本章重点

- 电子商务管理体制的内涵；
- 电子商务管理体制的优化标准；
- 激励机制的含义与作用；
- 权力权威机制与利益分配机制的实施原则；
- 正式约束与非正式约束间存在的密切关系。

3.1　电子商务管理体制的内涵

在以 Internet 为基础架构的新经济体系中，电子商务活动不仅打破了传统商务活动的地域与空间限制，还模糊了传统企业组织与管理的可控因素与不可控因素的分界，传统的管理体制已无法有效保障电子商务活动的开展。在电子商务管理过程中，建立和完善一套较为完整的电子商务管理体制显得尤为必要。

3.1.1　电子商务管理体制的含义

电子商务管理体制是推动电子商务活动的管理机制、运用管理机制进行管理的各层的电子商务组织机构，以及保证管理机制和管理机构发挥作用的管理制度三方面的统一体。它是由管理机制、管理机构、管理制度三个要素构成的。

由其含义可以看出，电子商务管理体制决定着电子商务活动的基本运营方式和运营效果，决定和制约着电子商务活动管理者的权力范围与管理水平的发挥，决定着一个企业开展电子商务活动的领导方式。具体来说，可以从以下几个方面来认识电子商务管理体制的意义。

（1）电子商务管理体制是保证电子商务系统正常运转的主要手段。要保证电子商务系统有序、有效地运转，就必须建立科学的组织和合理的管理体制。一个体制灵活、健全、有序、有法、权责分明、统一协调的电子商务组织，是保证电子商务系统正常运转的组织控制手段。

（2）电子商务管理体制是实现电子商务活动目标和完成电子商务计划的重要组织保障。电子商务活动目标确定和计划制订之后，它们的实施需要靠电子商务管理体制的有效保障。没有电子商务管理体制这一保障体系的保证，电子商务活动是无法正常开展的。

（3）电子商务管理体制是合理配置企业内外资源和实现电子商务系统运营低耗、高效、优质的关键。一套健全、完善的电子商务管理体制能实现企业内部资源和外部资源的优化配置，实现资源的合理、有效的流动，提高电子商务系统的运作效率。

3.1.2　电子商务管理体制的优化标准

为了保障电子商务活动按照预定的目标顺利开展，必须构建一套合理有效的电子商务管理体制。因此，在构建电子商务管理体制之初，首先应当考虑的问题是如何建立电子商务管理体制的优化标准，以便运用这些优化标准促进电子商务管理体制不断优化、不断完善和成熟。建立电子商务管理体制的优化标准，应当从以下几个方面着手考虑。

1．充分发挥电子商务系统整体功能

电子商务系统作为一个有机整体，其性质和功能并不是构成系统的各个要素所具有的性质和功能的简单相加，而是具有了新的性质和更大的功能。建立和健全电子商务管理体制，其主要目的是将电子商务活动中各个要素，组织内外各种有形无形资源和虚拟、实体组织方式整合形成一个组合有序、相互制约、相互协调的电子商务系统。其整体功能应大于价值链中各部分价值之和。例如，全球性竞争使得市场变化加快，每个企业的资源都是有限的，单个企业依靠自己有限的资源进行自我调整的速度已经赶不上市场变化的速度。为了快速响应某一市场机遇，拥有自己独特优势的企业之间可以通过优化组织与管理体制，采用虚拟实体组织相结合、内联外包相结合等多种形式，把一个电子社区或多个电子社区的资源组织起来，其整体功能与效益就要大于各个部分的简单相加之和。

2．有利于信息流、物流、资金流的协同互动

电子商务活动概括来讲就是由信息流、物流、资金流“三流”循环运作而形成的动态体，其主旋律是信息流、物流、资金流的协同与和谐。因此，“三流”是否协同与和谐决定着电子商务系统的兴衰与存亡，决定着电子商务活动目标和任务能否顺利实现。随着经济时代由工业经济社会向知识经济社会过渡，顾客对产品和服务的满意与否成为企业发展的决定性因素，因而企业由以生产为主线转变为以顾客需求为导向，由以“生产→客户→生产”的生产价值链转变为“客户→生产→客户”的市场价值链。然而，这种价值链又改变了企业物质能源与信息知识能源的比例结构，要求企业首先要研究市场与客户的需求，以客户的个性化需求为中心，深入了解客户需求，及时将客户意见反馈到产品、服务设计中，为客户提供更加个性化、深入化的服务，以提高客户的忠诚度和满意度。也就是说，把现代科学技术、现代工艺水平融于生产过程之中，把企业产品融于客户心理需求层次标准上。这一生产价值链的形成，首先是将客户需求信息、现代科学技术信息、现代生产工艺信息和人财物等信息共同构成推动生产的信息流，进而通过信息流推动生产形成物流，最后通过物流调动资金流，通过信息流认证资金流，从而又保证物流的形成。由此可见，“三流”的互动达到协同与和谐。因此，电子商务管理体制优化必须以“三流”协同互动为前提。

3．有利于提升电子商务系统的整合与应变能力

电子商务活动的开展需要一个科学合理的管理体制，而科学合理的电子商务管理体制必须要有较强的应变能力，与时俱进，适应社会发展，并具备整合电子商务系统各方因素的功能。

第一，随着市场竞争的加剧，必须对传统企业的业务流程进行根本性的重组或再造。

在业务流程重组过程中，既有观念重组，又有组织结构重组，还有生产流程、经营模式、企业文化、有形无形资源的重组问题，必然要求建立一个适应电子商务活动的网络体系。

第二，必须采取自建或外包等多种形式，建立新型的现代化物流配送体系。

第三，必须建立安全可靠的资金流和信誉保障的信息安全保障体系。

第四，必须建立电子商务信息流管理系统，既要有促进企业内部信息交流与共享、提高企业组织结构的灵活性与有效性的企业内部的信息管理系统与资源数据库，还要有进入电子社区的大型网络平台，同时，还需提供集网上交易、在线谈判与磋商及呼叫中心等功能于一体的、友好的人机交流环境和界面。

第五，必须建立业务外包和业务内保的兼容机制，积极参与动态联盟，既能充分利用内部资源又能充分整合企业外部资源，实现资源优势互补。总之，电子商务活动早已打破传统企业的地域和空间的界限，越来越具备跨企业、跨行业的特点。因此，电子商务管理体制必须具备超地域、超时空的整合与应变能力。

4．实现电子商务系统运行低耗、高效、优质

从某种程度上说，效益问题直接决定了电子商务系统的生存问题。很多电子商务网站的倒闭或泯灭，其原因尽管很多，但最根本的问题就是其电子商务系统运行效率不高。要保证电子商务活动顺利开展，圆满达到电子商务活动的预定目标和任务，就必须实现电子商务系统运行应低耗、高效、优质。因此，任何一种电子商务系统的组织体系、管理体制的构建不仅要植根于低消耗、高效率、高效益的理念上，更要将这种理念落实到目标实现的运行策略中，只有这样，电子商务管理体制才具有活力。

3.2　电子商务管理的运营机制与运行机制

一个功能完善、体系健全的电子商务组织，不仅需要建立灵活的、柔性化的组织体系，还需要相应的运营机制和运行机制，以及保证管理机制和管理机构发挥作用的管理制度。有关电子商务组织结构的内容将在第 4 章详细介绍，本节主要介绍在电子商务管理过程中，需要建立的基本运营机制和运行机制。

3.2.1　电子商务管理的运营机制

电子商务管理的运营机制是促使管理对象不断向电子商务管理目标趋近的客观作用力。对于电子商务管理的对象而言，管理机制的作用是客观的，对管理对象具有外在的约束性和强制性。对于电子商务管理主体而言，管理机制是可选择的，不同电子商务组织可以根据组织的实际情况和特点选择相应的管理机制，来实现其管理目标。

1．激励机制

管理的核心在于人，激励可以说是调动人的积极性、主动性和创造性的过程。只有将人的积极性真正调动起来，才能够真正达到管理的目标。因而，激励是现代管理中的核心问题，激励机制也应当成为电子商务管理机制的核心。

1）激励的含义及其特点

“激励”的英文为“Motivation”，是由拉丁文“moveve”转化而来的，意指推动“to move”。激励，就其表面意思而言是激发和鼓励的意思。从管理学的角度说，激励是指领导者运用各种手段，激发下属的动机，鼓励下属充分发挥内在的潜力，努力实现自己所期望的目标并引导下属按实现组织既定目标的要求去行动的过程。激励在组织行为学中，主要是指激发人的动机，使人有一股内在的动力，朝着所期望的目标前进的心理活动过程。激励的最终目的是在实现组织预期目标的同时，能让组织成员实现其个人目标，即达到组织目标和员工个人目标在客观上的统一。因此，激励的实质就是根据员工的需要设置某些目标，并通过一定措施激发员工的和组织目标一致的强势动机，并按组织所需要的方式导引员工的行为的过程。

激励有如下几个特点。

（1）激励的客体都是具有不同的主观价值判断体系的“主观理性人”。每个激励客体的主观偏好既具备差异性，又有相似性。这种差异表现为不同的激励客体在具体的主观需求上千差万别而且处于不断变化中，甚至不同时间、不同场合下的同一个激励客体，其主观偏好是在不断变化的，因此，电子商务管理者要有针对性地采取不同的激励措施。激励客体主观偏好的相似性则表现为不同的个体具有相似的内在需求，因而对某些群体可以采用相似的激励方法。例如，对电子商务组织而言，管理客体对工作的内在报酬和工作的创造性有较高的要求，所以在管理过程中赋予他们较多的权力和责任可以起到较好的激励效果。

（2）激励客体的努力程度与其内在动机的强弱程度相关，而动机的强弱程度又与需要的迫切性相关。从这个特点看，个体的内在需要的迫切性完全取决于其主观评价。为了激励个体获得较高的努力程度，电子商务管理者要善于发现、挖掘和激发激励客体内在的需要，并采取有效的措施引导管理客体意识到这种需要的迫切性，并自觉地将这种强烈需要转化为对组织有利的、积极的行为动机，最后产生有利于组织目标的行为。

（3）客体内在动机的强弱是人的一种内在变量。由于个体的积极性高低是个内在变量，它是管理客体的主观意志所决定的，因而某一种激励方法的激励效果只能够维持一段时间。为了促使管理客体始终保持较高水平的积极性，电子商务管理者需要不断采取新的激励措施。

2）激励机制的含义及其作用

激励机制则是指组织系统中激励主体通过激励因素或激励手段与激励客体之间相互作用关系的总和，也是企业激励内在关系结构、运行方式和发展演变规律的总和。

激励机制所包含的内容极其广泛，既有外部激励机制，又有内部激励机制。外部激励机制是指消费者、履行社会管理职能的政府、社区公众等对企业的激励。内部激励机制是指对企业自身包括经营者和员工的激励，企业内部激励机制主要包括物质激励和精神激励。物质激励是企业以经济手段来激发员工的物质动力，如工资、奖金、福利待遇等。精神激励是指企业以授予某种具有象征意义的符号或对员工的行为方式和价值观念给予认可、赞赏等作为激励手段，以此激发员工的精神动力。

对一个电子商务组织来说，科学的激励制度至少具有以下几个方面的作用。

（1）吸引优秀的人才到企业来。

各种企业都可以结合本行业和本企业的特点，适时推出一些灵活多变的激励方式来突显自己的优势。在发达国家的许多企业中，特别是那些竞争力强、实力雄厚的企业，通过各种优惠政策、丰厚的福利待遇、快捷的晋升途径来吸引企业需要的人才。

（2）可以调动员工工作积极性，提高企业绩效。

企业最关心的是绩效，企业有了好的绩效才能生存。企业要有较高的绩效水平就要求员工有较高的个人绩效水平。但是较高的绩效水平不仅取决于员工的个人能力。挖掘员工潜力在生产和管理过程中有着极为重要的作用。美国哈佛大学的詹姆士（W.James）教授在对员工激励的研究中发现，在缺乏激励的环境中，人的潜力只能发挥出三成，如果受到充分的激励，他们的能力可发挥八九成。由此可见，激励是挖掘潜力的重要途径。索尼公司鼓励每一位员工对产品提出任何意见，由此，便有了随身听的诞生，这便是挖掘潜力非常成功的典范。

（3）造就良性的竞争环境。

科学的激励制度含有一种竞争精神，它的运行能够创造出一种良性的竞争环境，进而形成良性的竞争机制。在具有竞争性的环境中，组织成员就会受到环境的压力，这种压力将转变为员工努力工作的动力。正如麦格雷戈所说："个人与个人之间的竞争，才是激励的主要来源之一。"在这里，员工工作的动力和积极性成了激励工作的间接结果。

（4）协调企业和个人目标的统一。

在实践中，个人目标和组织目标既有矛盾冲突的一面，又有其一致的一面，企业运用一些激励措施可以使两者合二为一。

3）激励机制的设计原则

（1）目标统一。

在激励过程中，首先要做的就是了解员工的真正需求，在此基础上再进行目标分解，尽量使分解后的目标与员工需求能够很好地结合起来，或者至少没有很大的影响和冲突。

（2）公平公正。

在激励的过程中，首先要树立激励机制前人人平等的观念；其次，激励的程度必须与被激励者的功过相匹配；最后，激励过程要做到民主化和公开化。

（3）及时适度。

现代心理学研究表明，及时激励的有效率可达到80%，而迟延激励的有效率仅为7%。这里的及时主要体现在不拖泥带水、遇事果断的雷厉风行的工作作风上。

（4）奖惩并用。

激励就是通过一定的奖惩要求人们能够扬长避短，因此惩罚虽然是一种负面信息，但仍应作为一种必要的辅助手段存在。

（5）按需激励。

为了正确把握员工需求的变化而全面推行起能够让员工自己选择的激励制度还要有一定的缓冲阶段。当前，管理者可以采用比较简单的分层次激励的方法。

（6）能力匹配。

管理者的一项重要职能是为企业中的每一个岗位找到有能力胜任的员工，因此，在对企业员工进行有关晋升、授权等精神激励时，首先要考虑的是他本人是否有这个能力。

（7）与时俱进。

员工的需求和偏好会随着内外环境的变化而发生变化，处于不同的发展阶段的企业的激励机制也不是一成不变的，在必要的情况下一定要适时做出相应的调整。

2．权力权威机制

权力和权威是两个相近但不相同的概念。

权力与权威的共性在于它们都能够指导、影响他人的意识和行动。在权力与权威的指示与感召之下，人们改变了自己的想法，并按照权力与权威占有者的意志行事。

权力与权威这两个词虽然关系密切，但它们所指的并不完全相同。权力是政治上的强制力量和职责范围内的支配力量。权力本质上是一种能力，在行使权力过程中未必含有强制的成分，但一定会对他人产生某种预期的效果。例如，一个组织中的特定团队可能会被认为是很有影响力的，这意味着该团队具有影响其他团队或部门中个体行为的能力。这种影响可能是资源的配置、空间的分配、目标、录用决策及组织中的许多其他结果和行为。而权威是指由组织正式授予的及被员工们认为是正确和适当并予以接受的合法性权力。最显著的组织例子就是主管与下属之间的关系。一个组织中有着正式的权威结构，在该结构中，个体、团队和部门都对特定的活动和职能承担责任。当个体加入一个组织，他们一般都会认为权威结构是合法的，即员工们接受管理者制订政策和确定方向的权力。只要命令是合理的且与工作相关，员工通常都会执行。权威在范围上比权力要窄一些，应用到组织中更少的行为上。

管理者是组织的领袖，在组织的权力机制中处于核心地位。在享有权力的同时，管理者也承担着相应的社会责任。只利用权力谋求自身利益而忽略员工社会责任的管理者，不仅损害员工与社会的利益，组织自身也必然受到权力的反噬。例如，在传统企业管理中，管理者依靠行政权力维系和制约着组织内的多种关系，容易出现违反企业利益或社会利益的现象。在现代企业管理中，企业信息和知识资源的重要性日益突出，尤其是电子商务组织，需要充分利用和整合信息和知识资源，而且其组织元素自身的知识、文化、技术素质内涵发生了根本性的变化，因此，仅仅运用权力机制约束、影响人显然不足。

被誉为“组织管理之父”的著名德国社会学家马克斯• 韦伯认为，任何一种组织如果没有某种形式的权威作为指导，组织就不能齐心协力、万众一心，就不能统一行动和实现目标。而权威机制就是通过权威者自身的水平和威望，形成品牌“威望”效应，给他人以影响力、吸引力、崇拜力，在电子商务组织管理中，管理者应尽量成为行业或技术权威，形成向心力，这样才能充分发挥权力与权威机制的作用。电子商务管理者不仅是一个群体的组织者指挥者，而且是各项工作的决策者和各种复杂关系的协调者，仅有权力是远远不够的，只有具备崇高的权威，让自己的品格、能力、学识、情感等满足了下属的角色认同的需要，才能够赢得下属的尊敬与爱戴，才能更有效地管理电子商务组织。

3. 竞争机制

电子商务竞争机制是管理对象为争取有限的机会而产生的客观作用力。高低优劣、优胜劣汰是市场竞争的客观现实。

一方面，电子商务组织要面对市场与社会的竞争。传统工业时代，几乎所有的企业都将竞争对手作为自己的威胁，认为竞争双方的力量是此消彼长、此败彼胜的关系。在网络经济时代，伴随着电子商务的快速发展，电子商务组织之间的竞争也表现得越来越激烈，尤其是功能同质化的电子商务组织之间对抗竞争更激烈。然而，对于以网络信息技术为特征的电子商务组织而言，开放与合作变得与竞争同等重要。于是，一批电子商务组织管理者开始用崭新的视角审视传统的企业与企业之间相互残杀式竞争，从对企业外部与竞争对手争夺顾客和侵城掠地以拓展空间的关注转向与竞争对手携手作战，提出了以合作求竞争、既竞争又合作的发展战略。

另一方面，电子商务组织还要善于利用高低优劣、优胜劣汰的竞争机制来处理组织内部的各种关系，整合人力资源，通过竞争组建自身的组织群体，通过竞争选择外部的项目、伙伴、人才、技术等资源，从而获得社会与市场机会，赢得市场份额、客户与地位。

4. 利益分配机制

在电子商务活动过程中，其管理研究对象有多种组织关系，有与政府管理部门之间的关系，有与经营伙伴之间的组织关系，与供应商、制造商、生产部门、生产者及客户之间的关系，同时，还存在着与信息系统不同单元间的关系，维系这些关系的主要条件则是利益分配问题。利益分配机制是推动管理对象为获得一定的物质利益而向管理目标趋近的客观作用力。科学合理的利益分配机制在电子商务管理体制的建构过程中起着不可替代的重要作用，它能够激发所有人的主动性、积极性与创造性，为实现组织内部、组织之间关系和谐创造条件。

在电子商务组织内部，首先应当建立一种公平合理的利益分配机制。没有公平合理的利益分配机制，员工就会因看不到获得利益的希望而不愿意奋斗，从而归于消沉和沦落。因此，电子商务组织管理者要将按劳分配与按生产要素分配结合起来，既要重视体力劳动所创造的价值，更要重视知识技术、信息、管理能力等这些生产要素所创造的价值。

随着网络经济的发展和市场竞争的白热化，企业与企业之间的竞争已经转变为企业所在的供应链与竞争对手所在的供应链之间的竞争。如今，越来越多的电子商务组织加入到供应链战略联盟中。供应链战略联盟的利益分配机制问题，影响着联盟成员企业之间的协作水平，影响着整个供应链的市场竞争力。因此，供应链战略联盟成员的利益分配机制问题关系到供应链的生死存亡。为了使联盟合作的利益得到公平、合理的分配，尽量使每个成员所获得份额与其预期收益一致，必须树立科学合理的利益分配指导思想和分配原则。由此，良好品质的供应链战略联盟的利益分配机制应遵循以下原则：① 平等原则，各伙伴无论规模大小、实力强弱，在合作中的地位及对利润追求的权利是平等的；② 公平兼顾效益原则，公平有利于培养联盟的团队精神，提高联盟整体绩效，当然，每个成员伙伴都要按自己在联盟中所做出的贡献索取利益；③ 互惠互利原则，联盟要保证每个成员都能从成功的合作中获取相应的利益，否则将会损害成员的积极性；④ 信息透明原则，为了减少因信息沟通而造成的误会和矛盾，核心成员在利益分配过程中应及时披露利益分配方案、计算方法等方面的信息。

5. 信仰机制

企业信仰是指企业在经营实践中形成的具有本企业特色的信仰观念、信仰形式和行为模式，它是理念形态信仰、物质形态信仰和制度行为信仰的综合体。信仰机制是指通过某种方式使管理对象出于对某种精神信念而产生的推动力。它是通过管理对象的自觉行动和素质素养起作用的。

企业信仰机制的激励作用是指企业信仰本身所具有的通过各组成要素来激发员工动机与潜在能力的作用，它属于精神激励的范畴。具体来说，企业信仰能够满足员工的精神需要、调动员工的精神力量，使他们产生归属感、自尊感和成就感，从而充分发挥他们的巨大潜力。关键是员工对企业信仰的理解和认同程度，一旦员工对企业信仰产生了强烈的共鸣，那么企业信仰的激励功能就具有了持久性、整体性和全员性的特点和优势。

企业信仰是无形的、非正式的、非强制性的和不成文的行为准则，对员工有约束和规范作用。在一个特定的文化氛围中，人们由于合乎特定准则的行为受到承认和赞扬而获得心理上的平衡与满足。反之，则会产生失落感和挫折感。因此，作为组织的一员往往会自觉地服从那些根据全体成员根本利益而确定的行为准则，产生“从众”行为。这就是企业信仰约束功能的依据所在。

当然，企业信仰的约束功能并不是要把职工变成驯顺的绵羊，把企业变成控制职工的工具。企业信仰执行精神信仰的约束功能的最高境界是不仅使千奇百怪、千变万化的个体聚合成企业事业所要求的联合体，而且要激发、鼓励、保证他们的创新与创造的自由，让企业各个角色充分发掘和展示他们的创造力，又不脱离一定的技术、经济和企业具体规范。

3.2.2 电子商务管理的运行机制

制度仅仅是管理的静态形式，制度只有在执行中才能够发挥作用，而管理的动态形式就是机制，不能因为制订了制度就以为完成了管理的任务，没有一个健全的管理机制，再好的制度也没有意义。从某种程度上讲，电子商务管理的运行机制是在电子商务管理过程中，制定与人、财、物相关的各项活动的基本准则及相应制度。因此，要保证电子商务活动的目标和任务真正实现，必须建立一套协调、灵活、高效的运行机制，建立和完善电子商务组织的各种管理制度。

1. 制度概述

制度是一种社会博弈规则，是人们所创造的用以限制人们相互交往的行为的框架。早在 19 世纪末，制度经济学家的开山鼻祖凡勃伦和康芒斯就把“制度”作为正式分析单位，而组织理论家开始关注制度还是近 20 年的事，即从组织理论的新制度学派开始。

1）制度的内涵

1899 年，凡勃伦在成名作《有闲阶级论——关于制度的经济研究》中，第一次对制度进行了思考，认为制度实质上就是个人或社会对有关的某些关系或某些作用的一般思想习惯。康芒斯所说的制度则是指约束个人行动的集体行动，而在集体行动中，最重要的是法律制度。

制度经济学派虽然开创了制度分析之先河，但真正从经济学角度对制度进行广泛而透彻的研究是从新制度经济学开始的。1937 年，罗纳德• 哈里• 科斯的《企业的性质》

一文成为新制度经济学的开山之作。新制度经济学是用经济学的方法研究制度的经济学，它利用正统经济学理论分析制度的构成和运行，并发现这些制度在经济体系运行中的地位和作用。科斯认为："当代制度经济学应当从人的实际出发来研究人，实际的人在由现实制度所赋予的制约条件中活动。"新制度经济学的另一个代表人物道格拉斯• C• 诺斯认为："制度经济学的目标是研究制度演进背景下人们如何在现实世界中做出决定和这些决定如何改变世界。"科斯与诺斯都强调了新制度经济学应该研究人和制度与经济活动之间的关系，特别是要从经济学的角度去回答制度及制度变迁的问题。

在新制度经济学分析框架里，制度作为研究的对象，有着丰富的内涵：

（1）制度与人的动机、行为有着内在的联系。从深层次看，历史上的任何制度，都是当时人的利益及其选择的结果。新制度经济学家反复强调，新制度经济学应该从现实的组织体制出发，也要从现实中的人出发。因为，实际的人是在由现实制度所赋予的制约条件中活动的。人们的任何社会经济活动都离不开制度，什么事能做、什么事不能做，实际上就是一个制度（即规则）问题。

（2）制度是一种"公共品"。萨缪尔森把"公共品"定义为，一个个人消费这些物品或服务不会有损其他任何人的消费。制度作为一种行为规则，并不是针对某一个人的。或说，在人类历史上还没有一种制度是专为某一个人制订的（即为某一个人的制度安排）。

（3）制度和组织是不相同的。制度是社会游戏的规则，是人们创造的、用以约束人们相互交流行为的框架。如果说制度是社会游戏的规则，组织就是社会游戏的角色。组织是由有一定的目标、用以解决一定问题的人群组成的。

2）制度的构成

制度的构成是制度分析的基本理论前提，新制度经济学认为，制度的构成包括 3 个基本要素：非正式约束、正式约束和实施机制。

（1）非正式约束。

非正式约束是人们在长期交往中无意识形成的，具有持久的生命力，并构成世世代代相传的文化的一部分。非正式约束是制度构成的重要因素。从历史来看，在正式约束没有形成之前，社会活动及人们之间的关系主要靠非正式约束来维系，非正式约束具有普遍性。正如诺斯所说："我们日常在与他人发生作用时，无论是在家庭、在外部社会关系中，还是在商业活动中，控制结构差不多主要是由行为规范、行为准则和习俗来确定的。"可以说，人类社会生活的大部分空间是由非正式约束来约束的。一般来说，非正式约束包括对正式约束的扩展、细化和限制，以及社会公认的行为规则和内部实施的行为规则。非正式约束的产生降低了衡量和实施成本，使交换得以发生。

非正式约束主要包括宗教信仰、价值信念、伦理规范、道德观念、风俗习性、意识形态、审美观念等因素。在非正式约束中，意识形态处于核心地位。因为它不仅可以蕴涵价值观念、伦理规范、道德观念和风俗习性，而且可以在形式上构成某种正式制度安排的“先验”模式。意识形态是关于世界的一套信念，它们倾向于从道德上判定劳动分工、收入分配和社会现行制度的结构。意识形态的经济功能主要表现为：① 意识形态是一种节约信息费用的工具；② 成功的意识形态能有效地克服“搭便车”问题，而任何大组织生来就受到“搭便车”问题的困扰；③ 意识形态能减少强制执行法律和法院的费用及实施其他制度的费用。

非正式约束中的一项很重要的内容是习惯。习惯与习俗不同，在英文中，前者是“Habits”，后者是“Customs”。习惯是指为所有在正式规则无定义的场合起着规范人们行为的作用的惯例或作为前人或多数人或年长的人的榜样式行为的“标准”的行为。“习惯”于是可以被理解为由文化过程和个人在某时刻以前所积累的经验所决定的标准行为。熊彼特认为若没有习惯的帮助，无人能应付得了每日必须干的工作，无人能生存，哪怕是一天。尼尔森和温特尔认为，一种行为若能成功地应付反复出现的某种环境，就可能被人类理性固定下来成为习惯。诺思把这种过程称为习惯性行为，他因此认为，非正式约束的功用在于告诉人们关于行为约束的信息。

（2）正式约束。

正式约束是人们为规范社会经济活动行为而有意识创造的一系列政策及法则。正式约束包括政治（及司法）规则、经济规则和合约，从有关的法律到明确的实施细则和单个的合约，从一般规则到特定的说明书，它们组成了特定的规则体系和等级结构，约束着人们的行为。

正式约束又可以称为正式规则。正式约束当中的政治规则表现为政治团体的等级结构及它的基本决策结构；而正式约束中的经济规则则用于界定产权、规定关于财产的使用、获得收入的权利及转让资产或资源的能力。合约是对交换中一个具体决议的特定条款。正式约束又叫正式规则，指的是人们有意识创造的一系列政策法则。

正式约束与非正式约束间存在着密切的关系。从制度的可学习性来说，正式约束具有可移植性，学习先进国家或企业的制度可以给学习者带来好处。一些正式约束，尤其是那些具有国际惯例性质的，或者是被普遍认为具有较高效率的正式规则是可以从一个国家（或地区）移植到另一个国家（或地区）的。中国在经济体制改革中就学习并移植了西方一些发达国家有关市场运行的规则，这大大降低了制度创新和变迁的成本。相比较而言，非正式约束的学习和移植要受到更多因素的影响和限制，在有些情况下这种移植几乎是不可能的，如价值观、道德观等。如果把正式约束比做植物的话，那么非正式约束的就是土壤，而制度创新的成功则必须达成正式约束与非正式约束的一致。

（3）实施机制。

这是构成制度的第三个要素。一个制度是否有效，除了正式约束和非正式约束需要健全，还要看规则的实施机制是否健全。人们判断一个国家的制度是否有效，除了看这个国家的正式规则与非正式规则是否完善以外，更主要的是看这个国家制度的实施机制是否健全。没有实施机制，任何一种规则尤其是正式规则就如同虚设。从这一角度看，“有法不依”比“无法可依”更糟。历史上的很多制度并不是没有法律规则，但没有建立起与法律规则相配套的实施机制，这就是以“人治”代替“法制”。诺斯认为：“实施方式的不当和不力确实是历史上的停滞和当代第三世界发展不足的主要原因。”

在纷繁复杂的社会经济生活中，合作者双方信息不对称，交易的衡量成本很高，从欺骗和违约中获得的收益可能大于从合作中获得的收益，为避免这种情况的发生，建立实施机制是必要的，这就是通过规则的实施为合作者提供足够的信息，监控合约的履行和实施。

2. 电子商务组织制度

电子商务组织制度是指电子商务组织的基本规范，它规定了组织指挥系统，明确了人与人之间的分工和协调关系，并规定各部门及其成员的职权和职责。也可以说，电子商务组织制度主要是对管理体制、机构设置、领导关系、部门职责、岗位职责做出的规定。

每个完整的电子商务组织制度必须包括以下几项内容。

（1）有一个合理的电子商务组织机构，从而能保证企业决策的制订和执行。

（2）有一个合理的电子商务组织职能体系，使人们有效地实现专业化分工和协作。

（3）有一个有效的电子商务组织权力系统，使组织成员能够接受并执行管理者的决定。

建立电子商务组织制度的基本原则有：统一目标原则；权力统一原则；责权利相统一原则；管理幅度原则。

管理学家认为：一个企业的组织制度不是一成不变的，应该根据企业内外部环境的变化而变化，因此认为企业组织制度创新的动因是企业内外部环境的变化。然而，随着工业经济逐步向网络经济过渡，一种新的经济形态浮出水面，作为环境适应体的电子商务组织，其不可避免地要进行变革以实现与外部新环境的新的均衡。因此，当前电子商务组织制度创新的根本原因在于网络经济的到来，其不同于工业经济的特征和运行规律，使得组织不得不调整以适应之。

在网络经济下，人力资本及由此产生的知识积累成为经济增长和组织竞争优势的主要源泉。这就需要新的组织形式来与组织的发展和变化相适应。总的来说，电子商务组织制度的创新有以下几个方向。

（1）扁平化。扁平化是电子商务组织制度创新最显著的特征。为了克服传统金字塔式组织结构的缺点，电子商务组织开始出现扁平化的趋势，从而有利于信息的传递，保证信息传递的有效性和可靠性，大大提高了组织效率。

（2）网络化。随着网络技术的快速发展，不同部门、员工之间通过先进的通信技术进行信息沟通和及时、有效的交流，可增进部门之间的协同能力，有利于组织处理复杂的项目，形成竞争优势。

（3）虚拟化。电子商务组织在有限资源条件下，为了取得最大的竞争优势，可仅保留组织中最关键、最具竞争优势的功能，而将其他功能虚拟化。

3. 电子商务人事管理制度

人事管理制度主要包括人员甄选录用制度、人员培训制度、人事调整管理制度和员工激励制度。21 世纪是新经济时代、知识经济时代、人性化时代，在日趋成熟的全球网络经济环境中，企业之间的竞争归根结底是人才与智慧的竞争，也是人力资源的开发利用与管理水平的竞争。这些都要求电子商务组织管理方式的变迁。企业的人力资源规划必须顺应网络时代的变化，评价现有的人力资源，制订满足未来人力资源需要的行动方案。电子商务组织必须结合组织的自身实际情况和组织行政部门的工作需要，采取有效的人力资源管理策略，以强大的优秀人力资源配置为组织发展服务，才能保证组织在市场竞争中取胜。

具体而言，电子商务组织应该采取如下人力资源管理策略。

1）招聘管理

目前，网上招聘已显示出巨大的威力，大多数的公司都能体会到网上招聘的效率。网络可以帮企业寻找符合条件的求职者，世界上每个角落的人才都有机会了解公司的招聘信息。公司还可以在线测评选择应征者，很快得到一份详尽的人才分析报告。在招聘管理后台处理系统里，招聘主管可以得到即时的招聘工作分析报表。

2）在线绩效评估

由于网络将原来遥远的距离拉近，各级主管可以很快看到来自各地的下属定期递交的工作述职报告，并进行评估、指导及监督。这样，评估的成本将大大降低、员工的满意度将大大提高。

3）在线培训

以网络为基线的在线培训中心在一些大公司或专业机构大量涌现，使得学习成为一个实时、个性化的过程。公司的培训成本将大大降低，人力资源部更重要的工作将是强调员工要协作学习、自我管理、自我激励，并设计好及时、有效的培训评估体系以保证培训的效果。

4）沟通与员工关系

网络使得信息沟通更为直接、广泛、有效，可以创建员工的个人主页，可以有 BBS

论坛、聊天室、建议区、公告栏及公司各管理层的邮箱，员工间的沟通、资源的共享使得工作效率大大提高。

5）人力资源数据信息中心

对公司所有人力资源数据的采集、整理、分析将成为人力资源部门的一项重要工作。通过实时的公司人才知识结构分析、招聘管理分析、绩效评估分析、培训分析、薪资福利系统分析、组织管理水平分析，人力资源专业工作人员可以更好地挖掘、开发、管理人力资源，从而提高实施人力资源战略的成功率。

4. 电子商务财务管理制度

电子商务财务制度，就是人们在电子商务组织的财务活动过程中，组织财务活动、处理财务关系的一套规范和约束财务行为的程序。它包括财务治理结构与财务法规、准则办法等。

1）资本预算制度

资本预算是规划和管理企业长期投资的过程。可以说，资本预算的过程就是企业的经营者找出好的投资机会的过程。资本预算是对企业资产进行战略性分配的经济行为。资本预算管理体系必须重新构建，资本预算及其制度应当成为项目筛选、资本筹划、资本支出控制、资本预算责任等的制度装置，它是一种管理机制。资本预算制度的内容主要有资金来源运用预算、资金差异报告、资金调度计划、收入预计、资本支出预计、材料采购预计、收支预计、银行借款报表等。

资本预算管理是从价值管理与行为管理两方面对资本支出在不同项目间进行分配、规划与控制的一种管理行为。它至少应该达到以下目标：① 参与对资本支出过程的反馈与调整控制；② 强化对资本支出过程的预算控制，包括支出过程的时间控制与支出结构控制；③ 通过加强对支出的事后评价与审计，来强化资本预算责任人的经济责任，保证支出的有效性；④ 为了保证资本支出的落实，通过预算技术来规划资本筹集，包括时间安排与总量安排；⑤ 通过确定资本分配原则，并借助资本分配决策技术，来选择有助于企业价值最大化的项目或项目组合。

2）资产管理制度

企业资产管理制度是以企业的资产运动为对象，利用价值形式对企业的各种资产进行优化配置的综合性规定。它通过对企业各项资产的使用、登记、分配进行预测、分析、核算，以保证资产的使用效果。

资产管理制度的内容主要是对固定资产增加、转移、减损、出售比价，以及房屋、设备、土地、财产的管理规定。

3）筹资与投资管理制度

筹资制度是指财务人员在从事筹资工作过程中所应遵守的规范或标准，主要是指筹资预测及分析制度，具体包括确定合理的筹资决策程序、确定合理的筹资规模、选择恰当的筹资时机、优化资本结构、降低筹资成本、防范筹资风险等。筹资制度还包括资本金管理制度、公积金管理制度、负债管理制度等内容。

投资制度是指对企业投资活动进行的管理，包括企业在资本市场上的投资预测分析制度、内部投资管理制度等。

4）利润分配制度

利润分配制度是指对企业利润分配比例、幅度、内容等所做的规定。具体包括确立并严格遵循收益分配原则、按规定程序进行收益分配、选择合适的股利政策等。

5）成本费用开支制度

成本费用开支制度具体包括对成本预测、成本核算、成本控制、成本分析、成本考核、成本审计、战略成本管理、专项成本管理和日常费用管理的制度规范。

6）会计管理制度

俗话说："没有规矩，不成方圆"。科学有效的财务管理，必须以健全的会计管理制度作为前提和保证。一套完善的会计管理制度，对于规范企业会计核算行为，真实、完整地反映企业财务状况、经营成果和现金流量，提高会计信息质量，从而为财务决策提供真实、准确的参考数据的依据，具有十分重要的意义。企业会计制度正是在履行国家会计法规、税收政策的基础上，整序企业财务信息，对会计事务工作做出具体的规范。

一般而言，电子商务会计制度应包括三大部分内容：① 会计组织机构及其岗位职责；② 按经营业务循环特点分类的会计处理程序；③ 会计凭证、会计账户、账簿、会计记账程序和结账程序及会计报表。

7）审计管理制度

审计管理制度是根据国家的方针政策、财政法规和本企业的方针目标、规章制度，对企业的财务收支及经济活动的真实性、合理性和效益性，进行系统的审计监督，以达到堵塞漏洞、完善体制、改进管理、提高经济效益的目的。审计管理制度强调内部审计工作必须同经济改革相结合，为经济改革服务。企业设立的审计机构，实行内部审计监督制度，通过审计监督，严肃财经纪律，监督履行财务责任制，改善企业经营管理，提高经济效益，促进企业改革健康发展。

审计管理制度的内容主要有三个方面：① 监督财产资源的利用情况，并充分做好事前审计、事中审计、事后审计工作；② 揭露违法违规行为；③ 审查经济资料，审查经济活动和经济管理活动的合法性、合理性与有效性。

5．电子商务生产与物流管理制度

企业的生产与物流管理是对企业生产活动与物流活动进行组织、计划和控制，使企业内部人、财、物等各种资源达到优化配置和最佳组合。一般来说，生产与物流管理的具体内容包括生产计划、生产性质、生产技术、生产要素、物流、产品及其质量等方面的管理。而生产与物流管理制度就是对这些内容进行科学合理的规定和规范。

1）生产计划管理制度

生产计划管理制度是为了理顺生产计划编制流程，明确生产计划编制职责及要求，规范生产计划的编制与执行，为生产安排紧张有序地开展创造条件，确保各项生产任务在受控状态下按时、按质完成。电子商务组织的生产计划管理制度则是对企业在一定经营期限内应生产的产品品种、产量、质量、产值和期限等一系列指标完成的工作规范，是实现以市场为导向、以销定产、以产促销、充分发挥企业生产能力，进行目标控制，提高工作效率与经济效益的保障。

2）生产作业管理制度

生产作业是工业企业各项工作的中心，生产管理是工业企业管理的重要组成部分。做好生产管理，就要合理地组织生产过程中的劳动力、劳动工具和劳动对象。

生产作业管理制度是将生产作业管理组织体系化、工作职责明确化，进行生产管理权责划分、作业流程设定、表单系统建立及管理办法制订、资料档案建立而构成的一套系统的规章制度。通过生产管理制度的运作，使生产人员在执行生产计划与管理工作时变得简易可行，而能顺利地完成整体的产销目标。

3）生产技术管理制度

生产技术是产品符合客户需求、扩大市场份额的内在保证，也是产品质量的核心。生产技术管理制度包括：生产技术的改进、生产技术的引进、技术转让、生产技术的发表，以及生产技术研究会规章的制订、修改和废止等制度。

4）生产要素管理制度

生产要素是企业生产的基础和前提。电子商务与传统企业一样进行生产活动，在生产要素管理方面有六个基本领域：人力资源管理、财务管理、物品管理、技术管理、时间管理、文化管理。而企业生产要素管理制度一是用人制度，即用人的数量、素质、技术、经验、岗位目标、任务计划、职责报酬等方面的规定；二是对设备的选购、验收、使用，以及维修、更新、报废、折旧等方面的规定。

5）物流管理制度

物流管理是指在社会再生产过程中，根据物质资料实体流动的规律，应用管理的基本原理和科学方法，对物流活动进行计划、组织、指挥、协调、控制和监督，使各项物流活动实现最佳的协调与配合，以降低物流成本，提高物流效率和经济效益。面对日益激烈的市场竞争，一个高效的物流管理中心必须制订一套健全的物流管理制度。因为健全而科学的物流管理制度在物流运输过程中起着执行、指示的重要作用。企业物流管理制度主要有物资采购制度、物资消耗定额制度、仓储管理制度等。

6）质量管理制度

产品质量是企业的生命线，质量的好坏直接关系到企业的兴旺和衰退。企业内部的质量管理制度包括对质量保证和质量控制两方面内容的规定。质量保证活动涉及企业内部各个部门和各个环节。从产品设计开始到销售服务后的质量信息反馈为止，企业内形成一个以保证产品质量为目标的职责和方法的管理体系，称为质量保证体系。质量控制是为保证产品的生产过程和出厂质量达到质量标准而采取的一系列作业技术检查和有关活动，是质量保证的基础。

6. 市场营销管理制度

市场营销管理是为了实现企业目标，创造、建立和保持与目标市场之间的互利交换关系，而对设计方案的分析、计划、执行和控制。市场营销管理的本质是需求管理。市场营销管理制度则是对营销活动的行为规定。市场营销管理制度主要包括营销计划管理制度、营销信息管理制度、销售人员管理制度和客户关系管理制度等方面的内容。

本章小结

电子商务管理体制是推动电子商务活动的管理机制、运用管理机制进行管理的各层的电子商务组织机构，以及保证管理机制和管理机构发挥作用的管理制度三方面的统一体。电子商务组织的管理者不仅要熟悉电子商务活动领域和组织结构，更要善于运用电子商务管理体制去建设和管理这些活动组织。于是，管理者能否利用优化标准促进电子商务管理体制不断优化、完善和成熟就显得尤为重要。一个功能完善、体系健全的电子商务组织，不仅需要建立灵活的、柔性化的组织体系，还需要相应的运营机制和运行机制，以及保证管理机制和管理机构发挥作用的管理制度。电子商务管理的运营机制是促使管理对象不断向电子商务管理目标趋近的客观作用力，主要包括激励机制、权力权威机制、竞争机制、利益分配机制、信仰机制等。电子商务管理的运行机制是在电子商务管理过程中，制定与人、财、物相关的各项活动的基本准则及相应制度，主要包括电子商务组织制度、电子商务人事管理制度、电子商务财务管理制度、电子商务生产与物流管理制度等。

问题讨论

1. 思考电子商务管理体制与电子商务组织的联系与区别。
2. 简述电子商务管理的激励机制。
3. 如何理解电子商务管理的运行机制？

实验难点分析——联想集团的激励案例剖析

案例背景

中国联想集团董事长柳传志认为，对于许多的大型企业，往往面临的难题是如何激励 3 个截然不同的群体，即经理班子成员、中层管理人员及流水线上的雇员。而企业对于每个群体又有不同的期望，因此他们也各自需要不同的激励方式。中国联想集团自有激励妙招，那就是确定不同的激励层次。

对于流水线上的工人来说，他们最需要就是稳定感。因此，如果他们工作认真勤勉，就可以得到公司制订的奖金。联想集团还把小组的工作成绩与公司或部门挂钩，把个人的工作成绩与小组挂钩。例如，联想集团有时会让小组来决定如何分配全组得到的奖金，而公司只提供总的指导方针。

中层管理人员往往希望能得到肯定而升职，成为高级经理，所以他们会是最积极地应对挑战的人群，他们勇于抓住机会展示和磨炼自己的才能，让别人承认自己。因此，联想集团给中层管理人员确立了很高的标准，并允许他们自己做出决策并予以执行。如果他们工作出色，就会得到非常好的回报。

而对企业的经理班子来说，他们需要有一种主人翁意识。但是，由于受到传统的家族式管理思想和公有制经济管理思想的影响，中国的许多民营企业和国有企业面临一个特殊的难题：它们很难给高级管理人员分配股份。而联想集团则采取了一种不同寻常的方式，他们改革了所有权结构，使联想成为一家合资企业，这样就可以给所有的经理班子成员分配股份。另外，高级经理需要得到承认，所以为他们提供与媒体讲话的机会。所以一直到今天，联想集团没有出现一位高级经理跳槽到别的公司的案例。

案例分析

从背景材料可以看出，联想集团采用的激励措施非常成功。究其原因，在于联想集团的激励措施已经不是单一激励理论的运用，而是两个激励理论的综合运用。

我们先从底层看起，流水线的工人受到的教育程度不高，能力不足，主要是从事体力工作，他们所追求的就是一份稳定的工作，根据奥德弗的 ERG 理论，他们现在主要是满足生存的需要，即生理需要和安全需要。而联想集团把小组的工作成绩与公司或部门挂钩，把个人的工作成绩与小组挂钩，无疑就是告诉工人，多劳多得，少劳少得。这就使得工人们尽力地多做，越多做他们的生存需要就越得到满足，而工人做得多，企业的效益自然也就高了。

对于公司的中层的管理人员来说，他们处于中层领导层，所谓“高不成，低不就”，因此他们最想要的就是“往上爬”，成为高级经理。根据奥德弗的ERG理论，这就是为了满足成长的需要，而联想集团能为中层管理人员确立了很高的标准，并允许他们自己做出决策并予以执行，这是提供他们“往上爬”的机会和舞台，他们肯定会努力地抓住这样的机会，展示和磨炼自己的才能。同时，机会是难得的，他们要“往上爬”，就要做出成绩，因此他们一定要利用好机会，而一旦他们做出了成绩，公司难道还会亏本吗？

企业的经理班子由于处于公司管理的高层，可谓衣食无忧，功成名就，因此他们可谓是一群最难激励的家伙。而联想集团采取了一种不同寻常的方式——给所有的经理班子成员分配股份。这已经不仅仅是给予他们物质上的激励，还给了他们一种主人翁意识。根据赫茨伯格的双因素理论，激励因素使人对工作满意，而保健因素仅仅是预防产生不满和消极情绪。对企业的经理班子来说，薪水、公司政策、行政管理和工作条件等都是保健因素，他们仅仅是预防产生不满和消极情绪而已，而工作本身才是使人对工作满意的激励因素。给经理班子成员分配股份，实际上等于改变了他们工作本身的特点和内容，让这些经理为自己工作，让他们为自己的利益而工作，而不仅仅是为了公司的利益而工作，这从根本上改变了他们工作的性质。因此，对他们来说，工作是为自己而工作，增加了他们的责任心，而做好工作对他们而言，就是获得更大的成就，就是对自己的肯定，这些完全是属于自己的。另外，联想集团还提供他们与媒体对话的机会，以使他们的工作得到公众的认可，而这又激励了他们。

第 4 章 电子商务组织

内容提要

在电子商务环境下，为了突破信息、时间和空间三大障碍，这类以信息技术为基础的企业，立足于自己的核心技术，利用网络技术整合优势资源，形成动态的、互利的产供销协作网络，不仅带来了企业的技术进步、降低了成本、增强了市场竞争力，也引发了管理思想、管理方法、管理手段、管理组织等诸多方面的变革，对管理组织的影响尤为深远。

本章重点

- 电子商务组织要素；
- 电子商务组织原则和思想；
- 电子商务组织形态。

4.1　电子商务组织原理

伴随着电子商务时代的到来，许多极富活力的新型企业组织应运而生，它们不仅成为这个时代的主力军，更是构成了传统组织理论的盲区。传统组织理论要么建立在即将完成其历史使命的官僚组织形态之上，要么从特定的角度来研究组织的特定问题，彼此之间缺少统一性，且并不具有前瞻性。因此，传统组织理论不可能对电子商务时代涌现的各种新问题、新现象做出合理的解释，也就更谈不上指导电子商务时代的企业组织了。

4.1.1　电子商务组织要素

电子商务活动系统中最基本的单位是要素，要素组成子系统。构成电子商务活动系统的要素主要有：人、产品、资金、信息、网络、客户、时间等。其中，产品与客户是构成电子商务系统的基本因素。人是指企业管理人员、技术人员、生产人员、营销人员等，他们是企业产品与客户发生联系的中介，更是电子商务活动能否开展的关键。因此，人是构成电子商务活动系统最活跃的因素。产品是企业生存的价值所在，它决定着企业开展电子商务活动的基本条件，是组成物流的物质基础。资金是支持电子商务活动的能量来源，也是企业生存的血液系统，是企业内部资金流与外部资金流的母体。信息是组成电子商务系统的非物质因素，它包含两种类型的信息：推动电子商务活动的各要素的运动信息；对各要素进行管理的信息，又称管理信息的信息。这两类信息的交融汇入电子商务系统中形成信息交流，从而把电子商务活动与社会整个电子商务活动有机地联系起来，形成交流中介。因此，信息成为电子商务系统的联系纽带，是必不可少的要素。网络是企业开展电子商务的特定环境，通过网络技术把企业内部各要素组合起来，形成局域网，组成电子社区，并与外部多媒体网络相连，进入大的电子商务活动平台，形成大电子商务社区，所以网络既是电子商务活动的技术支撑与连接手段，又是电子商务活动超地域、超时空展开的电子通道。客户是企业产品直接服务的对象，没有客户就没有企业生存的空间，因此，客户是电子商务活动的终端，也是电子商务系统的目的要素。时间是指速度和速率，电子商务活动各要素是在一定的空间和时间中运转的，电子商务活动的快速响应功能主要体现在时间速率上，时间就是生命，时间就是效益。人、产品、资金、信息、网络、客户、时间七个要素共同构成电子商务活动的各种子系统，如生产子系统、销售子系统、物流子系统、信息流子系统、资金流子系统等。

4.1.2　电子商务组织原则

实施电子商务的企业组织设计并没有一个范本可循，大体上可以遵循以下两个主要的原则。

1. 扁平原则

1）企业组织结构将更趋向扁平化

在传统的组织结构中，组织决策层与作业层之间存在着庞大的管理中层。管理中层的存在一方面是在信息处理能力有限的情况下，负责信息的收集与传递，起到信息“中继站”的作用，另一方面则因为管理跨度有限，中层管理人员负责对操作层人员的监督与控制。电子商务技术的发展使信息处理效率提高，企业网络内每一个终端都可以同时获得全面的数据与信息。同时，它也使管理人员的管理效率得到提高，应用各种计算机辅助管理手段可以代替大量的调度资源、安排计划、监督生产等传统管理任务。这就使企业没有必要维持一个占用巨额行政管理开支的中间管理层。中层管理人员失去了存在的基础，企业成为高效的扁平化组织。

根据美国通用电气公司的管理时间，在有效的电子商务技术的支持下，企业管理层处理 100～150 人的管理信息的管理效率与常规条件下处理 7～13 人的管理信息的管理效率几乎一样高，甚至更高（Michael J. Earl，1998）。毫无疑问，电子商务在企业内部管理运作中的应用，将降低企业组织的管理控制成本，提高管理效率。

2）企业的生产制造部分柔性化、数字化、敏捷化、跨职能工作团组成为企业组织结构的基础

所谓跨职能工作团组，是指由企业组织内具有不同方面专长的员工构成的、针对特定的工作任务或业务流程而产生的并具有监督、激励、约束等职能的工作团组。跨职能工作团组直接面向工作任务而产生，实施自我管理，使经济组织进一步扁平化。它正逐渐取代层级结构成为电子商务企业中组织结构的基础。

首先，跨职能工作团组削减了中间层次，缩短了上、下层的距离，这样既提高了信息传递的速度，保证了信息传送的及时性、完整性和正确性，又提高了管理层决策的效率，从而适应多变的网络经济环境。

其次，跨职能工作团组具有反应快捷性。工作团组直接面向任务而产生，能够快速响应消费者需求。在电子商务中，消费者可以通过因特网在线描述对产品的特殊要求，传统的企业层级组织结构无法适应这种快捷化的需求，而跨职能工作团组则可以针对消费者需求，组织团组成员共同分析市场需求，共同研究开发、共同组织生产。

再次，跨职能化工作团组能够适应多样化的需求。在网络经济条件下，大规模生产逐渐被小规模定制所取代，生产企业不得不面对消费者个性化、多样化的需求，传统的组织结构难以适应这一变化，而各个工作团组则可分别对消费者的多样化需求做出反应，按照消费者的要求进行研究开发，适应个性化生产的需要。

最后，跨职能工作团组具有管理上的高效率。工作团组直接接受决策层领导，没有庞大的管理中层，降低了行政管理开支。在基层管理内部虽设有基层主管，但整个团组提倡开放、松散的工作方式，团组成员有相当程度的决策和选择自由。基层主管的管理职能从控制转向支持，从监督转向激励，从命令转向指导，尤其突出集中于协调的功能。

2．虚拟化原则

“虚拟化”被认为是21世纪的企业组织发展模式。虚拟化的实质就是虚拟企业，它是一种比较松散的合作网络，其主要任务是对来自不同企业的核心能力进行动态组合，以应对一个复杂的任务——生产产品或提供服务。目前，企业组织的虚拟化现象已经大量出现，而且在电子商务活动中表现得尤其明显：通过计算机网络，人们可以与工作设备、设计工具、软件连接起来，即使他们处于不同的地点、属于不同的所有者，彼此也可以密切地合作。例如，软件公司的程序员可以坐在任何地方工作，无论在家里、办公室还是在遥远的海外。一般而论，“虚拟化”原则的优势体现在以下几个方面。

1）企业界限模糊

实施电子商务的企业如果按照传统模式设计组织结构，其规模往往过于庞大，以至于面对迅速发展的市场，企业的反应过于迟钝。事实上，实施电子商务的企业之间往往都是彼此处于自身的某种战略考虑而临时组建的动态合作关系。这种动态合作关系打破了传统企业间明确的组织界限，形成了一种“你中有我，我中有你”的网络形式。

2）企业内部组织结构精简

对于虚拟企业中各个独立的网络成员而言，他们以各自的某种优势组建虚拟企业，从而可以集中精力将优先的资源用于保持和发展企业自身的竞争优势，而将其他对企业而言附加值低的功能虚拟化，扩散到企业网络中，借助其他网络成员的力量予以整合，从而大大精简了自身的规模，有助于网络成员保持各自的弹性和创造性。由此，虚拟化打破了传统企业机构的层次和界限，不需要固定的组织结构，具有较大的弹性，员工有非常宽松的环境，有利于发挥其创造性。

3）具有强有力的竞争优势

企业成员本身是否具有一定的竞争优势是其是否可以成为虚拟企业成员的前提条件。在此基础上组建的虚拟企业必然是优势互补的，其结构必然是使得整个网络成员具有任何一个网络成员所不具有的强大的竞争优势。同时，虚拟企业可以随时根据市场信息进行调整，组织的建立、解散都比较方便快捷，能够灵活适应市场竞争的需要。

4）成本低

实施电子商务的企业通过组建虚拟企业可以大幅度降低成本。例如，前面所提到的美国的软件公司就可以通过虚拟组织雇用中国、印度、巴西等国的程序员在家为其工作，从而节约大量的经营成本。

4.1.3　电子商务组织思想

一般而论，电子商务组织思想主要包括以下三个方面。

1．有利于信息高速传输与交流

电子商务活动根植于网络经济环境下，其信息流的有效运动决定着物流、资金流的调配与聚散，尤其是市场需求的快速响应。因此，电子商务组织体制设计首先要考虑信息流的传输及相互交流的通道，因此，其总体组织结构应该朝扁平化、网络化方向发展。

2．有利于内部资源整合

电子商务活动有效展开，其基础是充分整合内部的人、财、物、技术、时间信息等类型资源。在传统企业的整合过程中，其组织结构是垂直指令型、职能制约型的，这种组织结构形式主要体现的是人与物的关系，而在网络经济条件下，影响人与物关系的协调因素加大增多，出现了人与物、人与机、人与信息、人与市场、人与环境的多元多层关系，人、财、物的流动已冲破传统计划型和职能制约，而随着环境、条件、市场的变化朝着有利、有益的市场化方向流动，这种市场化、人格平等、自由的文化理念的形成，要求电子商务组织结构向充分体现人性化、品味化的格局转移，打破传统集权成分较重的权限式职能结构，实行任务团体、项目结合、目标作业、自我控制的分权式管理，形成以目标或项目为核心组织，有事则合，无事则分的灵活柔性结构，实现以目标为核心的资源组合，达到企业内部资源的有效利用。

3．有利于外部资源的利用

在现在条件下，任何一个企业的资源都是有限的，而企业的生存与发展在很大程度上必须利用企业外部资源，而在企业外部各种资源成分均处于流动状态中，因此企业通过电子商务活动，建立或租用各类信息网站，形成企业外部的客户资源、技术资源、项目资源、人才资源、生产要素资源等网络体系，建立责、权、利一体化的利用机制，因此电子商务组织结构既有自身内核，又有与外相联的虚拟化、联盟式、电子社区式的网络组织体系，从而实现电子商务活动超时空、超地域的发展。

4.2　电子商务组织形态

人类行为主要有两类：生活行为和生产行为。生活行为就是直接满足人类生活需求的各种行为，主要是指各种消费行为；生产行为则是为满足人类生活需求而进行的各种活动，如科学研究、生产、流通、分配等。生产行为又可进一步划分为宏观领域的生产行为和微观领域的生产行为。微观领域生产行为的体现与完成必须借助一定类型的企业组织，因此，企业组织的形式和状态（企业组织形态）也就体现了一定条件下微观领域生产行为的形式和状态，即微观领域的生产方式。所以，当探讨微观领域生产行为的形式和状态（生产方式）时，实质上就是在考察企业组织活动的形式和状态，即企业组织形态。

4.2.1 电子商务组织形态的析离

既然在微观领域企业组织形态与生产方式是同义词，企业组织形态必然取决于人类的消费行为。人类的消费行为由于受到历史条件、社会环境等因素的制约，在不同的时期会表现出不同的特征。随着电子商务时代的来临，人类消费行为突出表现出以下特征。

（1）消费形式的个性化。随着消费者主权的逐渐扩大，消费者已成为企业生产的起点，企业必须根据消费者个性化的需求进行生产。为了应对消费形式的个性化，企业必须利用网络技术将消费者纳入到企业价值生产链中。

（2）消费层次的高级化，也可称为消费内容的知识。随着人类消费能力的提高，消费者已不满足于通过低层次的形式来满足其各种需求，想要通过高层次的形式来满足其需求的欲望越来越强烈，知识密集型产品和知识型产品成为他们的首选。为了应对消费层次的高级化，企业必须不断拓展自身的知识创新能力。

（3）消费行为的理性化。随着消费者的不断成熟，消费者变得更加理性，他们认识到经济的增长不是没有限度的，未来的购买力也具有不确定性。因此，消费者在现期消费时主要考虑的是消费效用的最大化。为了应对消费行为的理性化，企业组织有两种选择：其一，通过知识创新提高消费者货币的边际效用；其二，通过网上交易最大限度节约买卖双方的交易成本和时间。

据此，能够满足电子商务时代人类消费需求的微观生产方式（组织形态）有三种：虚拟组织、企业电子商务以及电子商务企业。

其中，虚拟企业是指一些厂商、顾客、甚至同行业的竞争对手，为了满足市场需求，通过各种信息技术把现有的资源虚拟组合为一种没有围墙、超越空间的临时网络化组织。这种临时网络化组织实际上是一种介于传统企业组织与市场组织之间的准市场企业，它不仅具有传统企业所有的功能，而且引入了市场灵活多变的运作机制，又强调组织内部各成员企业的协作能力和创新能力，其最大特点就是能够迅速虚拟整合各类资源并予以创新从而满足人类个性化、高级化、理性化的消费需求。企业电子商务就是指传统企业通过引入电子商务技术进行企业再造而形成的一种微观生产方式。这种微观生产方式的特点就是，企业在向消费者提供个性化产品的同时，交易双方能够节约大量的市场交易费用。必须强调的是，只有那些具有完备知识创新能力的企业组织才适合这种生产方式，因为，电子商务只是为企业组织进行个性化的生产提供一种有效的途径，而企业组织能否按消费者的要求生产出个性化、知识化的产品同企业采用何种商务模式没有必然的联系。对大多数企业组织而言，它们为了把握稍纵即逝的市场机遇，在特定的时间内满足消费者个性化、高级化、理性化的需求，就必须利用信息技术并借助企业外部的力量，形成动态联盟以构建虚拟企业。与虚拟企业和企业电子商务这两种组织形态不同的是，电子商务企业的产生更多的是基于电子商务活动的过程需要。

4.2.2　虚拟企业

知识经济的兴起和信息技术的日新月异，给人类的经营意识和管理观念带来了巨大的冲击。随着全球一体化经济的出现，市场竞争日益激烈，这给企业的管理方法和管理模式带来了更大的挑战。人们对新的管理方法和管理模式的不断探索，为企业增强自身活力和竞争优势提供了有效的保证。“虚拟企业”这一新概念在这种环境下应运而生。

1．虚拟企业的产生与发展

虚拟企业（Virtual Enterprise，VE），最初是由美国里海大学于 1991 年在《21 世纪制造企业的战略》的报告中提出的。作为一个全新的组织与管理模式，虚拟企业的产生与发展经历了一个不断成熟的过程。

1）虚拟企业的产生原因

在风云多变的市场环境中，虚拟企业的产生，不是一种简单的组织变革现象，而是对经济、技术及国际市场竞争环境变化的一种战略反应，是在外部环境和内部结构变化条件下企业寻求发展的有效途径，是特殊的时代背景和客观的理论与技术共同作用的结果。

首先，最初的虚拟企业源于跨国企业对廉价劳动力和原材料的追求。为了避免高额的劳动力、原料及税务，跨国企业把生产部门设立于在这些方面有优势的国家或地区，通过合约与这些生产基地之间形成良好的分工关系，从而使公司能够把精力和资源集中在新产品和新技术的研发及产品和服务的营销工作中来。

其次，虚拟企业之所以能够超越竞争获得双赢结果，正是因为它的出现有着广泛的理论基础。价值链理论认为，虚拟企业的合作伙伴关系是在价值的优势环节上展开合作的，可以到达“双赢”的协同效应，求得整体效益最大化。资源依附学说认为，当企业所需的某种资源被其他企业独占，或者由于企业的过度经营而将资源消耗殆尽时，企业与拥有这一资源的其他企业建立合作关系，借助联盟的优势，获得所需要的经营资源。网络理论指出，虚拟企业作为企业间的网络化系统，一方面可以提高本企业资源的使用效率，降低埋没成本；另一方面，可以节约企业在可得资源方面的新投入，降低转置成本，从而降低企业的进入与退出壁垒，提高企业的战略灵活性。

再次，信息技术的飞速发展为虚拟企业的产生提供了坚实的技术基础。随着新经济时代的到来，产业结构发生了巨大变化，以知识的生产、传播和分配为特征的知识型产业将占据主导地位。知识的开发与生产需要企业承担很高的风险，很少有企业能单凭自己的资金、技术力量、迅速响应市场不断变化的需要，达到占领市场的目的。因此，国与国之间、企业与企业之间由对抗性竞争转为竞争合作，其相互依存、优势互补的关系日益密切，以求适应新的经济环境的要求。超越国家与企业界限的竞争与合作已成为必然，虚拟企业正是在这一时代背景下应运而生的。

2）虚拟企业的发展历程

从广义上讲，虚拟企业的孕育期可以追溯到公元16世纪之前的个体手工业、手工作坊及包买商制度时代，因为经过了这三种过渡状态之后真正意义上的企业——手工业工厂才产生。从狭义上讲，虚拟企业的孕育期就是网络化企业的形成期，因为虚拟企业可以看成是网络化企业发展的高级形式。

在20世纪80年代初，美国企业界以“外购”开创了网络化企业的先例，日本企业界则以“精益生产”、“及时供应”的方式进一步推动了网络化企业的发展。所谓网络化企业，是指一批具有共同利益的企业主体利用一定的手段（契约、股权）组织起来的一种经济联合体。这种网络化企业已基本上具有虚拟企业的雏形。

随着 Internet 的广泛应用，以及全球信息高速公路建设热潮的兴起，企业组织进入了一个颇具挑战性的生态环境系统。传统企业组织模式受自身企业围城的束缚已经不能适应这个开放性的生态环境系统的要求，它们之间的矛盾成为传统企业转型的根本动力。冲出传统企业组织模式，创建一种既能充分利用企业内部资源又能充分整合企业外部资源的创新型企业模式迫在眉睫。

随着信息技术的不断进步，传统的网络化企业形成了一种基于ICT（Information and Communication Technology）的全新网络化运作模式，在一定程度上缓解了企业与生态环境系统之间的矛盾。几乎与此同步，虚拟企业也应运而生了。

1989 年美国国家工程院和中国科学院联合发起讨论对当前制造业挑战和对策的研讨会，经过协商提出了一套相应的措施和建议，这些措施和建议得到了美国国防部的资助。在这种形势下，由美国里海大学（Lehigh）牵头，组成了以美国13所一流的制造企业为核心的领导组，组织了100余家大学和咨询公司，向美国国会提交了一份《关于美国制造业21世纪的发展战略》的研究报告，提出了动态联盟的概念，也就是所谓的虚拟企业。值得注意的是，报告中提出的虚拟企业并不是有独立法人资格的企业实体，它实际上是一种介于传统企业组织与市场组织之间的准市场企业，但又不是二者之间一个简单的中间状态。它具有传统企业所有的功能，又引入了市场灵活多变的运作机制，又强调虚拟企业各成员企业的协作能力和创新能力。准确地说虚拟企业只是一种提升企业自身适应能力的有效策略。只是因为这种动态联盟几乎具有一般企业的所有性质，所以人们就形象地称之为虚拟企业。继美国之后，欧洲和日本等发达国家也相继开始研究和实践，于是虚拟企业如雨后春笋般应运而生。

2．虚拟企业的概念与特点

1）虚拟企业的概念

关于虚拟企业的含义，至今仍未得到公认和统一。长期以来，许多中外学者从不同研究角度出发，对虚拟企业做出了不同的解释，较为典型的有以下几种。

定义一：美国的 NIIIP（National Industrial Information Infrastructure Protocols）计划项目对虚拟企业的定义为："虚拟企业是由不同的公司组成的共担成本、共享技能以开拓快速变化的市场机遇的临时性联盟。"

定义二：虚拟企业是借助高度发达的信息技术和通信技术组建而成的，企业之间的合作关系以可以突破传统的长期、固定的合作关系，如合资企业、跨国公司等。通过网络，应用信息技术进行分散的合作，一旦合作目的达到，这种合作关系便宣告解散。因此，这是暂时、跨越空间、十分庞大的合作关系。

定义三：虚拟企业是指有完整生产、行销、设计、财务等功能的企业，其体内却没有完整的执行这些功能的组织，仅保留企业中最关键的功能，其他的功能将虚拟化，以创造企业高弹性的竞争优势，或者说在有限的资源条件下，为应对激烈竞争的市场，具有开发、生产、经营某种产品所需不同知识和技术的不同企业为共同开辟市场、共同对付其他竞争者而组成的企业联盟。

定义四：虚拟企业是指在市场进入买方市场、竞争异常激烈的情况下出现的一种代表企业经营管理新思维的经营管理方式。它是指公司在组织上突破现有的行政界限，充分利用高速发展信息技术、网络通信技术，在有限的资源条件下，为了取得在市场竞争中的最大优势，通过各种方式借助外力进行整合弥补，以求在竞争中最大效率地发挥企业有限资源的能量。

上述定义从不同的侧面、不同的角度提示了虚拟企业的含义，或者提示了虚拟企业在某一层面上的属性。我们认为，虚拟企业是指随着市场竞争的激烈化，基于现代信息技术，包括计算机技术、网络技术和通信技术，在企业之间出现的共享资源、共担风险、联合参与竞争的临时性动态联盟组织。

2）虚拟企业的特点

作为信息时代的产物，虚拟企业根植于高度发达的通信网络和信息技术，这使得虚拟企业与传统企业的组织模式相比，有着根本性的区别。虚拟企业之所以能够迅速适应新的生态环境，必然有传统企业无法比拟的特性，可以从如下三个层面进行分析。

（1）从整体环境看。

① 成员和生产资源的分散性：虚拟企业的成员和生产资源分散在不同的物理空间中，基于共同的市场目的，依靠各种信息网络、支持协同工作的计算机软件及信息技术而集中于同一虚拟空间中。

② 以信息技术和信息网络为依托：信息技术和信息网络是虚拟企业构建的基础，而且虚拟企业中各成员的资源共享与合作只有在利用现代信息技术并依靠现代通信网络的前提下才能顺利完成。另外，虚拟企业中多以项目为中心的协调管理、高效的信息技术手段成为必需的支撑。

（2）从组织结构看。

① 企业组织模式趋向水平型：与传统企业的“纵向一体化”（垂直型）的企业组织模式不同，虚拟企业的组织模式更趋向于水平型的“横向一体化”。它的优点是具有较大的机动性和适应性，较好地实现了分权与集权的结合。

② 功能的专长化和完整性：从宏观上看，在虚拟企业中，各个成员企业都是具有不同知识、生产技术、市场行销和人才资源优势的企业，将这些成员企业通过通信网络集成，不仅可以在功能上达到完整，而且所具有的功能都是各个成员企业的优势功能。从微观上看，虚拟企业的各成员企业只提供自己最专长的功能，如善于开发的企业就提供开发功能，善于资金运作的企业就提供资金运作功能。

（3）从企业运作看。

① 并行分布式作业：在虚拟企业中，成员企业的作业方式在时间上是并行的，在空间上是分布的。这种独特的作业方式，既提高了虚拟企业的生产效率，又减小了市场风险。

② 强大的企业学习机制：虚拟企业作为一种动态的开放式系统，已经超越了时间和空间的障碍，能形成强大的企业学习机制。而虚拟企业的创新机制也只有建立在强大的企业学习机制之上才能最终发挥功效。

③ 独特的企业文化：跨地区、跨国家动态联盟的组建必将促使在虚拟企业内部形成跨地域的企业文化。在虚拟企业模式中，企业与企业、人与人之间的合作都要建立在信任的基础上，而这也恰好是虚拟企业的企业文化所要达到的目的。

④ 暂时性和动态性：动态联盟就是基于捕捉稍纵即逝的共同的市场机会而迅速成立的。当市场机遇出现时，迅速组建；当市场机遇消失时，自行解体，进入下一轮虚拟合作。正是这种动态性特征使它具有多变市场环境的快速反应能力。

3. 虚拟企业的功能

1）学习功能

虚拟企业作为一种开放式的系统，超越了时间和空间的障碍，能使各成员企业形成真正意义上的学习型企业。虽然构建虚拟企业能增强企业的适应能力，但风险是时刻存在的，如果把虚拟企业视为一贴万灵药则是危险的。所以虚拟企业也需引入学习机制，以进一步提高自身的适应能力。事实上，实践中的虚拟企业也是这样做的，它每天都在不断地吸收新的东西，又在不断地抛弃废旧的东西。由此可见，强大的学习功能是虚拟企业这类新兴企业组织模式的显著特征。

2）市场的部分替代功能

在生产资料市场，企业可以节约交易费用，具有某种替代市场的功能。虚拟企业也应具有此功能。但是，虚拟企业不是一般的企业，它的生产模式已由传统的“生产—销售”式转化为“感知—响应”式。生产者与消费者之间的界限变得模糊，消费者可以通过直接或间接的方式加入到虚拟企业中。因此，消费者也被纳入虚拟企业的界限之内，成为部分生产者。这样，在消费市场，虚拟企业也能节约交易费用。所以，有理由相信虚拟企业在消费资料市场也能替代市场的某些功能。

3）产业结构的优化功能

首先，产业结构的合理化。即所有产业生产经营的产品或服务能满足当时条件下的社会需求；产业之间的比例协调，并能有效地利用资源，进行机制转换、资源组合，从而实现流程重组。

其次，产业结构的高级化。作为正处于成长期的虚拟企业，它们都具有高科技企业的属性，能有效促进我国产品结构、劳动就业结构、技术结构的高级化，其最终的表现形式就是产业结构的高级化。

4）创新功能

在管理理念上，虚拟企业主张超越以自身物料需求为中心的生产管理界限，从供应链整体最优出发，充分了解用户需求，并与供应商在经营上协同一致，采用先进技术与方法，进行全面优化，保证供应链上的信息及时、准确、有效地传递与集成，从而真正实现企业长期利益最大化。在经营理念上，依靠外部优势资源，共同开发，共享市场，最终达到“双赢”。在组织结构上，虚拟企业要求：① 具有完好的柔韧性，以适应市场的变化；② 完整的信息网络，使各成员之间的信息交流和合作形式多样，以达到实时响应；③ 扁平的网络组织结构，减少中间管理环节，加快信息的传递。

4.2.3　企业电子商务

1．企业电子商务的含义

传统企业若要开展真正意义上的电子商务，实行基于网络的商务运作模式，那么它必然会形成一种有别于实体组织、虚拟企业的新型组织形态——企业电子商务组织。所以，从组织形态的角度来讲，企业电子商务就是指传统企业通过计算机技术、通信技术、网络技术三大技术平台来配置资源、进行生产的一种组织形式。

2. 企业电子商务的特征

传统企业一旦成功向企业电子商务转型，其组织形态必然具有以下特征。

1）强大的技术基础

企业的电子商务平台是建立在三大技术平台之上的，即计算机技术、通信技术和网络技术。但企业电子商务对信息技术的依托与虚拟企业及电子商务企业有所不同。虚拟企业既可以通过契约网络进行合作，又可利用以三大技术平台为支撑的信息流网络进行合作。电子商务企业则完全植根于互联网，没有了三大技术它将无法生存。而企业电子商务对信息技术的依托居于两者之间，它既需要强大的技术基础，又不完全依托于信息技术。

2）组织创新

（1）组织结构扁平化。随着电子商务在企业的实施，原有的那种“金字塔”式组织结构已失去了存在的根基：企业内部由于广泛应用信息技术，组织结构不再受到管理幅度的限制，企业可以尽量减少管理层次，扩大管理幅度，改变信息传递机制，节约管理费用；另外，传统的“金字塔”式的官僚组织结构也不能适应当代企业电子商务敏捷灵活、高效快速的经营方式。

（2）组织边界的扩张。20 世纪 30 年代，著名学者罗纳德·科斯认为企业的兴起是因为企业可以节约市场交易费用。科斯同时指出，企业组织替代市场尽管可以节约交易费用，但是企业组织中的交易也是有费用的。当企业组织扩大时，企业内部追加交易的成本可能会上升，以致通过企业内部交易的成本与市场交易的成本相等，这时候，企业规模的扩张就停止了，企业规模与市场规模就处于一种“均衡状态”。相对于市场交易而言，电子商务能给企业组织节约更多的内部交易费用，由此企业可以进一步扩张。如果企业信息化进程达到一定程度，企业引入虚拟运作机制，组建虚拟企业就成为必然，此时企业组织的界限就更为模糊。

（3）组织体制的变化。组织体制的最大变化就是，实施电子商务运作的企业在为知识的流动和共享提供硬件设施的同时，还设立了知识主管（CKO）一职，并辅以专门的知识管理部，负责企业知识的积累、共享、利用、创新、扩散，加快企业知识转化为生产力的步伐。知识管理部又下设信息管理部、技术开发部、组织学习部、人力资源开发部、客户关系管理部等。从表面上看，企业中只是多了一个职能部门，但不难发现，在知识主管的领导下，企业电子商务已变革为学习型组织。

3）独特的企业文化

同样，对企业电子商务而言，没有企业文化的转型，传统企业向企业电子商务的转型难以实现。因此，企业电子商务的企业文化必然与传统的企业文化有所不同。电子商务的特点决定了企业发展和成功的关键在于人才。在企业电子商务模式下，员工的工作时间更具弹性，工作范围全球化、工作场所不受限制，员工更依赖于自身的知识创新能力，并逐步摆脱机械设备、原材料、工作条件和岗位的束缚，从而找到内在的自由和平衡。这就需要企业建立一系列新观念、新制度来进行人力资源的开拓，从而形成既具有电子商务特色又兼容传统企业文化的新型企业电子商务文化。

3．企业电子商务的组织要素

所谓组织要素就是指组织必要的“构件”，总结传统组织理论，可认为组织要素有四个：活动、资源、制度及目标。

1）活动

具体而言，企业电子商务的活动要素就是指企业的电子商务活动。同传统的企业商务活动相比，企业电子商务活动有以下特征。

（1）虚拟化，即整个交易都在网络这个虚拟的环境中进行。

（2）成本低，电子商务使得买卖双方的交易成本大大降低。

（3）实时性，交易双方在互联网的支撑下随时进行电子化交易。

（4）效率高，由于互联网将贸易中的商业报文标准化，使商业报文能在世界各地瞬间完成传递与计算机自动处理，将原料采购、产品生产、需求与销售、银行汇兑、保险、货物托运及申报等过程无须人员干预即可在最短的时间内完成。

（5）透明化，买卖双方从交易的洽谈、签约、货款的支付及最终的交货通知等整个交易过程都在网络上进行。通畅、快捷的信息传输可以保证各种信息之间互相核对，可以防止伪造信息的流通。

（6）全球化，电子商务所依托的基础是互联网，网络把整个世界联系了起来，从而为企业的商务活动开辟了一个崭新的、开放、多维、立体的市场空间。

（7）服务个性化，电子商务所依赖的现代信息技术体系使得使用电子商务的企业可以很方便地提供个性化的服务，而客户则可以很容易地享受到这种服务的个性化。

2）资源

资源要素是企业活动中最为关键的要素之一，它决定着企业活动的存在，并且把不同的组织活动区分开。一般而言，企业活动中的资源可分为两大类：物质资源和知识资源。其中，物质资源既是传统企业活动的原始资源，又是其核心资源；知识资源对企业的贡献微乎其微。对企业电子商务而言，知识资源则构成了其资源要素的核心，物质资源退居次要地位。因此，企业电子商务的资源特性为“知识”。而作为企业知识最活跃的部分即隐性知识的载体——人的特性表现为“智力”。他们的作用已经超越了人的体力特征，强调人的“智力”（个人知识和能力的总称）。这和他们所从事的工作根据创造性、变换性、不确定性有关。企业电子商务活动要求新一代员工具备学习的能力、创新的能力及借助计算机网络和其他渠道交流的能力。

3）制度

企业电子商务几乎都是远距离条件下的协同合作，称之为虚拟团队的工作方式。企业电子商务的制度要素主要表现为虚拟团队的行为规范。其虚拟行为规范可以分为两方面：虚拟合作行为规范和虚拟社区行为规范。前者是面向任务的，它主要对企业电子商务中各虚拟团队及员工在完成某一具体任务时的合作行为进行规范。后者则是面向整个企业的，它将企业视为一个虚拟社区，其主要目的就是建立一个共同遵守的社区行为规范。

4）目标

企业电子商务强调对消费者的反应，建立在各类快速反应系统及计算机网络之上，它可以对市场（消费者）采取即时的行动，完成从原材料到生产和销售的全过程。因此，它可以根据当前任务确定目标，从而使目标更具体客观性、有效性。但是，企业电子商务的任务型目标并非是分散的，在远景导向下和核心能力聚敛下，阶段性目标或独立性目标可以做到相互一致、相互发展。因此，企业电子商务的目标特性为“任务”。

4.2.4 电子商务企业

1. 电子商务企业的概念

在企业实现电子商务的同时，商业主体之间的交易便捷性得到了空前提高，交易的成本大大降低。电子化交易手段大大扩展了交易主体的选择空间并加速全球经济一体化进程，交易主体之间“多对多”的交易关系推动“全球网络化供应链”的形成。在全球网络化供应链中，交易主体在选择合适的交易对象时，由于数量剧增而极大地影响了交易的效率，如每个零售商都可能需要到很多企业的网站上下订单。在这种情况下，为了提升全球网络供应链的运行效率，在交易主体之间按商品类别建立网上公共交易社区或“网上超市”（这不同于单一企业建立的“网上商店”），这将会大大提高交易效率，从而衍生出纯粹的电子商务企业，为交易双方提供交易信息服务和交易平台服务。

纯粹的电子商务企业是组成全球网络供应链中的一个重要环节，其目标是通过提供交易信息和交易平台（主要是交易订单和交易结算）公共服务提高交易主体之间的交易效率。可以将电子商务企业提供的服务概括为以下三个方面：公共交易信息服务、公共交易平台服务、公共应用系统服务。

电子商务企业的收入来源主要提供上述三类服务而取得的应有的收入，主要包括：按交易额提取少量（一般不到 1%）的交易服务费，广告费、社区会员费、深层次信息服务费、应用系统运行平台租赁费、应用系统租赁费、应用系统实施咨询费、应用基础设施服务费等。

2. 电子商务企业的产生与发展

企业实施电子商务必将大大提升企业的市场竞争力，但是在社会所有企业都提出商务电子化需求之时，整个社会在 IT 方面的资金投入量将会达到天文数字，而且企业对 IT 专业人才的需求也将会远远超出整个社会的 IT 人才供给量。在这种情况下，专业化的应用服务提供商（Application Service Provider，ASP）必将应运而生，它将建立公共的 IT 应用平台为所有企业提供租赁服务。ASP 的出现不仅提高了全社会的 IT 投资效率，而且降低了单一企业的 IT 投资风险，为全社会企业实现电子商务起到积极的推动作用。

可以想象，ASP 供应商对未来企业提供的 IT 应用平台公共服务会像水、电、气、通信和物业等对传统企业提供的公共服务一样。特别是 CRM 和 iProcurement 系统的应用是基于 Web 技术的外部应用的，不可能每个企业都投资建立自己的宽带接入，这就更离不开 ASP。不可否认，对于少数特大型集团企业也可以建立自己集团内部的 ASP。

ASP 的组成包括三大内容：Internet 数据中心（Internet Data Center，IDC）、基于 Web 的应用软件（Web Based Application）和应用咨询（iConsulting）服务（可以分别比喻为"高速公路"、"汽车"和"驾校"）。对于前两者大多数人都能理解，但是由于企业 ERP、CRM 和 iProcurement 等系统的应用成功的前提条件是业务流程重组，以避免掉进"IT 黑洞"，因此，ASP 的广泛应用离不开以 IT 应用咨询为主要业务领域的现代管理咨询业。ASP 的出现标志着电子商务企业的产生。与此同时，随着电子商务的纵深发展，各种新型的电子商务企业不断涌现，如 AIP（应用基础设施提供商，Application Infrastructure Provider）。AIP 是继 IDC、ASP 之后的又一新兴模式，在业务关系上，处于 IDC 和 ASP 之间，提供 IDC 和 ASP 所不能提供的应用基础设施服务。

3. 电子商务企业的特征

1）中介特征

所谓中介特征指的是电子经纪人在交易双方、当事人之间处于中介地位，为交易双方提供定约机会，充当牵线搭桥的媒介。当然，电子经纪人从事中介的目的仅仅是基于佣金请求，本身不从事生产或经营。电子经纪人不得从委托他的供方那里购买所中介的商品、技术而变成需方，也不得向委托他的需方出售自己商品、技术而成为供方。如果电子经纪人在中介服务过程中，发现了有利可图的商业机会而参与经营的话，其行为的目的是获得利润，而不是收取佣金，这在许多国家都是禁止的。这就是说，经纪人要对他的委托人忠诚，经济行为要为委托人的利益服务，如果允许经纪人可以直接经营所经纪的商品，这样，经纪人就会损害委托人的利益。

2）有偿服务特征

电子经纪人的活动性质是一种服务性劳动，这种劳动本身不创造产品价值，而这种劳动促进社会流通渠道的畅通，参加商品流通中的价值分配，这种分配反映了电子经纪人服务活动的有偿性，其具体表现形式是佣金。为了使佣金得到保证，采取先付定金再提供服务的保证措施。

3）电子经纪的广泛性

电子经纪活动根植于商品经济，在信息经济和网络经济条件下，市场上的供给和需求相当广泛，繁多而复杂，许多商业机会稍纵即逝，企业若抓住了这个机会，就能获取大笔的订单，若失去了这个机会，往往会给企业的发展造成重大的损失。在这种情况下，电子经纪人有了其用武之地。电子经纪人可利用自己丰富的信息网络，为企业提供所需的有价值的信息。电子经纪人所能发展的空间很广阔。在我国，只要国家法律、法规和政策允许进入市场交易的物质、技术成果、工程项目，电子经纪人均可依法进行中介，为供需双方牵线搭桥。

4）知识性与情报性

现代商品交易的中介要求电子经纪人在从事某项商品的交易中介业务时，不仅要熟悉商品的专业知识、经营业务、市场行情、政策导向、法律规章、交易心理、社会环境，还要了解相关商品领域的知识与概况，以利于主动解决或协调处理随机出现的问题。电子经纪人在具备以上知识的基础上，还需一种情报意识，即以宽厚的知识面为基础，有善于洞察市场变化的意识，从市场行情中收集情报，从大量事实中分析情报，在接受委托和提供参数服务的内容实质上是情报服务，与委托人进行的是一种情报商品的交易，因此，电子经纪人活动的内容具有经济情报服务的特点。

本章小结

电子商务活动成功展开的重要条件之一是构建强有力的组织保障。本章分析了电子商务组织的七大要素，即人、产品、资金、信息、网络、客户、时间，然后提出了电子商务组织原则和思想，阐述了与电子商务活动相对应的电子商务组织形态：虚拟企业、企业电子商务和电子商务企业。

虚拟企业是指随着市场竞争的激烈化，基于现代信息技术，包括计算机技术、网络技术和通信技术，在企业之间出现的共享资源、共担风险、联合参与竞争的临时性动态联盟组织。企业电子商务就是指传统企业通过计算机技术、通信技术、网络技术三大技术平台来配置资源、进行生产的一种组织形式。电子商务企业是组成全球网络供应链的一个重要环节，其主要目标是通过提供交易信息和交易平台（主要是交易订单和交易结算）公共服务提高交易主体之间的交易效率。

问题讨论

1. 简述电子商务组织要素。
2. 简析电子商务组织原则与思想。
3. 简述电子商务的组织形态。

下　　篇

方法与应用篇

第 5 章

电子商务战略管理

内容提要

电子商务是综合利用现代通信技术与信息处理技术实现传统商业活动的电子技术。电子商务已经成为商务活动进行的重要方式，发展电子商务、管理电子商务、利用电子商务，最大限度地发挥电子商务的积极作用，实现国家的跨越发展、企业的跨越发展，因此，研究电子商务、利用电子商务已经成为各国政府、各个企业发展的战略选择。

本章重点

- 电子商务战略的含义；
- 电子商务战略分析；
- 电子商务战略模式与规划；
- 电子商务战略实施方法与过程；
- 电子商务战略评估框架与战略控制。

5.1 电子商务战略概述

“战略”一词在我国古已有之：“战”即战斗、战争；“略”指筹略、策略。现在，将“战略”引申到管理中，它就是指在竞争条件下，组织发展的方向性、长远性、全局性的谋划和行动。这种谋划和行动正是通过战略决策而寻求的最为满意的行动方案。

5.1.1 电子商务战略的含义

进入 20 世纪 90 年代以来，一系列的技术突破使得互联网发生了日新月异的变化，呈现出爆炸性增长。随之，一种基于互联网、以交易双方为主体、以银行电子支付和结算为手段、以客户数据为依托的全新商务模式——电子商务应运而生。基于电子商务自身的巨大优势及信息技术的不断推动，电子商务已经成为全球经济的热点。经过前面的分析，可以知道战略就是指在竞争条件下，组织发展的方向性、长远性、全局性的谋划和行动。由此，任何一个面临竞争的组织从事电子商务活动必然就具有战略意义。因为，首先，电子商务给组织发展带来了明确的方向性；其次，电子商务不是一蹴而就的，如涉及电子商务运作基础的社会信息化、企业信息化及个人信息化都需要长期的投入与发展；第三，电子商务对组织的影响是全局的，并非是外在商务模式的转变。

综上分析，电子商务本身就是组织应对竞争的一种战略选择，是对组织经营领域的进一步拓展，更是组织总体战略的一个重要组成部分。那么，现在所讨论的“电子商务战略”则是对“一种组织准备实施电子商务”这种总体战略选择的进一步谋划与行动，也就是关于一个组织如何发展电子商务及如何在电子商务竞争中取得竞争优势的谋划与行动。前者应当属于将“电子商务”作为总体发展战略的具体谋划与行动，后者则属于具体业务单元的竞争战略。由于我们国家目前处于一种电子商务的初级发展阶段，所以目前探讨的有关电子商务战略以总体发展战略为主，涉及具体业务单位的竞争战略相对较少。

5.1.2 电子商务战略的特点

一般而论，电子商务战略具有以下几个特点。

1. 全局性

战略是以电子商务组织的全局为研究对象、根据组织总体发展的需要而制订的。它所规定的是组织的总体行动，它所追求的是组织的总体效果。虽然它必然包括组织的局部活动，但是，这些局部活动是作为总体行动的有机组成部分在战略中出现的。

2．长远性

战略既是组织谋取长远发展要求的反映，又是组织对未来较长时期（5 年以上）内如何生存和发展的通盘筹划。它的着眼点是组织的未来而不是现在，是为了谋求组织的长远利益而不是眼前利益。虽然它的制订要以组织外部环境和内部资源情况为出发点，并且对组织当前的生产经营活动有指导作用，但是，这一切也都是为了更长远的发展，是长远发展的起步。

3．方向性

战略具有明确的方向性，其主要任务就是提出组织的战略展望，指明组织的未来业务和组织前进的目的地，从而为组织提出一个长期的发展方向，清晰地描绘组织将竭尽全力所要进入的事业，使整个组织对一切行动有一种目标感。

4．竞争性

战略是关于组织在激烈的竞争中如何与竞争对手抗衡的行动方案，也是针对来自各方面的冲击、压力、威胁和困难，迎接这些挑战的行动方案。它与那些不考虑竞争、挑战而单纯为了改善企业现状、增加经济效益、提高管理水平等为目的的行动方案不同。只有当这些工作与强化组织竞争能力和迎接挑战直接相关、具有战略意义时，才能构成战略的内容。

5．纲领性

战略规定的是组织总体的长远的目标、发展方向和重点及所采取的基本行动方针、重大措施和基本步骤，都是原则性的、概括性的、总体性的规定，具有行动纲领的意义。它是对组织未来的一种粗线条设计，是对企业未来成败的总体谋划，而不是纠缠于现实的细枝末节，必须通过展开、分解和落实等过程，才能变为具体规划和计划。

6．风险性

战略所关注的是组织的未来，所做出的战略决策是基于对当前组织所面临的环境分析和预测，具有不确定性，因而战略必然具有风险性。

5.1.3　电子商务战略竞争力

电子商务战略竞争力是电子商务企业取得长远发展的关键。战略竞争力是指在实施长远性和根本性的战略发展目标时给经济与社会发展所带来的无形的或潜在的利益，是电子商务企业未来发展的根本点。电子商务战略竞争力永远是企业生存、发展和增强竞争力的“航标”和“灯塔”。

1. 战略竞争力对确定企业经营领域的作用

企业发展到一定程度后，总会面临业务多元化还是专业化发展的战略性经营方向选择问题。提出多元化发展的要求，通常是以现有业务的发展前景欠佳或企业实力强大为前提假设的。如果企业实力不够强大，集中力量进行专业化经营无疑是最佳选择，采取多元化的做法往往会造成管理精力分散、业务遍地开花、经营效益滑坡的结果。考虑到在全球竞争环境中，与国际大公司相比，我国的许多企业发展历史不长，管理经验欠缺，竞争实力尚有待进一步积累，也许今后很长时间内，都还需要将专业化经营作为首选战略。而在企业实力较强，允许多元化经营时，最好考虑选择与原有业务在管理、运行、技术、原料、生产、营销、文化等方面存在一定相关性的新业务，因为，有研究表明：多元化进入一个与企业原有业务毫不相关的全新领域，其成功的可能性很小。

2. 动态环境下的企业战略竞争力构建

（1）员工是推动企业战略制订的核心力量，更是对战略最终执行的根本力量。

企业的发展有20%靠企业的战略规划，80%靠企业各层管理者的执行力。“执行力”是否到位既反映了企业的整体素质，又反映了管理层领导的观念、素质和心态，因而企业“执行力”的培养不能只停留在管理者的“知识技能”层面上，更应着重于管理者的素质、心态和观念的塑造。企业要改善执行部门的执行力，应把工作重点放在这个部门的管理者身上。

（2）建立核心竞争力与资源整合战略。

对于一个企业来说，其内部和外部总是存在着各种丰富的资源，能否整合好这些资源，并加以合理、有效地利用，充分发挥优势和作用，对于企业的生存和发展起到十分关键的作用。因为特定的资源和能力是竞争优势的来源，成功的企业一个重要的原因就是善于整合其内外部资源。

建立核心竞争力与资源整合是企业整体战略选择的主要方式，这两大战略是相互作用的，也是企业为获得市场竞争优势、保证企业在市场运营中获得最大利益的最重要的两个方面。

（3）企业文化是企业战略竞争力的核心。

企业文化对企业长期经营业绩有着重大作用。企业文化建立得好坏是决定企业兴衰的关键因素。因为企业文化是企业的“灵魂”，是企业经营活动的“统帅”，是企业行动的“思想指南”，在企业经营发展中具有无法替代的核心作用。企业文化对企业来说，具有导向作用、凝聚作用、规范作用。所以建立有效的企业文化是一个企业能否成功发展的一个重要条件，同时，建立有效的企业文化是建立企业战略竞争力的核心的有效方法。

总之，良好的、持续的企业文化建立是企业核心竞争力成长和发展的基石，并使核心竞争力得以提升。

（4）创建持久的品牌战略。

品牌战略就是公司将品牌作为核心竞争力，以获取差别利润与价值的企业经营战略。品牌战略是市场经济中竞争的产物，近年来，一些意识超前的企业纷纷运用品牌战略的利器，取得了竞争优势并逐渐发展壮大。战略的本质是塑造出企业的核心专长，从而确保企业的长远发展。在科技高度发达、信息快速传播的今天，产品、技术及管理诀窍等容易被对手模仿，难以成为核心专长，而品牌一旦树立，则不但有价值并且不可模仿，因为品牌是一种消费者认知，是一种心理，这种认知和感觉不能被轻易模仿。

（5）建立持续竞争优势战略。

根据企业发展的特点：小企业从创立到发展成为大企业的主要障碍是战略问题、管理转型问题和核心竞争力问题。解决这些问题，并构建持续竞争优势战略的措施就是建立学习型组织。学习型组织是指通过培养整个组织的学习气氛和文化，推动集体学习，使组织中的每个员工不断地学习，并充分发挥员工的创造能力，不断改进管理、技术及服务，使组织获得持续的竞争优势。在知识经济时代的今天，员工已成为中小企业最宝贵的资产。由于知识的快速更新，员工对于专业知识的持续学习与更新能力，将决定一家中小企业所拥有的竞争实力，同时培育企业核心竞争力。

5.2　电子商务战略分析

战略管理区别于日常管理之处就在于它更为关注环境变量对企业生存和发展的影响，并试图通过对环境变化的观察来把握其趋势，以发现企业发展的新机会和避免这些变化所带来的威胁。由此，电子商务战略分析是电子商务战略管理中非常关键的环节，主要包括外部环境分析和内部条件分析。

5.2.1　外部环境分析方法

对于电子商务战略来说，分析和评价外部环境因素，是一项不可缺少的工作，有助于对利害得失的权衡、制订和实施正确的发展战略、进行科学的经营管理。电子商务战略外部环境有宏观、微观之分。微观的外部环境就是由不可控制的对经营活动有影响的因素所构成的行业环境，包括产业环境和市场环境等。宏观的外部环境则是由一些大范围的社会力量所构成的，更是企业很难控制的因素。它可以概括为政治因素（Political）；经济因素（Economic）；社会因素（Social）；技术因素（Technological）四大类。对于这四类信息的分析，便是 PEST 分析法。

1. 微观外部环境分析

微观环境主要包括产业环境和市场环境两个方面。产品生命周期、产业的竞争力、产业内的战略群体、成功关键因素等分析方法是微观环境分析的重要内容。市场需求与竞争的经济学分析能够深化对微观环境的理解与认识。以下对产业的生命周期、产业结构分析、市场结构与竞争、市场需求状况、产业内的战略群体和成功关键因素分析进行简要介绍。

（1）产业的生命周期。在一个产业中，企业的经营状况取决于其所在产业的整体发展状况及该企业在产业中所处的竞争地位。分析产业发展状况的常用方法是认识产业所处的生命周期的阶段。产业的生命周期阶段可以用产品的周期阶段来表示，分为开发期、成长期、成熟期和衰退期四个阶段。只有了解产业目前所处的生命周期阶段，才能决定企业在某一产业中应采取进入、维持或撤退，才能进行正确的新的投资决策，才能对企业在多个产业领域的业务进行合理组合，提高整体赢利水平。

（2）产业结构分析。根据波特教授从产业组织理论角度提出的产业结构分析的基本框架——五种竞争力分析，可以从潜在进入者、替代品、购买者、供应者与现有竞争者间的抗衡来分析产业竞争的强度及产业利润率。潜在进入者的进入威胁在于减少了市场集中，激发了现有企业间的竞争，并且瓜分了原有的市场份额。替代品作为新技术与社会新需求的产物，对现有产业的“替代”威胁的严重性十分明显，但几种替代品长期共存的情况也很常见，替代品之间的竞争规律仍然是价值高的产品获得竞争优势。购买者、供应者讨价还价的能力取决于各自的实力，如卖（买）方的集中程度、产品差异化程度与资产专用性程度、纵向一体化程度及信息掌握程度等。产业内现有企业的竞争，即一个产业内的企业为市场占有率而进行的竞争，通常表现为价格竞争、广告战、新产品引进及增进对消费者的服务等方式。

（3）市场结构与竞争。经济学中对市场结构的四种分类：完全竞争、垄断竞争、寡头垄断和完全垄断有助于对市场竞争者的性质加以正确的估计。严格定义的完全竞争市场在现实生活中并不存在，但这一市场中激烈的价格竞争使价格趋向于边际成本的描述在许多消费品市场中屡见不鲜。垄断竞争市场中，产品的差异性为企业建立了固定客户，并且允许企业对这些固定客户享有价格超过边际成本的一些市场权力。寡头垄断市场中，企业的决策要依赖于其他企业的选择，决策主体的行为发生直接相互作用条件下的决策均衡问题日益受到广泛重视。完全垄断市场上，垄断厂商控制操纵价格和产量的行为因损害了消费者的利益受到了反垄断政策的制约，但企业通过创新来取得垄断力量和实现高额利润的努力也存在一定的合理性，从长期看对垄断的限制对于消费者来说是不利的，因为它限制了竞争。

（4）市场需求状况。可以从市场需求的决定因素和需求价格弹性两个角度分析市场需求。人口、购买力和购买欲望决定着市场需求的规模，其中，生产企业可以把握的因素是消费者的购买欲望，而产品价格、差异化程度、促销手段、消费者偏好等影响着购买欲望。影响产品需求价格弹性的主要因素有产品的可替代程度、产品对消费者的重要程度、购买者在该产品上的支出在总支出中所占的比重、购买者转换到替代品的转换成本、购买者对商品的认知程度及对产品互补品的使用状况等。

（5）产业内的战略群体。确定产业内所有主要竞争对手战略诸方面的特征是产业分析的一个重要方面。一个战略群体是指某一个产业中在某一战略方面采用相同或相似战略的各企业组成的集团。战略群体分析有助于企业了解自己的相对战略地位和企业战略变化可能产生的竞争性影响，使企业更好地了解战略群体间的竞争状况、发现竞争者，了解各战略群体之间的“移动障碍”，了解战略群体内企业竞争的主要着眼点，预测市场变化和发现战略机会等。

（6）成功关键因素。作为企业在特定市场获得赢利必须拥有的技能和资产，成功关键因素可能是一种价格优势、一种资本结构或消费组合、或者一种纵向一体化的行业结构。不同产业的成功关键因素存在很大差异，同时，随着产品生命周期的演变，成功关键因素也会发生变化，即使是同一产业中的各个企业，也可能对该产业成功关键因素有不同的侧重。

2．宏观外部环境分析

PEST 分析法是战略外部环境分析的基本工具，它通过政治的（Politics）、经济的（Economic）、社会的（Society）和技术的（Technology）角度或四个方面的因素分析从总体上把握宏观环境，并评价这些因素对企业战略目标和战略制订的影响。

（1）P 即 Politics，政治要素，是指对组织经营活动具有实际与潜在影响的政治力量和有关的法律、法规等因素。当政治制度与体制、政府对组织所经营业务的态度发生变化时，当政府发布了对企业经营具有约束力的法律、法规时，企业的经营战略必须随之做出调整。法律环境主要包括政府制定的对企业经营具有约束力的法律、法规，如反不正当竞争法、税法、环境保护法及外贸法规等，政治、法律环境实际上是和经济环境密不可分的一组因素。处于竞争中的企业必须仔细研究一个政府和商业有关的政策和思路，如研究国家的税法、反垄断法及取消某些管制的趋势，同时了解与企业相关的一些国际贸易规则、知识产权法规、劳动保护和社会保障等。这些相关的法律和政策能够影响到各个行业的运作和利润。

（2）E 即 Economic，经济要素，是指一个国家的经济制度、经济结构、产业布局、资源状况、经济发展水平及未来的经济走势等。构成经济环境的关键要素包括 GDP 的变化发展趋势、利率水平、通货膨胀程度及趋势、失业率、居民可支配收入水平、汇率水平、能源供给成本、市场机制的完善程度、市场需求状况等。由于企业是处于宏观大环境中的微观个体，经济环境决定和影响其自身战略的制订，经济全球化还带来了国家之间经济上的相互依赖性，企业在各种战略的决策过程中还需要关注、搜索、监测、预测和评估本国以外其他国家的经济状况。

（3）S 即 Society，社会要素，是指组织所在社会中成员的民族特征、文化传统、价值观念、宗教信仰、教育水平及风俗习惯等因素。构成社会环境的要素包括人口规模、年龄结构、种族结构、收入分布、消费结构和水平、人口流动性等。其中人口规模直接影响着一个国家或地区市场的容量，年龄结构则决定消费品的种类及推广方式。

每一个社会都有其核心价值观，它们常常具有高度的持续性，这些价值观和文化传统是历史的沉淀，通过家庭繁衍和社会教育而传播延续，因此具有相当的稳定性。而一些次价值观是比较容易改变的。每一种文化都是由许多亚文化组成的，它们由共同语言、共同价值观念体系及共同生活经验或生活环境的群体所构成，不同的群体有不同的社会态度、爱好和行为，从而表现出不同的市场需求和不同的消费行为。

不同的国家之间有人文的差异，不同的民族之间同样有差异，我国有众多民族，虽同是中华民族但仍存在着较大的人文差异，如藏族的生活方式和藏传佛教的宗教色彩联系紧密，牛是藏族的吉祥动物，在西藏地区的越野车辆市场中日本丰田越野车占据着绝对的市场份额，原因是其标识形似牛头，因此广受藏族人民的欢迎。可见，文化对于战略的影响有时也是巨大的。

自然环境是指企业业务涉及地区市场的地理、气候、资源、生态等环境。不同的地区企业由于其所处自然环境的不同，对于企业战略会有一定程度的影响。我国是一个幅员辽阔的国家，这种影响尤其明显，如同一种产品在我国东南部的广东地区其市场的营销战略和西藏等西北高寒地区有较大差距，但很多时候此点会被忽略。

（4）T 即 Technology，技术要素。技术要素不仅包括那些引起革命性变化的发明，还包括与企业生产有关的新技术、新工艺、新材料的出现和发展趋势及应用前景。在过去的半个世纪里，最迅速的变化就发生在技术领域，像微软、惠普、通用电气等高技术公司的崛起改变着世界和人类的生活方式。同样，技术领先的医院、大学等非营利性组织，也比没有采用先进技术的同类组织具有更强的竞争力。

5.2.2 内部条件分析方法

外部环境的变化只给电子商务战略管理提供了契机，要真正实施战略管理还需良好的企业内部条件，它包括物化的硬条件（如企业的各种设施）和非物化的软条件（如企业的组织机构、领导者能力、企业文化条件等）。内部条件分析的方法主要有：核心竞争力分析法、SWOT 分析法、价值链分析法、内部要素评价（IFE）矩阵等。

1．核心竞争力分析法

1990 年，美国著名管理学者加里·哈默尔和普拉哈拉德的核心竞争力（Core Competence）模型是一个著名的企业战略模型，其战略流程的出发点是企业的核心力量。他们认为，随着世界的发展变化，竞争加剧，产品生命周期的缩短及全球经济一体化的加强，企业的成功不再归功于短暂的或偶然的产品开发或灵机一动的市场战略，而是企业核心竞争力的外在表现。按照他们给出的定义，核心竞争力是能使公司为客户带来特殊利益的一种独有技能或技术。企业核心竞争力是建立在企业核心资源基础上的企业技术、产品、管理、文化等的综合优势在市场上的反映，是企业在经营过程中形成的不易被竞争对手仿效、并能带来超额利润的独特能力。在激烈的竞争中，企业只有具有核心竞争力，才能获得持久的竞争优势，保持长盛不衰。企业核心竞争力的识别标准有四个。第一，价值性。这种能力首先能很好地实现顾客所看重的价值，如能显著地降低成本、提高产品质量、提高服务效率、增加顾客的效用，从而给企业带来竞争优势。第二，稀缺性。这种能力必须是稀缺的，只有少数企业拥有它。第三，不可替代性。竞争对手无法通过其他能力来替代它，它在为顾客创造价值的过程中具有不可替代的作用。第四，难以模仿性。核心竞争力还必须是企业所特有的，并且是竞争对手难以模仿的，也就是说它不像材料、机器设备那样能在市场上购买到，而是难以转移或复制的。这种难以模仿的能力能为企业带来超过平均水平的利润。

2．SWOT 分析法

SWOT 分析法又称为态势分析法，它是由旧金山大学的管理学教授于 20 世纪 80 年代初提出来的，SWOT 四个英文字母分别代表：优势（Strength）、劣势（Weakness）、机会（Opportunity）、威胁（Threat）。所谓 SWOT 分析，即态势分析，就是将与研究对象密切相关的各种主要内部优势、劣势、机会和威胁等，通过调查列举出来，并依照矩阵形式排列，然后用系统分析的思想，把各种因素相互匹配起来加以分析，从中得出一系列相应的结论，而结论通常带有一定的决策性。运用这种方法，可以对研究对象所处的情景进行全面、系统、准确的研究，从而根据研究结果制订相应的发展战略、计划及对策等。SWOT 分析法常常被用于制订集团发展战略和分析竞争对手情况，在战略分析中，它是最常用的方法之一。S、W 是内部因素，O、T 是外部因素。按照企业竞争战略的完整概念，战略应是一个企业“能够做的”（即组织的强项和弱项）和“可能做的”（即环境的机会和威胁）之间的有机组合。

3．价值链分析法

价值链分析法是由美国哈佛商学院教授迈克尔波特提出来的，是一种寻求确定企业竞争优势的工具。即运用系统性方法来考察企业各项活动和相互关系，从而找寻具有竞争优势的资源。

（1）价值链的思想内涵。

价值链思想认为企业的价值增值过程，按照经济和技术的相对独立性，可以分为既相互独立又相互联系的多个价值活动，这些价值活动形成一个独特的价值链。价值活动是企业所从事的物质上和技术上的各项活动，不同企业的价值活动划分与构成不同，价值链也不同。

对制造业来说，价值链的基本活动包括内部后勤、外部后勤、市场营销和服务；辅助活动包括企业基础设施（企业运营中各种保证措施的总称）、人力资源管理、技术开发和采购。每一活动都包括直接创造价值的活动、间接创造价值的活动、质量保证活动三部分。企业内部某一个活动是否创造价值，看它是否提供了后续活动所需要的东西、是否降低了后续活动的成本、是否改善了后续活动的质量。

价值链的含义可以概括为：第一，企业各项活动之间都有密切联系，如原材料供应的计划性、及时性和协调性与企业的生产制造有密切的联系；第二，每项活动都能给企业带来有形或无形的价值，如售后服务这项活动，如果企业密切注意顾客所需或做好售后服务，就可以提高企业的信誉度，从而带来无形价值；第三，价值链不仅包括企业内部各种活动，更重要的是，还包括企业外部活动，如与供应商之间的关系，与顾客之间的关系。

（2）价值链分析的特点。

① 价值链分析的基础是价值，各种价值活动构成价值链。

价值是买方愿意为企业提供经他们的产品所支付的价格，代表着顾客需求满足的实现。价值活动是企业所从事的物质上和技术上的界限分明的各项活动。它们是企业制造对买方有价值的产品的基石。

② 价值活动可分为两种活动：基本活动和辅助活动。

基本活动是涉及产品的物质创造及其销售、转移给买方和售后服务的各种活动。辅助活动是辅助基本活动并通过提供外购投入、技术、人力资源及各种公司范围的职能以相互支持。

③ 价值链列示了总价值。

价值链除包括价值活动外，还包括利润，利润是总价值与从事各种价值活动的总成本之差。

④ 价值链的整体性。

企业的价值链体现在更广泛的价值系统中。供应商拥有创造和交付企业价值链所使用的外购输入的价值链（上游价值），许多产品通过渠道价值链（渠道价值）到达买方手中，企业产品最终成为买方价值链的一部分，这些价值链都在影响企业的价值链。因此，获取并保持竞争优势不仅要理解企业自身的价值链，还要理解企业价值链所处的价值系统。

⑤ 价值链的异质性。

不同的产业具有不同的价值链。在同一产业，不同的企业的价值链也不同，这反映了他们各自的历史、战略及实施战略的途径等方面的不同，也代表着企业竞争优势的一种潜在来源。

（3）价值链分析内容。

① 识别价值活动。

识别价值活动要求在技术上和战略上有显著差别的多种活动相互独立。如前所述，价值活动有两类：基本活动和辅助活动。

② 确立活动类型。

在每类基本和辅助活动中，都有三种不同的类型。

直接活动：涉及直接为买方创造价值的各种活动，如零部件加工、安装、产品设计、销售、人员招聘等。

间接活动：指那些使直接活动持续进行成为可能的各种活动，如设备维修与管理、工具制造、原材料供应与储存、新产品开发等。

质量保证：指确证与其他活动质量的各种活动，如监督、视察、检测、核对、调整和返工等。

这些活动有着完全不同的经济效果，对竞争优势的确立起着不同的作用，应该加以区分，权衡取舍，以确定核心和非核心活动。

4．内部要素评价（IFE）矩阵

内部因素评价矩阵（Internal Factor Evaluation Matrix，IFE）是一种对内部因素进行分析的工具，其做法是从优势和劣势两个方面找出影响企业未来发展的关键因素，根据各个因素影响程度的大小确定权数，再按企业对各关键因素的有效反应程度对各关键因素进行评分，最后算出企业的总加权分数。通过 IFE，企业就可以把自己所面临的优势与劣势汇总，来刻画企业的全部引力。

IFE 矩阵可以按如下五个步骤来建立。

（1）列出在内部分析过程中确定的关键因素。采用 10～20 个内部因素，包括优势和弱点两方面的。首先列出优势，然后列出弱点。要尽可能具体，要采用百分比、比例和比较数字。

（2）给每个因素以权重，其数值范围由 0.0（不重要）到 1.0（非常重要）。权重标志着各因素对企业在产业中成败的影响的相对大小。无论关键因素是内部优势还是弱点，对企业绩效有较大影响的因素就应当得到较高的权重。所有权重之和等于 1.0。

（3）为各因素进行评分。1 分代表重要弱点；2 分代表次要弱点；3 分代表次要优势；4 分代表重要优势。值得注意的是，优势的评分必须为 4 或 3；弱点的评分必须为 1 或 2。评分以公司为基准，而权重则以产业为基准。

（4）用每个因素的权重乘以它的评分，即得到每个因素的加权分数。

（5）将所有因素的加权分数相加，得到企业的总加权分数。

无论 IFE 矩阵包含多少因素，总加权分数的范围都是从最低的 1.0 到最高的 4.0，平均分为 2.5。总加权分数大大低于 2.5 的企业的内部状况处于弱势，而总加权分数大大高于 2.5 的企业的内部状况则处于强势。IFE 矩阵应包含 10～20 个关键因素，因素数不影响总加权分数的范围，因为权重总和永远等于 1。

5.3 电子商务战略模式与规划

对于战略模式的分类，不同研究者有着不同标准，安索夫等人将企业战略模式大致分为三大类：塑造战略、适应战略、稳定战略。塑造战略是最主动的战略，强调企业战略的主动性与预测性，其战略意图主要在于驱策企业发展新资源与能力，并主动探测与发掘新机会，以期预测与引导外部环境的发展趋势；适应战略属于被动性战略，强调企业的战略适应性，注重通过积累与扩展可获资源以提升柔性，迅速应对外部不确定性环境的变化；稳定战略则主要强调对现有资源的充分利用，其主要战略意图在于做出稳定现有战略环境的努力，并在相对稳定的环境中充分发挥其现有资源的价值以取得持续竞争优势。显然，针对不同的战略模式需要做出不同的战略规划。

5.3.1 电子商务战略基本模式

一般而言，电子商务战略的基本模式主要有以下几种。

1）抢占快车道战略

抢占快车道战略是一种抢先控制市场的战略。抢占快车道战略的优点在于能迅速增强互联网企业的业务能力；易于调动企业内部的驱动力，使企业各方面的力量为抢占市场形成合力；易于吸引人才和争取宽松的外在市场环境；易于增强和各方对手谈判的主控力；易于调动媒体进行炒作，动摇竞争对手在同一业务领域扩展的信心。

新浪、网易、搜狐均是当前抢进快车道的网站。以新浪为例，抢占快车道的战略确实给它帮了大忙，打出了品牌，特别是当它具有了抗风险能力以后，又加快了全线的资本运作，迅速进军电子商务，快捷地并购小型网站，使网站迈入了快速发展的历程。

抢占快车道战略有优点也有弊端。一是目标具有不可替代性，因此不好随意变动和更改，否则将丧失竞争中的有利形势和主动地位。二是战略目标是暴露的。决心、招法、态势、技术上的进展、访问量的多少、成交量的大小、人员的变动、机构的调整等都会成为对手研究分析的重点。抢先还具有冒险性。这种冒险性主要表现在：较早地进行了大量的资源投入，用于竞争的成本过大，难于短期收回；进入快车道后，需要强大的技术和资金支持，一旦某个环节出现问题，被别人反超的可能性很大。

2）专一化战略

专一化战略，是一种避免全面出击，平均使用兵力的个性化战略。这种专一，是从全局出发的专一。专一的出发点和落脚点是争得在全局中的有利形势和主动地位。它把有限的人力、财力、物力、领导的关注力、企业的潜在力集聚在某一方面，力求从某一局部、某一专业，进行渗透和突破，形成和突现出局部优势。进而通过局部优势的能量累积，争得竞争中全局的主动地位和有利形势。

8848 网站是实施专一化战略的突出代表。该网站从自身具有进销存和市场促销经验的实际出发，以自己熟悉的软件、音像制品、图书等为切入点，进军电子商务领域，获得了较快的发展。在网上商城构建上，目前，他们的日访问量已近 200 万 PageView，日营业额在 30.50 万元。经营的商品已达 30 万余种，已成为一座大型的网上超市。在配送体系上，建立了专业和民间双向配送系统，从而保证了在全国 400 多个城市可以实现送货上门。在支付手段上，采取了多种支付方式，既可以在网上即时划付，又可以从银行转账、邮局汇款，部分地区可以货到付款，使网民感受到了电子商务的便利。在技术支撑上，建立了从接单开始，全程跟踪的一整套电子管理系统。自主开发出了一套高适应性、高扩展性的在线销售系统，并且取得了英特尔公司的后续支持，从而保证了电子商务的安全运行。单看某一项局部的突破，其能量都是有限的。但是，无数局部的连锁突破，就会形成一种增量无形资本。正是这种增量无形资本，使 8848 网站站住了脚，挺直了腰。

在电子商务实践中，个性化越强的网站，越有稳定的客户群。像国内首家消费者权威信息网站——阿凡提网站；全国最大的少年儿童网上超市——乐友网站；肾病人的专业网站——肾移植网站等，都以其鲜明的专一特色、赢得了网民的喜爱。

3）人才风险战略

人才是互联网企业的未来。人才的竞争比资源的竞争、市场的竞争更加外露、更加明显、更加激烈。

（1）人才走失风险。这是当前各个网络公司遇到的最普遍、最头痛的一个问题。绝大多数网络企业都经历了因人才流失而造成的痛苦与无奈。因此，对于人才走失可能造成的风险和震颤，不少企业已经深有体会。在各种诱惑之下，他们经常拔腿走人，无声离去。

（2）无形资产流失风险。网络企业一项最重要的资本就是无形资产。通过获取竞争对手的商业秘密、技术机密，把对手搞垮是一种非常险恶的招法。由于网络实在太没有规则，太缺少秩序，恰恰给竞争者们太多的施展心计的余地和机遇。他们会选择你最困难的时候下手，既挖走了人才，又获取了价值连城的无形资产。

值得指出的是，当前一些网络公司的领导，缺少对竞争残酷性的认识。一方面善待竞争对手，另一方面继续对人才进行大幅度调整。有的单位人才的进出比高达50%。这种大进大出的最大恶果，在于破坏了网络企业稳定的工作环境、心理环境和文化氛围。企业筛选人才的自由度越大，人才流动的随意性越大，人才带走的无形资产越多。长此以往，就成了结工资的培训学校。这些人，今后将使企业增加10倍的管理成本。

（3）竞争战略外泄风险。通过获取对手的竞争战略，把对手搞垮，是现代商战中常用的手法。竞争战略外泄，一般有三种可能：一是核心人员走失而带去的；二是竞争对手刺探挖去的；三是内部人员无意泄露的。因此，一定要有清醒的认识和恰当的估价，并尽快建立起抵抗人才风险的机制和严格的管理制度，防范和化解人才风险。

（4）整合聚才风险。电子商务网站增多的结果，必然是部分有实力网站的迅速崛起和一批弱小网站的接连倒闭。这就是市场的法则。这种法则在人才问题上的最激化的表现，就是“为了得到鱼仔而吞掉鱼”。通过收并弱小网站，迅速地把各路人才聚拢起来，搭建起自己的、合理的人才构架。这里，整合是手段，赤裸裸地挖走人才是目的。事情的结果，已经不是人才的个别和局部的流失，而是整个网站的灭失。

4）从不定式中寻找定式战略

一条道路大家都走，必然拥挤不堪。于是人们开始另辟蹊径。在进军电子商务的进程中，很有必要把这种另辟蹊径的思路，提升到战略高度来审视。当前电子商务中，业界公认的有三种商业运作模式。即C2C模式、B2C模式和B2B模式。第一种模式是一种交易市场模式。网站提供交易区和拍品，消费者对消费者自由竞价成交。雅宝、易趣网均是这种类型的。第二种模式是商家通过网站，把商品直接交给最终消费者。亚马逊和8848网站均是这种类型。第三种模式是从企业到企业之间进行的买卖行为。通用、波音、福特等一大批企业，较早地就在互联网上进行了这种商务运作，极大地降低了采购成本。

克隆以上三种模式似乎成了电子商务的定式。于是，它获得了多种技术支持。然而，我国市场发育尚不健全，市场的不确定性、地域情况的差异性、资源的受约性、产业发展的外在性，都要求我们结合我国国情进行新的探索。书生之家网站就走出了这样一条探索之路。扬其所长，避其所短，找到了一种以自己独有技术为依托，以网上开架浏览为特点，以销售服务延伸下家，连锁完成配送，发展出B2B2C的新模式。

5）隐形进攻战略

隐形进攻战略是避开对手锋芒的一种进攻战略，是在竞争态势上隐蔽地进攻，渐进地成长，悄然地发展。后起的、弱小的网站宜采用这种战略。其主要特点如下所述。

（1）利用特色，快速发展。网上营销要有特色。有特色，才能有人气；有人气，才能有商机。为了让网上竞标和网下交易更加方便，易趣网前不久开展了一项别具特色的校园行活动。他们这样做的战略出发点，是想完善校园物品交换的网络平台和条件，抓住 1000 万网民中最有希望、最活跃的群体，使之成为网站的主体。他们还把网上交流和网下交易有机地结合起来，让网上交易促进网下交易市场的形成和发展；网下交易，成为网上交易的发展和延伸。

（2）利用夹缝，快速发展。大山深处的几朵小花，往往长得很茂盛。当别人发现它们的时候，它们已经具有了抗风险能力。实行夹缝战略要随时掌握全局的动态和发展。商战中，竞争的态势千变万化，商机的出现稍现即逝。必须适时地、谨慎地做出第一反应。与此同时，还要抓好理财。摒弃那种一掷千金的阔少作风，力争以最小的投入产出比，在最短的时间内，走出亏损。

（3）参与整合，寻求发展。随着竞争的加剧，网络企业必然出现狼吃小羊的现象，收购和兼并是竞争的必然。越有特色，越容易成为整合的目标。这时，有两种办法。一是参与整合，获得发展。要在参与的过程中借船出海、借鸡下蛋，使自己尽快发展壮大起来。“脱壳整合”不失为另一上策。作为被整合者，既可以实现无形资产的无成本转移，又可以增强谈判的实力，其实是一种反竞争战略。

5.3.2　电子商务战略规划方法

电子商务战略规划一般过程主要包括：评价组织当前的使命、目标、战略、政策及业绩；分析、预测组织目前所面临的环境因素以明确组织的机会（Opportunities）、威胁（Threats）、优势（Strengths）、劣势（Weakness）；根据 SWOT 分析的结果重新定义或修订企业使命和目标；产生、评价和选择最佳战略方案。

1. 电子商务战略规划的目标

电子商务的战略规划就是从帮助企业实施已有的经营战略和竞争战略或形成新的经营战略和竞争战略的角度出发，确定合理应用模式，以实现企业的经营战略目标的过程。电子商务的战略规划应达到如下目标。

（1）识别出企业利用电子商务帮助企业实施已有的经营战略和竞争战略或形成新的经营战略和竞争战略获得竞争优势的机会。

（2）详细说明为达到应用电子商务的目标，企业应用企业间电子商务的关键应用领域。

（3）详细说明适合特定企业具体情况的电子商务应用模式及应采取的技术方案。

（4）制订电子商务详细应用计划。

2．电子商务战略规划过程

制订电子商务的战略规划，一方面，要组织一支知识结构合理、年富力强的规划队伍，合理确定规划问题的范围、重点，取得企业内高层领导人的理解和支持；另一方面，要采用科学、有效、可操作性强的战略规划方法。

（1）分析企业的经营战略和竞争战略，研究电子商务对增强企业的竞争力可以发挥的作用。企业应用电子商务的基本目的是提高企业的工作效率和经济效益，增强企业的竞争力。因此电子商务战略规划第一步的主要内容是：

① 分析企业所处的环境及其竞争能力；

② 了解企业的经营战略和竞争战略；

③ 研究电子商务对增强企业竞争力可以发挥的作用。

（2）评价企业内部已有信息系统的运行状况及目前和将来利用电子商务的需求。

企业电子商务的战略规划人员不仅要了解企业的外部经营环境及其经营战略和发展战略，还必须了解企业内部应用信息技术的基本状况和能力。主要包括如下内容：

① 评价企业内部已有信息系统运行情况；

② 评价信息系统管理部门的工作状况和技术实力；

③ 评价企业利用电子商务目前和将来的要求。

（3）识别企业有效利用企业间电子商务的领域。

在根据企业的经营战略和竞争战略明确了企业应用电子商务的机会并了解了企业应用信息技术的能力和要求的基础上，主要包括如下内容：

① 确定电子商务的具体可应用领域；

② 分析各个可应用领域应用电子商务可能产生的效益；

③ 排列各个可应用领域的应用优先次序，确立目前企业优先考虑的电子商务应用领域。

（4）确定在各个应用领域电子商务的应用模式。

在确定了电子商务的关键应用领域之后，需要仔细研究在各个关键应用领域中电子商务的应用模式。主要包括如下内容：

① 分析在特定的应用领域，有哪几种电子商务的可行应用模式；

② 详细分析各种应用模式的特点和可能的适用场合；

③ 针对该应用领域，确定最合理的应用模式。

（5）确定企业参与电子商务开发和应用的层次及扮演的角色。

在确定了某个领域电子商务的应用模式之后，需要确定企业参与电子商务开发和应用的层次及扮演的角色。主要包括如下内容：

① 分析在某个特定的应用领域在某种具体的应用模式下，企业在电子商务的开发和应用中可以扮演哪些角色；

② 比较扮演各种角色的利弊，确定在该应用领域，企业应用电子商务应该扮演的角色。

一般而言，企业可以是电子商务应用中基本信息的接收者，也可以是系统开发和维护的参与者，还可以是该电子商务系统的主要控制者和拥有者。企业扮演的角色不同，需要的投资和技术实力不同，担负的责任不同，可能获得的收益也不同。

（6）制订企业的组织管理变革计划。

要在不对企业的组织管理方式进行合理变革的情况下应用电子商务，很难充分发挥电子商务的作用，也就是说，电子商务的有效应用必然要影响企业的组织管理方式。另外。任何新技术的采纳和应用都会遇到企业过去未遇到的许多新问题，都有可能存在阻力。制订企业的组织管理变革计划主要是考虑如何解决这些问题。主要包括如下内容：

① 分析应用电子商务对企业的组织管理变革提出的要求；

② 设计信息流、商务流、资金流和物流的合理和有效的模式；

③ 分析企业应用电子商务可能遇到的阻力，确定克服阻力的措施。

（7）确定企业应用企业间电子商务的技术方案。

在前面几步工作的基础上，需要进一步制订电子商务的应用技术方案。主要包括如下内容：

① 分析当前电子商务技术的基本状况和将来的发展趋势，提出企业应用电子商务的总体软/硬件技术方案；

② 明确开发和维护方法；

③ 制订人力资源需求计划。

（8）分析企业应用电子商务的投资和效益。

确定了企业应用电子商务几种可行的技术方案后，接着分析各种技术方案所需的投资和可能产生的效益。主要包括如下内容：

① 估算实现各种电子商务技术方案所需要的投资；

② 分析和计算各种电子商务技术方案应用后可能产生的经济效益和对企业竞争力的影响。

电子商务应用既可以提高企业的工作效率和经济效益，又可以增强企业的竞争力。在分析和计算各种电子商务应用方案应用后可能产生的效益时，既要详细分析和计算其可能产生的投资回报率等定量经济指标，又要详细分析其对企业竞争力的影响等定性指标。

（9）制订电子商务应用计划。

电子商务战略规划必须指导企业实施电子商务的开发和应用工作，为此需要完成下列工作：

① 确定电子商务的应用项目及其进度安排；

② 准备电子商务应用战略规划报告；

③ 批准和启动电子商务应用计划。

5.4 电子商务战略实施

电子商务战略实施是电子商务战略管理的重要环节，它是将战略付诸于实际行动的过程。事实上，要搞好电子商务战略管理，不仅要制订好电子商务战略，而且要认真地实施电子商务战略。否则，不仅难以实现既定的战略目标，甚至还会把企业推向失败的深渊。

5.4.1 电子商务战略实施方法

无论是电子商务发展战略还是电子商务竞争战略，甚至是其他的一般战略，在战略实施阶段都有许多共性。在企业的战略实践中，战略实施有五种不同的模式。

1. 指挥型

指挥型模式的特点是企业总经理考虑的是如何制订一个最佳战略的问题。在实践中，计划人员要向总经理提交企业经营战略的报告，总经理看后做出结论，确定了战略之后，向高层管理人员宣布企业战略，然后强制下层管理人员执行。

这种模式的运用要有以下约束条件。

（1）总经理要有较高的权威，靠其权威通过发布各种指令来推动战略实施。

（2）本模式只能在战略比较容易实施的条件下运用。这就要求战略制订者与战略执行者的目标比较一致，战略对企业现行运作系统不会构成威胁；企业组织结构一般都是高度集权制的体制，企业环境稳定，能够集中大量的信息，多种经营程度较低，企业处于强有力的竞争地位，资源较为宽松。

（3）本模式要求企业能够准确、有效地收集信息并能及时汇总到总经理手中。因此，它对信息条件要求较高。这种模式不适应高速变化的环境。

（4）本模式要有较为客观的规划人员。因为在权力分散的企业中，各事业部常常因为强调自身的利益而影响了企业总体战略的合理性。因此，企业需要配备一定数量的、有全局眼光的规划人员来协调各事业部的计划，使其更加符合企业的总体要求。

这种模式的缺点是把战略制订者与执行者分开，即高层管理者制订战略，强制下层管理者执行战略，因此，下层管理者缺少了执行战略的动力和创造精神，甚至会拒绝执行战略。

2．变革型

变革型模式的特点是企业经理考虑的是如何实施企业战略。在战略实施中，总经理本人或在其他方面的帮助需要对企业进行一系列的变革，如建立新的组织机构、新的信息系统，变更人事，甚至是兼并或合并经营范围，采用激励手段和控制系统以促进战略的实施，为进一步增强战略成功的机会，企业战略领导者往往采用以下三种方法。

（1）利用新的组织机构和参谋人员向全体员工传递新战略优先考虑的战略重点是什么，把企业的注意力集中于战略重点所需的领域中。

（2）建立战略规划系统、效益评价系统，采用各项激励政策以便支持战略的实施。

（3）充分调动企业内部人员的积极性，争取各部分人对战略的支持，以此来保证企业战略的实施。

这种模式在许多企业中比指挥型模式更加有效，但这种模式并没有解决指挥型模式存在的如何获得准确信息的问题、各事业单位及个人利益对战略计划的影响问题及战略实施的动力问题，还产生了新的问题，即企业通过建立新的组织机构及控制系统来支持战略实施的同时，失去了战略的灵活性，在外界环境变化时使战略的变化更为困难，从长远来看，在环境不确定性的企业，应该避免采用不利于战略灵活性的措施。

3．合作型

合作型模式的特点是企业的总经理考虑的是如何让其他高层管理人员从战略实施一开始就承担有关的战略责任。为发挥集体的智慧，企业总经理要和企业其他该层管理人员一起对企业战略问题进行充分的讨论，形成较为一致的意见，制订出战略，再进一步落实和贯彻战略，使每个高层管理者都能够在战略制订及实施的过程中做出各自的贡献。

协调高层管理人员的形式多种多样，如有的企业成立有各职能部门领导参加的“战略研究小组”，专门收集在战略问题上的不同观点，并进行研究分析，在统一认识的基础上制订出战略实施的具体措施等。总经理的任务是要组织好一支合格胜任的制订及实施战略管理人员队伍，并使他们能够很好地合作。

合作型模式克服了指挥型模式即变革模式存在的两大局限性，使总经理接近一线管理人员，获得比较准确的信息。同时，由于战略的制订是建立在集体考虑的基础上的，从而提高了战略实施成功的可能性。

该模式的缺点是由于战略是不同观点、不同目的的参与者相互协商折中的产物，有可能会使战略的经济合理性有所降低，同时，仍然存在着谋略者与执行者的区别，仍未能充分调动全体管理人员的智慧和积极性。

4. 文化型

文化型模式的特点是企业总经理考虑的是如何动员全体员工都参与战略实施活动，即企业总经理运用企业文化的手段，不断向企业全体成员灌输战略思想，建立共同的价值观和行为准则，使所有成员在共同的文化基础上参与战略的实施活动。由于这种模式打破了战略制订者与执行者的界限，力图使每一个员工都参与制订实施企业战略，因此使企业各部分人员都在共同的战略目标下工作，使企业战略实施迅速，风险小，企业发展迅速。

文化型模式也有局限性，表现在如下几方面。

（1）这种模式是建立在企业职工都是有学识的假设基础上的，在实践中职工很难达到这种学识程度，受文化程度及素质的限制，一般职工（尤其在劳动密集型企业中的职工）对企业战略制订的参与程度受到限制。

（2）极为强烈的企业文化，可能会掩饰企业中存在的某些问题，企业也要为此付出代价。

（3）采用这种模式要耗费较多的人力和时间，而且还可能因为企业的高层不愿意放弃控制权，从而使职工参与战略制订及实施流于形式。

5. 增长型

增长型模式的特点是企业总经理考虑的是如何激励下层管理人员制订实施战略的积极性及主动性，为企业效益的增长而奋斗。即总经理要认真对待下层管理人员提出的一切有利于企业发展的方案，只要方案基本可行，符合企业战略发展方向，在与管理人员探讨了解决方案中的具体问题的措施以后，应及时批准这些方案，以鼓励员工的首创精神。采用这种模式，企业战略不是自上而下地推行，而是自下而上地产生，因此，总经理应该具有以下的认识。

（1）总经理不可能控制所有的重大机会和威胁，有必要给下层管理人员以宽松的环境，激励他们从事有利于企业发展的经营决策。

（2）总经理的权力是有限的，不可能在任何方面都把自己的愿望强加于组织成员。

（3）总经理只有在充分调动及发挥下层管理者的积极性的情况下，才能正确地制订和实施战略，一个稍微逊色的但能够得到人们广泛支持的战略，要比那种“最佳”的却根本得不到人们的热心支持的战略有价值得多。

（4）企业战略是集体智慧的结晶，靠一个人很难做出正确的战略。因此，总经理应该坚持发挥集体智慧的作用，并努力减少集体决策的各种不利因素。

5.4.2　电子商务战略实施过程

战略实施就是将公司战略付诸实施的过程。企业战略的实施是战略管理过程的行动阶段，因此它比战略的制订更加重要。

战略实施是一个自上而下的动态管理过程。所谓“自上而下”主要是指，战略目标在公司高层达成一致后，再向中下层传达，并在各项工作中得以分解、落实。所谓“动态”，主要是指战略实施的过程中，常常需要在“分析—决策—执行—反馈—再分析—再决策—再执行”的不断循环中达成战略目标。

企业战略实施包含四个相互联系的阶段。

（1）战略发动阶段。调动起大多数员工实现新战略的积极性和主动性，要对企业管理人员和员工进行培训，灌输新的思想、新的观念，使大多数人逐步接受一种新的战略。

战略发动阶段，企业的领导人要研究如何将企业战略的理想变为企业大多数员工的实际行动，调动起大多数员工实现新战略的积极性和主动性，这就要求对企业管理人员和员工进行培训，向他们灌输新的思想、新的观念，提出新的口号和新的概念，消除一些不利于战略实施的旧观念和旧思想，以使大多数人逐步接受一种新的战略。对于一个新的战略，在开始实施时相当多的人会产生各种疑虑，而一个新战略往往要将人们引入一个全新的境界，如果新战略没有被员工充分的认识和理解，它就不会得到大多数员工的充分拥护和支持。因此，战略的实施是一个发动广大员工的过程，要向广大员工讲清楚企业内外环境的变化给企业带来的机遇和挑战、旧战略存在的各种弊病、新战略的优点及存在的风险等，使大多数员工能够认清形势，认识到实施战略的必要性和迫切性，树立信心，打消疑虑，为实现新战略的美好前途而努力奋斗。在发动员工的过程中，要努力争取战略的关键执行人员的理解和支持，企业的领导人要考虑机构和人员的认识调整问题，扫清战略实施的障碍。

（2）战略计划阶段。将经营战略分解为几个战略实施阶段，每个战略实施阶段都有分阶段的目标，相应地有每个阶段的政策措施、部门策略及相应的方针等。要对各分阶段目标进行统筹规划、全面安排。

战略计划阶段要定出分阶段目标的时间表，要对各分阶段目标进行统筹规划、全面安排，并注意各个阶段之间的衔接，对于远期阶段的目标方针可以概括一些，但是对于近期阶段的目标方针则应该尽量详细一些。对战略实施的第一阶段，新战略与旧战略应该有很好的衔接，以减少阻力和摩擦，第一阶段的分目标及计划应该更加具体化和操作化，应该制订年度目标、部门策略、方针与沟通等措施，使战略最大限度地具体化，变成企业各个部门可以具体操作的业务。

（3）战略运作阶段。企业战略的实施运作主要与下面六个因素有关，即：各级领导人员的素质和价值观念；企业的组织机构；企业文化；资源结构与分配；信息沟通；控制及激励制度。通过这六项因素使战略真正进入到企业的日常生产经营活动中去，成为制度化的工作内容。

（4）战略的控制与评估阶段。战略是在变化的环境中实践的，企业只有加强对战略执行过程的控制与评价，才能适应环境的变化，完成战略任务。这一阶段主要是建立控制系统、监控绩效和评估偏差、控制及纠正偏差三个方面。

5.5　电子商务战略评估与控制

在战略实施过程中，需要利用各种工具和方法对战略实施过程进行评估与控制，以发现偏差并纠正偏差，从而保障战略目标的实现。由此，电子商务战略评估与控制是电子商务战略管理的重要环节。

5.5.1　电子商务战略评估框架

战略制订、战略实施、战略评估共同构成战略管理的全过程。企业所在的内外部环境的变动性，决定了要保证战略管理过程的顺利实现，必须通过战略评估体系对制订并实施的战略效果进行评价，以便采取相应的完善措施。可见，战略评估决定着战略管理的成败。

1. 电子商务战略的层次

战略评估是指以战略的实施过程及其结果为对象，通过对影响并反映战略管理质量的各要素的总结和分析，判断战略是否实现预期目标的管理活动。在实际操作中，战略评估一般分为事前评估、事中评估和事后评估三个层次。事前评估，即战略分析评估，它是一种对企业所处现状环境的评估，其目的是发现最佳机遇；事中评估，即战略选择评估，它在战略的执行过程中进行，是对战略执行情况与战略目标差异的及时获取和及时处理，是一种动态评估，属于事中控制；事后评估，即战略绩效评估，它是在末期对战略目标完成情况的分析、评价和预测，是一种综合评估，属于事后控制。

1）战略分析评估

战略分析评估指运用 SWOT 分析法，评估企业内外环境状况，以发现最佳机遇。此种评估也可称做现状分析评估，它一方面要检查企业现行战略是否能为企业带来经济效益，如果不能增效就要重新考虑这种战略的可行性；另一方面，通过考察外部环境，判定在现行环境下企业是否有新的机遇。最后结合两方面的结果，企业或继续执行原战略或采取适应环境要求的新战略。战略分析评估主要包括以下几个方面的内容：企业的现行战略和绩效的分析；不同战略方案的评估；对企业相关利益备选方案的评估；竞争力的评估，即产品、市场、技术、人才、制度竞争力的评估。

2）战略选择评估

战略选择评估指战略执行前对战略是否具有可行性的分析。此处涉及很多评估模型，如 SAM 模型、定量战略规划模型（QSPM）、Eletre 方法（E 方法）、战略规划评估模型（SPE）。它们都是首先对环境因素进行分析，然后制订判断标准并打分，最后计算出结果。SAM 方法中所包含的数学方法主要有层次分析法、熵权系数法、主观概率和效用理论等。此种方法是针对不同战略方案可行性的研究，用数学的方法对不同的战略方案所面临的机会与威胁设定标准，通过数学的方法计算机会与威胁的权重，并以所得风险与收益的结果选择最优的战略方案。

3）战略绩效评估

战略绩效评估是在战略执行的过程中对战略实施的结果从财务指标、非财务指标进行全面的衡量。它本质上是一种战略控制手段，即通过战略实施成果与战略目标的对比分析，找出偏差并采取措施纠正。

平衡计分测评法使经理们能从四个重要方面来观察企业：顾客如何看我们？（顾客角度）；我们必须擅长什么？（内部角度）；我们能否继续提高并创造价值？（学习与创新角度）；我们怎样满足股东？（财务角度）。平衡计分法解决了传统管理体系的一个严重缺陷。它是从三个不同的角度测评绩效的指标。弥补了传统财务指标的不足之处——这三个角度是顾客、内部业务流程及学习和发展。它们能使企业在了解财务结果的同时，对自己未来发展能力的增强和无形资产收购方面取得的进展进行监督。平衡计分法并不是取代了财务指标，而是对其加以补充。

2．电子商务战略评估系统的构建

从系统科学的角度来看，评估是一项系统工程，它的基本内容包括：评估原则、方法及指标体系模块；系统结构评估模块；输入、输出、数据资料及专家咨询系统模块。

与之相对应，战略评估也是一项系统工作，当要进行评估时首先要把所涉及的问题、过程、部门或体系等看成一个系统。研究其结构、输入、输出、环境及环境与结构的交互作用、整体运行等方面，接着通过分析与改造，建立以下功能性的子系统：

（1）评估者模块；

（2）评估对象模块；

（3）评估方法、指标、标准模块；

（4）评估系统组织机构模块；

（5）数据资料及专家咨询系统模块。

经过以上构建，最后便得以进行综合评估。所谓综合评估，就是通过定性分析与定量评判两种手段达到全面评估的目的。定量分析通常是用计算机加权综合分析来实现的；而定性评判则是根据评估工程中的各种信息（包括定量分析结果），对评估对象的以往表现和以后应该注意改进及渴望达到的状态给予判断性的描述。

5.5.2　电子商务战略风险评估

1．电子商务战略风险评估的阶段

战略风险评估活动贯穿于整个电子商务战略实施过程，具体可以分为 4 个阶段：确定评估内容、设立风险标准、衡量实际风险、比较实际风险与标准要求。

（1）确定评估内容。为了采取措施确保公司的战略过程更有效地进行，就要对战略风险现状有一个全面的把握。因此，要根据前面提到的四种风险的风险指标和评估目的确定评估内容。为了保证评估结果全面、客观，在确定评估内容时必须考虑指标的重要性和可操作性。对于那些很难甚至根本无法进行定量分析的重要指标，公司管理者绝对不能因此而忽略它们对公司战略实施可能产生的潜在风险，防止简单地以可量化衡量代替不可量化衡量。对于那些对公司战略风险判断有重大影响力的指标，无论多困难也要设法对其加以适当衡量。

（2）设立风险标准。公司管理者在明确战略目标的前提下，结合自身实际，确定战略风险评估的参照系。在设立标准时，除了要指明可接受的水平外，还应当包括一个允许误差的范围。一般情况下，只要公司战略实施过程中的实际风险落在容差范围内，就不必加以调整。在设立标准时要同时考虑进行中的结果和最终结果。

（3）衡量实际风险。公司管理者根据确定的内容和标准，定期、定点地对公司运行情况进行记录分析，找出存在的问题，衡量实际的风险。

（4）比较实际风险与标准要求。通过比较来确定公司战略管理是否存在偏差，以便找出偏差产生的原因，从而制订对策消除偏差。

2．战略风险评估的作用

（1）战略风险评估是公司战略管理的重要环节，它能保证公司战略的有效实施。

（2）战略风险评估能力和效率的高低是公司战略决策的重要制约因素之一，它决定了公司战略行为能力的大小。

（3）战略风险评估可为战略决策提供重要的反馈，帮助公司提高战略决策的适应性和水平。

（4）战略风险评估可以促进公司文化等公司基础建设，为战略决策奠定良好的基础。

3．战略风险评估的方法

（1）盈亏平衡分析。盈亏平衡分析亦称收支平衡点分析。它的内容是对产品的成本、销售收入、利润间的关系进行分析。因此，在工程经济学中又叫本量利分析。也就是只有产品批量达到一定程度之后，单位产品分摊的固定成本才足以承受，单位成本将低于产品销售价，从而产生盈利；相反，则产生亏损。盈利与亏损分界的产品批量就是盈亏平衡的一种主要表现形式。

从大量的分析评价可知，盈亏平衡点的值总是越小越好。因为在经济萧条或产品滞销的时候，只要生产少量的产品就能达到收支平衡，维持公司自身的生存，不致破产倒闭。盈亏平衡点的值越小，公司的生命力就越强，越能承受经济上的风险。因此，在投资评价时，宜选择盈亏平衡点较低的项目或方案。

（2）敏感性分析。敏感性分析，亦叫敏感度分析。它是研究投资规模、产量、可变成本、价格、工期、外汇比价等因素分别发生变化时，投资项目经济效益将会发生何种变化，特别是由此引起的内部收益率变化的敏感程度。在敏感性分析中，假设变化的因素，一般都选择不利于投资项目获得经济效益的因素发生变化。譬如，投资规模增加、原材料价格上涨、产量降低、单位价格下降、建设工期延长等。通过计算分析，找出对投资项目经济效益影响最大、最敏感的关键因素，反之，则是影响不大、最不敏感的次要因素。揭示各因素同经济效益之间的因果关系，预测要承担的风险，采取防范措施，当发生意外情况时，不至于束手无策。这样就能趋利避害，使投资项目获得最佳经济效益。如果分析所得结论同原来的结论一致，就更增加了决策部门的信心；如果分析前后的结论不一致，则需要对原结论重新进行考察分析，以求获得客观、公正的结论。

值得指出的是，敏感性分析需要的数据多，计算工作量大。当每一个因素发生 3%、5%、10%、15%等变化时，都要分别计算有关评价指标的变化幅度。通常情况下，不只计算一个项目或方案，而是要同时计算几个项目或几个方案。为充分论证权衡利弊，有时还需要将各个项目和方案进行适当的组合，而且每一种情况都要分别计算出整个项目的寿命期每一年的各项数据。这样，所需计算的数据多达几万、几十万个，甚至上百万个，用手工计算是难以想象的。当然，在计算机广泛应用的今天，顺利快捷地完成计算已经不是什么障碍。

通过敏感性分析，找出影响投资项目经济效益的关键因素。为减少投资风险、提高预测的可靠性，必要时，对某些最敏感的关键因素要重新预测和估算，并再次进行财务评价。一般地说，当因素变化时经济效益对此的敏感性越低越好，或者越迟钝越好。敏感性越迟钝，其经济生命力越强，越能经得起风险。因此，不同方案比较时，在经济效益相同的情况下，选取敏感性小的方案，即风险小的方案更为有利。

（3）其他分析方法。调研法，即采用直接同行业内公司高层领导面谈的方式或发放问卷方式来确定行业整体的风险及特定公司所面临的风险。财务指标法，即将公司战略风险简单归结为公司内部具体风险要素的变化，通常利用的指标有：资产负债率、资本密集度、研发比例。主观判断差异法，利用不同专家对公司未来状态（如公司收益）的判断差异程度来确定公司未来面临的风险水平。这些方法大都发展于近些年，在方法本身在科学性、通用性、可操作性上都还有相当的局限性，战略风险的评估方法在理论和实践上都存在很多问题。

5.5.3 电子商务战略控制

电子商务战略控制就是指战略管理者依据战略计划的目标和行动方案，衡量战略计划的完成情况和纠正战略计划执行中的偏差，以确保战略目标的实现。战略实施的控制与战略实施的评价既有区别又有联系，要进行战略实施的控制就必须进行战略实施的评价，只有通过评价才能实现控制，评价本身是手段而不是目的，发现问题实现控制才是目的。战略控制、战略评价着重于战略实施的过程，战略评价着重于对战略实施过程结果的评价。

1. 电子商务战略控制过程

一般而言，对电子商务战略的实施进行控制的过程可以具体分为以下五个环节，如图 5.1 所示。

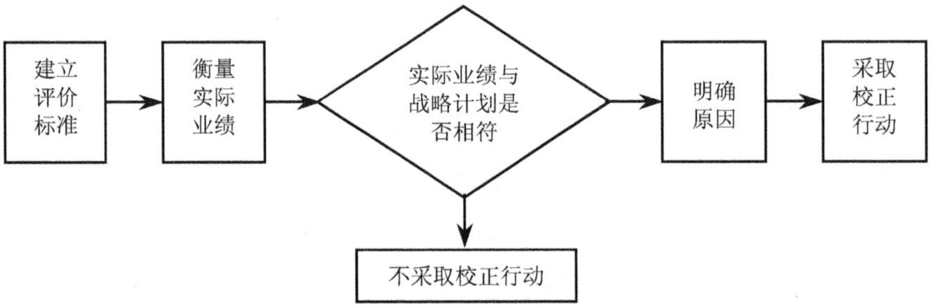

图 5.1　战略计划实施的控制过程

（1）建立评价标准。根据企业战略目标，结合企业内部人力、物力、财力及信息等具体条件，确定企业绩效标准，作为战略控制的参照系。一般而言，在战略目标的确定环节，有关战略目标是否实现的度量标准就已经建立了。所以，此时建立的评价标准主要以这个度量标准为基础，可能需要根据现实的情况做适当的调整。

（2）衡量实际业绩。通过一定的测量方式、手段、方法，监测企业的实际绩效，并预测其发展趋势。

（3）比较实际业绩与战略计划的要求。通过比较，最终得到的结果主要有两种情况：一种就是实际业绩及其发展趋势均落在战略计划要求的偏差范围之内，另一种就是实际业绩落在战略计划要求的偏差范围之外。对于实际业绩及其发展趋势落在战略计划要求的偏差范围之内的情况，通常不需要采取什么校正行动，只要按照原来的做法执行战略计划即可；对于实际业绩落在战略计划要求之外的情况，需要进一步分析。

（4）明确原因。针对出现重大偏差的情况，战略管理者需要立即明确产生偏差的原因，为此进一步判定：这一偏差是不是因为控制过程不合理而产生的？是否仅是随机波动因素作用的结果？是不是因为战略计划实施的部分环节出现了失误？还是因为战略计划本身就不合理？或者是企业所面临的内外环境发生了重大变化，需要改变战略？

（5）采取校正行动。针对前一个环节分析的结果，做出相应的反馈行动。例如，如果偏差的产生是随机波动因素作用的结果，此时企业不应当贸然行动，应当静观其变。

2. 战略控制的基本特征

战略控制的基本特征与战略控制过程的基本特征不同，它是对战略控制的一些基本要求。

1）适宜性

判断企业战略是否适宜，首先要求这个战略具有实现公司既定的财务和其他目标的良好的前景。因此，适宜的战略应处于公司希望经营的领域，必须具有与公司的哲学相协调的文化，如果可能的话，必须建立在公司优势的基础上，或者以某种人们可能确认的方式弥补公司现有的缺陷。

2）可行性

可行性是指公司一旦选定了战略，就必须认真考虑企业能否成功地实施。公司是否有足够的财力、人力或其他资源、技能、技术、诀窍和组织优势，换言之，企业是否有有效实施战略的核心能力。如果在可行性上存在疑问，就需要将战略研究的范围扩大，并将能够提供所缺乏的资源或能力的其他公司或金融机构合并等方式包括在内，通过联合发展达到可行的目的。特别是管理层必须确定实施战略要采取的初始的实际步骤。

3）可接受性

可接受性强调的问题是：与公司利害攸关的人员，是否对推荐的战略非常满意，并且给予支持。一般来说，公司越大，和公司有利害关系的人员就越多。要保证得到所有的利害相关者的支持是不可能的，但是，所推荐的战略必须经过最主要的利害相关者的同意，而在战略被采纳之前，必须充分考虑其他利害相关者的反对意见。

4）整体利益和局部利益、长期利益和短期利益的不一致性

企业的整体是由局部构成的。从理论上讲，整体利益和局部利益是一致的，但在具体问题上，整体利益和局部利益可能存在着一定的不一致性。企业战略控制就是要对这些不一致性的冲突进行调节，如果把战略控制仅仅看做是一种单纯的技术、管理业务工作，就不可能取得预期的控制效果。企业的整体是由局部构成的。从理论上讲，整体利

益和局部利益是一致的，但在具体问题上，整体利益和局部利益可能存在着一定的不一致性。企业战略控制就是要对这些不一致的冲突进行调节，如果把战略控制仅仅看做是一种单纯的技术、管理业务工作，就不可能取得预期的控制效果。

5）多样性和不确定性

战略具有不确定性。公司的战略只是一个方向，其目的是某一点，但其过程可能是完全没有规律、没有效率和不合理的，因此，这时的战略就具有多样性。同时，虽然经营战略是明确的、稳定的且是具有权威的，但在实施过程中由于环境变化，战略必须适时地调整和修正，因而也必须因时因地地提出具体控制措施，即战略控制具有多样性和不确定性。

6）弹性和伸缩性

战略控制中如果过度控制，频繁干预，容易引起消极反应。因而针对各种矛盾和问题，战略控制有时需要认真处理，严格控制，有时则需要适度的、弹性的控制。只要能保持与战略目标的一致性，就可以有较大的回旋余地而具有伸缩性。所以战略控制中只要能保持正确的战略方向，尽可能地减少干预实施过程中的问题，尽可能多地授权下属在自己的范围内解决问题，对小范围、低层次的问题不要在大范围、高层次上解决，反而能够取得有效的控制。

3．战略控制的方式

从控制时间来看，战略控制可以分为如下三类。

1）事前控制

在战略实施之前，要设计好正确、有效的战略计划，该计划要得到企业高层领导人的批准后才能执行，其中有关重大的经营活动必须通过企业领导人的批准才能开始实施，所批准的内容往往也就成为考核经营活动绩效的控制标准，这种控制多用于重大问题的控制，如任命重要的人员、重大合同的签订、购置重大设备等。

由于事前控制是在战略行动成果尚未实现之前，通过预测发现战略行动的结果可能会偏离既定的标准。因此，管理者必须对预测因素进行分析与研究。一般有三种类型的预测因素。

（1）投入因素。即战略实施投入因素的种类、数量和质量，将影响产出的结果。

（2）早期成果因素。即依据早期的成果，可预见未来的结果。

（3）外部环境和内部条件的变化，对战略实施的控制因素。

2）事后控制

这种控制方式发生在企业的经营活动之后，把战略活动的结果与控制标准相比较，这种控制方式工作的重点是要明确战略控制的程序和标准，把日常的控制工作交由职能部门人员去做，即在战略计划部分实施之后，将实施结果与原计划标准相比较，由企业职能部门及各事业部定期将战略实施结果向高层领导汇报，由领导者决定是否有必要采取纠正措施。

事后控制的方法的具体操作主要有联系行为和目标导向等形式。

（1）联系行为。即对员工的战略行为的评价与控制直接同他们的工作行为联系、挂钩。他们比较容易接受，并能明确战略行动的努力方向，使个人的行动导向和企业经营战略导向接轨；同时，通过行动评价的反馈信息修正战略实施行动，使之更加符合战略的要求；通过行动评价，实行合理的分配，从而强化员工的战略意识。

（2）目标导向。即让员工参与战略行动目标的制订和工作业绩的评价，既可以看到个人行为对实现战略目标的作用和意义，又可以从工作业绩的评价中看到成绩与不足，从中得到肯定和鼓励，为战略推进增添动力。

3）随时控制

随机控制即过程控制，企业高层领导者要控制企业战略实施中的关键性的过程或全过程，随时采取控制措施，纠正实施中产生的偏差，引导企业沿着战略的方向进行经营，这种控制方式主要是对关键性的战略措施要进行随时控制。

应当指出，以上三种控制方式所起的作用不同，因此，在企业经营当中它们是被随时采用的。

本章小结

近年来，随着信息技术的迅猛发展，电子商务在企业竞争战略中所起的作用越来越受到重视，电子商务正改变着竞争的形式、活动的速度和领导的实质。为了充分发挥电子商务的潜在优势，企业必须从战略角度来看待电子商务。电子商务战略竞争力是电子商务企业取得长远发展的关键。战略竞争力是指在实施长远性和根本性的战略发展目标时给经济与社会发展所带来的无形的或潜在的利益，是电子商务企业未来发展的根本点。电子商务战略分析电子商务战略外部环境有宏观、微观之分。内部条件分析的方法主要有：核心竞争力分析法、SWOT 分析法、价值链分析法、内部要素评价（IFE）矩阵等。电子商务战略的基本模式主要有以下几种：① 抢占快车道战略；② 专一化战略；③ 人才风险战略；④ 从不定式中寻找定式战略；⑤ 隐形进攻战略。电子商务的战略规划就是从帮助企业实施已有的经营战略和竞争战略或形成新的经营。电子商务战略实施包含四个相互联系的阶段：① 战略发动阶段；② 战略计划阶段；③ 战略运作阶段；④ 战略的控制与评估阶段。在实际操作中，战略评估一般分为事前评估、事中评估和事后评估三个层次。电子商务战略风险评估活动贯穿于整个公司战略实施的过程之中，具体可以分为五个阶段：确定评估内容、设立风险标准、衡量实际风险、将实际与标准进行比较、依据差距情况采取适当调整方案。电子商务战略控制就是指战略管理者依据战略计划的目标和行动方案，衡量战略计划的完成情况和纠正战略计划执行中的偏差，以确保战略目标的实现。

问题讨论

1. 如何有效地分析电子商务的战略环境？
2. 电子商务战略的基本模式有哪些？
3. 电子商务战略实施包含哪几个阶段？
4. 如何对电子商务战略进行有效控制？

第 6 章 电子商务信息流管理

内容提要

随着计算机技术和 Internet 技术的迅猛发展,使得现有技术可以近乎完整地展现如何在虚拟世界进行商务活动，即电子商务活动。电子商务时代的基本特征就是信息流在 Internet 上流动的同时驱动资金流和物流。可以说，信息流是电子商务的血液，它是电子商务管理的核心。因此，做好信息流的管理工作是电子商务活动顺利进行的保证。

本章重点

- 信息的基础知识;
- 信息流管理内容;
- 信息流运营平台。

6.1　信息流管理基础

在电子商务环境下，商务活动中的人流、物流和资金流的大部分改为数字信息的流动，仅仅采用信息交流的方式就完成了商品交易的大部分环节，大量减少了人、财、物的流动，使交易效率的过程机制发生了质的飞跃。由此，信息流是电子商务活动的核心，信息流管理也是电子商务管理的核心。

6.1.1　信息与信息流

1. 信息

由于人们研究信息的角度与目的不同，所以至今提出的信息的定义也是多种多样的，如香农（C. E. Shannon）认为："信息是使不确定性消除的某种东西。"而维纳（N. Wienner）则从通信的角度将信息定义为："我们在适应外部世界、控制外部世界的过程中，同外部世界交换的内容的名称。"我们认为，信息的概念是十分广泛的，信息是客观世界（包括自然界、人类社会和人类思维活动）各种事物运动变化状态的反映，是客观事物之间相互联系、相互作用的表征。

信息是由信息源、内容、载体、传输、接收者构成。信息可以从不同角度来分类。按照其重要性程度可分为：战略信息、战术信息和作业信息；按照其应用领域可分为：管理信息、社会信息、科技信息和军事信息；按照信息的加工顺序可分为：一次信息、二次信息和三次信息等；按照信息的反映形式可分为：数字信息、图像信息和声音信息等；按性质划分，可分为定性信息和定量信息。

信息一般都具有如下特性。

可识别性：信息是可以识别的，识别又可分为直接识别和间接识别，直接识别是指通过感官的识别；间接识别是指通过各种测试手段的识别。不同的信息源有不同的识别方法。

可存储性：信息是可以通过各种方法存储的。

可扩充性：信息随着时间的变化，将不断扩充。

可压缩性：人们对信息进行加工、整理、概括、归纳就可使之精练，从而浓缩。

可传递性：信息的可传递性是信息的本质特征。

可转换性：信息是可以由一种形态转换成另一种形态的。

特定范围有效性：信息在特定的范围内是有效的，否则是无效的。

2. 信息流

信息流的广义定义是指人们采用各种方式来实现信息交流，从面对面的直接交谈到采用各种现代化的传递媒介，包括信息的收集、传递、处理、储存、检索、分析等渠道和过程。信息流的狭义定义是从现代信息技术研究、发展、应用的角度看，指的是信息处理过程中信息在计算机系统和通信网络中的流动。

信息流可以说是流通体系的神经，它是流通体系存在和运动的内在机制，其功能主要表现在以下几个方面。

1）连接功能

流通过程是作为一个整体的运动，即体系的运动来实现的。流通体系又是各种要素的集合，不同的要素之所以能形成集合，是靠信息把它们连接在一起的。在流通体系中，不同主体之间的关系从本质上讲是交换关系。买卖双方通过信息的交流了解对方的意愿，连接在一起。没有信息交流，买和卖永远不会结合起来。买卖交易的实现、流通过程的顺利进行，仍然要依靠信息流把一个个孤立的环节连接为连续不断的有序活动。

2）调控功能

信息流的调控功能产生于连接功能。流通信息是能够被人类理解、接收和利用的信息，是经过一定程度处理的信息。因此，信息在连接要素的时候，所反映的客观内容就是流通当事人行为的状态和结果。这样，在当事人之间就产生了一个过程，每一个当事人都取得其他当事人的信息，这些信息会影响他的行动和后果，而他的信息同时也影响相互联系的其他当事人的行为，信息的变化将会使当事人行为发生变化，这就是信息流的调控功能。

3）决策功能

流通是不断变化的动态过程，流通所赖以存在的运动的环境也是不断变化的动态环境。无论是运动着的流通过程，还是变化着动态环境，都存在大量的不确定因素。信息的重要功能，是使决策当事人了解动态变化的状况，以减少不可避免的不确定性，从而为他的行为做出恰当的选择，并控制行为的后果。如果不存在不确定因素，经济决策就成为按常规办事、无关紧要了。而这种状况在现实中是根本不存在的。但是，信息越完善、充分、及时，不确定性就越少，决策就可以越合理。

6.1.2　企业信息化

企业信息化是指企业利用网络、计算机、通信等现代信息技术，通过对信息资源的深度开发和广泛利用，不断提高生产、经营、管理、决策效率和水平，从而提高企业经济效益和企业核心竞争力的过程。

通俗地讲，企业信息化就是实现企业的资金流、物流、作业流、信息流的数字化、网络化管理，实现企业运行的自动化和企业制度的现代化。企业信息化的内涵可以从以下 4 个方面来理解。

1. 企业信息化以现代信息技术为基础条件

企业信息化必然要包含现代化信息技术，否则企业信息化将无从谈起。也就是说，企业信息化必须以现代信息技术的设备和软件为物质基础。企业信息化过程中采用的信息技术是多种多样的，如工程设计领域应用的 CAD、CAM；制造管理领域应用的 MRP Ⅱ或 ERP；流通领域应用的 EDI 技术；在企业内部建立 Intranet；在企业外部使用 Internet 及建立信息高速公路等。这些都需要计算机、网络、软件技术的应用，因此，企业信息化是以现代化信息技术为基础的。

2. 企业信息化是以信息为战略资源

信息是正确决策的前提，只有掌握正确、迅捷的信息，企业才能在市场中拥有较强的竞争优势。随着信息技术的发展和市场竞争的加剧，信息已被视为五种投入要素（劳动力、资本、土地、资本家才能、信息）之一，作为企业的一种重要资源，其重要程度正日益提高。由于信息技术在发达国家的部分企业中逐渐成为核心技术，信息资源管理也更多地介入企业战略管理层面，信息资源作为企业的一种战略信息资源已融入企业信息化过程中。

3. 企业信息化以推进企业管理现代化和提高核心竞争力为目标

企业信息化的目标是利用现代信息技术来加强管理、改善经营、降低成本，使企业效益得到大幅度提高。任何一家企业如果信息化水平低下，在全球经济一体化的今天、在激烈的市场竞争中就很难生存和发展。

4. 企业信息化是一个不断创新发展的过程

企业信息化范围如此之大，而且各企业经营特色不同，实施的侧重点也就不同。任何一个企业都不可能一步到位。每个企业要根据企业自身的需求来规划企业信息化进程，并在总体规划下分步实施。企业内部环境的不断变化，对企业信息化会不断提出新的要求，随着技术和实践的发展，企业信息化模式也在发展变化，由此，决定了企业信息化是一个动态的发展过程。企业信息化没有固定的标准和模式，也没有一成不变的目标，不断地创新发展才是企业信息化的真正内涵。

此外，从企业信息化涉及的深度来看，可以从下述三个层面来理解企业信息化的含义。

第一个层面是数据的信息化。把库存信息、销售凭证、费用凭证、采购凭证以一定的数据格式录入计算机，以数字的形式保存起来，以备随时查询。除了利用原有的电话、传真、报纸、电视等方式进行信息获取、沟通交流以外，现在还可以通过网络（企业内联网、外联网或互联网）传输数字化的信息。

第二个层面是流程的信息化。把企业已经规范的流程以软件程序的方式固化下来，使得流程所涉及岗位的工作更加规范、高效，减少人为控制和“拍脑袋”的管理行为，同时也能提升客户满意度，如联想网络办公系统中的网上报销、网上预定就属于这个层面。

第三个层面是决策的信息化。通过对那些信息化的原始数据进行科学的加工处理，运用一定的计算模型，对管理和决策起到支持作用。

6.1.3　政府信息化

政府信息化指的是为了迎接信息时代的到来，利用信息技术、通信技术、网络技术、办公自动化技术，对传统政府管理和公共服务进行改革。政府信息化是国家信息化的标志，政府信息的开放程度已经成为一个国家信息化程度的重要标志。政府信息化是关系到政府工作效率和决策质量、关系到政府能力和国家能力、关系到政府形象和国家形象，进而对国民经济和社会发展产生重大影响的大事。世界各国都在认真总结经验教训，加快政府信息化的步伐。

根据国内外政府信息化的发展现状的分析和探讨，对我国政府信息化建设提出如下应对措施。

1．合理定位政府的角色

按照市场经济的要求，合理定位政府的角色，减少政府不必要的干预，正确处理政府与市场、企业和社会的关系，形成良性的互动，以达到推进政府信息化的目的。政府职能的合理配置，是政府实行有效管理的前提，也是政府行使各种权力的基本依据。

2．加强统一组织、统一规范、统一标准和统一管理

针对各自为政、各自分割、相对独立的现状，首先，要对政府信息化建设进行合理统一的规划，并且要强制执行；其次，利用先进的信息整合平台，“整合”原有的基础设施、“整合”原有的应用系统。这样一种信息整合平台，不仅可以充分整合和利用原有的政务应用系统，能够快速方便地使现有的基础设施。

3．加强政府业务规范化、制度化，政府信息化的持续发展、示范和推广作用

政府信息化不是简单的上网，也不是单纯地将各部门的计算机网络连网。在完整、先进的信息技术解决方案上要实现政府在信息流通、工作组合、制度执行、事务控制等管理环节的计算机化。所以，要加强政府业务的制度化、规范化，对政府业务的信息处理做出规范要求，包括对信息的采集、加工、传递等全过程，都有固定运作程序和明确要求，以便于政府工作的信息化。

4. 加强政府信息化的法制建设和信息素质教育

政府信息化建设必须以法律为基础，必须有法可依。当前我国政府信息化的管理方面急需制定、完善相关的法律，只有这样，我国的政府信息化建设才能在良性的法律轨道上持续、快速、健康地发展。尽快建立完善的政府信息化建设评估标准和制度，并把它作为政府官员业绩评价的一个重要组成部分，建立起有效的约束机制和激励机制。

6.1.4 社会信息化

社会信息化有广义和狭义的概念，一种普遍的定义为：社会信息化是通过现代信息技术和网络设施把社会的最基础资源——信息资源充分应用到社会各个领域的过程。它与工业化是相互对应的一个概念，工业化是信息化的物质基础，而信息化是工业向更高层次发展的技术环境。工业化的最大目标是最大限度地开发、利用物质和能源资源，向社会提供丰富的物质产品；而信息化的主要目标是最大限度地开发利用信息资源，提高社会各领域信息技术应用和信息资源开发、利用的水平，为社会提供更高质量的产品和服务，促进全社会信息化。

1. 加快教育科研信息化步伐

提升基础教育、高等教育和职业教育信息化水平，持续推进农村现代远程教育，实现优质教育资源共享，促进教育均衡发展。构建终身教育体系，发展多层次、交互式网络教育培训体系，方便公民自主学习。建立并完善全国教育与科研基础条件网络平台，提高教育与科研设备网络化利用水平，推动教育与科研资源的共享。

2. 加强医疗卫生信息化建设

建设并完善覆盖全国、快捷高效的公共卫生信息系统，增强防疫监控、应急处置和救治能力。推进医疗服务信息化，改进医院管理，开展远程医疗。统筹规划电子病历，促进医疗、医药和医保机构的信息共享和业务协同，支持医疗体制改革。

3. 完善就业和社会保障信息服务体系

建设多层次、多功能的就业信息服务体系，加强就业信息统计、分析和发布工作，改善技能培训、就业指导和政策咨询服务。加快全国社会保障信息系统建设，提高工作效率，改善服务质量。

4. 推进社区信息化

整合各类信息系统和资源，构建统一的社区信息平台，加强常住人口和流动人口的信息化管理，改善社区服务。

6.2　电子商务信息流管理的内容

电子商务信息流是指电子商务信息通过计算机网络途径进行传输的运动过程，是对电子商务经营活动状态的直接反映，它包括电子商务信息的产生、搜集、传播、运用和反馈的过程。电子商务信息流与传统商务信息流的信息传输途径不同，但电子商务信息流与传统商务信息流的差异不仅如此。电子商务实际上是人类通过对信息流的控制实现对商流、物流和资金流控制的一种活动，因此，信息流在商品和劳务的运动过程中占据了主导地位，成为商流、物流和资金流的先导和基础，从而，电子商务信息流也就主导了电子商务这一商务模式。

在现代电子商务社会，商务活动首先是由需求信息流引发和牵引的，然后发生的是供应信息流，供应信息流是物流和资金流的先导，起着拉动或推动现代电子商务发展的作用；物流是沿着供应链的方向流动的流程，是商务活动的目的所在，资金流是沿着供应链的方向反动的流程，是对物流的回应，商流实际上是围绕着物流、资金流和信息流的活动的总称，一般也包括这三个流程。无论需求信息流还是供应信息流，都是领先于物流与资金流的。因此，要对电子商务的运营进行管理，就有必要研究电子商务信息流的内容。

6.2.1　信息源

1. 信息源的概念

人们在科研活动、生产经营活动和其他一切活动中所产生的成果和各种原始记录，以及对这些原始记录的处理而得到的成果，都是借以获得信息的重要信息源。联合国教科文组织（UNESCO）在其出版的《文献术语》中从信息源的作用这个角度将信息源定义为：“个人为满足其信息需要而获得信息的来源。”事实上，可以从广义和狭义两个角度来认识信息源。从广义上讲，只要是能产生信息的“源头”都可称为信息源，包括一切产生、存储、负载信息的组织、个人、实物及各种信息交流的场所。狭义上的信息源专指能够产生信息的组织和个人。本书所指的信息源是广义上的。如今，随着信息技术的不断拓展及人们生活方式的不断演变，信息源的外延在不断扩展。

2. 信息源的属性

随着计算机网络的发展，基于 Internet 的电子商务活动更加频繁，信息源的属性和特点也丰富起来。从总体上讲，信息源具有以下几个属性。

1）客观性

主要表现为信息源是实实在在客观存在的，而不以人的主观意志为转移。

2）共享性

大部分信息源都是公开，它不是某一机构、团体或个人的私有财产。

3）相对性

信息源和信宿只是一组相对的概念，在不同的环境下它们可以相互转化。

4）非消耗性

信息源是一种取之不尽、用之不竭的特殊源泉，可以多次反复地为其他用户提供信息。

5）广泛性

信息源无处不有、无处不在，信息源分布的范围十分广泛。

3. 信息源的类型

可以从不同的角度来划分信息源的类型。按信息源的性质来划分，可分为政府信息源、公众信息源、商用信息源。按照信息源内容应用领域来划分，可分为政治信息源、军事信息源、经济信息源、科技信息源、文化信息源及生活信息源等。按照信息存储的载体来划分，可分为文献信息源、非文献信息源。按照信息源的范围来划分，可分为内部信息源和外部信息源。按照信息的公开程度来划分，可分为公开信息源和非公开信息源。至于信息源究竟应该按什么方式来划分，没有固定的标准，主要取决于人们分析问题的不同需要。如果从信息源自身的性质和功能来划分，信息源可分为生产型信息源、存储型信息源、负载型信息源和交流型信息源。

1）生产型信息源

生产型信息源即狭义上的信息源，包括一切产生信息的组织和个人，如高等院校、实验基地、政府机构、企业、学术团体、科技人员、管理人员等。

2）存储型信息源

存储型信息源是指以搜集、处理、存储和提供信息为主要职能的组织和个人，如图书馆、档案馆、情报所、信息中心、信息咨询机构、大众传播机构、情报信息人员及其他工作人员等。显然，这种类型的信息源也可进一步划分为组织存储型信息源和个人存储型信息源。

3）负载型信息源

负载型信息源是指记录和包含信息的各种物质载体，如文献、实物、广告、数据库等。

4）交流型信息源

交流型信息源是指信息交流的场所，如各种会议、市场、组织等。如今，随着人类活动空间的不断拓展，网络成为人们交流信息的又一重要场所。

6.2.2　信息搜集与处理

1. 信息搜集

信息搜集就是在电子商务活动中对信息的接收和集中，是信息处理过程的起点，并贯穿整个过程的始终。搜集信息时必须注意信息的准确性、完整性、时效性、实用性及连续性，它直接影响到信息资源管理工作的质量和效率。只有在掌握电子商务信息需求规律和电子商务信息源特征的前提下，按照电子商务信息搜集的原则、采用各种方法、通过各种途径、遵循一定的程序搜集大量的信息，电子商务信息资源管理的后续流程才能得以开展。

1）信息搜集的原则

（1）主动性原则：要求企业的信息工作人员具有敏锐的“信息嗅觉”，采取积极主动的态度，及时发现、捕捉相关的最新信息，为企业所用。

（2）针对性原则：企业在进行电子商务信息搜集时，应根据自身的需要，有目的、有重点、有选择地搜集价值量较大的信息，做到有的放矢、物有所用。

（3） 经济性原则：电子商务信息搜集工作要厉行节约、讲究经济效果，把有限的经费用到刀刃上。

（4）完整性原则：所搜集的电子商务信息应是完整的、连续的。

（5）计划性原则：电子商务信息搜集是一项经常性、长期性的工作，必须有计划、有步骤地进行。企业信息部门应分清轻重缓急，科学地制订企业信息搜集的长期计划和短期计划。

（6）真实性原则：真实的信息是企业进行生产决策前提，确保搜集到的信息的真实性，同时要尽量缩短信息交流渠道，减少搜集过程中受到的干扰。

2）信息搜集的途径

信息搜集的途径是指获取信息的渠道。对企业来说，企业系统内部每时每刻都产生着大量的信息，除供本身吸收利用外，并对外输出“信息熵流”，对其他社会系统施加影响。与此同时，企业又必须从外界输入信息流，才能保证企业自身的有机运行及与其他社会系统的协同作用。因此，企业信息搜集的途径可分为内部途径和外部途径。

（1）内部途径：从企业内部的信息流来看，主要信息搜集途径有：市场营销部门、研究开发（R&D）部门、企业内部信息网（Intranet）。

（2）外部途径：主要搜集途径有：大众传播媒介、会议信息源、用户和消费者和互联网。

3）信息搜集的方法

信息搜集的方法依信息的类型和性质不同而有所不同。信息按不同标准可分为动态信息和静态信息、公开信息和非公开信息。动态信息是指未纳入正式信息交流渠道即来自非文献的信息。动态性经济信息的特点是：经济效益大、数量多、信息源广泛、实效性强、繁杂无序。静态信息指经过人的编辑加工并用文字符号或代码记录在一定载体上的信息。公开信息指来自大众传播媒介、公共信息服务或其他公开渠道的信息；非公开信息指来自非公开途径甚至采取了一定的保密措施的信息。一般来说，静态的、公开的信息便于采集，但容易滞后；动态的、非公开的信息比较难于搜集，但其价值较高。

对于动态的、公开的信息，可采用问卷调查法、专家咨询法、参观考察法等方法来搜集；对于动态的、非公开的信息，可采用访问交谈法、技术截获法、敲诈利诱法来搜集；对于静态的、公开的信息，可采用信息检索法、积累法来搜集；对于静态的、非公开的信息，可采用交换法、窃取法等来搜集。

2. 信息处理

信息的处理也是电子商务活动的重要环节，就是对搜集到的信息按照一定的程序和方法进行分类、计算、分析、判断、编写，使之成为企业的知识。企业根据某一主题搜集到的各种信息，在处理之前处于一种庞杂紊乱的封闭式的状态之中。只有按照一定的程序和方法，才能将它们转化为有序的、系统化的具有战略意义的知识。信息的处理过程恰好能完成上述的“转化”职能。

1）信息处理手段的变迁

信息技术的进步直接导致了信息处理手段的变革。从传统的手工处理方式到 MIS（Management Information System，管理信息系统），到 EDI（Electronic Data Interchange，电子数据交换），再到 EC（Electronic Commerce，电子商务）阶段，信息处理手段产生了质的飞跃。

（1）手工处理：早在计算机用于企业信息管理之前，企业的信息工作都是通过手工进行的。手工处理信息缓慢、错误率高、缺乏一致性，需要大量的人力、物力、财力。

（2）管理信息系统：随着计算机技术的进步，成本的降低、手段的丰富使计算机进入了企业的管理工作中。这一阶段最成熟的形式就是人们熟知的 MIS（管理信息系统），其中包含事务处理系统、管理信息系统及决策支持系统等。

（3）EDI：随着网络技术的发展，EDI 逐步出现在各企业的 MIS 系统之间，它能将企业与企业之间的往来文件，以标准化、规范化的文件格式，无须人工介入，无须纸张文件，采用电子化的方式，通过网络系统在计算机应用系统与计算机应用系统之间，直接进行信息业务的交换与处理。

（4）EC：是一个贯穿全球的贸易熔炉，它在信息技术高度发展的基础上，尤其是 WWW 和 Internet 的基础上，通过使用一切电子化的贸易手段将贸易过程中的各方连接到一起。它不仅是收发订单或其他单证以使企业运作更加有效，包括的是一个更加广泛的领域，是企业到企业与企业到消费者等整个贸易过程中所有相关角色之间建立的良好的合作策略。生产、推销、广告、洽谈、成交、支付、税收等一切过程都集中在一个完善的电子商务系统之中。

2）信息处理的原则

（1）信息内容的有序化：信息处理的任务是对信息进行整序，使之条理化、有序化。

（2）信息价值最大化：通过处理活动，能够加深信息揭示的层次，开发出新的信息产品，而且能使原有信息产品的质量得到进一步的提高，从而使信息大大增值。

（3）信息流向明确化、信息流速适度化：信息处理应根据用户信息的需要来确定信息的流向，以使信息的效用得到最大的发挥。同时，适当控制信息的流动速度，把握住信息传递时机，因为眼花缭乱的信息流可能会降低人们决策的效率。

（4）信息数量精约化：信息处理工作就必须对这些信息进行选择加工，从中精选出有价值的信息，提出冗余的信息，方便企业吸收利用。

6.2.3　信息存储与检索

1．信息存储

在电子商务活动中，信息部门搜集到的信息经过处理后，必须用一定的载体保存起来，以提供给从事电子商务的人员使用。

1）信息存储的重要性

企业搜集到的信息大多用计算机存储起来，变成了电子信息，这就使信息存储技术显得更加重要，特别是计算机网络应用的迅速增长，更大大增加了对信息存储产品的需求量和对信息存储技术的安全性、可靠性的要求。信息存储对企业来说是非常重要的，它将为防止数据丢失而提供备份保护；避免丢失数据带来的损失；防止停机时间影响成本；允许现场或非现场文档的存储。

2）信息存储技术

信息存储技术在近几年的发展非常迅速，各种新产品、新技术层出不穷，但从总体上看它们呈现出一种类似金字塔的结构，其中塔尖为 CPU，距离 CPU 越近则存储速度越快、每兆字节的存储成本越高，容量也越小；反之，存储速度越慢、每兆字节的存储成本越低，容量也越大。

计算机的存储设备从体系结构上看可分为内存储器和外存储器。内存储器（即内存）直接与计算机的 CPU 相连，处于金字塔的最上层。它的存取速度要求能与 CPU 相匹配，通常由半导体存储器芯片组成，由于成本高，容量通常不太大。大量数据的保存通常要使用外存储器。外存储器又可以分成几个层次。与内存储器相连接的是联机存储器（或称在线存储器），如硬磁盘机、磁盘阵列等；再下一层是后援存储器（或称近线存储器），它由存取速度比硬盘更慢的光盘机、光盘库等设备组成；底层是脱机存储器（或称离线存储器），由磁带机和磁带库组成。它的存取速度比较慢，仅是秒数量级，由于存储介质可脱机保存，可以更换，因此容量几乎是无限大的。

对于普通的个人计算机用户，使用硬盘、软盘和光盘等存储介质来进行数据存储就已经够用了，但对于商业用户和一些网络系统来说，磁带机、磁带库和光盘库则是必不可少的数据存储与备份设备。

3）信息存储设备

（1）磁盘存储。

磁盘是广大用户最熟悉的存储介质。在目前所有的 PC 中，硬盘都是必不可少的设备。磁盘技术包括磁性盘片、电机、盘上方的伸缩臂及伸缩臂（手柄）上的磁头。电机带动磁盘旋转，伸缩臂在盘上移动，磁头进行读盘或写盘的操作。读盘时，磁头检测盘磁性的变化，将其转化为 0 或 1 的数据组。写盘时，通过磁头改变盘上数据的磁性，如正、负极分别与 0 和 1 相对应。

（2）光盘存储。

随着光盘价格的急剧下降，光盘已成为价格最低的计算机数据存储介质之一，全世界 80%的光学头、70%的光盘机小机芯在中国生产，中国已成为世界光盘产品产销大国。光盘存储提供了存储和发布大文件的一个非常耐久的方法。与音频 CD 相似，光盘驱动器利用低能量的激光在多碳化的表面上读取微小的变化。因为信息记录在盘面下，所以光盘容易损坏。光盘的存储容量比软盘大，存储费用比硬盘低，但光盘的访问时间要比硬盘慢 2～6 倍。光盘的这些特点使其非常适合存储那些大容量的、用硬盘存储费用太高，而且需要在线操作的数据。

目前主要利用光盘技术的存储产品有：CD-ROM、CD-R、CD-RW 和 MO。CD-ROM 为只读光盘，多用于产品发布和电子出版领域；CD-R 允许用户自己写 CD，但只能写一次，可以读无限次，而且与 CD-ROM 兼容；CD-RW 为可多次读写光盘，它采用 CD-R 的格式，因此可以与 CD-R 的刻录机公用；MO 是永磁光盘，可以重复读写，它具有很高的可靠性和耐久性，数据可保存长达 100 年。

此外，多台光盘机组合在一起有 3 种结构：光盘库、光盘塔和光盘阵列。它们都是大型信息存储设备，一般应用于大、中型的网络系统和档案管理系统。

（3）磁带存储。

磁带存储可以说是最古老的存储方式之一。从 1952 年第一台 13mm（0.5 英寸）磁带机在 IBM 公司问世以来，它已经走过了 40 多年的历史，积累了大量的使用经验和可靠性数据。磁带存储是一种安全的、可靠的、易用的数据备份方法。因为磁带可从驱动器上取出，因此可以实现非现场方式的保存或存放过去版本的数据。磁带存储系统大都易于操作，甚至能够允许无人值守的数据备份和磁带管理。磁带的速度虽然比硬盘和光盘慢，但它也能在相对短的时间内（如一个晚上）备份需要的数据。由于磁带的可靠性很高（据实践证明，一盘磁带上的数据可以保存 30 年以上），而且容量大，所以它是当之无愧的大容量数据备份的首选存储介质。

另外，随着制造技术和生产工艺的不断改进，磁带机的性能还将得到很大的提高。包括：磁带将被做得越来越小；存储能力越来越大；磁带机的自动化程度也将越来越高……而且，随着自动化程度越来越高，磁带机的优势越来越明显，从而在未来的存储市场中将长期扮演主流角色。

2. 信息检索

信息检索是信息工作的一个重要环节，也是信息人员和信息用户必备的基本功。信息人员可通过检索搜集信息，也可通过检索为用户提供信息线索和事实、数据；信息用户可通过检索获取自己所需的信息。

1）信息检索的概念与类型

信息检索（Information Retrieval）最早是由穆尔斯（C.N.Mooers）在其发表的题为“把信息检索看做是时间性的通信”的论文中提出的。从广义上讲，信息检索是指将信息按一定方式组织和存储起来，然后在用户需要（发出信息提问）时找出并提供有关信息的过程，故全称信息存储与检索。狭义的信息检索仅指该过程的后半部分。

根据企业用户提问的不同，企业信息检索可分为三种类型：文献检索、数据检索、事实检索。文献检索是指不直接解答用户的信息需要，而指提供与之相关的参考文献或文献线索。数据检索是指直接提供用户所需要的确切的数据。事实检索指直接提供用户所需要的特定的事实。

根据找出的信息的内容性质不同，信息检索可分为多种类型，包括以下几种。

（1）科技信息检索：查找信息用户所需自然科学和工程技术信息的检索。

（2）经济信息检索：查找信息用户所需的经济信息的检索，经济信息检索又可进一步细分为经济科学信息检索、经济动态信息检索、市场信息检索等。

（3）管理信息检索：查找信息用户所需管理科学、管理体制、管理经验和方法等信息的检索。

（4）法规信息检索：查找信息用户所需的法学信息、方针政策、法律法令、条例规程等信息的检索。

2）信息检索方法

（1）手工检索：检索者使用印刷型检索工具（如文摘、书本式题录等）直接查找有关信息。该方法的优点是查找方法简单灵活，且几乎不需要特殊设备；缺点是检索效率低。

（2）计算机信息检索：检索者利用计算机检索系统查找存储在数据库中的有关信息。它是利用计算机存储容量大和查找快速的特点发展起来的一种计算机应用技术，主要用于信息管理。计算机信息检索系统能存储大量的信息，并对信息条目进行分类、编目或编制索引；还具有根据用户要求从已存储的信息库中抽取出特定的信息，并提供插入、修改和删除某些信息的能力。

（3）网络信息检索：Internet 创造了一个新的信息网络环境，提供了便利的信息获取与传输的渠道和工具，是信息资源查询和共享的最大信息市场。因此，网络信息检索也成为企业获取信息的一种重要途径。进行网络信息检索首先要掌握一定的网络检索工具，而搜索引擎可能是最流行的网络信息检索工具之一。

搜索引擎（Search Engine）是指根据一定的策略、运用特定的计算机程序搜集互联网上的信息，在对信息进行组织和处理后，将处理的信息显示给用户，是为用户提供检索服务的系统。

6.2.4　信息利用与反馈

1. 信息利用

实施信息资源管理的目的就是充分利用信息资源，由此，信息的利用是信息资源管理的核心。信息的利用是指各层决策者将各种有用的信息应用于电子商务各项活动的实践过程。它包含的内容很多，主要有电子商务决策中的信息利用、电子商务计划活动中的信息利用、电子商务技术创新中的信息利用等。

1）信息利用过程

（1）认清问题性质，理清思路，判断什么样的信息有利于问题解决。

（2）梳理组织已有信息，并判断所需的信息是否获取。

（3）如果所需信息已经存在，则直接利用。不存在，则需要考虑是否可以通过对已有信息重新整合来满足企业的需要。如果不能，则要重新进行信息采集，回到信息管理的源头。

2）有效利用信息

（1）善于开发信息。信息开发包括外延式开发和内涵式开发。外延式开发是指对信息源和信息渠道的开拓与发掘，以便获取更多的信息。内涵式开发是指对已经掌握的信息进行深度加工、重组、激活，以产生新的信息或更有价值的信息。

（2）为信息价值的充分发挥提供组织上的保证。

（3）用发展的眼光看待信息的价值。

3）防止不合理现象发生

（1）信息孤岛。由于部门利益的存在或技术上的原因，难免出现信息不能共享，出现信息孤岛。信息孤岛的存在会造成组织信息资源的闲置，同时，它也是组织肢体不健康的表征。

（2）信息过载。现在是一个信息爆炸的时代，每一个企业的工作人员每天都需要面临大量的信息，经常被过多的信息所困扰。避免这个问题的唯一途径就是注意信息的提炼。

2. 信息反馈

所谓信息的反馈，就是把输出信息对实际利用者作用的结果输送回来，以便同原来预定的目标值进行比较，及时发现偏差，加以修正，从而调节输出。没有良好的信息反馈系统，企业就无法对自己的信息资源管理活动进行有效的控制，因此，企业必须建立信息反馈机制，评估信息资源管理效果、效率，用以改进信息资源管理作业。

1）信息反馈的作用

信息反馈实质上是信息的反向传递过程。信息反馈是信息交流不可缺少的环节，严格地说，没有信息反馈过程的信息活动不能称之为信息交流活动，而只是一种信息传递活动。信息反馈有如下作用。

（1）提高信息交流的质量和效果。在信息交流中，通过信息反馈可以使企业根据自己的需求来获取信息，提高信息传递的针对性；可以使双方将不清楚的问题得到澄清，提高信息传递的明确性；可以不断修正和多次提供信息，提高信息的可靠性和完整性。

（2）促进企业的工作和研究。对方反馈回来的信息可以启发企业工作者的思维，总结过去的经验和教训，为未来计划的制订和活动的安排提供借鉴。

2）信息反馈的要求

（1）及时。信息反馈可以将企业进展及时通知上级或其他部门，便于各部门及时做出反应。反之，就起不到及时调节和修正信息交流系统的作用，影响信息反馈效果。

（2）准确。企业工作者必须将自己接收信息后的真正感受或利用信息后的真实情况进行反馈，减少反馈过程中由种种原因而引起的信息失真等。信息反馈不准确，轻则影响信息交流的效果，重则带来不堪设想的后果。

（3）适度。信息反馈不足，企业工作者难以做出满足本身需要的反应；信息反馈过度，既加重了企业工作者的负担，又不能使企业得到满意的结果。因此，既要防止反馈不足，又要防止反馈过度。

3）建立信息反馈系统

负有控制责任的管理人员只有及时掌控了反映实际工作与预测工作之间偏差的信

息，才能迅速采取有效的纠正措施。因此，应该建立有效的信息反馈网络，使反映实际工作情况的信息适时地传递给适当的管理人员，使之能与预定标准相比较，及时发现问题。这个网络还应能及时将偏差信息传递给与被控制活动有关的人员和部门，以使他们及时知道自己的工作状况，以及如何做好下一步工作。建立这样的信息反馈系统，不仅有利于保证预定计划的实时，而且能防止基层工作人员把衡量和控制视为上级检查工作、进行奖惩的手段，从而避免产生抵触情绪。

6.3 电子商务信息流运营平台

与传统商务活动相比，企业的电子商务活动突破了原有的时间和空间概念，大大地降低了交易成本。但是，这种商务活动的实现需要许多运营条件，或称为“运营平台”。这里的平台是指企业开展电子商务活动过程中需要自建、租用、借用的运营条件或设施。这些运营条件或设施包括两类：一类是实物形式存在的物理运营平台，包括信息流平台和物流平台；另一类是非实物形式存在的逻辑运营平台，包括资金流平台、契约平台和认证平台。

6.3.1 电子商务运营物理平台

1．信息流平台

电子商务信息流平台实质上就是企业在开展电子商务活动的过程中提供信息流传输、存储、加工处理的网络设施和通道。在电子商务实现过程中，物流、资金流最终都要转化为信息流的形式，并通过信息流平台高效、及时、准确地传播和交流，最终实现电子商务的三流整合。信息流运营平台是企业开展电子商务活动的基本物理环境，是其他平台运转的基础。

在这里，企业开展电子商务的信息流平台主要包括企业内联网（Intranet）、企业外联网（Extranet）、互联网（Internet）等。其中，内联网是企业运用互联网技术建立起来的为自己服务的局域网，其主要功能是加快信息在企业内部及其分支机构的传输和共享；外联网的本质是将企业内联网与其重要合作伙伴、客户或供应商等商务主体的内联网连接起来，其功能是取代传统的传真、电话、特快专递等工具，实现电子商务合作主体之间的高速信息交流；互联网则是将世界范围内的各种类型、各个地区、各个行业或部门的网络连接起来，实现全球范围内的信息交流。

1）企业内联网（Intranet）

从技术上讲，内联网与互联网没有太大的区别，它们都基于 TCP/IP、FTP、HTML、WWW 等协议，都采用 B/W/D 服务结构，所不同的只是访问范围和权限不同。

Intranet 的功能与传统的 MIS 相似，它们都是一个封锁的系统，只面对企业内部，使用计算机网络连接企业各个部门，完成企业的信息管理工作。企业内联网与传统 MIS 的主要区别在于：传统的 MIS 通常是基于 C/S 架构的，管理和使用起来不够方便，而 Intranet 则基于 B/W/D 结构， 构建费用低，功能单一、安全可靠，是企业解决内部信息流管理的理想平台。

2）企业外联网（Extranet）

Extranet 是互联网构建技术在企业之间电子商务信息流管理中的另一种应用。它使企业与合作伙伴及其他的相关商务主体相连，完成企业之间的共同电子商务目标和交互合作，并形成合作者之间的信息交流网络。Extranet 通过向一些主要贸易伙伴（愿意与企业建立联系的供应商、大客户和合作伙伴）添加外部连接来扩充 Intranet，通过 Internet 或 Intranet 更新企业的数据库，从而保持公司相互间的关系。从连接方式上看，外联网又包括如下三种类型。

（1）公共网络。如果一个组织允许公众通过任何公共网络访问组织的内联网，或者有两个以上的企业同意用公共网络把他们的内联网连接起来，公共外联网就出现了。公共外联网的主要优点是建立成本低，缺点是存在安全隐患，目前采用公共外部网的企业很少。

（2）专线网络。专线是指两个点之间永久的专用电话连接，专线网络则是指用专线来实现两个企业的内联网的物理连接。专线网络只供合法连入企业使用，其他任何企业或个人都不得进入使用。

（3）虚拟专用网络（VPN）。VPN 采用一种称之为“通道”或“数据封装”的系统，用公共网络及其协议向贸易伙伴、顾客、供应商和员工发送敏感数据。

3）互联网（Internet）

互联网也是电子商务运营的重要信息流平台，它通过路由器把多个不同的 Intranet 与 Extranet 网络进行连接。企业可以建立门户网站并将其推上互联网，使全球客户都能浏览企业的产品和概况，企业还可以通过其门户站点完成网上交易和服务，实现全球范围的信息共享、信息交流和商品交易工作。与 Intranet 和 Extranet 相比，Internet 功能更强，应用范围更广，是电子商务活动的主要信息流平台。

2. 物流平台

物流是指实物从供应方到需求方的转移路径和过程。根据销售环节的不同，物流本身还分供应物流、销售物流、生产物流和回收物流。物流平台是指电子商务活动中的实物转移的途径与通道。在电子商务背景下，企业应合理构建适合本企业发展的物流平台。

电子商务的优势主要在于其运作的高效率。然而，企业通过 Internet 进行的商务活动只能实现信息流和资金流的高效运作，而物流的运作则成为限制电子商务进一步发展的一个重要“瓶颈”。尽管目前国内外实现电子商务的企业的网上销售额迅速增长，但真正能够赢利的却不多，这中间一个重要的原因就在于物流运作的高成本与低效率。作为一个适应于现代电子商务的物流系统，应该能把准确的产品（包括产品的性能、质量、型号等）在准确的时间内，以最低的成本送到消费者手中，而物流平台的优劣将直接影响企业在价格、交货期、服务、质量等方面的竞争力，因此，必须从战略的角度去看待物流平台的组建，建立高度信息化、自动化、机械化的物流平台。许多国际化企业，由于具备了适合于自身的物流网络而在电子商务活动中取得了不凡战绩。例如 Dell 公司，每当 Dell 公司接到订单后，其相关信息立刻被分解成具体零部件的生产信息，立刻通过互连网络传送到合作伙伴的信息库并马上开始生产，在那里的生产一旦完成，产品立刻由联邦快递传送到离用户最近的 Dell 公司分部，所有部件重新组合后一并送往 Dell 流水装配线。这样，完全由用户自己定制的计算机在 5 之内天便问世了。从 Dell 公司的实际运作中不难看出，先进的物流平台在电子商务中的重要地位。图 6.1 所示便是一种网络直销型物流运营平台。

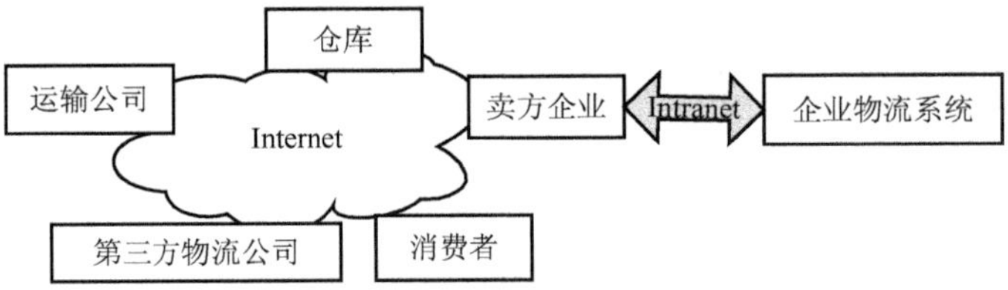

图 6.1　一种网络直销型物流运营平台

由于电子商务条件下商品生产向少量化、多频度及小单位化发展，以及 JIT 等新型生产、流通体制的变化，电子商务物流平台的搭建或租用也必然体现这一变化的要求。也就是说，电子商务物流平台应该是一个应该能够对客户的需求做出快速反应的物流网络，这个网络的架构包括两方面内容：① 物流实体网络，指物流企业、物流设施、交通工具、交通枢纽等在地理位置上的合理布局而形成的网络，是整个电子商务物流运作的基础；② 物流信息网络，指物流企业、制造企业、商业企业通过 Internet 等现代信息技术将上述物流实体进行连接而形成的信息网络。通过信息网络可以实现运输工具的调配、物流活动的合理安排及在途货物的实时查询等功能。可以说，物流信息网络是电子商务物流网络的神经系统。

6.3.2　电子商务运营逻辑平台

1. 资金流平台

电子商务的发展要求资金流的畅通，而原来的金属货币、纸币及信用凭证（期票、汇票、支票和本票等）无法适应电子商务发展的需要。在此情况下，就需要一个基于网络数字化结算的资金流平台。目前，电子商务的资金支付除了电子信用卡支付这种主流方式之外，在 B2C 商务模式中还普遍存在货到付款和邮政汇款等方式。因此，就目前而言，一个完整的资金流平台不应仅局限于数字化资金流平台。然而，随着 Internet 的进一步普及与网络安全性的进一步提高，电子商务的资金流平台中数字化结算部分的比例将进一步增加。所以，本节主要讨论数字化资金流平台。所谓数字化资金流平台，是指提供电子商务主体通过电子信用卡、电子钱包、数字现金等方式进行付款、转账、结算、清算等电子支付活动的网络平台，即以信息流网络为基础将支付网关、收单银行等金融专用网络连接起来，形成局部金融网络，再在此基础上通过互联网将 CA 认证中心、消费者、生产商及各种风险投资商联合起来的一种资金流平台。在电子商务时代，企业正是在这种资金流平台上完成资金流的运作的。下面以基于 SET 的信用卡支付平台为例（见图 6.2）来介绍电子商务资金流平台的构成及其运转过程。

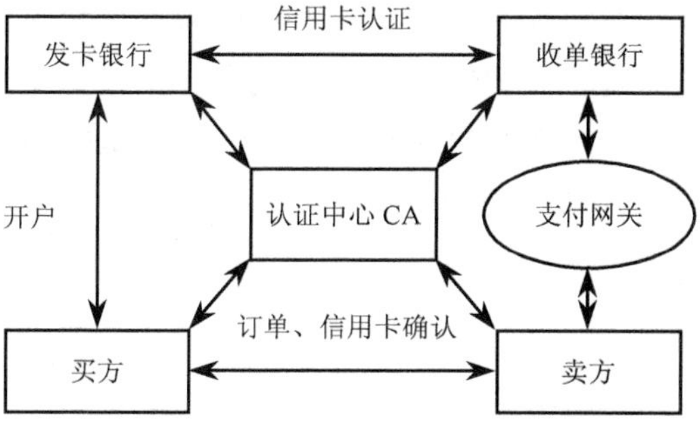

图 6.2　基于 SET 的信用卡支付平台

该平台由客户开户行（发卡银行）、商家开户行（收单银行）、买方、卖方、认证机构等要素构成。在这种信用卡支付平台之上，首先是持卡人（买方）发送给商家一个完善的订单及要求付款的指令；商家接收订单后，向持卡人的金融机构请求支付认可，通过支付网关到银行，再到发卡机构确认，批准交易，然后返回确认信息给商家；商家发送订单确认信息给顾客；商家给顾客装运货物或完成订购的服务，此时，商家可立即请求银行将钱从买方的账号划转到商家账号，也可以等待一段时间，请求成批划账处理；商家的持卡人的金融机构请求支付。

2．契约平台

所谓契约平台，就是指企业在从传统商务模式向电子商务模式转换的过程中，为了借助和整合外部资源，保证这一具有虚拟性特征过程的客观性、公正性和合法性，而采用契约的形式来相互制约和相互促进的一种新型合作形式和控制平台，因此，从某种意义上说，契约平台就是合作平台。

由于电子商务时代市场机遇稍纵即逝，客户需求也越来越向个性化、多样化方向发展，而企业自身的资源相对于这种市场环境而言是相当有限的，因此，企业如果要在特定的时间内向消费者提供个性化、多样化的产品或服务，就必须利用企业外部资源，与其他企业进行合作。而企业之间的合作，需要有契约平台的支撑。事实上，电子商务过程中企业之间、甚至企业内部的部门之间的每一项活动，都需要由契约协议的形式来加以约束。例如，购买过程需要购买契约，资金结算需要资金契约，物流配送需要物流契约，生产合作需要生产协作契约。契约平台之所以对电子商务特别重要，缘于企业虚拟运作的需要。由于实现电子商务之后，供应链成员的组成具有动态变化性，企业与企业之间的关系更为复杂，要对这种动态联盟的形式进行管理，必然对契约平台提出了更高的要求。

契约平台的构成，按企业与企业之间契约关系的形成来看可分为内部契约、一级契约、二级契约等。首先是企业与其内部员工之间以契约的形式规定员工的权利与义务及其工作规范等内容，这是企业内部契约。然后是企业与其合作对象进行双边谈判，并在此基础上形成契约关系，这是一级契约。然后，其合作企业又与其他企业进行谈判并发展成二级契约。在每一级别的契约中又包括资金流契约、物流契约、销售契约、个人金融契约等，如图 6.3 所示。

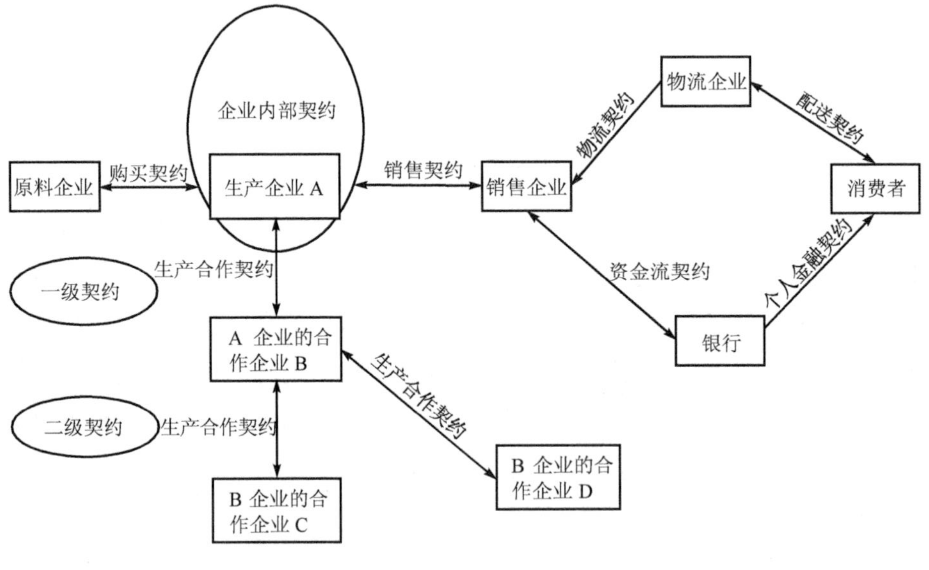

图 6.3 电子商务契约平台

这里需要强调的是，电子商务契约平台是建立在双边规制的基础上的，其维护不仅需要制度性规范和通过再谈判进行的适应性调整，还需要企业的诚信来维持。因为企业间的谈判是有费用的，谈判次数与时间的增加会增加电子商务运作的成本。所以企业应树立良好的“诚信”的形象，以减少契约平台的维护费用。

3. 认证网络平台

由于电子商务是以电子方式和网络形式进行的商务活动，通常参与各方互不见面，而电子商务的交易过程不仅涉及各方信息的交换，还涉及资金的流动，因此，交易各方身份的认证与安全通信变得非常重要，需要有一个权威的、公正的第三方机构来调节和监督整个交易活动。CA 认证中心就是这样一个用来确认电子商务活动中交易各方的身份真实性，并负责在交易中发放、检验和管理证书的权威机构。对于一个大型的应用环境，认证中心往往采用一种多层次的分级机构，各级认证中心类似于各级行政机关，上级认证中心负责签发和管理下级认证中心的证书，最下一级认证中心直接面向最终用户。下面以 SET 认证中心的树形结构图（见图 6.4）为例来说明电子商务认证平台的构成及其工作原理。

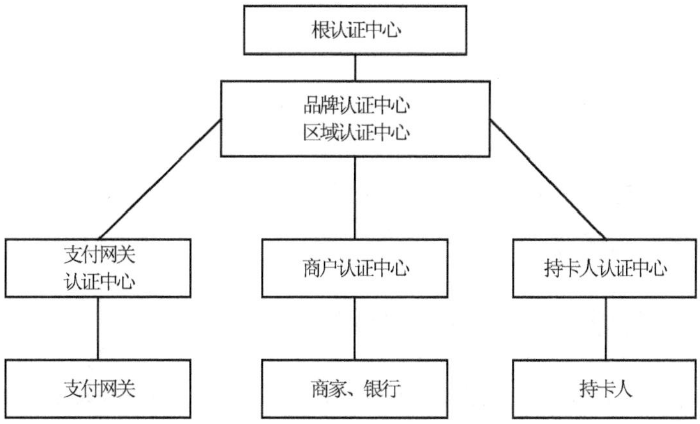

图 6.4　SET 认证中心的树形结构图

如图 6.4 所示，根据功能的不同，SET 认证中心可划分为不同的等级，不同的认证中心负责发放并管理不同的证书。持卡人证书由持卡人认证中心颁发，持卡人认证中心的证书由品牌认证中心或区域认证中心颁发，品牌认证中心或区域认证中心的证书由根认证中心颁发；同理，商家、银行与支付网关的证书的颁发分级方式与持卡人认证方式相同。在电子商务活动中，不同的商务主体按图 6.4 所示方式进行分级认证、分级发放证书、分级管理。

在认证中心的构建上，一些发达国家的认证技术和理论已经相对成型，并建立了相应的一套规范，然而，在不同国家之间的交叉认证、多级认证方面尚未达成一致。在我国，尽管已有部分 CA 认证中心投入营运，但从目前看还是以单级 CA 的产品居多，大都各自为政，难以相互认证，多级 CA 认证体系还相当不完善。此外，我国根认证中心的建设尚未真正完成，各个信任域间的互操作还没有实现，因此，我国的电子商务认证平台建设任重而道远。

本章小结

网络技术和 Internet 技术快速发展，人们对社会的需求种类也逐渐增加，整个社会对网络信息的依赖性也越来越大。因此，加快社会的信息化进程是发展经济的必然选择。

信息流是人们采用各种方式来实现信息交流，从面对面地直接交谈到采用各种现代化技术的传递媒介，可以说是流通体系的神经，是流通体系存在和运动的内在机制。信息流管理正是基于信息活动过程的管理。

电子商务活动的实现需要许多运作条件，或称为“运营平台”。这里的平台是指企业开展电子商务活动过程中需要自建、租用、借用的运行条件或设施。

问题讨论

1. 电子商务信息流管理内容有哪些?
2. 电子商务网络运行平台具体包含哪几个方面?
3. 五大网络平台之间有何关系?

实验难点分析——阿里巴巴——商务信息流之王

阿里巴巴（Alibaba.com）是全球企业间（B2B）电子商务的著名品牌，是全球国际贸易领域内最大、最活跃的网上交易市场和商人社区，目前已融合了 B2B、C2C、搜索引擎和门户。公司总部位于中国东部的杭州，在中国内地拥有 16 个销售和服务中心，在中国香港和美国设有分公司。成为全球首家拥有超过 800 万个网商的电子商务网站，遍布 220 个国家和地区，每日向全球各地企业及商家提供 810 万条商业供求信息，被商人们评为“最受欢迎的 B2B 网站”。

杰出的成绩使阿里巴巴受到各界人士的关注。WTO 首任总干事萨瑟兰出任阿里巴巴顾问，美国商务部、日本经济产业省、欧洲中小企业联合会等政府和民间机构均向本地企业推荐阿里巴巴。

阿里巴巴网站的目标是建立全球最大、最活跃的网上贸易市场，它不同于早期互联网公司以技术为驱动的网络服务模式，它从一开始就有明确的网络服务模式。阿里巴巴具有明确的市场定位，在发展初期专做信息流，绕开物流，前瞻性地观望资金流并在恰当的时候介入支付环节。它的运营模式是一个渐进过程，依据中国电子商务界的发展状况来定位网站。首先抓基础的，然后在事实过程中不断捕捉新的收入机会。从最基础的替企业架设站点，到随之而来的网站推广及对在线贸易资信的辅助服务，交易本身的订单管理，不断延伸。其出色的赢利模式符合赢利的强有力、可持续、可拓展等特点。

以信息为主导的运营模式

第一，专做信息流，会聚大量的市场供求信息。

第二，阿里巴巴采用本土化的网站建设方式，针对不同国家采用当地的语言，简易可读，这种便利性和亲和性将各国市场有机地融为一体。

第三，在起步阶段，网站放低会员注入门槛，以免费会员制吸引企业登录平台注册用户，从而会聚商流，活跃市场，会员在浏览信息的同时也带来了源源不断的信息流并创造了无限商机。

第四，阿里巴巴通过增值服务为会员提供了优越的市场服务，增值服务加强了这个网上交易市场的服务项目功能，又使网站有多种方式实现直接赢利。

第五，适度但比较成功的市场运作（如福布斯评选）提升了阿里巴巴的品牌价值和融资能力。

阿里巴巴的赢利模式：难以模仿

阿里巴巴成功的第一步是抢先、快速圈地。1998 年以 5 万元起家时，中国互联网先锋瀛海威已经创办了 3 年。瀛海威采用美国 AOL 的收费入网模式，对于经济发展水平高、网络信息丰富的发达国家，AOL 显然是实用的。而马云并没有采用瀛海威的收入模式，而采用大量争取企业的方式，这对于一个个人出资的公司，是非常有魄力的。

阿里巴巴成功的第二步是利用第一步的成功开展企业的信用认证，敲开了创收的大门。

阿里巴巴的第三步就是他掌握 5000 家外商采购企业的名单，可以实实在在地帮助中国企业扩大出口。

阿里巴巴的第四步，是于 2005 年 8 月收购雅虎中国后准备推出的电子商务搜索。

淘宝——C2C 领域的再一次圈地

淘宝成立于 2003 年 5 月 10 日，经过 6 年的发展，截至 2009 年 6 月，淘宝拥有注册会员 1.45 亿个，2008 年实现年交易额 999.6 亿元人民币，是亚洲最大的网络零售商圈。

截至 2008 年年底，已经有 57 万人通过在淘宝开店实现了就业（国内第三方机构艾瑞统计），带动的物流、支付、营销等产业链上间接就业机会达到 162 万个（国际第三方机构 IDC 统计）。

淘宝的出现将为整个网络购物市场打造一个透明、诚信、公正、公开的交易平台，进而影响人们的购物消费习惯，推动线下市场及生产流通环节的透明、诚信，从而衍生出一个“诚信、透明、责任和全球化”的新商业文明。

如今呈现在人们面前的是一个配置豪华的电子商务舰队。除了阿里巴巴这艘 B2B（企业间交易平台）主力战舰外，马云还同时拥有了淘宝网（C2C 个人交易平台）、支付宝（第三方支付平台）、雅虎中国（门户和搜索引擎）三艘精锐战舰。如果能顺利运转这个豪华舰队，马云和他的阿里巴巴在电子商务的海洋里将战无不胜。

讨论：

1. 上网搜集阿里巴巴相关资料，结合本章所学知识，分析阿里巴巴是如何在信息流方面取得成功的，体会阿里巴巴的下一步战略行动方向，给出自己的建议。

2. 在阿里巴巴网站注册会员，了解在其网站交易流程，体会在交易中如何实现信息交换，通过实践提交实践报告。

第 7 章

电子商务物流管理

内容提要

电子商务作为一种新的商业经济模式，有着强大的生命力。它的迅速发展引发了交易方式的创新，特别是流通模式的变革。电子商务环境下的现代物流的出现及时提供了物流领域的策略，使物流向信息化、自动化、智能化、一体化趋势发展，对传统物流观念、物流运作方式、运输及存货等都产生了巨大影响。电子商务和现代物流系统已成为现代企业获得竞争优势的重要手段。

本章重点

- 电子商务物流基础；
- 电子商务物流运作模式；
- 电子商务物流运营管理。

7.1 电子商务物流基础

关于电子商务物流，目前并没有明确的定义。有人认为，电子商务物流就是电子物流或物流的电子化；也有人认为它是电子商务时期的物流；还有人认为，电子商务物流就是现代物流。上述观点都从不同的侧面强调了电子商务物流与其他物流的联系与不同。在此阐述的电子商务物流指的是服务于电子商务活动的物流。在本质上，它从属于现代物流，是现代物流的重要组成部分。

7.1.1 电子商务与物流的关系

1. 电子商务将改变物流的运作方式

首先，电子商务可使物流实现网络的实时控制。传统的物流活动在其运作过程中，不管其是以生产为中心，还是以成本或利润为中心，其实质都是以商流为中心，从属于商流活动，因而，物流的运动方式是紧紧伴随着商流运动。在电子商务下，物流的运作是以信息为中心的，信息不仅决定了物流的运动方向，而且决定着物流的运作方式。在实际运作过程中，通过网络上的信息传递，可以有效地实现对物流的实时控制，实现物流的合理化。

其次，网络对物流的实时控制是以整体物流来进行的。在传统的物流活动中，虽然也有依据计算机对物流实时控制，但这种控制都是以单个的运作方式来进行的。例如，在实施计算机管理的物流中心或仓储企业中，所实施的计算机管理信息系统大都是以企业自身为中心来管理物流的。在电子商务时代，由于网络全球化的特点，可使物流在全球范围内实施整体的实时控制。

2. 电子商务将改变物流企业的经营形态

首先，电子商务将改变物流企业对物流的组织和管理。在传统经济条件下，物流往往是由某一企业来进行组织和管理的，而电子商务则要求物流从社会的角度来实行系统的组织和管理，以打破传统物流分散的状态。要求企业在组织物流的过程中，不仅考虑本企业的物流组织和管理，更重要的是考虑全社会的整体系统。

其次，电子商务将改变物流企业的竞争状态。在传统经济活动中，物流企业之间存在激烈的竞争，这种竞争往往是依靠本企业提供优质服务、降低物流费用等方面来进行的。在电子商务时代，这些竞争内容虽依然存在，但有效性大大降低了。原因在于电子商务需要一个全球性的物流系统来保证商品实体的合理流动，对于一个企业来说，即使它的规模再大，也是难以达到这一要求的。这就要求物流企业应相互联合起来，在竞争中形成一种协同竞争的状态，以实现物流高效化、合理化、系统化。

3．电子商务将促进物流基础设施的改善和物流技术与物流管理水平的提高

首先，电子商务将促进物流基础设施的改善。电子商务高效率和全球性的特点，要求物流也必须达到这一目标。而物流要达到这一目标，良好的交通运输网络、通信网络等基础设施则是最基本的保证。

其次，电子商务将促进物流技术的进步。物流技术主要包括物流硬技术和物流软技术。物流硬技术是指在组织物流过程中所需的各种材料、机械和设施等；物流软技术是指组织高效率的物流所需的计划、管理、评价等方面的技术和管理方法。从物流环节来考察，物流技术包括运输技术、保管技术、装卸技术、包装技术等。物流技术水平的高低是影响物流效率高低的重要因素，要建立适应电子商务运作的高效率的物流系统，加快提高物流的技术水平则有着重要的作用。

再次，电子商务将促进物流管理水平的提高。物流管理水平的高低直接决定和影响着物流效率的高低，也影响着电子商务高效率优势的实现问题。只有提高物流的管理水平，建立科学合理的管理制度，将科学的管理手段和方法应用于物流管理当中，才能确保物流的畅通进行，实现物流的合理化和高效化，促进电子商务的发展。

4．物流服务于商流。在商流活动中，商品所有权在购销合同签订的那一刻起，便由供方转移到需方，而商品实体并没有因此而移动

在传统的交易过程中，除了非实物交割的期货交易，一般的商流都必须伴随相应的物流活动，即按照需方（购方）的需求将商品实体由供方（卖方）以适当的方式、途径向需方（购方）转移。在电子商务下，消费者通过上网购物，完成了商品所有权的交割过程，即商流过程。但电子商务的活动并未结束，只有商品和服务真正转移到消费者手中，商务活动才得以终结。在整个电子商务的交易过程中，物流实际上是以商流的后续者和服务者的姿态出现的。没有现代化的物流，任何商流活动都只能是一纸空文。

5．物流是电子商务以“以客户为中心”的理念的得以实现的根本保证

电子商务的出现，极大地方便了消费者，消费者只要坐在家中，就可以在互联网上搜索、查看、挑选、下订单、支付、完成商流过程，商品所有权由供方转移到需方，而商品实体并没有因此而转移。只有通过物流，将商品真正送到消费者手中，电子商务活动才结束。在整个电子商务的交易过程中，物流实际上是以商流的后续者和服务者的姿态出现的。如果没有现代化的物流，任何轻松的商流活动都是纸上谈兵；如果缺少现代化的物流技术，电子商务给消费者带来的购物便捷等于零。

从上面的论述可以看出，物流与电子商务的关系极为密切。物流对电子商务的实现很重要，电子商务对物流的影响也极为巨大。物流在未来的发展与电子商务的影响是密不可分的。

7.1.2　物流系统

系统对于物流来说是一个十分重要的概念，物流与运输、保管等所谓传统物流的本质区别就在与物流贯穿着系统化管理思想和系统化运作方式，物流本身就是一个系统，物流管理就是运用物流系统的思想方式对物流活动实施计划、控制、组织和协调，以降低物流成本、提高物流服务水平。物流思想就是系统思想在物流领域的体现，准确地把握物流系统的本质，对于理解物流、学习物流的理论和方法，具有十分重要的意义。

1．概念

物流系统是指在一定的时间和空间里，由所需要位移的物资、包装设备、装卸搬运机械、运输工具、仓储设施、人员和通信联系等若干相互制约的要素所构成的具有特定功能的有机整体。物流系统的特定功能是使物流活动优化及合理化。

2．特点

物流系统具有一般系统所共有的特点，即整体性、相关性、目的性、环境适应性，此外，还具有规模庞大、结构复杂、目标众多等大系统所具有的特征。

1）物流系统是一个“人-机系统”

物流系统由人和形成劳动手段的设备、工具所组成。它表现为物流劳动者运用运输设备、装卸搬运机械、仓库、港口、车站等设施，作用于物资的一系列生产活动。在这一系列活动中，人是系统的主体。因此，在研究物流系统的各个方面的问题时，通常要把人和物有机地结合起来，作为不可分割的整体，加以考察和分析，而且始终把如何发挥人的主观能动作用放在首位。

2）物流系统是一个大跨度系统

这反映在两个方面：一是地域跨度大；二是时间跨度大。在现代经济社会中，企业间物流经常会跨越不同地域，国际物流的地域跨度更大。通常采取存储的方式解决产需之间的时间矛盾，这样，时间跨度往往也很大。大跨度系统带来的主要是管理难度较大，对信息的依赖程度较高。

3）物流系统是一个可分系统

作为物流系统，无论其规模多么庞大，都可以分解成若干相互联系的子系统。子系统的多少和层次的阶数，随着人们对物流的认识和研究的深入而不断扩充，系统与子系统之间，存在着时间和空间及资源利用方面的联系，也存在总目标、总费用及总运行结果等方面的相互联系。

4）物流系统是一个动态系统

一般的物流系统总是连接多个生产企业和用户，随需求、供应、渠道、价格的变化，系统内的要素及系统的运行经常发生变化。这就是说，社会物资的生产状况，社会物资的需求变化、资源变化、企业间的合作关系，都随时随地影响着物流，物流受到社会生产和社会需求的广泛制约。物流系统是一个具有满足社会需要、适应环境能力的动态系统。为适应经常变化的社会环境，人们必须对物流系统的各组成部分不断地修改、完善，这就要求物流系统具有足够的灵活性与可改变性。在有较大的社会变化情况下，物流系统甚至需要重新进行系统的设计。

5）物流系统是一个复杂系统

物流系统运行对象——“物”，遍及全部社会物质资源。资源的大量化和多样化带来了物流的复杂化。从物流资源上看，品种成千上万，数量极大；从从事物流活动的人员上看，需要数以百万计的庞大队伍；从资金占用上看，占用着大量的流动资金；从物资供应经营网点上看，遍及全国城乡各地。这些人力、物力、财力资源的组织和合理利用，是一个非常复杂的问题。

在物流活动的全过程，始终贯穿着大量的物流信息。物流系统要通过这些信息把各个子系统有机地联系起来。如何把信息收集全面、处理好，并使之指导物流活动也是非常复杂的事情。

物流系统的边界是广阔的，其范围横跨生产、流通、消费三大领域。这一庞大的范围，给物流组织系统带来了很大的困难。随着科学技术的进步、生产的发展、物流技术的提高，物流系统的边界范围还将不断地向内深化、向外扩张。

6）物流系统是一个多目标系统

物流系统的总目标是实现宏观和微观的经济效益。但是，系统要素间有着非常强的“背反”现象，常称之为“交替损益”或“效益背反”现象，在处理时稍有不慎就会出现系统总体恶化的结果。通常，对物流数量，人们希望最大；对物流时间，希望最短；对服务质量，希望最好；对物流成本，希望最低。显然，要满足上述所有要求是很难办到的。例如，在储存子系统中，站在保证供应、方便生产的角度，人们会提出储存物资的大数量、多品种问题；而站在加速资金周转、减少资金占用的角度，人们则提出减少库存。又如，在运输中，选择最快的运输方式为航空运输，但运输成本高，时间效用虽好，但经济效益不一定最佳，而选择水路运输，则情况相反。所有这些相互矛盾的问题，在物流系统中广泛存在。而物流系统又恰恰要求在这些矛盾中运行。要使物流系统在诸方面满足人们的要求，显然要建立物流多目标函数，并在多目标中求得物流的最佳效果。由于企业物流系统是企业经营管理系统的子系统，系统目标要服从企业目标；而社会物流系统是社会经济系统的子系统，系统目标也要服从社会经济目标。

3．构成要素

1）功能要素

物流系统的功能要素指的是物流系统所具有的基本能力，这些基本能力有效地组合、联结在一起，以完成物流系统的目标。一般认为物流系统的功能要素有运输、存储保管、包装、装卸搬运、流通加工、配送和物流信息。

上述功能要素中，运输及保管分别解决了供给者及需要者之间场所和时间的分离，分别是物流创造“场所效用”及“时间效用”的主要功能，因而在物流系统中处于主要功能要素的地位。

2）信息要素

在进行物流系统化中需要以下几方面的基本数据：即所研究商品（Products）的种类、品目等；商品的数量（Quantity），年度目标的规模、价格；商品的流向（Route），生产厂配送中心、消费者等；服务（Service）水平，速达性、商品质量的保持等；时间（Time），即不同的季度、月、周、时业务量的波动、特点；物流成本（Cost）。

以上P、Q、R、S、T、C称为物流系统化有关基本数据的六个要素。这些数据是物流系统化中必须具备的。

7.1.3　电子商务下物流系统的再造

电子商务的迅速发展使得物流再造成为当务之急，物流业的再造体现在以下几个方面。

1．物流系统的再构造

1）专业化构造

将物流企业按照其现实状况，分别转化成：或以提供物流某一智能为中心的，或以提供某一区域服务为中心的物流专业化企业，来提高物流效率。

2）社会化构造

彻底打破行政隶属关系，使物流企业树立为全社会提供物流服务的思想。同样，原来隶属于某一企业或专为本企业提供物流服务的物流机构，也应当树立为全社会提供服务的思想。

3）信息化构造

改变现在只重视硬件设备配置而忽视软件技术应用、只重视企业内部信息化建设而忽视对因特网应用的现状。

4）个性化构造

电子商务创造了一个个性化的商务活动，它可以根据各个用户的不同需要，为用户提供不同的产品和服务。在这一背景下，作为支持电子商务活动的物流，也应当根据用户的不同需要，提供个性化的物流服务，以更好地满足用户的千差万别的需要。

2. 经营业态的再构造

1）竞争业态的再构造

物流企业应转变原有的竞争业态，树立新的竞争思想，依据自己的实际状况，在一个较大的范围内，联合不同区域、不同类型的物流企业，以弥补自己在物流区域、物流功能上的不足，形成一个较大的区域范围、有多种物流功能的经济联系体，以适应电子商务对物流发展的需要。在这一联合体的内部，各物流企业之间既存在着竞争，又存在着利益的统一性，形成一种既竞争又协同的格局。

2）经营方式的再构造

物流企业经营方式的再构造，可主要从以下两方面来进行。

其一，连锁经营的再构造。连锁经营作为现代零售商业的组织形式和经营形式，同样适应于物流企业的经营。在电子商务时代，这种方式更能有效地发挥物流企业服务的优势。

其二，代理经营的再构造。在电子商务条件下，物流代理经营将会成为网上销售、网上贸易等有形商品网上交易的一种重要物流经营方式。物流代理经营的发展，不仅可以充分发挥工、商、物的优势，解决工、商、物的矛盾，而且可以有效地稳定工、商的物流渠道，扩大网上交易规模。

3）物流管理的再构造

没有高水平的物流管理，就不会有物流的高效化和合理化。在物流管理的再构造中，不仅要重视物流企业管理水平的构造，还要重视全社会物流管理水平的提高。

物流企业的管理再构造体现在以下几方面：在管理方法上，要运用先进的科学管理方法，提高管理工作的准确性，实现物流过程的最优化、规范化和标准化；在管理手段上，要大力运用以计算机为主的现代化管理手段；在管理组织上，要合理地设置管理机构，建立、健全各种规章制度，明确各自的责任与职能，加强物流的计划管理和质量管理。

4）企业信誉的再构造

信誉是企业形象的标志，也是企业服务水平高低的代表，一个没有信誉的物流企业，在电子商务时代是很难生存和发展的；而一个信誉好的物流企业，将会得到更多委托方的青睐和消费者的欢迎。在信誉的再构造中，物流企业不仅要重视自身信誉的再构造，还要重视与自身有密切业务关系的物流企业信誉的再构造。

3. 物流基础设施的再构造

物流基础设施薄弱一直是困扰中国物流高效化和合理化的一个重要因素。在物流基础设施再构造过程中，一是要加强交通基础设施的建设，构造一个良好的物流动脉系统；

二是要加强对物流节点——物流中心及仓库的改造和建设，为物流高效化和合理化构建一个健全的调配中心：三是要加强通信基础设施的建设，为物流信息化、高效化、合理化构建一个灵敏的神经系统。

4．物流技术的再构造

在包装方面，应广泛采用机械化及自动化的装卸设备，提高货物装卸的灵活性；在运输方面，发展集装箱和托盘运输，运用先进网络技术，合理选择运输线路和运输工具；在仓储及物流中心方面，推广和应用先进的立体货架，发展立体仓库，以节省库存空间。同时，在经济条件允许的情况下，发展自动化仓库，提高库存及装卸效率。

5．物流人才的再构造

国外物流的发展实践表明，物流从业人员是否具有较高的物流知识和操作经验，直接影响企业的生存与发展。在我国，物流从业人员普遍素质不高，物流专业人才匮乏。提高物流人才的素质、加强物流人才的培养是促进中国物流发展的重要问题。一方面，加强对现有职工的培训，提高职工的业务素质和政治素质；另一方面，高校要加强对物流人才的培养，在课程设置上既要加强物流专业知识课程的设置，又要重视电子商务、管理方面课程的设置。

7.1.4　电子商务物流业务流程

电子商务的优势之一就是能优化业务流程，降低企业运作成本。而电子商务下企业成本优势的建立和保持必须以可靠和高效的物流为保证，这也是现代企业在竞争中取胜的关键。

1．普通商务物流流程

在普通商务物流流程中，物流作业流程与商流、信息流和资金流的作业流程综合在一起，更多地围绕企业的价值链，从实现价值增值的目的安排每一个配送细节，如图 7.1 所示。

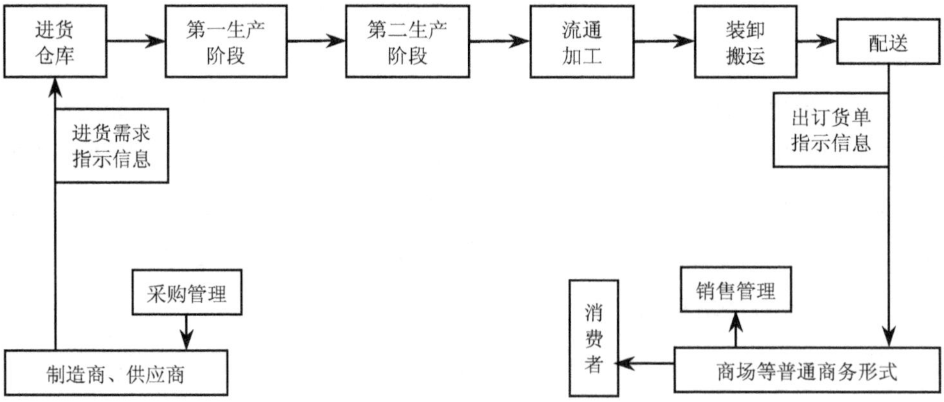

图 7.1　普通商务物流业务流程

2. 电子商务物流流程

电子商务的发展及其对配送服务体系的配套要求，极大地推动了物流的发展。与普通商务流程相比，电子商务物流流程在企业内部的微观物流流程上是相同的，都具有从进货到配送的物流体系。然而，在电子商务环境下，借助电子商务信息平台（包括会员管理、订单管理、产品信息和网站管理），有利于企业提高采购效率，合理地规划配送路线，实现电子商务物流流程和配送体系的优化，如图 7.2 所示。

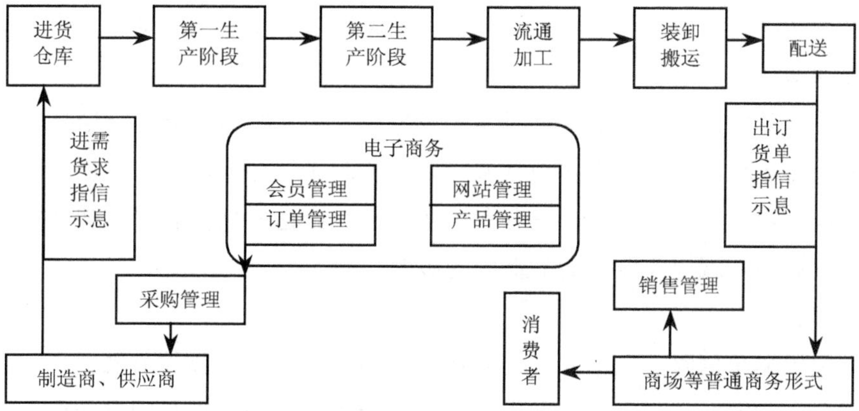

图 7.2　电子商务物流业务流程

7.1.5　电子商务中物流服务内容设计

1. 电子商务物流服务的含义

国家质量技术监督局发布的《中华人民共和国国家标准物流术语》对物流做了如此定义："物品从供应地向接受地的实体流动过程，根据实际需要，将运输、存储、装卸搬运、包装、流通加工、配送和信息处理等基本功能实施有机的结合。"根据已有的认识，电子商务物流服务就是指利用电子化的手段，尤其是利用互联网技术来完成物流全过程的协调、控制和管理，实现从网络前端到最终客户端的所有中间过程服务，最显著的特点就是各种软件技术与物流服务的融合和应用。

2. 内容设计

如果将电子商务物流的需求仅仅理解为门到门运输、免费送货或保证所订的货物都送货的话，那就错了。因为电子商务需要的不是普通的运输和仓储服务，它需要的是物流服务。那么电子商务物流服务到底包括哪些内容呢？一般认为，电子商务物流服务包括两方面的内容：基本物流服务和增值性物流服务。

1）基本物流服务

（1）包装。

电子商务物流服务的包装作业的目的不是要改变商品的销售包装，而是为了减少物品在运输途中的损缺。随着物流技术的成熟与发展，包装逐渐趋向标准化、机械化、简便化。

（2）仓储。

仓储是物流中的一个重要环节，仓储起到缓冲和调节作用，一般仓储包括储存、管理、维护等活动。现代仓库除了具有上述传统功能以外，已经逐步转向流通中心型的仓库，即在上述活动的基础上负责物品的包装、流通加工、配送、信息处理等活动。

（3）装卸搬运。

为了加快商品的流通速度而必须具备的功能——装卸搬运功能。无论是传统的商务活动还是电子商务物流服务，都必须具备一定的装卸搬运能力，第三方物流服务提供商应该提供更加专业的装卸、卸载、提升和运送等装卸搬运机械，以提高装卸搬运作业效率，缩短订货周期，减少作业对商品造成的破损。

（4）运输。

运输是为了尽量消除空间的差异，运输也是物流系统的重要环节之一。一般运输方式有陆运、空运和海运三种。现在电子商务物流服务对各种运输基础设施建设的要求越来越高，要想更高效地完成运输，就要形成一套成熟的运输网络体系，经济、合理、快速、及时、零缺陷地将物品送抵目的地。

（5）流通加工。

其主要目的是方便生产或销售，专业化的物流中心常与固定的制造商或分销商进行长期合作，为制造商或分销商完成一定的加工作业，如拆包、分装、贴标签等。

（6）配送。

配送是指按照客户的订货要求，在物流节点（如商店、货运站、物流中心等）进行分货、拣货，并将配好的货物以合理的方式交送收货人的过程，它是物流中特殊的、综合的活动形式，包含了商流活动和物流活动，也包含了物流中如装卸、包装、保管、运输等若干功能要素，是现代物流的重要组成部分。

（7）物流信息。

上述各种物流运作活动都要在物流信息的引导下进行，否则各项活动就都是盲目的，无法达到预期效果。物流信息系统也是物流系统的重要环节之一，也是物流系统的基础。因此，在电子商务物流服务中，将物流作业的信息进行实时采集、分析、传递，并向客户提供各种作业明细信息及资讯，是相当重要的。

2）增值性物流服务

增值性物流服务在现代电子商务物流服务中占有重要的地位，现代电子商务物流服务所提供的物流增值服务是指根据客户需要，为客户提供的不同于一般物流服务的服务，或者用超出常规的方法提供的物流服务，创新性、非常规的、满足顾客需要是增值性服务的本质特征。增值服务与传统的物流或仓储服务是不同的，它是随着第三方物流的兴起而逐渐发展起来的，它不但包括基础型物流服务的增值，还包括信息服务增值、金融物流服务增值等。

归纳起来，主要有：

（1）增加便利性的服务，即解放人的服务；

（2）加快反应速度的服务，既让流动过程变快的服务；

（3）降低物流成本的服务，即发现第三利润与安全的服务；

（4）提供定制服务，即满足特定客户需求；

（5）延伸服务；

（6）额外的劳动增值服务。

7.2　电子商务物流运作模式

当前国内企业将部分物流功能采取外协方式实现的做法较普遍，但外协的范围还相当小，仅局限于一些作业性活动。另外，以汽车为货运手段的中短距离运输、保管、配送等物流活动领域，仍以自营物流为主。这一方面反映出企业的物流管理水平还比较落后，另一方面也说明我国的物流业暂不具备提供优质的综合物流服务能力。

7.2.1　电子商务物流运作模式的选择

电子商务如火如荼地进行着。投身于电子商务的企业在物流配送方面除了采取传统的自营方式之外，还可考虑逐渐规范的外协模式，或寻找理想的物流企业构建物流联盟。不同企业到底选择何种物流模式，需综合以下几方面进行考虑。

1. 物流对于企业成功的关键程度

物流对于企业成功的关键程度由企业的众业规模和实力、企业的核心能力、行业性质及产品性质、物流系统总成本及物流的客户服务能力综合决定。

1）企业规模和实力

通常，大中型企业因为实力较雄厚，有能力建立企业的物流系统，制订合适的物流需求计划，保证物流服务的质量。此外，它们还可以利用过剩的物流网络资源拓展外部业务——为别的企业提供物流服务。而小企业则受资金、人员和管理等方面的制约，物流管理效率难以提高。这时，小企业为把资源用于主要的核心业务上，就适合把物流管理交给第三方专业物流代理公司。

2）企业的核心能力

如果企业真正的优势在生产，则企业应该采用第三方物流模式进行配送的方案。如果企业认为完全有能力自己做物流配送，那么可以考虑自营物流模式进行配送。

3）企业的行业性质和产品性质

不同的行业和产品，需求的大小不同，物流配送的规模也有很大差别。所以，企业所处的行业不同、经营的产品不同，相应的物流模式选择则不同。不同的产品对物流配送时间的要求也有很大不同。从前面的分析中可以看出，采用第三方物流模式进行配送的方案更适合于物流配送规模较小行业。而自营物流模式的方案更适用于经营日用消费品的行业，因为这一行业中物流配送环节在整个供应链中具有战略地位，且物流配送规模也比较大，较易形成物流配送的规模经济。

4）物流系统总成本

在选择物流模式时，必须弄清自营物流模式、第三方物流模式和物流联盟模式物流系统总成本的情况。

物流系统总成本（TC）由库存维持费用（C1，包括库存管理费用、包装费用及返工费）、批量成本（C2，包括物料加工费和采购费）、运输总成本（C3）、订单处理和信息费用（C4）、总固定仓储费用（G5）、总变动仓储费用（C6）及顾客服务费用（C7，包括缺货损失费、降价损失费和丧失潜在顾客的机会成本）构成。

可用数学公式表示为：

$$TC=C1+C2+C3+C4+C5+C6+C7$$

这些成本之间存在着效益背反现象，减少库存数最时，可降低库存费用及仓储费用，但会带来缺货率上升而导致运输费用及订货费用的增加。如果运输费用及订货费用的增加部分超过了库存费用及仓储费用的减少部分，总的物流成本反而增大。

所以，在选择物流模式时，要对各种模式中物流系统的总成本加以论证，最后选择物流系统总成本（TC）最小的物流模式。

5）物流的客户服务能力

在选择物流模式时，考虑成本尽管很重要，但物流的客户服务能力在选择物流模式时至关重要。也就是说，物流在满足企业对原材料及时需求的能力和可靠性，以及对企业的零售商和最终顾客不断变化的需求的反应能力等方面应该作为重要的因素来考虑。

物流成本、物流销售收入与物流客户服务能力之间也存在着效益背反现象。

2. 企业的物流管理能力

如果企业的物流管理水平低，则宜采用第三方物流或组建物流联盟；如果企业的物流管理能力强，现有的物流网络资源丰富，则可选择自营物流。如国内的 85818 网站就依托原正广和饮用水公司完善的送水网络开发建设了自己的物流配送体系，销售大众消费品，成为中国电子商务中最成功的案例。

7.2.2　物流运作模式

研究国内外的电子商务企业，目前的电子商务物流模式主要有五种：自营物流模式、第三方物流模式、第四方物流模式、物流联盟模式和物流一体化。

1．自营物流模式

所谓自营物流模式，是指电子商务企业自行组建物流配送系统、经营管理企业的整个物流运作过程。采取自营物流模式的电子商务企业主要有两类。

一类是资金实力雄厚且业务规模较大的电子商务公司。由于电子商务在我国兴起的时候国内第三方物流的服务水平远不能满足当时电子商务公司的要求，而这些电子商务公司手中持有大量的外国风险投资，为了抢占市场的制高点，不惜动用大量资金，在一定区域甚至全国范围内建立自己的物流配送系统。

第二类是传统的大型制造企业或批发企业经营的电子商务网站，由于其自身在长期的传统商务中已经建立起初具规模的营销网络物流配送体系，在开展电子商务时只需将其加以改进、完善，就可满足电子商务条件下对物流配送的要求。

自营物流模式对于企业来说，有两个比较明显的优势。一是容易协调。由于在企业自营物流中，企业供应链是企业内部各个职能部门组成的网络，每个职能部门不是独立的利益个体，有共同的目标，相对于企业与企业之间的供应链更容易协调。二是高稳定性。由于在自营物流模式中，电子商务企业控制能力比较强。问题都在公司内部解决，因此具有较高的稳定性，在一定程度上避免了整个供应链的波动且具有高保密性。

但是，电子商务公司自营物流所需的投入非常大，而且建成后对规模的要求很高。这种高投入、大规模使企业缺乏柔性，与电子商务的灵活性有一定的矛盾。另外，这样一个庞大的物流体系，建成之后需要工作人员具有专业化的物流管理能力。但目前我国的物流理论与物流教育严重滞后，导致我国物流人才的严重短缺，企业内部从事物流管理的人员的综合素质也不高，不能够解决电子商务中各种复杂多样的物流问题。

2．第三方物流模式

与自营物流模式对应的是第三方物模式，它又称外包物流或合同物流。第三方物流（Third Party Logistics，3PL）是指由物流劳务的供方、需方之外的第三方去完成物流服务的物流运作方式。第三方就是指提供物流交易双方的部分或全部物流功能的外部服务提供者。第三方物流随着物流业的发展而发展，是物流专业化的重要形式，物流业发展到一定阶段必然会出现第三方物流。任何一笔电子商务的交易都包括“四流”——商流、信息流、资金流和物流。由核心竞争理论和供应链理论，在电子商务这条供应链中，链上各企业都应该有一定的分工，各自专注于企业自身的核心业务。很显然，电子商务主体的核心竞争力不可能在资金流和物流方面，而应该集中在运用网络技术及时满足客户特定要求，设计和生产特定产品，即电子商务的核心业务应放在商流和信息流上。资金流交给银行完成，物流这部分业务则应该外包给专业的第三方物流公司做。因为从低层次考虑，物流不是电子商务主体的专长，没有比较优势，自营物流的物流成本会远高于依赖专业的第三方物流公司；从高层次考虑。物流不会是电子商务主体的核心竞争力部分，自营物流会浪费企业有限的资源，不能专注于企业的核心业务部分，势必影响核心竞争能力的巩固和发展。按照供应链的理论，电子商务主体将物流外包出去，与第三方物流企业建立战略联盟，使企业内外的资源得到合理的配置，供应链上的任何一方都能专注发展核心业务、增强核心竞争力，电子商务主体降低了物流成本，第三方物流企业可以获得规模经济带来的成本降低的好处。但更重要的是，整条供应链竞争优势的加强，使电子商务的高效、快捷、低成本等特点真正地体现出来，电子商务才能健康地发展，才会体现出它相对于传统商务的优越性，更好地为整个经济服务。

电子商务企业选择第三方物流，明显的优点有：有利于企业集中核心业务，培育核心竞争力；降低成本，减少库存，减少资本积压；提高企业经营效率，从而提升企业形象。

但在我国的具体情况下，把物流外包给第三方物流公司，有两点需要注意：首先，我国的第三方物流尚未成熟，没有达到一定的规模化与专业化，成本节约、服务改进的优势并不明显，而且常常会造成外包物流的失败。一方面，物流公司缺乏合格的专业人员设计评估物流系统，许多物流服务商不能对客户希望的服务要求做出全面反映；另一方面，合同不规范或双方都不知道怎样规定合同条款中的服务要求。在中国，企业对外包物流没有经验，双方签订的合同对很多条款的规定是模糊的，这就导致以后的纠纷，或者是物流商没能提供企业满意的服务。其次，容易受制于人。在供应链中，电子商务企业还不成熟，过分依赖供应链伙伴，容易受制于人，在供应链关系中处于被动地位，甚至与最终顾客失去联系而导致有被淘汰出局的危险。

3．第四方物流模式

第四方物流的概念最早由安达信咨询公司提出，按照 John Gattoma 的定义，第四方物流供应商是一个供应链的集成商，它对公司内部和具有互补性服务供应商所拥有的不同资源、能力和技术进行整合和管理，提供一整套供应链解决方案。

从第四方物流的内涵来看，第四方物流不仅控制和管理特定的物流服务，而且对整个物流过程提出策划方案，并通过电子商务将这个过程集成起来，所以，第四方物流成功的关键在于为顾客提供最佳的增值服务，即迅速、高效、低成本和人性化服务。具体而言，第四方物流表现出以下一些特征：① 第四方物流集成了管理咨询中第三方物流服务提供商的能力，从而为客户提供了一个全方位的供应链解决方案；② 第四方物流通过影响整个供应链来获得价值，因而能够为整条供应链上的客户带来利益；③ 对供应链的再造与再设计；④ 第四方物流能够开展多功能、多流程的供应链服务；⑤ 第四方物流能使流程一体化、系统集成化。由上述可见，第四方物流不仅影响到第三方物流、网络工程、电子商务和运输企业等，还影响到客户的能力和供应链中的其他伙伴，它作为客户间的连接点，通过合作式联盟提供多样化服务，第四方物流的优点使得迅速、高质量和低成本的物流服务得以实现。

随着第四方物流概念在中国的逐渐传播，从 2002 年开始，对第四方物流的讨论也时常见诸报端。2002 年 11 月 1 日，安得物流公司宣告其第四方物流公司——广州安得供应链技术有限公司正式成立，这是国内具有实际业务与运作实力的第三方物流公司孵化的第一家第四方物流公司。

4．物流联盟模式

采取纯粹的自营或纯粹的外包物流的策略是要非常慎重的。而物流联盟是一种介于两者之间的物流组建模式，可以降低前两种模式的风险，且企业更易操作。物流联盟是指两个或两个以上的经济组织为实现特定的物流目标而采取的长期联合与合作。其目的是实现联盟参与方的共赢，具有相互依赖、核心专业化、强调合作的特点。企业之间相互信任、共担风险、共享收益，不完全采取导致自身利益最大化的行为，也不完全采取导致共同利益最大化的行为，只是在物流方面通过契约形成优势互补、要素双向或多向流动的组织。联盟是动态的，只要合同结束，双方又变成追求自身利益最大化的单独个体。

在现代物流中，是否组建物流联盟，作为企业物流战略的决策之一，其重要性是不言而喻的。物流联盟的建立，有助于物流合作伙伴之间在交易过程中减少相关交易费用；将促使伙伴之间的“组织学习”，从而提高双方对不确定性环境的认知能力，减少因交易主体的“有限理性”而产生的交易费用；联盟企业之间的长期合作将在很大程度上抑制交易双方的机会主义行为；将促使企业进行战略性的合作，建立联盟伙伴关系，可以通过对专用性资产的“共同占有”解决资产专用性这一矛盾。

战略联盟有各种各样的形式，一个极端是正式的一体化组织，另一个极端则是在组织之间形成非常松散的协作关系，不涉及所有权的转移或股权的分配。出现这些不同形式的联盟的原因很多，但它们一般都与联盟内的资产有关（这里的资产不仅是指实物资产或财务资产，还包括市场技能、专业知识等无形资产）。因此，联盟的形式受下列因素影响：资产管理（资产需不需要联合管理的程度）、资产独立性（能否分开各方所涉及的资产）、资产挪用性（联盟的一方或另一方挪用资产的风险有多大）。

选择联盟伙伴时，要注意物流服务提供商的种类及其经营策略。多功能的服务企业其类型及其经营策略是多种多样的，故表现为市场主体也是多元化的。一般可根据企业物流服务的范围大小和物流功能的整合程度这两个标准来确定物流企业的类型。对这类物流能力强的企业来说，寻找物流伙伴组建物流联盟将会在物流设施、运输能力、专业管理上收益很大，但要注意选择和合作的多样性，或将一部分物流服务分包出去与他人合作，避免物流伙伴掌握顾客资源后在整个供应链中占据支配地位而受制于人。从而保证企业获得长期稳定的利润。对于物流在其战略中不占关键地位，但其物流水平却很高的企业来说，可以寻找伙伴共享物流资源，作为物流联盟关系的领导者，通过增大物流量来获得规模效益，降低成本。

同时，组建联盟要注意保持在联盟中控制能力。如果电子商务在企业战略中处于关键地位，电子商务销售额占总销售额的绝大部分，而自身物流管理水平却较低，对配送、流通加工、信息、企划、战术、战略等各种功能不同类型的企业在市场竞争中所采取的经营策略有很大的区别，电子商务企业可以根据自己的需要来进行选择。

5．物流一体化模式

所谓物流一体化就是以物流系统为核心，由生产企业、经由物流企业、销售企业、直至消费者的供应链的整体化和系统化。物流一体化是在第三方物流的基础上发展起来的新的物流模式。在这种模式下，物流企业通过与生产企业建立广泛的代理或买断关系，与销售企业形成较为稳定的契约关系，从而将生产企业的商品或信息进行统一组合处理后，按部门订单要求配送到店铺。这种模式还表现为用户之间的广泛交流供应信息，从而起到调剂余缺、合理利用共享资源的作用。在电子商务时代，这是一种比较完整意义上的物流配送模式，是物流业发展的高级形式和成熟阶段的产物。国内海尔集团的物流配送模式可以说已基本达到物流一体化模式标准。

物流一体化的发展可进一步分为三个层次：物流自身一体化、微观物流一体化和宏观物流一体化。物流自身一体化是指物流系统的观念逐渐确立，运输、仓储和其他物流要素趋向完备，子系统协调运作，系统化发展。微观物流一体化是指市场主体企业将物流提高到企业发展战略的地位，并且出现了以物流战略为纽带的企业联盟。宏观物流一体化是指物流业发展到这样的水平：物流业占到国家国民总产值的一定比例，处于社会经济生活的主导地位，它使跨国公司从内部职能专业化和国际分工程度的提高中获得规模经济效益。物流一体化是物流产业化的发展形式，它必须以第三方物流充分发育和完善为基础。物流一体化的实质是一个物流管理的问题，即专业化物流管理人员和技术人员，充分利用专业化物流设备、设施，发挥专业化物流运作的管理经验，以求取得整体最优的效果。同时，物流一体化的趋势为第三方物流的发展提供了良好的发展环境和巨大的市场需求。

7.3　电子商务物流运营管理

对于电子商务物流企业而言，需要针对电子商务活动对物流的实际需求进行运营管理，进而合理设计电子商务物流企业的组织结构、明确部门机构职责、科学控制运作成本和服务水平，以实现电子商务物流企业效益的最大化。

7.3.1　电子商务物流企业的组织结构

1. 组织结构概念

组织结构（Organizational Structure）就是组织内部各个有机构成要素相互作用的联系方式或形式，它涉及决策权的集中程度、管理幅度的确定、组织层次的划分、组织机构的设置、管理权限和责任的分配方式和认定、管理职能的划分，以及组织中各层次、各单位之间的联系沟通方式等问题。

企业组织结构的本质是反映组织成员之间分工协作关系。组织结构的内涵是组织成员在职、责、权方面的结构体系，主要包括：

（1）层次结构，即组织中各管理层次的构成，组织中的管理层次反映组织的纵向分工关系，不同层次执行不同的管理任务；

（2）职能结构，即实现企业目标所需的各项职能（管理和业务）工作及其比例和关系；

（3）职权结构，即各层次、各部门在权力和责任方面的分工及其相互关系；

（4）部门结构，即各管理部门的构成，又可称为组织横向结构。组织中不同的管理部门代表不同的管理专业，部门结构就是管理分工和专业化。

2. 以流程为导向的电子商务物流企业组织结构设计

当今世界瞬息万变，企业时时都面临着生存的威胁和发展的机遇。为了能快速应对市场的变化，增强企业的竞争力，实现企业的可持续发展，企业必须实施战略管理。但是将企业战略转化为现实的基石并不是最终的产品和市场，而是流程，企业的成功取决于组织的关键流程转换为向顾客提供较高价值的能力。如新产品的研发与投放市场流程的周期较长、企业订单执行流程的效率低下等都会直接影响企业战略的实现。

随着信息技术的发展，信息技术在企业中的应用逐渐深入和广泛，对企业的影响日益显著。信息技术作为流程运行必不可少的工具和手段，它们就像一对不可分割的兄弟，二者结合才能充分发挥它们在企业管理中的巨大威力，促进企业的发展壮大，提高企业的核心竞争力。

信息技术和信息系统使得原有流程设计的基础发生了根本性的动摇，事实上，这也是引发流程再造的原因所在。近年来，电子数据交换系统、企业资源计划管理系统、决策支持系统等的兴起，使人们得以采用规范化的自动化措施加强大部分处理过程，帮助精简业务流程处理步骤，缩短了响应时间，提高了流程的运作效率和效果。

从企业实际来看，OA 办公室系统的出现，使得办公事务处理的效率大大提高，互联网、EDI 等工具的出现使企业取消了纸上打印和处理，减少了数据的输入，从而降低了业务流程的处理时间和成本。其他系统如专家系统，使得复杂的流程得以更容易地完成。电子会议系统完全改变了传统的会议方式，使不同地域的人员从事协商讨论成为现实。工作流软件加强了工作流程各环节的联系，实现了工作流程的部分自动化处理。以广域网为基础的群件系统，实现异地同步协调，消除企业内部联系的地域限制。总之，信息技术和信息系统的运用已经深入到流程的方方面面。

基于流程的组织模式中，组织是围绕业务流程运行的，职能部门并非完全没有必要，它为业务流程提供服务性支持。简单地讲，基于流程的组织是以业务流程为主干、以职能服务为辅助的一种扁平化的组织。

传统的金字塔式、基于职能的组织结构模型存在的最大弊端，就是企业无法面向客户、动态开放，打破职能的界限。而基于流程的物流企业组织能很好地解决职能型的组织结构所面临的困境。

基于流程的物流企业组织结构一定是多维结构的，多维指的就是流程维度和职能维度的组合。在基于流程的组织的组合维度中，流程维是主导维，职能维是辅助维。流程与职能二者之间是主从关系。

基于流程的物流企业组织结构设计模型应是：以流程为中心并围绕业务流程来设计职能服务中心。在建立基于流程的组织结构时要注意三个要点：

（1）组织以流程维度为主干，每一流程由若干个子流程和团队组成；

（2）设计必要的职能服务中心，来保障基本流程团队和业务流程的有效运行；

（3）团队之间、业务流程之间及其与职能中心之间的整合和协同工作需要信息技术的支持。

归纳起来，基于流程的物流企业组织结构一般有以下三个关键特征：以流程为中心、面向客户、扁平化。

7.3.2　企业部门机构职责

物流企业中的职能部门，分别是市场部、运营部、信息部、资源成本部、监察部、客户服务部、财务部、人力资源部和行政部。各部门机构间有着严格的职责划分，又有着密切的合作和配合。

1．市场部

市场部是物流企业唯一的对外市场业务营销部门。其主要职责为：

（1）根据公司市场策略和市场方向，制订全公司年度或月度市场计划；

（2）市场现状及同行竞争分析，客户需求分析，既有客户市场份额；

（3）市场调查，发现潜在客户，确定目标客户；

（4）目标客户/既有客户调查，制订物流方案报市场决策委员会评估；

（5）客户谈判，签订物流服务合同；

（6）向运营部、财务部、信息技术部等下达运作、结费和系统需求指令；

（7）必要的业务宣传和企业形象策划。

2．运营部

运营不仅是物流企业所有物流操作业务的实现机构，也是企业人员和运作资源最集中投放和使用的部门。其主要职责为：

（1）承接和完成公司所有物流业务的操作；

（2）遵循市场部的运作指南，制作和下达运作手册；

（3）运作各环节的质量、服务和成本的控制；

（4）授权范围内运作事故的处理；

（5）制订运作技术服务指标并加以实施。

运营部还同时在不同的地区下设不同的操作实施机构（区域分销中心或城市分销中心），以具体承担所有物流业务的运作工作。这些由运营部下设的机构，有的是以分公司独立法人的资格存在的，有的是以物流公司的办事机构存在的，有的是常设机构，而有的只是临时机构。

3．信息技术部

信息技术部是物流企业最重要的运作技术支持机构，也是产生公司物流增值利润、表现竞争力的核心机构。其主要职责为：

（1）信息技术供应商的采购和评估；

（2）开发（或组织开发）和建立企业物流管理信息系统及其他支持系统；

（3）企业物流系统网络的构建和维护运营；

（4）系统及设备安全保障，系统及设备维护、升级，需求报告的编制；

（5）接收市场部系统需求指南，构架客户服务系统和通道。

4．资源成本部

资源成本部是在部分物流企业内新设立的运作资源和运作成本调查管理部门，是将原运营部、市场部和财务部相应的职责归并后集中发挥效能的一个重要部门，其对公司的运作支持和成本控制作用非常重要。其主要职责为：

（1）物流运作资源的调查和档案建立；

（2）公司所需运作资源供应商的采购和评估；

（3）供应商即成本档案的建立和跟进；

（4）向运作部及各区域分销中心下达分项成本控制指标并监督执行；

（5）公司运作成本的核算和考核。

5．客户服务部

客户服务部是物流企业专门为市场客户（不包括各种供应商）提供售中和售后服务的部门。客户一旦进入物流企业开始运作，其针对运作效果的服务即由客户服务部承担。其主要职责为：

（1）客户档案的建立、跟进及客户关系管理（CRM）；

（2）接受并受理客户关于运作质量和运作效率的投诉；

（3）派遣和管理客户服务专员；

（4）复核并监督落实运营 KPI 指标执行情况，并提出改进意见；

（5）代表公司处理中型及以上的运作事故。

6．监察部

监察部类似公司内部的纪律检查部门，负责对物流企业所有员工的行为规范进行检查和监督。其主要职责为：

（1）会同人力资源部指定员工业务行为规范；

（2）对员工在业务工作中的不良行为进行监督和处理；

（3）员工劳动纪律检查。

7．人力资源部

人力资源部是物流企业内部最重要的机构之一，是公司管理团队和整个员工队伍的组织、管理和协调的执行部门。在物流专业人员，特别是高水平管理人员比较缺乏的情况下，该部门显得重要。其主要职责为：

（1）物流企业组织架构的协调、优化和改善；

（2）企业文化的营造和倡行；

（3）员工队伍（特别是核心管理队伍）及其结构的协调和优化；

（4）员工凝聚力、归属感和信任度的建立；

（5）劳动人事工资（薪酬）的设计管理；

（6）员工职业操守和技能水平的培训和提高。

8. 财务部

财务部是物流企业全部资金及其运作、收入和支出的唯一管理、监督部门。其职责已经远远超越了一般意义上的物流企业简单的财务资金管理的范畴，并深入到了企业生产经营的各个环节。其主要职责为：

（1）公司所有财务制度的建立和完善；

（2）资本的运作和流动资金的管理；

（3）接受市场部结费指南，及时收取客户物流运作服务费；

（4）公司所有运作物流业务效率和效率分析，提出成本控制建议；

（5）审查运营部提交的支付申请，向供应商支付物流费用；

（6）建立运作成本档案，参与物流方案制作和客户谈判；

（7）承担物流业务投保及失险赔礼工作。

9. 行政部

物流企业内部的行政部门是公司所有后勤事务和公共关系集中管理和协调的部门。其主要职责为：

（1）公司行政后勤事务管理和协调；

（2）公司公共关系的建立和外部环境的营造；

（3）办公及业务设备采购、分支机构（含 RDC）的集中管理；

（4）工商税务及其他政府机构的协调。

以上物流企业机构设置及职能的划分和界定不是绝对的，它随着企业业务模式、物流业务量和人力资源配置等不同而有所区别。其中，有些部门机构的职能在一定程度上有交叉，因而在机构设置上存在归并、扩充的空间。但是，万变不离其宗，由于物流企业的核心业务基本固定，无论部门机构的名称如何改变，其功能趋向应该是一致的。

7.3.3 运作成本和服务水平的控制

物流企业一般遵守二律背反定律，即物流服务质量（含运作效率）和运作成本是成反比的。物流成本与服务的交替损益性简单说就是“物流服务水平提高，则物流成本也会提高。一定的物流服务水平总是要耗费一定的物流成本。”一般来说，成本和服务之间受“效益递减法则”的支配。当物流服务水平处于较低阶段，同样追加 X 单位的服务成本，服务质量将提高 Y。而在服务水平较高的阶段，同样追加 X 单位的成本，提高的服务质量只有 Y'（ $Y'<Y$）。这也就是说，当物流服务水平处于高水平的时候，成本增加而物流服务水平并不能按比例地相应地提高，无限度地提高服务水平，会因为成本上升的速度加快而使服务效率没有多大的变化，甚至下降。

1. 物流成本确定的基本准则

物流成本是与物流活动分不开的，确定企业的物流成本，必须先确定企业的相关物流活动。根据企业的物流活动，物流成本由如下三方面因素来决定。

1）物流活动的范围

物流活动贯穿企业活动全过程，包括原材料物流、企业内部物流、销售物流等，从哪里开始到哪里终止作为物流成本考核计算范围，对物流成本构成影响很大。

2）物流活动的环节

物流活动的环节指在物流活动包含的环节中，如运输、保管、装卸等，把哪些物流环节作为物流成本考核计算对象。

3）计算科目的范围

企业外部支出的物流费用：运费和保管费等；企业内部的费用：人工费、折旧费、修理费、动力费等，哪一部分是列入物流成本计算范围的。

2. 物流服务水平的基本概念

物流客户服务水平是衡量物流系统为客户创造时间和空间效应能力的尺度，它决定了企业能否留住现有客户及吸引新客户的能力，直接影响着企业所占市场份额和物流总成本。

企业的物流服务水平不是由物流系统本身决定的，而是由整个现代企业竞争态势决定的。理想的物流服务水平，是企业要以适当的质量、适当的数量、适当的时刻、适当的地点、好的印象、适当的价格，将物品递送给客户。

3. 基于物流服务的成本管理分析

1）物流成本与服务水平之间的关系是效益背反关系

高水平的物流服务是由高水平的企业物流系统成本保证的。随着企业不断提高物流服务水平来强化自身的市场竞争力，企业必然会对物流系统注入更大的投资，从而提高了物流成本。高的物流成本是高水平物流服务的保证，又是物流系统效益背反的体现：企业很难既提高了物流服务水平又降低了物流成本。

2）物流成本部分的受物流服务的影响

物流成本中有随着服务水平提高而上升的部分，也有不受物流服务水平影响的部分，如果能在后一部分中实现成本降低额大于由于提高物流服务水平而使成本升高的部分，同样可以在提高服务水平的同时，抑制物流总成本的上升。

3）基于成本的物流系统的重构

当由市场条件要求的物流服务水平高于现有物流系统所能达到的物流服务水平最高限时，要进行物流系统的“再造”，也就是说，只有以更优化的物流系统才能满足市场竞争对物流服务水平的要求。这时，物流成本必然会上升，这需要通过对物流成本增加与业务总额增长的比较来确定物流成本提高后物流服务水平的提高对业务总额增长做出的贡献。只有当物流总成本的增长不大于由物流服务水平的提高带来的业务利润增长时，这种物流系统的“再造”才是必要的。

4. 成本变化对物流服务影响

1）物流成本与服务之间的非线性增长

企业物流服务水平与企业物流成本之间并非呈现简单的线性关系。物流服务如处于低水平阶段，追加成本ΔX，物流服务即可上升到 Y_1；如果处于高水平阶段，同样追加ΔX，则服务水平则只能上升到 Y_2。显然，$Y_2<Y_1$。如图 7.3 所示。

从图 7.3 中可以看出，投入相同的企业物流系统成本并非可以得到相同的物流服务增长。因此，要分析企业现阶段处于何种服务水平，与处于竞争状态的其他企业相比，在处于相当高的服务水平的情况下，要想进一步提高服务水平，需要维持更高的成本投入。

2）提高物流服务水平的战略

图 7.4 表示的物流成本与物流服务水平关系的分析矩阵，为决策提供了一些战略决策的指导。

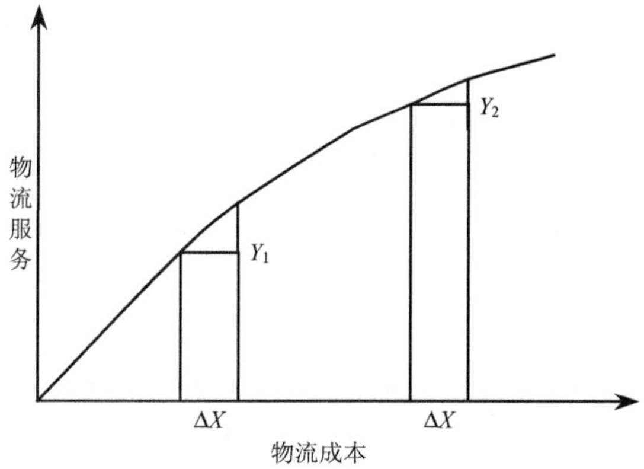

图 7.3　物流成本与服务之间的关系图

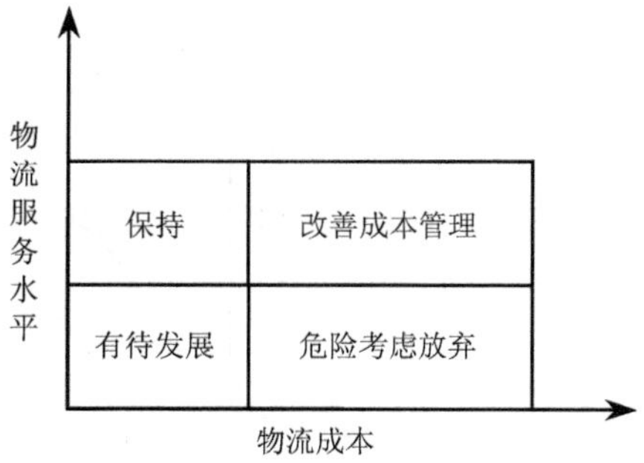

图 7.4　物流成本与物流服务水平关系矩阵

（1）有待发展。

这种类型的物流服务水平较低，但使用企业物流成本也较低。可以考虑在对成本控制的基础上提高服务质量。

（2）危险考虑放弃。

这种类型的物流服务水平较低，但使用企业物流成本也较高。要分析造成这种情况的原因，如果无法有效地降低物流成本，可以考虑放弃提供此类物流服务。

（3）改善成本管理。

这种类型的物流服务水平较高，但使用企业物流成本也较高。可以考虑在对服务质量控制的基础上改善物流管理水平、降低物流成本。

（4）保持。

这种类型的物流服务水平较高，但使用企业物流成本较低。在某些物流环节上，能够提供高服务水平、低物流成本，这是企业物流方面核心竞争力所在。企业应在严格控制物流服务水平的同时进一步改善成本。

5. 企业最优物流服务水准的测定

若企业的物流系统能提供适当的服务水准并能满足客户的需求，就能增加企业销售额和市场份额，并最终提高企业的赢利能力促进企业发展。反之，则会使企业赢利下降。物流服务水平就是设定的物流活动水平的结果。这就意味着每一物流服务水平都有相应的成本水平。事实上，根据特定的物流活动组合，对应每一物流服务水平都有许多不同的物流系统成本方案。一旦了解了销售-成本之间的大致关系，就有可能将物流成本与物流服务对应起来，如图 7.5 所示。因此，对企业的物流管理人员来说，在物流服务领域要解决的关键问题就是建立适当的服务——成本方程，使费用支出和所得收益的差值最大。

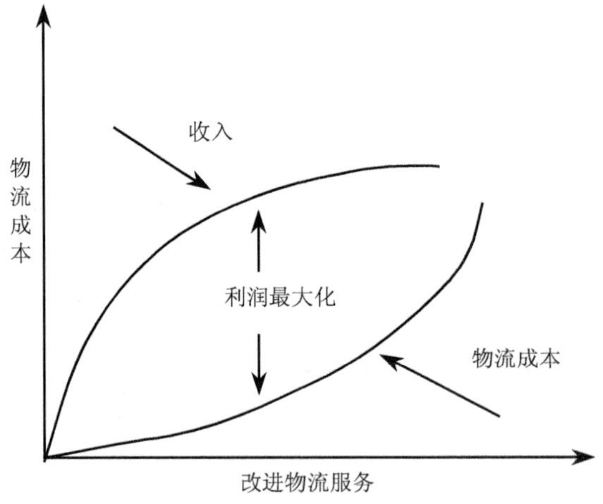

图 7.5　最优物流服务水准的测定

实践证明，每个企业都可以确定它的最优物流服务水平，而且可在每个市场方向上都得以确定。在每个地区，企业针对每种客户类型、产品系列、每个季节和促销方式来确定自己的物流客户服务标准体系，以便制订最好的物流服务策略和设计最适合的分销系统。物流服务水平的确定主要取决于客户的基本需求。

本章小结

电子商务物流主要研究物流在电子商务和现代科学技术条件下的运作和管理。电子商务物流的目标是在电子商务条件下，通过现代科学技术的运用，实现物流的高效化和低成本化，促进物流产业的升级及电子商务和国民经济的发展。

目前，有五种较为常见主要的电子商务物流模式：自营物流模式、第三方物流模式、第四方物流模式、物流联盟模式和物流一体化。投身于电子商务的企业在物流配送方面需综合多方面进行考虑，选择合适的电子商务物流模式。

传统的金字塔式、基于职能的组织结构模型存在的最大弊端，就是企业无法面向客户、动态开放，打破职能的界限。而现代的物流企业组织能很好地解决职能型的组织结构所面临的困境，归纳起来有以下三个关键特征：以流程为中心、面向客户、扁平化。

问题讨论

1. 简述电子商务与物流的关系。
2. 电子商务物流系统再造体现在哪几个方面？
3. 电子商务物流模式有哪些？
4. 电子商务物流企业的组织架构及职责是什么？
5. 物流成本与服务水平之间的关系如何？

实验难点分析 7-1

NIKE 公司物流解决方案

正如其世界级的荣誉一样，NIKE 公司知道竞争条件改变了，必须用世界级的物流水准来响应市场需求。在服装业这种季节性很强的行业中，物流所具有的决定性作用正得到加强。NIKE 公司通过对物流系统的改造，创造了一个“运动商品王国”。

1. 物流网络遍布全球，NIKE 公司快速响应市场需求

NIKE 公司非常注重其物流系统的建设，跟踪国际先进的物流技术的发展，及时对其系统进行升级。NIKE 公司的物流系统在 20 世纪 90 年代初期就已经非常先进了，近年来更得到了长足的发展，可以说其物流系统是一个国际领先的、高效的货物配送系统。

NIKE 公司在全球布局物流网络。NIKE 公司在美国有三个配送中心，其中在孟菲斯有两个。在田纳西州孟菲斯市的 NIKE 公司配送中心运行于 1983 年，是当地最大的自有

配送中心。作为扩张的一部分，NIKE 公司建立了三层货架的仓库，并安装了新的自动补货系统，使得 NIKE 公司能够保证在用户发出订单后 48 小时内发出货物。NIKE 公司在亚太地区生产出的产品，通过海运经西海岸送达美国本土，再利用火车经其铁路专用线运到孟菲斯，最后运抵 NIKE 公司的配送中心。所有的帽子、衬衫等产品都从孟菲斯发送到美国各地。每天都要发送 35～50 万单位的衣物。

NIKE 公司的标志成了世界上最被认可的标志。优秀的营销方式、与世界顶级运动员的合作，使得 NIKE 公司成为运动品商业界的领导品牌。正如其世界级的荣誉，NIKE 公司知道物流条件改变了，NIKE 公司需要在战术和战略上做一些明显的更改。对孟菲斯配送中心，当因为某一两个因素使得其配送需求超出了其设计吞吐能力的时候，NIKE 公司又制订一个新的工作策略。

"我们抛弃了 1980 年的仓库技术，起用了最新的技术，" NIKE 公司孟菲斯作业主管 Mark Dennington 说，"这包括仓库管理系统（WMS）的升级和一套新的物料传送处理设备。我们需要提高吞吐能力和库存控制能力。同时，还要尽力从自动化中获取效益而不会产生废弃物。"

孟菲斯配送中心增加了四个存储区，使得总存储面积达到了 125 万平方英尺。增加了一个新的收货系统和另外 13 英里长的传送带，为了适用大件较重货箱，还增加了一个翻板式分拣机。采用了实时的仓库管理系统，并使用手持式和车载式无线数据交换器，使得无纸化分拣作业现在成为可能。吞吐能力提高了一倍多，从每 8 小时的 10 万件提高到了 25 万件，设计最高日工作量为 75 万件。

除在美国外，NIKE 公司在欧洲也加强了物流系统建设。NIKE 公司在欧洲原有 20 多个仓库，分别位于 20 多个国家。这些仓库之间是相互独立的，这使得 NIKE 公司的客户服务无法做到非常细致。另外，各国家的仓库只为本国的消费进行准备，也使得其供货灵活大打折扣。经过成本分析，NIKE 公司决定关闭其所有的仓库，只在比利时的 Meerhout 建造一个配送中心，负责在整个欧洲和中东的配送供给。该中心于 1994 年开始运营。后来，随着 NIKE 公司在欧洲市场的迅速扩大，流量很快就超出了配送中心的供应能力，NIKE 公司决定扩建其配送中心。NIKE 公司与 Deloitte 公司共同制订了欧洲配送中心建造、设计和实施的运营计划。其配送中心有着一流的物流设施、物流软件及 RF 数据通信，从而使其能将其产品迅速地运往欧洲各地。

另外，由于面临着同样的问题，NIKE 公司决定巩固其在日本的配送基础，以此来支持国内的市场。公司在选址之后，设计了世界上最先进的设施，这种设施可以满足未来七年销售量增长的需要。由于日本的地价高，他们计划建造高密度的配送中心，这样更适合采取先进的配送中心控制系统——ASRS。同时巩固了韩国的配送中心，以支持其在国内的市场。

2．使用电子商务物流方案，部分物流业务外包

在 2000 年初，NIKE 公司开始在其电子商务网站 www.nike.com 上进行直接到消费者的产品销售，并且扩展了提供产品详细信息和店铺位置的功能。为支持此项新业务，UPS 环球物流实现 NIKE 公司从虚拟世界到消费者家中的快速服务。

在美国，NIKE.com 成了 UPS 的最大客户。“我们想使每笔订单都成功实现”，NIKE 公司的新商业主管 MatyKateBuckley 如是说，“UPS 环球物流是一个有经验的、国际专业性的、可以信任的服务商。”UPS 环球物流接受 NIKE.com 过夜、第二日运送等订单，还附加进行存货管理、回程管理和一个客户呼叫中心的管理。UPS 在路易斯维尔的仓库里存储了大量的 NIKE 鞋及其他体育用品，每隔一个小时完成一批订货，并将这些 NIKE 用品装上卡车运到航空枢纽。这样，NIKE 公司不仅省下了人头开支，而且加速了资金周转。

NIKE 公司的部分物流业务外包，其中的一个物流合作伙伴是 MENLO 公司。该公司是美国一家从事全方位合同物流服务的大型公司，其业务范围包括货物运输、仓储、分拨及综合物流的策划与管理。该公司拥有 3500 名雇员，年运输批次达到 200 万，运量相当于 110 亿磅，并拥有 800 万平方英尺的仓储设施，业务活动遍及美国 50 个州及加拿大、拉丁美洲、欧洲和太平洋周边地区，其客户群包括 50 个大型国际公司，如 IBM、NCR、惠普、陶氏化学、AT&T、SEARS 等。“我们的目标是在全世界建立综合高效的供应链”，MENLO 如是说。

NIKE 公司在日本的合作伙伴——岩井是一个综合性的贸易公司，是全球 500 强之一，公司每年的贸易额高达 715 亿美元。它主要负责日本地区 NIKE 商品的生产、销售和物流业务。

对于原来就比较注重物流，且物流基础设施完善的企业——NIKE，是对其原有的物流系统进行改造，以适应新的业务需求，而对于 ADIDAS，则主要将其物流业务外包给第三方物流公司。采取何种战略，主要取决于改造和外包二者分别的运营成本和服务水平对公司的长期影响。但对于新型商业模式，如 B2C，由于其物流作业复杂、琐碎等原因，他们都选择了外包的形式，以降低服务成本并获得良好的顾客服务。

无论从工作效率和服务水平上说，NIKE 公司的物流系统都是非常先进、高效的。其战略出发点就一个消费地域由一个大型配送中心来服务，尽量取得规模化效益。NIKE 公司还非常注意物流技术的进步，积极采用新的、高效的科技和新的科学的管理方法来降低成本和提高工作效率。分析认为，国外先进的企业物流系统只有基于其良好的社会物流环境，才得到了很好的应用和发展。

讨论：

上网搜集 NIKE 公司相关资料，结合本章所学知识，分析 NIKE 公司如何在电子商务方面取得成功，体会 NIKE 公司的下一步战略行动方向，给出自己的建议。

第 8 章

电子商务运营管理

内容提要

运营管理作为企业生存赢利的要素，决定着一个企业的市场经营成果。从长远来看，能否找到适合企业发展需要的运营模式并不断完善决定着一个企业能否有未来。无疑，电子商务的迅速发展，为现代企业运营管理提供了重要的机遇，同时也带来了巨大的变革。本章从电子商务运营管理的基本知识入手，重点介绍了电子商务内部运营模式和电子商务外部运营模式。

本章重点

- 电子商务运营管理的对象；
- 电子商务运营管理的关键成功因素；
- 电子商务内部运营模式；
- 电子商务分散网络化运营模式。

8.1 电子商务运营管理概述

传统的企业运营管理是指企业通过科学、合理地选择厂房位置、设施和设备，制订生产作业计划，选择工艺流程，确定生产和服务技术，实行有效流程和质量控制，组织生产和技术人员等达到及时生产产品或提供服务、降低成本的目的一系列管理活动。而现代运营管理的定义倾向于从科学管理的角度来看待运营管理，认为运营管理就是对运营过程的计划、组织、实施和控制，是与商品生产和服务创造密切相关的各项管理活动的总称。由此，电子商务运营管理就是企业对电子商务运营过程的计划、组织、实施和控制，是与电子商务活动中的商品生产和服务创造密切相关的各项管理活动的总称。

8.1.1 电子商务运营管理的对象

从宏观来看，电子商务运营管理的对象包括运营过程和运营系统。运营过程是一个投入、转换、产出的过程，是一个劳动过程或价值增值的过程，它是运营的第一大对象，运营必须考虑如何对这样的生产运营活动进行计划、组织和控制。运营系统则是上述变换过程得以实现的手段。它的构成与变换过程中的物质转换过程和管理过程相对应，包括一个物质系统和一个管理系统。从微观来看，电子商务运营管理就涉及企业开展电子商务活动的所有环节，包括企业借助运营系统所完成的业务流程中每一个细小的管理过程。

8.1.2 电子商务运营管理的核心

电子商务运营管理的核心就是构建完善的电子商务运营模式。所谓电子商务运营模式，就是使用 Intranet 和 Internet 技术，整合系统内部各构成要素，通过 Extranet 技术实现企业业务系统与合作伙伴、供应商和服务提供商的业务系统的互联集成形式。从业务流程上看，电子商务运营模式就是对电子商务活动的各个具体业务流程的抽象或描述，运营模式和各个业务流程之间就构成了整体和部分的关系。由此，电子商务运营模式就可以从整体上设计和指导具体的电子商务活动业务的开展，而通过业务流程再造革新的业务流程对电子商务运营模式又是一个补充和扩展。

从大的方面来看，以企业环境为划分标准，可以将电子商务运营模式分成两大模块内容：一是电子商务内部运营模式；二是电子商务外部运营模式。通过内外连通组合集成，在企业内部建立整个业务活动顺利开展的基础上，通过有效的手段和连接方式同企业外部有业务往来的合作伙伴建立联系，在一定程度上打破企业原有的边界，通过内部向外部不断扩张，将涉及电子商务运营管理活动的各方有机地联系起来，形成以全球价值链为中心的电子商务运营体系，这样就构成了完整的电子商务运营模式。

8.1.3 电子商务运营管理的关键成功因素

1．供应链管理

供应链管理就是指对整个供应链系统进行计划、协调、操作、控制和优化的各种活动和过程，其目标是要将顾客所需的正确的产品（Right Product）能够在正确的时间（Right Time）、按照正确的数量（Right Quantity）、正确的质量（Right Quality）和正确的状态（Right Status）送到正确的地点（Right Place），并使总成本达到最低化。能否保证电子商务供应链的有效运作将对企业的电子商务活动产生巨大的影响。

2．客户关系管理

客户关系管理（CRM），是企业为提高核心竞争力，达到竞争制胜、快速成长的目的，树立客户为中心的发展战略，并在此基础上展开的包括判断、选择、争取、发展和保持客户所需的全部商业过程；是企业以客户关系为重点，通过开展系统化的客户研究，通过优化企业组织体系和业务流程，提高客户满意度和忠诚度，提高企业效率和利润水平的工作实践；也是企业在不断改进与客户关系的全部业务流程，最终实现电子化、自动化运营目标的过程中，所创造并使用的先进的信息技术、软/硬件和优化管理方法、解决方案的总和。企业面对如今越来越激烈的电子商务竞争环境，唯有真正地将"客户至上"的经营理念在电子商务的业务活动中实实在在地体现，才能通过企业的努力，去不断地挖掘客户的个性化的需求，用客户关系管理的理念来满足客户的需求，建立客户忠诚，以此为电子商务活动的顺利开展提供最重要的客户资源。

3．科学合理的库存管理

大多数企业的电子商务活动还是以提供实物产品为电子交易的对象，所以，用一定的仓库来保管企业的库存显得不可或缺。特别是大量的生产型企业，生产其产品需要大量的原材料，为了保证企业生产的连续性，所谓的"零库存"是根本无法真正实现的，因此，如何让企业在原材料或产成品的库存保有量时刻处在一个最佳的水平就尤为重要。通过对企业实际生产活动和商务贸易活动的精确考量之后，采用科学的库存管理设备，协调各活动环节的实际需要，制订企业的库存管理办法将为企业的电子商务活动顺利开展节约更多的成本，并提供更精确的保障。

4．业务流程再造

业务流程再造是一种管理思想。它强调以业务流程为改造对象和中心、以关心客户的需求和满意度为目标，来对现行的业务流程进行根本的再思考和彻底的再设计，并且利用先进的信息技术及现代化的管理手段，最大限度地实现技术上的功能集成和管理上的职能集成，从而实现企业经营在成本、质量、服务和速度等方面的巨大改善。

在当今的全球化背景下，市场环境瞬息万变，企业开展电子商务的条件也在不断发生变化，要想高效运营电子商务活动，就必须不断地变革以适应市场活动中这些独特又难以预料的变化。于是，顺应电子商务市场的发展要求，一种可以因需而变的业务流程设计的理念为越来越多的企业所关注并运用到了企业管理活动中。也只有不断地探索适合企业自身条件的业务流程设计，才能更好地发挥企业所长，最终实现电子商务运营管理的预期目标。

5. 电子化的人力资源管理

面对企业活动日益激烈的竞争局面，可以从成功的企业活动实践中发现，企业之间的竞争归根结底是企业所拥有的人力资本——人才的竞争。哪个企业拥有大量的优秀人才，它就能在市场竞争中获得优势地位，而直接的表现就是挤压竞争对手的市场份额，获取更多的用户，进而实现企业利润最大化的目标。随着电子商务的发展，越来越多的企业开始把以网络技术为核心的信息通信技术应用到企业管理实践中，电子化人力资源管理也是其中的一个重要方面。简单地说，电子化人力资源管理就是指企业利用企业内联网、企业外联网和公共互联网及计算机技术实现人力资源管理活动的主要职能。通过电子化招聘、电子化培训、电子化学习、电子化沟通、电子化考评和电子化薪酬与休假管理等，不断为电子商务活动的开展“选、育、留”最优秀的人才，为成功的电子商务运营管理提供最基础、最重要的人力资源保障。

8.2 电子商务内部运营模式

电子商务内部运营模式以企业内部的与电子商务运营管理相关的要素为基础，集合企业内部信息系统的各构成要素，在实现业务流程重组的基础上，优化配置企业所拥有的人、财、物等资源，从而组成客户关系管理模式、知识（信息）管理模式、协同生产管理模式、全球价值链等内部运营模式。

8.2.1 客户关系管理（CRM）模式

近年来，随着电子商务的深入发展，与电子商务密切相关的概念——客户关系管理（CRM）在全球范围内得到了广泛的传播，为越来越多的电子商务企业所关注和采用。实践证明，电子商务活动的竞争，本质上体现为对客户的竞争，即谁拥有了客户，谁就取得了电子商务活动的成功。只有能够更好地抓住客户需求的一些优秀企业才能在日益激烈的全球电子商务竞争中赢得客户的满意，争取更多的客户，并最终取得市场竞争的优势地位。所以，客户关系管理的重要性也就不言而喻。为了更好地进行客户关系管理，甚至发展出了以客户关系管理为核心、以电子商务各参与主体为支撑的电子商务客户关系管理模式。客户关系管理模式如图 8.1 所示。而这里的客户也不仅仅是企业外部的客户，只要是电子商务活动链上的参与主体，都可以视为企业的客户，怎么样与这些众多的内外部客户进行有效的沟通、信息传递与共享，来更好地为这些客户服务，将是客户关系管理模式要探索的主要内容，只有这样的理念才能更好地支撑电子商务活动在“客户至上”的市场环境下成功地运营。

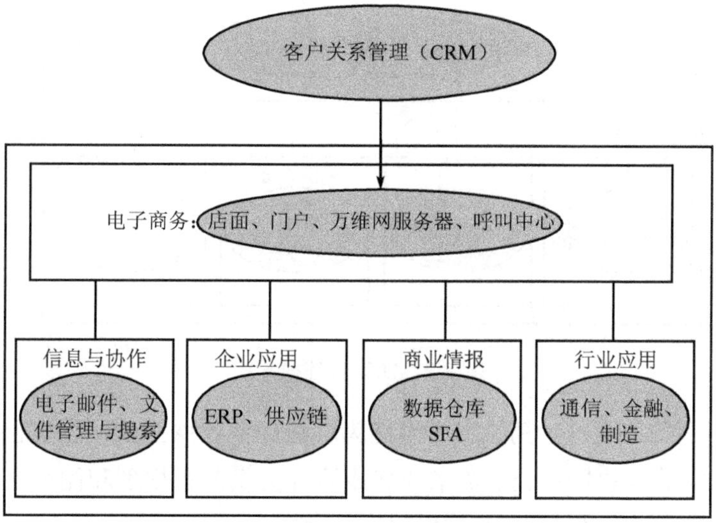

图 8.1　客户关系管理模式

8.2.2　知识（信息）管理（KM）模式

知识管理（Knowledge Management，KM）就是为企业实现显性知识和隐性知识共享提供新的途径，知识管理是利用集体的智慧提高企业的应变和创新能力。知识管理包括几个方面工作：建立知识库；促进员工的知识交流；建立尊重知识的内部环境；把知识作为资产来管理。知识管理（KM）可简单定义为在扩展的企业中利用知识资产的能力，它可支持人们做出最佳决策，并获得最大竞争优势。

KM 模式是一种广泛应用于各种行业、市场和专业的新兴商业实践。它不属于一种新型应用或解决方案的概念：它是一种用于定位 IT 和机构改革创新的新型概念性模式和手段。在当前向知识型经济的转变过程中，许多企业感到管理压力日益增加，探索新的管理模式的要求日益迫切，其中最新的成果即是知识管理，如何在知识经济环境下更好地进行企业管理活动得到了足够的重视和发展。知识管理的内容包括：

（1）不断变化的专业知识等无形资产；

（2）像捕获的文档、设计、专门技术转化而来的其他物理或电子成果这样的信息资产；

（3）充分利用这些资产以提高效益的公司战略。

图 8.2 描述了知识管理模式。

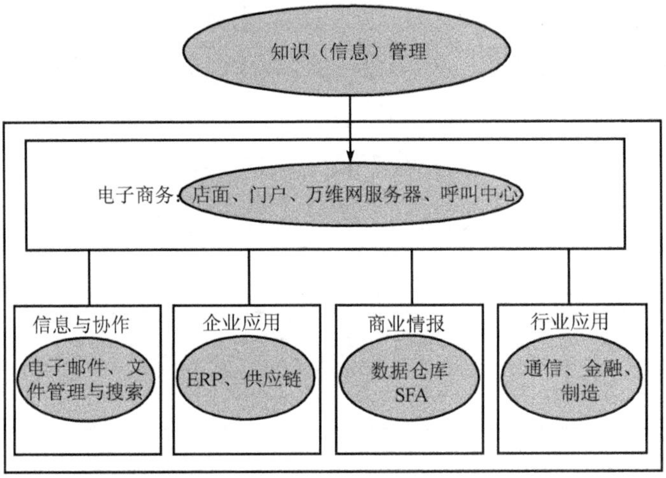

图 8.2　知识管理模式

虽然 KM 不是一种灵丹妙药，也不可能为解决任何特殊企业问题提供解决方案，但它可以满足可确定数量的特定企业需求的集成途径提供前景规划和侧重点。KM 可满足一些企业领域内客户的需要和期望，分析的内容如下：

（1）创新和创造性；

（2）资产保护；

（3）产品开发；

（4）响应能力；

（5）脑力劳动者工作效率；

（6）机构学习；

（7）客户知识。

通过对企业内部拥有的这些宝贵无形资产的分析，知识管理可以尽可能地去发现企业内部实际拥有的隐性知识，并引导员工分享企业显性知识的基础上最大可能地共享他们各自的隐性知识，以此来实现企业知识创造企业管理最佳实效的目标。

8.2.3　协同生产管理模式

协同生产管理模式是一种基于多代理、分布式网络化的协同生产体系。这一协同生产管理体系可根据目标和环境的变化进行再组合，动态调整企业的组织结构。实施分布式网络化的虚拟制造，给企业带来组织结构和经营方式的改变，企业组织结构将从传统的“机械结构型”向更适合市场竞争的扁平式单元化结构转变。在电子商务经营思想的指导下，要求利用计算机网络（Internet/Intranet）实现与异地企业的有效集成及制造单元之间的生产协调、工况数据采集和数控程序传送等。

1．协同生产体系结构

协同生产体系结构包括多个知识源 KS，其中有工艺计划 KS、生产计划 KS、调度 KS、通信 KS 和几个分析/诊断 KS，这些独立的知识源通过共享数据结构（黑板）来进行通信。共享知识的生成方式可以是人机交互，可以是自动产生，也可以是加入知识分析结果和外部事件后得到的。

这一结构是一种系统组织方式，其核心由知识源、全局数据库和控制结构三部分组成。知识源的引用可以对黑板进行操作，并通过黑板进行通信。黑板是可公共访问的。控制结构则按人的要求控制知识源和黑板之间的信息更换过程，完成问题的求解。黑板结构有可扩展性、柔性、可重用性、容易与已有系统集成等主要优点。将黑板技术应用于车间计划、调度及集成的工艺计划制订过程中可以起到数据共享和协调的作用，以优化计划与调度，实现单元化制造系统与其他应用系统的集成。

图 8.3 描述的是电子商务生产子系统中的协同生产黑板体系结构。

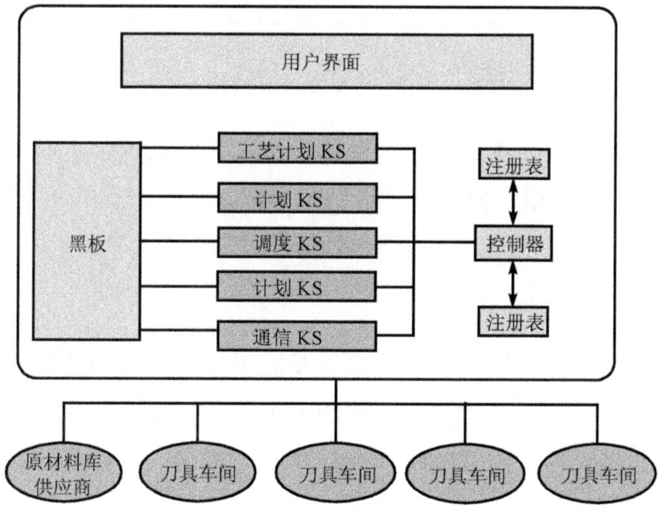

图 8.3　协同生产黑板体系结构

2．电子商务生产子系统的建立及代理的应用

作为电子商务的生产子系统，必须具有生产的柔性和敏捷性，并在总体协调的基础上具有一定的独立自主的组织能力。所以，为适应电子商务的要求，传统的生产车间必须实施改造。首先，按照成组技术的原理，组成相对独立的产品生产单元。其次，组成

由若干熟练的具有多种技术的生产工人组成的生产小组。最后，必须具备计算机生产管理软件，负责集成、传递、收集信息，动态实时地计划、控制生产。为此，软件应具有一定的智能性，在一定范围内完成生产管理的全权代理（Agent），充当软件机器人的角色，以应付随时出现的变化，协调生产，做到实时动态排序及调度。按这种模式组成相对独立的制造单元，具备一定的决策和实施自主权，体现出生产的柔性和敏捷性，如图 8.4 所示。无论“代理”是以任何方式实现的，它都具有重构性。“代理”具有一些特殊性质：自治性（Autonomous）、社交性（Social）、反应性（Reactive）和主动性（Proreactive）。

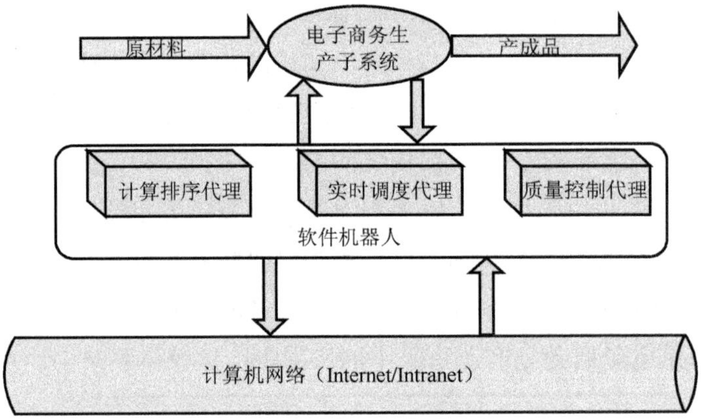

图 8.4　电子商务生产子系统控制图

以生产制造系统为基础的企业结构，抛弃了传统生产系统金字塔式的管理结构和过细、固定的分工方式，形成相对独立的制造基本单位，再由若干单元（制造系统的砌块）通过网络协调和管理组成一定的“虚拟”制造工厂。

3. 工艺计划和生产计划的集成

工艺计划技术和有限能力生产计划技术的发展历来受到人们的重视，工艺计划和生产计划的集成技术却未得到充分的关注。传统的工艺计划和生产计划活动是串联进行、相互独立的。这样的模式存在诸多弊端，使得车间人员难以接受，只能凭经验和直觉自行安排生产，造成车间计划混乱。

为解决工艺计划和生产计划的集成问题，人们研究出非线性工艺计划方法、闭环工艺计划方法、分布式工艺计划方法等。在某些复杂的制造环境中，这三种方法并不能完全解决工艺计划和生产计划的集成问题，如新的车床工艺计划往往需要定制新的刀具，在制订生产计划时就应考虑与刀具车间的协调；而且某些工艺计划不是由某一个人制订的，而是由不同生产车间的数名工艺员共同完成的，他们各自负责主管部分的工艺计划制订和修改，所以要真正克服上述工艺计划与生产计划的不足，就得从集成入手，在动态环境中实现工艺计划和生产计划。为此，采用黑板结构来协调生产计划和工艺计划活动，实现生产计划与工艺计划之间的有效集成。

4．Internet/Intranet 技术在电子商务生产子系统中的应用

电子商务生产子系统的柔性和敏捷性，不仅要保证制造单元、物料供应、人员调配的合理组织，而且要使控制软件具有柔性和敏捷性。为此，不仅需要在控制软件中使用如上所述的"代理"（Agent）、"黑板"（Blackboard）等先进的软件技术，使软件具有智能性和开放性，同时，使用客户/服务器分布式体系结构也是非常重要的，在此基础上可充分利用 Internet/Intranet 技术，形成服务器+浏览器的结构形式。发挥浏览器的优越性，将浏览器作为软件与外部环境进行数据交换的主要接口之一，保证其在异构环境中的集成。软件结构图如图 8.5 所示。

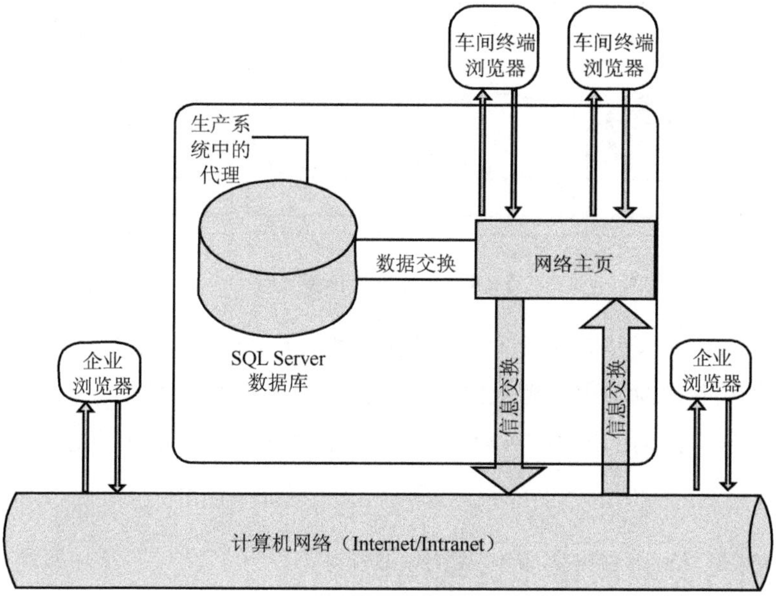

图 8.5　软件结构图

8.2.4　全球价值链模式

企业所从事的一系列活动，一般描述为整个价值链上的业务活动。价值链是一种商业模式，所连接的活动包括供应方关系、本地后勤、产品处理和需求方活动。而联合国工业发展组织对全球价值链（GVC）的定义是："全球价值链是指为实现商品或服务价值而连接生产、销售、回收处理等过程的全球性跨企业网络组织，涉及从原料采购和运输，半成品和成品的生产和分销，直至最终消费和回收处理的整个过程。包括所有参与

者和生产销售等活动的组织及其价值、利润分配，当前散布于全球的处于价值链上的企业进行着从设计、产品开发、生产制造、营销、交货、消费、售后服务、最后循环利用等各种增值活动。”随着 Internet 技术和全球性关系的扩展，企业已经开始认识到管理的重要性，不仅是对实物的管理，还包括对信息本身的管理。同时，它们还看到 Internet 消除了时间和空间的限制。因此，企业全球价值链模式是一种超越时间和空间限制的增值活动管理模式。如图 8.6 所示为全球价值链模式。

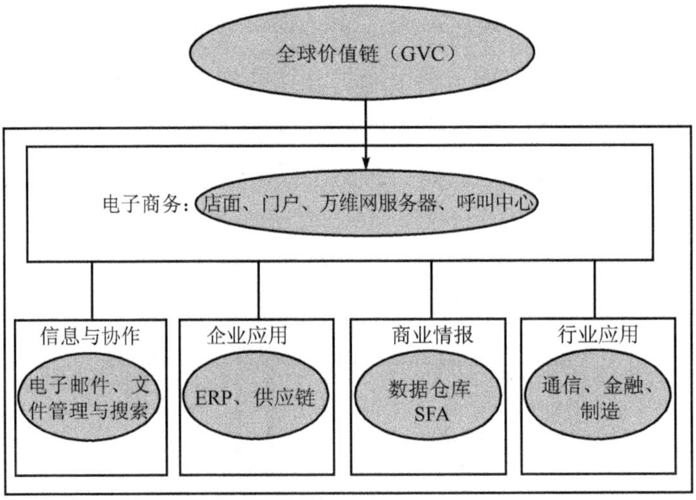

图 8.6　全球价值链模式

GVC 通过业务流程、链接供应商、合作伙伴和客户，充分发挥了机构的能力和效率。由于这些资产的端到端流动更加有效，因此企业可降低在存货管理、业务流程管理、时间管理和资金管理等方面的成本。GVC 包括开发有效供应、交易和信息链管理和贸易合作伙伴支持。

8.3　电子商务分散网络化运营模式

就外部运营方面而言，运营电子商务的企业需要组成外联网络。外联网络是企业 CRM、KM、GVC 等电子商务子系统与合作伙伴、供应商及服务提供商企业系统的端到端的集成。电子商务构建的基础是被称为 Internet 的公用网络基础设施及有多年发展历史的专用网络。它包括在达成协议的企业实体之间完成安全商业交易所需的各项流程和技术保障。当然，这些因素都是以可用性、可伸缩性、安全和整体可管理性为中心。只有这样，通过电子商务活动涉及的三类网络，即企业内联网、企业外联网和公共互联网，才能将参与电子商务活动的各方有效地联系起来。当前，电子商务外部运营的典型模式就是分散网络化运营模式。

8.3.1　分散网络化运营模式的含义

分散网络化运营是实现敏捷制造和可持续发展的一种生产模式，分散与分布不同，分散是指动态的、没有规律的和地理上相隔的集团成员。网络化又意味着利用信息和通信技术把它们加以组织起来进行生产。

分散网络化运营模式的运行目标是利用不同地区的现有生产资源，把它们迅速组合成一种没有围墙的、超越空间约束的、靠电子手段联系的、统一指挥的经营实体，以便快速推出高质量、低成本的新产品。分散网络化运营模式是一种可持续发展的、以人为中心的生产模式。它能够在充分利用现有的社会资源（包括人力资源和设备资源）和在不扩大环境污染的基础上，借助信息技术快速地以合理的成本将产品从设计转入生产，以适应市场的多变和用户的需要。简言之，分散网络化运营模式主要解决的两个问题是：快速响应市场的需求和充分利用现有资源，少花钱、多办事，保证可持续发展。

8.3.2　分散网络化运营模式的功能与结构

1．功能

电子商务分散网络化运营模式由于其分散性的结构特征，使得分散化运营模式没有统一的构成，其结构取决于参与电子商务活动的主体的构成。但是，作为一般的分散化电子商务模式，其组织体系应具有三大功能。

（1）快速地、并行地组织不同的部门或集团成员将新产品从设计转入生产。

（2）快速地将产品制造厂家和零部件供应厂家组合成虚拟企业，形成高效、经济的供应链。

（3）在产品实现过程中各参加单位能够就用户需求、计划、设计、模型、生产进度、质量及其他数据进行实时交换和通信。

2．分散网络化运营模式的结构

为了实现上述三个功能，分散网络化运营体系将由企业内联网和企业外联网及系统集成和数据库技术、系统安全和防火墙技术、网络和通信技术等支撑技术组成，通过这样一些技术手段，有效地将电子商务运营管理活动中涉及的企业内部和企业外部的各个环节联系起来，协同处理，以此实现电子商务目标。图 8.7 描述了电子商务分散网络化运营模式的体系结构。

3．建立分散网络化模式的指导思想

在我国，构建分散网络化模式的指导思想应该是：

（1）充分认识信息革命将改变世界的面貌，因此企业改革的思想要领先，企业家的思想观念的改变比引进新技术更加迫切；

（2）把全体人员的培训放在最重要的地位，充分考虑人力资源的节约和合理利用，推行小组改造方式、大工种、多岗位、一专多能，大力提高人员的柔性和积极性；

（3）所采用的技术要先进，但要考虑企业的资金、技术和人员的承受能力，遵照可持续发展原则，分批投入，逐步完善和扩大；

（4）塑造实施新的生产模式的环境，精简机构，权力下放，普及计算机和各种网络的应用，逐步实现日常业务工作高效化和无纸化；

（5）把获得经济效益放在重要地位，结合生产实际需要，给企业带来好处，在较短期间形成自我投资的良性循环。

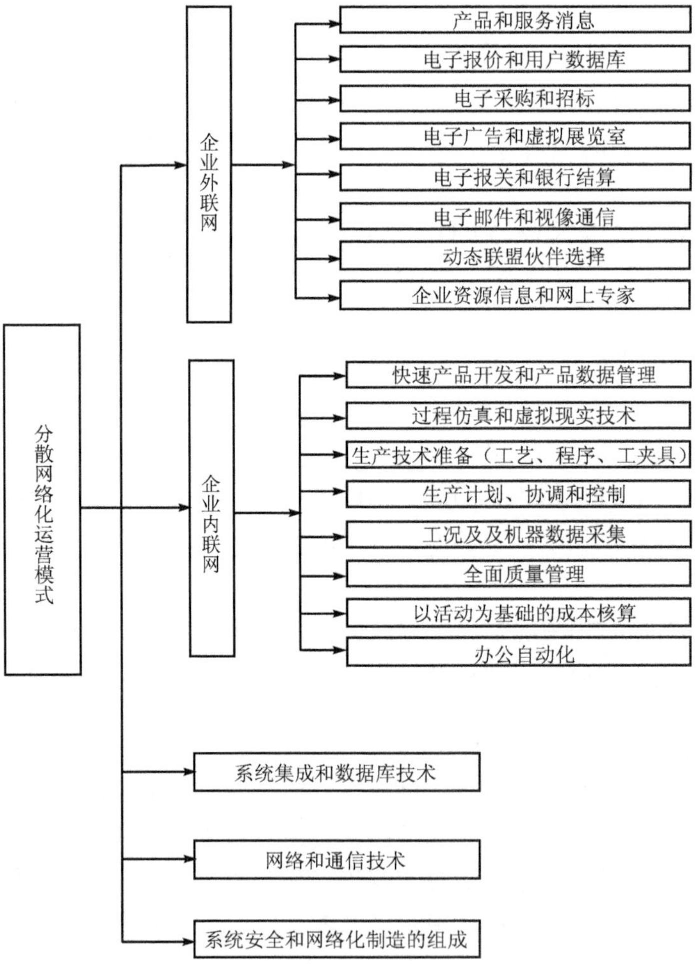

图 8.7　电子商务分散网络化运营模式的体系结构

8.3.3　分散网络化模式的主要类型和基础

从历史的发展角度来看，产业发展的规模、竞争的胜负不完全取决于一个企业的资金实力，也不取决于某个企业的技术水平，更不是某些特殊的政府关系，而是企业对产业发展和用户需求的深刻理解，是高瞻远瞩的竞争策略，是企业内在的创新能力和独特的文化凝聚力，是管理哲理和创新生产模式的体现。

1. 分散网络化模式的类型

按照分散网络化模式中起主导作用的因素的不同，可以将其细分，分散网络化模式主要有以下三种类型。

1）一主多从型

主要是复杂产品的生产，主导企业仅从事产品的装配。例如，汽车的生产，大量的汽车零部件是由成百上千个分散在不同地点的企业供应的，由总装厂装配成最终产品。随着产品的多样化和顾客化，不仅零部件的数量不断增加，核心企业的生产组织和管理方式也发生了很大的变化。在这种情况下，采用分散网络化模式对推行准时生产（JIT）、零库存和全面质量管理（TQC）都有很大的好处，甚至可以实现整个供应链的高效率，为主机厂和配套厂都带来经济效益。

2）专有技术型

在设计、开发和制造高新技术产品的过程中，往往需要某些专有技术和特种设计。例如，复杂构件的强度和应力分析、热变形分析，以及复杂过程的仿真、快速原形制造，超精密加工等。这种具备专有技术的小公司是知识型和智力型的，他们虽然不具有大型生产设备和能力，但掌握关键的高新技术，往往是分散网络化制造的重要组成部分，可以促使专有技术和特种设备的社会化和商业化，实现利益分享。

3）动态联盟型

随着经营机遇和产品、经营过程和合作伙伴、经营目标和核心资源、产品供应链及风险和利益等关系的变化，分散网络化模式的主导企业可能发生变化，“盟主”地位是动态的、轮换的。谁能最先抓住市场机遇，并对整个产品的概念和关键技术有所创新，谁就最可能优先获得领导权。当然，盟主应该是相对稳定的，但也可以是交错的，即就某种产品而言，本企业是盟主，而在另一产品的制造过程中，是配角。动态联盟成败的关键在于如何构成满足顾客需求的联合生产过程的运行机制，使生产要素有效地耦合，使资源的利用更加合理。

2. 分散网络化模式的基础

1）制造企业信息网络

在制造企业信息网络上提供集团成员的制造资源和专有技术，以便相互选择伙伴，建立动态联盟，快速设计、开发和制造某种产品。同时，还可以利用它建立可靠的供应链管理和高效率的市场营销活动。

2）快速产品设计和开发网络

将不同单位的产品设计的各种工具和经验，如实体建模、有限元分析、应力分析、热场分析、快速原型制造、虚拟现实、加工和制造仿真等加以集成，采用并行工程的方法快速设计和开发产品。虚拟制造就是通过产品和过程的模型，利用仿真手段，在计算机上进行“制造”产品，以检验产品的功能，使用性能和可制造性。

3）由独立制造岛组成的产品制造网络

毫无疑问，制造企业的最终产出是现实的产品。制造高科技、高附加值的产品，往往需要贵重的或特殊的设备（如快速原型制造、超精密加工、激光加工、高档数控机床等），购置这些设备投资风险大，利用率又不高，通过网络合理利用社会资源是一个很好的办法。

4）全面质量管理和用户服务网络

质量是用户的满意度，在分散网络制造中，用户的概念是广义的。每一项工作的下一步接受者都是用户。全面质量管理就要从产品构思开始直到产品生产周期结束，包括维修、报废和回收。

5）电子财务网络

分散网络化制度的经济活动涉及不同的经济实体和人员，一个能够快速反映财务和交易的电子网络是非常必要的。

6）信息与通信

分散网络化制造的基础是信息的处理、交换、传送和通信。EDI 和 EDI 标准及 Internet 商务标准的建立和应用、快速有效和灵活的通信是实现分散网络化制造的必要条件。

毫无疑问，分散网络化模式在经济上是很有效益，在社会发展上也具有深远意义。它的推广应用将会促使生产成本降低和产品质量的提高。随着资源的利用更加合理，人的智慧和技能得到进一步充分发挥，它将成为适合我国国情、符合可持续发展要求的最先进和最有希望的生产模式。

本章小结

电子商务的内部运营模式主要包括了客户关系管理模式、知识管理模式、协同生产管理模式及全球价值链等子模式，本章介绍了以上 4 种主要模式的管理思想及这些子模式和与其相关的业务活动之间的关系图。

通过对现实电子商务活动开展的分散网络化模式进行详细的阐述，并从功能和结构上对其进行深入分析，也对分散网络化模式的类型进行了合理划分，并提出实现分散网络化管理模式的基础条件，强调在价值链管理中更好地发挥分散在整个价值链上的所有电子商务活动参与主体的重要作用。

问题讨论

1. 简述电子商务运营管理的内涵。
2. 简述电子商务内部运营模式。
3. 简述电子商务分散网络化运营模式。

实验难点分析——“6688”的外包电子商务服务

外贸形势的严峻、企业库存积压，让无数热衷于电子商务的人士看见了商机。中国电子商务老将王峻涛，在几个月前带领 6688 网站，做起了“帮中小企业进行电子商务外包”的业务，而在这种 B2B2C 的形式中，他们的网站充当了中间的“B”环节，据王峻涛透露的数字，目前网站的日交易额已经达到几十万元人民币，而利润率“肯定在 20%以上”，远高过那些“靠砍价过活的电子商务网站”。

在目前态势下，如何扮演充当中间流通环节的那个“B”？

王峻涛告诉记者，构思这一模式的初衷，在于很多中小企业在面对网上开店的时候，都不适应、不熟悉。一些以产品出口为导向的企业，在今年面临出口难的问题，其实企业生产的相当一部分产品，是适合在国内内销的，但是这类企业同时也面临着“寒冬”、资金、人手可能都比较紧张。

有调查显示，在目前全球经济不景气的情况下，超过 30%以上的中国中小企业愿意在电子商务平台投入的费用为 2 万元人民币左右，20%左右的企业为 2 万～5 万元人民币之间。

如果这些企业选择传统“地推”形式，无论是在渠道方面、还是建专卖店，都会有很多大的投资，而上网的话，对网络又不太熟悉，不单是对技术，包括对网络的规律、电子商务的业务也不熟悉。所以，6688 网站选择了这样的方向：企业只需要提供产品信息，企业自己不上网都是可以的，由网站来负责帮助企业进行 B2C 销售，并根据企业销售的实际收入进行结算，而在网站的网络直销平台的介绍中，赫然写着：“我们不收取任何入住费、加盟费、年费、保证金……总之不收任何费用。我们的收入来自销售差价。请把您节约下来的营销费用，折到您与我们的结算价去。我们之间的结算价越便宜，您的产品销得越快。”

如果网站上有进货需求，就会由网站把订单传递给企业，再由企业给消费者发货，王峻涛告诉记者，在这种外包的模式下，“企业流程不用有太大的改动，过去的贸易流程、业务培训流程都比较相似。”

据了解，目前 6688 网站的客户包含两种情况：一些大企业信息系统相对比较全面，业务流程相对比较完整，只要为其建设一些系统，派一些人负责管理培训、服务就可以了；而另外一些小企业就可以把全部触网事务交给网站直销平台、把自己的产品统一放在上面。

在“6688”这种 B2B2C 模式的运营管理中，涉及各个环节的配合、网络营销、供应链管理、客户服务、客户服务标准的设立，流程的设立与执行等。而其中一个重要问题就是要不要自建物流体系、降低网站成本这件事情。王峻涛觉得态度不妨“实用主义一点，毕竟国内不是所有的都是沃尔玛、家乐福，国内主要还都是中小企业的大海，我们上面所提供的商品，时效性要求又不一定很高，不是快速食品、药品，主要是服装、纺织品、日用百货，所以我们不一定自己要涉足物流。”

据了解，目前网站结盟的主要是一些民营性质的物流企业，王峻涛表示，网站可以从中谈到比较好的条件，回款也做到相对比较快。——“起码比做地面渠道、做外贸，回款要快。”由此，我们看到在“6688”的运营管理活动中，最不重要的可能就是物流。

实践证明，采用这种模式的 6688 网站从 8、9 月份开始构思，10 月份开始销售，到目前为止，上面的卖家有三四十家，找来的客户有二十多家，每天的销售收入有几十万人民币。由此可见，越来越多的中小企业愿意接受这样的运营模式。

讨论：上网搜索电子商务运营的创新模式并和“6688”的“B2B2C”模式进行比较，并思考“6688”的运营管理模式更适合什么类型的企业。

第 9 章

电子商务营销管理

内容提要

随着互联网络的迅猛发展与快速应用普及，电子商务作为一种新型的商业模式得到了飞跃式发展。在网络环境下，无论是传统企业还是电子商务企业，开展电子商务营销对于其生存与发展都极为关键。面对日趋激烈的市场竞争，企业必须加强其电子商务营销管理，准确识别并有效把握互联网络中潜存的种种商机，使企业所提供的商品及服务能有效满足网络用户的需求，提升企业的网络竞争力。

电子商务营销即网络营销，是企业以现代营销理论为基础，利用因特网（也包括企业内部网和外部网）技术和功能，通过科学、系统、深入的市场调研，准确掌握网上消费需求及消费者行为特点，制订针对性营销策略及其组合，最大限度地满足客户需求，以达到开拓市场、增加赢利等企业目标的经营过程。

本章重点

- 网络营销战略；
- 网上市场调研；
- 网络消费者研究；
- 网络营销策略；
- 网络品牌管理。

9.1 网络营销战略

网络营销作为一种全新的营销方式正在全球范围悄然兴起，并将成为21世纪市场营销发展的一个趋势，作为一种竞争手段，它具有很多优势，该优势在于能够准确快速地获取顾客信息，并带来了便捷、有效的沟通渠道，以跨越时空约束的 Internet 为依托，将各种营销活动整合在一起，从而为企业创造新的绩效。

9.1.1 网络营销战略的概念

所谓网络营销战略，是网络经营企业在充分分析网络营销外部环境因素和内部条件的基础上，基于网络市场，围绕企业战略经营目标，对企业一定时期内网络营销发展所制订的总体设想和规划，是企业利用信息技术手段及方法来实现既定目标的营销战略。

9.1.2 网络营销战略规划

战略规划是指在充分分析组织内外的多元复杂战略环境的基础上，评价机会与威胁、优势与劣势，制订有预见性的组织未来的行动纲要计划的一系列过程。在激烈的市场竞争中，网络营销战略规划要求企业必须以市场为导向、以客户需求为核心，在对企业内外营销环境分析的基础上，对企业网络营销的任务、目标及实现目标的方案、重点和措施做出总体的、长远的谋划，并付诸实施与控制的过程，它是企业网络营销的行动纲领。网络营销战略规划事关企业长远发展和全局利益，其选择的正确与否，直接影响网络营销的成败和企业的生死存亡。

一个追求卓越的企业懂得如何适应不断变化的市场，深谙市场导向的战略规划艺术。正如菲利普·科特勒在其《市场营销管理（亚洲版）》一书中提道："市场导向的战略规划是一种管理程序，其任务是发展和保持企业的资源、目标与千变万化的市场机会之间切实可行的适应；战略规划的目标就是形成和重新开拓企业的业务和产品，以期获得目标利润的增长。"

网络营销战略规划主要包括以下过程。

1）分析网络营销机会

战略性分析是制订网络营销战略规划的准备阶段。通过对企业外部环境，如产业结构、经济政策、市场需求、竞争结构、上下游产业状、社会文化、科学技术等因素的分析，分析企业所面临的各种机会与威胁；通过对企业内部因素的客观评估，如技术实力、资金状况、营销能力、生产能力、人力资源等的分析，把握企业在未来竞争中可能的优势和劣势等，从而为企业制订网络营销战略规划提供依据。

SWOT 分析方法是一种能够较客观而准确地分析和研究一个单位现实情况的方法。SWOT 四个英文字母分别代表 Strength、Weakness、Opportunity、Threat、即优势、劣势、机会、威胁。利用这种方法可以从中找出对自己有利的、值得发扬的积极因素，以及对自己不利的、如何去避开的风险与威胁，发现存在的问题，找出解决办法，并明确以后的发展方向。根据这个分析，可以将问题按轻重缓急分类，明确哪些是目前急需解决的问题，哪些是可以稍微拖后一点儿的事情；哪些属于战略目标上的障碍，哪些属于战术上的问题。它很有针对性，有利于领导者和管理者在单位的发展上做正确的决策和规划。

2）明确网络营销任务

网络营销任务主要有以下几个类型。

（1）销售型网络营销目标，是指建造网站主要是为企业拓宽销售网络，借助网上的交互性、直接性、实时性和全球性为顾客提供方便快捷的网上售点。

（2）服务型网络营销目标，主要为顾客提供网上联机服务，顾客通过网上服务人员可以远距离进行咨询和售后服务。

（3）品牌型网络营销目标，主要在网上建立自己品牌形象，加强与顾客直接联系和沟通，建立顾客的品牌忠诚度，为企业的后续发展打下基础，以及配合企业现行的营销目标实现。

（4）提升型网络营销目标，主要通过网络营销替代传统营销手段，全面降低营销费用，改进营销效率，促进营销管理和提高企业竞争力。

（5）混合型网络营销目标，可能想同时达到上面几种目标，如 Amazon 通过设立网上书店作为其主要销售网络，既是销售型，又是品牌型，同时还属于提升型。

企业要根据本企业的实际情况，结合行业特点，选择和设计合理的网络营销任务目标。企业在规定或调整其网络营销任务时，可向股东、顾客、经销商、企业员工等有关利益方广泛征求意见，并且需考虑企业的历史、所有者或管理者目前的偏好与意图、企业生产经营环境的发展变化、企业可控资源的情况、企业的核心竞争力等因素。

3）确定网络营销目标

企业的网络营销总任务目标确定以后，还需要将这些任务目标具体化，并有效分解到网络营销各职能部门，最终形成一套完整的目标体系，使网络营销各作业环节都有自己明确的目标与责任，同时也是其业绩优劣的评价标准。

企业常用的网络营销战略目标主要有以下几项。① 投资收益率。投资收益率是指一定时期内企业所实现的利润总额与企业所有者投入企业的资本总额之间的比率，这是衡量、比较企业利润水平、获利能力大小的一项主要指标。② 市场占有率。市场占有率是反映企业竞争能力的一个指标，它可以分为绝对市场占有率和相对市场占有率两种。绝对市场占有率是指在一定时空条件下，本企业产品销售量（或销售额）在同一市场上的同类产品销售总量（总额）中所占的比重。相对市场占有率是指本企业某产品的销售总额与竞争对手同种产品销售总额之比。③ 销售增长率。销售增长率也称市场增长率，是指产品销售增加额与计算基期产品销售额的比率，它是反映企业产品在市场上的成长性大小的一个指标。④ 品牌知名度。这对提高企业竞争力，扩展市场，延长产品市场寿命，扩大销售会长远地发挥作用。⑤ 消费者满意度。⑥ 站点访问量。

4）制订网络营销策略方案

根据网络营销战略目标制订网络营销策略方案，明确界定网络营销的具体任务，并分配到具体职能部门和相关岗位。确定网络营销预算，包括硬件系统、软件和管理维护费用。依据网络营销任务规划营销活动的内容。选择适合的 ISP 服务商，接入因特网，注册公司域名并创建公司网站。创建友好、信息丰富的网页，企业的网页应能全面反映网络营销活动的内容。根据网络营销的效果，改进营销方式，逐步使网络营销和企业的管理融为一体。网络营销计划应全面考虑上述管理过程，制订完整的网络营销实施计划。

在网络营销战略规划的制订过程中，需要注意以下四个基本方面：从战略层面看，企业的网络营销战略应该与公司的整体理念和经营目标保持一致；从经营层面看，网络营销战略应该反映战略实施后企业经营会有哪些改进，如何量化这些改进的成果，如网络营销战略对客户关系管理绩效的提升；从技术层面看，网络营销战略应该体现所使用的新技术如何与现有的信息技术整合；从财务层面看，网络营销战略应该采用标准的衡量指标分析成本效益。

9.1.3 网络营销战略实施

互联网络扩大了企业的营销视野，重新界定了市场的范围，缩短了与消费者的时空距离，取代人力沟通与单向媒体的促销功能，改变市场传统竞争形态。网络环境下，企业营销战略的实施重点将也有别于传统的营销，重点将凸显在客户关系处理、营销个性化、虚拟联合、形象构建等的加强等方面。

1）顾客关系再造

在网络环境下，企业规模的大小、资金的雄厚等因素，决定企业成功的重要程度被削弱，网络营销成功与否的关键是如何跨越地域、文化和时空的差距，通过价值增值与价值传递再造企业与顾客间的关系，发掘网络顾客，了解网络顾客的愿望及利用个人互动服务与顾客保持关系。

顾客关系再造目标的实现途径，目前典型的做法：一是服务免费化；二是通过创新实现服务增值，获取和保持客户，并提升关系；三是以专业爱好和专门兴趣为主题组建专业类型的网络俱乐部，实现兴趣访客间一对多、一对一的多元个性交流。

2）营销定制化

网络环境下，巩固顾客、扩大网上销售的重要战略手段是通过定制化营销提升顾客满意度。所谓定制化营销，是指利用网络优势，一对一地向顾客提供独特化、个性化的产品或服务。

网络沟通的互动性，使企业能更准确地掌握顾客的需求和反应，为顾客提供更个性化的产品和服务，现代信息技术和网络工具为企业定制化营销的实施提供了有力的支撑。通过这种定制化的方式，提高了产品的附加值和服务价值，能有效推进和提升客户对企业的满意度和产品服务满意度。

3）加强网络虚拟联合

网络营销战略的另一个重点是运用网络营销适时地获取、分析和运用来自网上的信息，运用网络结成合作联盟，从而以网络合作伙伴形成的资源规模优势创造竞争优势。

建立网络联盟或网上伙伴关系，将企业自己的网站与他人的网站有机关联，以吸引更多的网络顾客。其主要措施之一是结成内容共享的关联伙伴关系，增加企业网页的可见度，以向更多的访问者展示企业的网页内容；同时，建立交互链接和搜索引擎来促成和推动交易实现。通过多元形式的网络结盟，集结相关的伙伴网站，为访问者提供更为系统而充实的信息。

4）构建企业网络形象

传统企业树立的是一个产品的品牌知名度，而要在未来的竞争中生存的企业，树立的则是企业网址的知名度。企业的网址终将要与品牌合一，成为企业产品、服务和整体形象的象征。网址是一个信息含量极其丰富的概念，可以此引导消费者上网，通过网站动态地、全面地向顾客传达企业营销策略的所有信息。因此，企业必须像注册商标一样注册自己的网址。网址最好使用企业的品牌、商标、代号等社会最熟知的名称，然后建立企业的网络主页。通过主页宣传企业的产品品牌，树立全新的企业形象。

网络营销战略的实施是一个分阶段、分层次的系统过程。因此，企业在营销战略规划之后都会制订相应的政策指导，确定年度具体营销目标，围绕目标的实现，合理地配置资源。不同的业务领域、不同的职能岗位，对资源的要求存在差异，要全盘考虑，总体平衡。

网络营销有别于传统的市场营销，它在经营环境、范围、手段、运作形式及交互等方面与传统营销方式明显不同，在控制成本费用方面、市场开拓方面和与顾客保持关系等方面具有不可比拟的优势。但网络营销战略的实施不是一个简单的技术问题，还涉及网站的规划、建设和运营维护、网站的网络推广等一系列问题，网络营销战略的实施是一个复杂的系统性工程。依据制订好的网络营销战略规划，组织实施网络营销战略，在实施的同时，适时评估，发现问题和阻碍因素，及时处理，加强领导和控制，以更好地满足市场需求、创造竞争优势，实现企业系统性目标。

9.2 网上市场调研

网上市场调研就是运用科学的方法，对网络营销决策所需要的相关数据，依托互联网络系统地进行计划、收集、整理和分析，并把分析结果向管理者汇报的过程。这些相关数据包括产业结构、产业政策、行业竞争格局、消费者需求、分销渠道及战略合作伙伴等方面的情况。这些信息既包括借助网站用户注册和填写免费服务申请表格收集的各类原始资料，又包括利用各种网站的搜索引擎收集的决策所需要的二手资料。与传统市场调研相比，利用互联网络开展市场调研在实效性、便利性、经济性、速度、效率、交互性、充分性、可靠性和客观真实性、可检与可控制性等诸多方面具有优势。

9.2.1 网上市场调研内容

决策都需要建立在调查研究的基础之上，调研为决策服务。网上市场调研的内容范畴极其广泛，但凡涉及经营决策所需要的信息依据，都可以通过网上调查予以实现。除营销外，企业其他许多职能行为也会与市场发生密切联系，如资本运营、战略合作、供应链管理、科技创新、人力资源开发等，这些也需要市场信息的及时、有效支持。所以，对于调研范围，决不能仅理解为市场营销或网络营销的需要。

网上市场调研是企业网络营销的利器，它能推动和促使企业把握市场需求、更有效地面对竞争，提供更具竞争力的适销对路的产品和服务，并及时根据市场环境变化有效地调整营销策略。网上市场调研为市场营销决策提供信息支持服务，网上市场调研主要包括以下内容。

（1）市场环境。对客观环境因素进行调查研究，如对人口环境、经济环境、自然环境、政治法律环境、技术环境、社会文化环境等宏观环境的变化及其对企业影响的调查。

（2）市场需求。主要就现有市场细分、市场对各自细分产品的需求量、市场潜在需求量、不同的细分市场对某种产品的需求情况等进行调研分析。

（3）竞争对手。通过调研掌握在本企业产品市场上，有哪些竞争对手、市场占有率、竞争的强度、竞争的效度、内外当前竞争者、潜在竞争者、当前替代竞争、潜在替代竞争，竞争的形式和具体的比较优势或比较劣势？竞争对手的地位如何？竞争对手有哪些优势？有哪些劣势？竞争对手的发展趋势如何？竞争对手对本企业的对策如何？对本企业的威胁程度等信息资料。

（4）消费者购买心理及行为。主要研究消费者的基本特征、经济状况及变动情况；不同地域、不同民族的消费者在生活习惯、生活方式、民俗风情、需求偏好等方面有哪些不同；消费者的购买动机、特定品牌的偏好及其忠诚态度；消费者的购买决策过程分析；消费者对新产品上市做出哪些反应等；以及具体到某一阶段的细分商品的具体微观购买者，谁购买（Who）、购买什么（What）、为什么购买（Why）、怎么购买（How to do）、何时购买（When）、何地购买（Where）、购买多少（How many）。

（5）产品研究。主要调查研究企业现有产品的生命周期，从而针对不同的周期阶段采取不同的产品策略；同时还应重视新产品开发的市场调研工作及产品包装设计、产品品牌设计等市场调研工作。

（6）价格研究。对商品的比价、差价、价格与商品供求关系及产品定价方法与策略进行调研。

（7）沟通研究。主要调查研究软/硬广告媒体及其媒体选择、广告受众及其广大公众对广告的反应、广告制作技术和广告效果；公共关系；推销研究，主要调研企业现有推销力量在结构和数量上是否适应需要？分销渠道应如何选择？渠道是否畅通？销售网点布局是否合理？销售促进手段运用是否得当等。

（8）企业自身。企业内部各种信息，如生产能力、产品质量控制水平、研发能力、技术专长、供应链运行、合作者、营销渠道、客户、顾客关系、产品成本、利润、资金再循环、存货等。

9.2.2　网上市场调研过程

市场调研程序一般包括五个步骤：确定调研目标、设计调研方案、收集调研资料、分析调研数据、撰写调研报告。网上市场调研与传统的市场调研一样，应遵循一定的原则、流程和步骤，以保证调研过程的质量。网上市场调研一般包括以下几个步骤。

1. 确立调研目标

确定调研目标就是确定为什么要进行调研，确定调研目的和调研问题，选定调研主题。这个环节是关系到市场调研成功与否的基础。正如人们所说：“良好的开端是成功的一半。”调研目的越明确，调研的问题确定得越具体越好。这样就可避免搜集信息资料的盲目性。只有清楚地定义了网上市场调研的问题，确立了调研目标，方可正确地设计和实施调研。在信息超载时代，因特网是一个永无休止的信息流，在头脑里有一个清晰的目标并留心去寻找时，网上搜索才能真正有的放矢，搜寻效率才会较高。

2. 设计调研方案

当调研问题和目标明确后，便是设计调研方案。具体内容包括确定资料来源、调查方法、调查手段、抽样方案和接触方式等。

1）资料来源

确定收集的是一手资料（原始资料）还是二手资料。一手资料是调研人员通过实地调查，直接向调研对象收集的资料。在互联网上，可以直接向被调研者发放问卷，或在网上跟踪顾客，或召开网上小组座谈会，以及利用 BBS 等收集一手资料。二手资料是经过他人收集、记录、整理所积累的各种数据和资料的总称。在互联网上可以利用搜索引擎来收集二手资料。

2）调查方法

网络营销的调查方法主要有问卷调查法、专题讨论法、网上访谈法、网上实验法、网上观察法、网上文献法。

3）调查手段

网上市场调研主要用的调查手段有：在线问卷，其特点是制作简单、分发迅速、回收方便；交互式电脑辅助电话访谈系统（CATI）是中心控制电话访谈的“电脑化”形式，目前在美国十分流行，它是利用一种软件程序在电脑辅助电话访谈系统上设计问卷结构并在网上传输，服务器直接与数据库连接，对收集到的被访者答案直接进行储存；网上调研软件系统是专门为网上调研设计的问卷链接及传输软件，它包括整体问卷设计、网络服务器、数据库和数据传输程序。

4）抽样方案

抽样方案的主要内容包括：确定抽样单位、确定样本规模大小及抽样程序。抽样单位是指在抽样过程中的某一阶段可供选择的个体，或者包含这个个体的单位。样本规模的大小，即样本量，会涉及调研结果的可靠性。抽样程序是指按照抽样方案进行抽样的过程，抽样程序中要用到抽样技术，抽样技术有概率抽样和非概率抽样两种。概率抽样主要有：简单随机抽样、系统抽样、分层抽样和整群抽样；非概率抽样有：便利抽样、判断抽样、配额抽样和滚雪球抽样。

3. 收集调研资料

当确定了调研方案后，就进入收集信息阶段。与传统的调研方法相比，网上调研收集和录入信息更方便、快捷。收集信息时直接在网上递交或下载即可。在问卷回答中访问者经常会有意无意地漏掉一些信息，这可通过在页面中嵌入脚本或 CGI 程序进行实时监控。如果访问者遗漏了问卷上的一些内容，其程序会提示并拒绝递交调查表，或者验证后重发给访问者要求补填。最终，访问者会收到一份完整的问卷。在线问卷的缺点是无法保证问卷上所填信息的真实性。

4. 分析调研数据

收集得来的单个源信息本身并没有太大意义，只有进行整理和分析后信息才变得有用。整理和分析信息这一步非常关键，就需要使用一些数据分析技术，如交叉列表分析技术、概括技术、综合指标分析和动态分析等。目前国际上较为通用的分析软件有 SPSS、

SAS、BMDP、Minitab 和电子表格软件（Excel）。

在传统的市场调研中，数据整理包括数据的编辑、编码、录入和核实。而由于网上调研的特点，这些工作很多可以省略，因为网上调研本身就是在网上直接进行的，所以对网上市场调研来说，这一阶段更突出分析信息的重要性。此外，网上信息的一大特征是即时呈现，而且很多竞争者还可能从一些知名的商业网站上看到同样的信息，因此也赋予分析信息一个相当重要的地位，它可以使用户在变化中把握到一些商机。

5. 撰写调研报告

撰写调研报告是整个调研活动的最后一个重要的阶段。报告不能是数据和资料的简单堆砌，调研人员不能把大量的数字和复杂的统计技术扔到管理人员面前，否则就失去了调研的价值。正确的做法是把与市场营销决策有关的主要调查结果报告出来，并遵循所有有关组织结构、格式和文笔流畅的写作原则。

9.2.3 网上市场调研策略与方法

网上市场调研方法根据收集数据的性质不同分为网络营销直接调研法和网络营销间接调研法两种方式。所谓网络营销直接调研法就是通过利用互联网直接收集一手资料的方法；而网络营销间接调研法主要是利用互联网的媒体功能，从互联网上收集二手资料的方法。由于越来越多的传统报纸、杂志、电台等媒体及政府机构、企业等也纷纷上网，使得网上信息量急剧增加，发现和挖掘有价值的信息，已成为网上间接调查的关键。

1. 网络营销直接调研的方法

网络营销直接调研的方法根据不同的分类标准有不同的分类。根据调研的方法不同可分为网上问卷调研法、网上观察法、网上实验法和专题讨论法。

（1）网上问卷调研法。

网上问卷调研法是将问卷在网上发布，被调查对象通过 Internet 完成问卷调查。网上问卷调查一般有两种途径。一种是将问卷放置在 WWW 站点上，等待访问者访问时填写问卷，这种方式的好处是填写者一般是自愿参与的，缺点是无法核对问卷填写者真实情况。为达到一定问卷数量，站点还必须进行适当宣传，以吸引大量访问者，如 CNNIC 在调查期间与国内一些著名的 ISP（网络服务提供商）/ICP（网络媒体提供商）合作设置调查问卷的链接。

另一种是通过 E-mail 方式将问卷发送给被调查者，被调查者完成后将结果通过 E-mail 返回。这种方式的好处是，可以有选择性地控制被调查者，缺点是容易遭到被访问者的反感，有侵犯个人隐私之嫌。

（2）网上观察法。

网上观察法是一种实地研究方法，不过在网络中，实地特指一些具体的网络空间。一般是指调研人员通过电子邮件向互联网上的个人主页、新闻组或邮件列表发出相关查询进行网上观察的一种调研方法。

（3）网上实验法。

网上实验法则是选择多个可比的主体组，分别赋予不同的实验方案，控制外部变量，并检查所观察到的差异是否具有统计上的显著性。这种方法与传统的市场调查所采用的原理是一致的，只是手段和内容有差别。

（4）专题讨论法。

专题讨论法是通过 Usenet 新闻组、电子公告牌（BBS）或邮件列表讨论组进行，从而获得资料和信息的一种调研方法。专题讨论法遵循一定的步骤：首先，确定要调查的目标市场；其次，识别目标市场中要加以调查的讨论组；再次，确定可以讨论或准备讨论的话题；最后，登录相应的讨论组，通过过滤系统发现有用的信息，或创建新的话题，让大家讨论，从而获得有用的信息。具体地说，目标市场的确定可根据 Usenet 新闻组、BBS 讨论组或邮件列表讨论组的分层话题选择，也可向讨论组的参与者查询其他相关名录。还应注意查阅讨论组上的 FAQs（常见问题），以便确定能否根据名录来进行市场调查。

根据网上调查采用的技术可以分为站点法、电子邮件法、随机 IP 法和视讯会议法等。

（1）站点法。站点法又称主动浏览访问法，即将调查问卷放置在访问率较高的 Web 站点的页面上，由对该问题感兴趣的访问者完成并提交。站点法属于被动调查法，是网上调查的基本方法。

（2）电子邮件法。电子邮件法是通过给被调查者发送电子邮件的形式将调查问卷发给一些特定的网上用户，由用户填写后以电子邮件的形式再反馈给调查者的调查方法。电子邮件法属于主动调查法，与传统邮件法相似，优点是邮件传送的时效性大大提高了。

（3）随机 IP 法。随机 IP 法也称网络电话法，是以 IP 地址为抽样框，采用 IP 自动拨叫技术，邀请用户参与调查。例如，可将 IP 地址排序，每隔 100 个进行一次抽样，被抽中的用户会自动弹出一个小窗口，询问其是否愿意接受调查，回答“是”，则弹出调查问卷；回答“否”，则呼叫下一个 IP 地址。随机 IP 法属于主动调查法，其理论基础是随机抽样。

（4）网络视讯会议法。网络视讯会议法是基于 Web 的计算机辅助访问（CAWI），通过网络直接在上网人士中征集与会者，并在约定时间举行网上座谈会，在主持人的引导下，对某一问题进行深入或探索性的讨论、研究的一种网上调查方法。这种调查方法属于主动调查法，其原理与传统调查法中的专家调查法相似，不同之处是参与调查的专家不必实际地聚集在一起，因此，网上视讯调查会议的组织比传统的专家调查法简单得多。视讯会议法适合于对关键问题的定性调查研究。

除此之外，网上调查还有 OICQ 网络寻呼机或在聊天室选择网民进行调查；采取 IPC 网络实时交谈；用 Cookice 跟踪消费者；分析网页访问统计报告等方式。

2. 网络营销间接调研的方法

网上间接调查主要利用互联网收集与企业经营相关的市场、竞争者、消费者及宏观环境等信息。企业用得最多的还是网上间接调查方法，这种方法较容易收集到信息，方便快捷，能广泛地满足企业管理决策需要。网上间接调查渠道主要有 WWW、Usernet News、BBS、E-mail 等。

（1）利用搜索引擎收集资料。

搜索引擎一般按分类、网站和网页来进行搜索。需要注意的是按分类只能粗略查找，按网页虽然可以比较精确地查找，但查找结果比较多，因此搜索最多的还是按网站搜索。在按网站搜索时，它是将要搜索的关键字与网站名和网站的介绍进行比较，显示出比较相等的网站。例如，要查找网上调研类的网站，可以在搜索引擎的主页搜索输入栏内输入汉字“网上调研”并确认，系统将自动找出满足要求的网站。如果找不到满足要求的网站，可以按照网页方式查找，系统将自动找出满足要求的网页。

（2）利用公告栏收集资料。

公告栏也称 BBS，是 Internet 上的一种电子信息服务系统。它提供一块公共电子白板，每个用户都可以在上面书写，可发布信息、留言、发表意见或回答问题，也可以查看其他人的留言，就像在一个公共场所进行讨论一样，你可以随意参加也可以随意离开。公告栏的用途多种多样，既可以作为留言板，又也可以作为聊天、讨论的场所，还可以用于商业方面，如发布工商产品的求购信息等。

（3）利用新闻组收集资料。

新闻组（英文名 Usenet 或 Newsgroup）简单地说就是一个基于网络的计算机组合，这些计算机被称为新闻服务器，不同的用户通过一些软件可连接到新闻服务器上，它是一个完全交互式的超级电子论坛，类似于一个公告板，由成千上万个致力于不同主题的新闻组组成，所有的人都可以随意发表自己的观点、阅读别人的意见、补充或修改别人的观点，甚至组织一次讨论、主持一个论坛，实现观点、信息的交流。而且这种交流不限于几个人之间，可能同时有成千上万的人在讨论一个大家所关心的问题。

由于新闻组使用方便，内容广泛，并且可以精确地对使用者进行分类（按兴趣爱好及类别），且信息量大，其中包含的各种不同类别的主题已经涵盖了人类社会所能涉及的所有内容，如科学技术、人文社会、地理历史、休闲娱乐等，使得利用新闻组收集信息越来越得到重视。但需要注意的是在利用新闻组收集资料时要遵守新闻组中的网络礼仪，必须尽可能地了解它的使用规则，避免一切可能引起别人反感的行为。

（4）利用 E-mail 收集资料。

E-mail 是 Internet 上应用最广的服务，用户可以用非常低廉的价格、以非常快速的方式，与世界上任何一个角落的网络用户联络，这些电子邮件可以是文字、图像、声音等各种方式。

目前，许多 ICP 和传统媒体都利用 E-mail 发布信息，一些传统的媒体公司和企业，为保持与用户的沟通，也定期给公司用户发送 E-mail，发布公司的最新动态和有关产品服务信息，让公众了解自己，同时，他们借助 E-mail 收集信息。收集信息可以有两种形式：一种是收集公众给企业发送的 E-mail；另一种形式是到有关网站进行注册，订阅大量免费或收费新闻、专题邮件，以后等着接收 E-mail 就可以了。正是由于电子邮件的使用简易、投递迅速、收费低廉、易于保存、全球畅通，使得借助电子邮件收集信息也被广泛地应用。

3. 网上市场调研策略

利用互联网进行市场调查需要注意，尽量制造参与的便利，尽力激励其积极参与，吸引更多的访问者，注意网络礼节，凸显企业形象。问卷设计及其访谈设计的科学性、合理性和吸引力的同时，还注意识别访问者，并有效激励其对网上市场调研的参与和企业站点访问的积极性。为此，可从以下几方面着手。

（1）改造企业的网络站点，与企业形象统一的页面风格，信息内容的适时更新，提高访速、加强交互内容及扩展交互形式，使得它产生更大的吸引力，提高站点访问量。

（2）奖励访问者以激发其参与调研的积极性。

（3）在网上有针对性地提供公众感兴趣的内容，逐步在网上建立友谊和加深感情，建立情感纽带。

（4）对为了研究用户而获取的个人姓名、电话、电子邮件等联系信息，以及用户提供个人兴趣、性别、职业、收入、爱好等详细内容，予以严密保护。

（5）增强与关联性强且访问量大的网站的交互合作以增加参与者数量。

9.3 网络市场与消费者行为

网络市场是区别实体市场的一个概念，在网络营销中，它是指互联网络上的消费者、上网企业和政府组织等群体构成的集合。与一般市场不同的是，网络市场的信息收集、处理和发布都依赖于互联网络，交易也主要是通过互联网络来实现。

9.3.1　网络市场概念及其特征

网络市场是指由网民构成的市场，即通过互联网络作为重要信息来源，并将互联网络融入到日常生活中的群体。上网企业市场是指拥有自己域名，并已经建立网站或拥有主页的工商企业，这类企业已经利用互联网络进行网上交易，为其客户提供网上服务或进行网上销售，将互联网络作为其重要的经营管理的技术手段和竞争手段。目前，世界 500 强企业中，95%以上的企业都已经建立网站，并加入网络市场。网上组织市场主要是指已经上网的非营利性组织机构。本章重点探讨以个体消费用户为核心的网络消费者。

互联网创造了一个不同于传统的虚拟市场。随着互联网的不断发展，利用网络市场来进行营销活动成为各个企业的新选择。互联网上的网络市场成为 21 世纪最有发展潜力的新兴市场，从市场运作的机制看，网络市场具有如下基本特征。

（1）无店铺营销。企业在网络市场上进行营销活动，不需要开设店面，进行装潢，摆放样品和招募大量服务人员，如卓越网、当当网上书店等，它们并没有真实的零售网点，但通过互联网，这些网上商店的商品被销往全国各地甚至国外。

（2）经营全天候。在网络市场中，企业可以开展每周 7 天、每天 24 小时的网络经营，并且不需要增加额外的经营成本。因为客户可以进行自助咨询、下订单和采购，无需人工干预，只需利用计算机自动完成即可。这对于平时工作繁忙、无暇购物的人来说有很大的吸引力。

（3）跨地域跨时空。互联网创造了一个即时全球社区，它消除了同其他国家客户做生意的时间和地域障碍。人们按照不同的兴趣和需要组成一个个大小不同的社区，社区成员的地理位置变得不那么重要了。面对提供无限商机的互联网，国内的企业可以加入网络行业，开展全球性营销活动。

（4）低运营成本。企业在网络市场上进行营销活动，可以有效实施企业成本的控制，大大节约营销成本、降低管理费用。

（5）零库存定制。企业在网络市场中无须将商品陈列出来以供顾客选择，只需在网页出示货物图片和相关数据以供选择，并且可以在接到客户订单后，根据订单来组织生产和配送。这样，企业就不会因为存货而增加其成本，还可以最大限度地满足客户的个性化需求。

（6）渠道结构扁平化。在网络市场中，中间商的作用被削弱，取而代之的是网络直销，因而，网络市场的渠道逐渐缩短，趋于扁平状态。企业可以利用互联网上的销售网站直接向客户进行销售，客户也可以直接登录相应的网站进行购买。通过这种网络直销方式，企业可以利用数据库和网络跟踪系统掌握客户的第一手资料，对这些资料的分析和发掘，可以使企业能够更及时地把握不同客户需求，并提供有针对性的产品或服务来满足客户的个性化需求。

9.3.2 网络消费需求及消费者行为特征

1. 网络消费需求的特征

由于互联网商务的出现，消费观念、消费方式和消费者的地位正在发生着重要的变化，使当代消费者心理与以往相比呈现出新的特点和趋势。

1）个性消费的回归

在过去相当长的一个历史时期内，工商业都是将消费者作为单独个体进行服务的。在这一时期内，个性消费是主流。只是到了近代，工业化和标准化的生产方式才使消费者的个性被淹没于大量低成本、单一化的产品洪流之中。然而，没有哪两个消费者的心理是完全一样的，每一个消费者都是一个细分市场，个性化消费正在也必将再度成为消费的主流。

2）消费需求的差异性

不仅是消费者的个性化消费使网络消费需求呈现出差异性。对于不同的网络消费者因所处的时代、环境不同而产生不同的需求，不同的网络消费者在同一需求层次上的需求也会有所不同。所以，从事网络营销的厂商要想取得成功，必须在整个生产过程中，从产品的构思、设计、制造，到产品的包装、运输、销售，认真思考这种差异性，并针对不同消费者的特点，采取有针对性的方法和措施。

3）消费主动性增强

消费主动性的增强来源于现代社会不确定性的增加和人类追求心理稳定和平衡的欲望，网上消费者以年轻人为主，一般经济收入比较高，因此，主动性消费是其特征。

4）对购买方便性的需求与购物乐趣的追求并存

在网上购物，除了能够完成实际的购物需求以外，消费者在进行购物的同时，还能够得到许多信息，并得到各种在传统商店没有的乐趣，另外，网上购物的方便性也会使消费者节省大量的时间和精力。

5）价格仍然是影响消费心理的重要因素

在正常情况下，网上销售的低成本将使经营者有能力降低商品销售的价格，并开展各种促销活动，给消费者带来实惠。例如，亚马逊书店比市场价低 15%～30%的书价对消费者有很大的吸引。

6）网络消费需求的层次性

网络消费作为一种新的消费形式，就其消费内容来说，仍然可以包含了由低级到高级的不同层次。在网络消费的开始阶段，消费者侧重于精神产品的消费，到了网络消费的成熟阶段，消费者在完全掌握了网络消费的规律和操作，并且对网络购物有了一定的信任感后，消费者才会从侧重于精神消费品的购买转向日用消费品的购买。

7）网络消费者的需求具有交叉性

在网络消费中，各个消费层次的具体消费需求并不相互排斥，而是更加紧密联系，需求之间广泛存在着交叉的现象。

8）网络消费需求的超前性和可诱导性

根据中国互联网中心 CNNIC 的统计，在网上购物的消费者以经济收入较高的中、青年为主，这部分消费者比较喜欢超前和新奇的商品，他们也比较容易被新的消费动向和商品介绍所吸引。

2. 网络消费者行为特征

1）消费者直接参与生产和流通的全过程

传统的商业流通渠道由生产者、商业机构和消费者组成，其中商业机构起着重要的作用。对于生产者来说，所谓市场导向是通过商业机构的订货趋势来反映的；对于消费者来说，所谓选择商品是在商业机构提供的商品范围内进行有限挑选。生产者不能直接了解市场，消费者也不能直接向生产者表达自己的消费需求。而在网络环境下，生产者和消费者在网络支持下直接构成商品流通循环。消费者能够直接参与到生产和流通中来，与生产者直接进行沟通，从而使生产者更容易掌握市场对产品的实际需求，减少了市场的不确定性。

2）消费行为理性化

网络环境为消费者挑选商品提供了前所未有的广阔选择空间，在这个空间里，消费者可以不必面对嘈杂的环境及各种影响和诱惑，理性地规范自己的消费行为。

在传统营销环境下，由于信息来源加上地理环境等条件的制约，“货比三家”的广度和深度有限，而在网络环境下，由于网络和电子商贸系统强大的信息处理能力、专业化的产品或服务推荐栏目，比较网站、分析模型与评定软件有效引导消费者的网络消费行为，网上消费者可以充分地利用各种分析工具，更理智地进行购买。

3）主动表达对产品或服务的欲望

无论是对产品或服务需求的表达，还是在信息的收集或售后的反馈上，网上消费者的主动性都大大增强。网上消费者不再被动地接受厂家或商家提供的产品或服务，而是根据自己的需要主动上网查询合适的产品。如果找不到，网上消费者会通过网络系统向商家或厂家主动表达对某种产品的欲望，这将直接影响企业的生产和经营过程。

9.3.3　网络消费者动机及购买决策过程

1. 网络消费者动机

所谓动机，是指推动人进行活动的内部原动力，即激励人行动的原因。动机是一种内在的心理状态，不容易被直接观察到或被直接测量出来，但它可以根据人们长期的行为表现或自我陈述加以了解和归纳。网上消费者的购买动机，是指在网络购买活动中，能使网上消费者产生购买行为的某些内在动力。由于在网络营销中，企业与消费者互不见面，网上消费者复杂的、多层次的、交织和多变的购买行为不能直接被观察到，只能够通过文字或语言的交流加以想象和体会，因此，对于网络营销来说，动机研究尤为重要。只有了解网上消费者的购买动机，才能预测网上消费者的购买行为，以便采取相应的促销措施。

网上消费者的购买动机基本上可以分为需求动机和心理动机两大类。前者是指人们由于各种需求，包括低级的和高级的需求而引起的购买动机，而后者则是由于人们的认识、感情、意志等心理过程而引起的购买动机。

1）网上消费者的需求动机

网上消费者的需求动机不仅包括传统的需求层次理论在网络需求分析中的应用，还包括在网络虚拟社会中消费者的新的需求：兴趣、聚集及交流。

2）网上消费者的心理动机

网上消费者购买行为的心理动机主要体现在理智动机、感情动机和惠顾动机三个方面。

（1）理智动机。理智动机具有客观性、周密性和控制性的特点。这种购买动机建立在人们对在线商场推销的商品的客观认识基础之上，它的形成基本上受控于理智，而较少受到外界气氛的影响。在理智购买动机驱使下的购买行为，首先注意的是商品的先进性、科学性和质量高低，其次才注意商品的经济性。

（2）感情动机。感情动机是由人们的情绪和感情所引起的购买动机。这种动机可分为两种类型。一种是由人们喜欢、满意、快乐、好奇而引起的购买动机，它具有冲动、不稳定的特点。例如，在网络上突然发现一本好书、一件新产品，很容易产生冲动性的感情购买动机。另一种是由于人们的道德感、美感、群体感而引起的购买动机，它具有稳定性和深刻性的特点。例如，通过在线商场购买礼品赠送给朋友，为身处外地的父母在线购买老人用品等，都属于这种情况。

（3）惠顾动机。惠顾动机是建立在理智经验和感情之上，对特定的网站、图标广告、商品产生特殊的信任与偏好而重复、习惯性地访问并购买的一种动机。由惠顾动机产生的购买行为一般是网上消费者在做出购买决策时心目中已首先确定了购买目标，并在购买时克服和排除其他同类产品的吸引和干扰，按原计划确定的购买目标实施购买行动。具有惠顾动机的网上消费者往往是某一网站忠实的浏览者，他们不仅自己经常光顾这一站点，而且对众多网民也具有较大的宣传和影响功能，甚至在企业的商品或服务一时出现某种过失的时候，也能予以谅解。

2. 网上消费者的购买决策过程

消费者网上购买过程由一系列相互密切联系的活动组成，包括需求唤起与确认、目标信息收集、购买方案形成及评估、购买决策和购买评价五个阶段。从这五个阶段可以看出，购买过程早在实际购买发生之前就开始了，并且在购买之后还会有持续影响。需要指出的是消费者可能会在购买中越过或颠倒其中某些阶段。这五个阶段是消费者在面对一项高度介入的新采购时所发生的全部过程。

1）需求唤起与确认

购买过程的起点是对某一需要的认识。消费者意识到他的实际情况同期望情况之间的差异，从而产生需求。需求可以由内部的刺激因素引起，如饥饿、干渴等，也可以由外部的刺激因素引起。较之传统营销，网络营销诱发需求的刺激因素有一定的局限，如只能依靠文字的表述、图片的设计、声音的配置等来诱发需求。因此，网络营销对消费者的吸引是有一定难度的。作为从事网络营销的企业，一定要注意了解与自己产品有关的实际需求和潜在需求，了解这些需求在不同时间内的不同程度、了解这些需求的刺激因素，以便设计相应的促销手段去吸引更多的消费者浏览网页，诱导他们的需求欲望。

2）目标信息收集

需求被唤起并经过确认，消费者会围绕需求去寻求目标信息，为下一步的购买方案及其评价做准备。

收集信息的渠道主要有两个：内部渠道和外部渠道。消费者首先在自己的记忆中搜寻可能与所需商品相关的知识经验，如果没有足够的信息用于决策，便要到外部环境中去寻找与此相关的信息。在网络购买中，商品信息的收集主要是通过互联网进行的。一方面，网上消费者可以根据已了解的信息，通过互联网跟踪查询；另一方面，网上消费者又不断在网上浏览，寻找新的购买机会。当然，不是所有的购买决策活动都要求同样程度的信息和信息搜寻。

3）购买方案形成及评估

消费者需求的满足往往受到其对需求认识的不断深入，以及支付能力的限制。消费者为了使消费需求与自己的购买能力相匹配，就要对各种渠道汇集而来的信息进行综合比较、分析研究，了解各种商品的特点、功能、质量、样式、价格和售后服务等，做出综合评价。依托网络，消费者可以获得极为庞大的信息资料，比较分析还可以采用各种网络工具、比较模型，综合评价将客观可信，指导具体的消费购买行动。

4）购买决策

与传统的购买方式相比，网上消费者在进行购买决策时主要有以下三个方面的特点：网上消费者理智动机所占比重较大，而感情动机所占比重较小；网上购物受外界影响较小；网上购物的决策行为与传统购买决策相比速度要快。网上消费者在决策购买某种商品时，还会考虑站点厂商的诚信、支付的安全程度、产品本身可能的风险等。所以，网络营销的厂商一定要全面提高产品质量，树立起企业形象，采用和构建安全的支付体系，以及完善的商品配送，促成消费者购买行为的实现。

5）购后评价

消费者购买商品后，往往对自己的购买选择进行检查和反省，以判断这种购买决策的准确性。如果产品的价格、质量和服务水平与预期吻合，消费者会感到满足，反之，消费者则会产生厌恶情绪。购买后评价往往能够决定消费者以后的购买动向。同时，在网络环境下，互联网双向互动的沟通方式、快捷方便的反馈手段使消费者可以随时提出自己的意见和建议，得到卖方的技术支持和服务，进而有效提升满意度。企业也能及时了解消费者的意见和建议，制订相应的对策，改进自己的产品和服务。

9.3.4 网络市场开拓及引导消费方法

企业在调查研究的基础上，依据网络消费者的需求、购买动机与习惯爱好的差异性，把某一产品的网络市场整体划分成若干不同类型的消费群体，每个消费群体就构成了企业的一个细分市场。在同一细分市场内部，消费者需求大致相同；不同细分市场之间则存在着明显的差异性。企业可以根据自身的条件和赢利模式，选择适当的细分市场为目标市场，并依此拟定本企业的最佳网络营销方案，引导网络市场消费，实现网络市场开拓。

企业选择网络目标市场的战略一般有五种：产品与市场集中战略、产品专业化战略、市场专业化战略、选择性的专业化战略、全面覆盖战略。在网络消费时代，差异化和集中式拓展策略较适合于崇尚个性化的消费领域，而对于成本看重的消费领域，无差异化的规模提升以获取价格上的比较竞争优势更适合。对于中、小企业，先集中力量生产或经营若干有限的某类产品，供应某类消费群，比较容易获得成功。在取得成功后再发展，可以集中其资源实现专业化生产和经营，向更大范围扩展。

企业开拓网络市场，扩张自身规模，提高市场占有率，增强实力，要重点加强企业初创和企业成熟两个阶段的消费引导和营销推进。

1）企业初创阶段的消费引导

利用价格优势。用低于竞争对手的价格，占领一些竞争对手切入不深而又有发展潜力的市场，为企业进一步发展奠定基础。尤其是网络中常用的免费价格策略。充分发挥独具特色的广告攻势。这需要企业对自己的产品有非常准确的定位，满足定位市场中的消费者的需求，然后展开大规模广告宣传活动、独出心裁的试用方法。这种手法对初创企业开拓市场有意想不到的效果，只要产品是真正经受得住考验的，那么这种手段会使产品在很短时间内得到消费者认可，并且使竞争对手无法反击，迅速扩张市场。

准确把握可以带来利润的顾客。企业初创阶段能力有限的企业置身于需求无限的市场中，完全有必要对顾客进行针对性界定。企业从整体市场中选择出最能够带来利润的潜在顾客，市场就能有的放矢地集中营销资源满足目标顾客的需要，就能在经营上多下工夫，去除产品中那些没多少实际意义却大大增加成本的性能。这一做法会使企业避免那些常见的窘境，即由 20%顾客带来的高额利润被 80%的低利顾客群的服务消耗掉了。

2）企业成熟阶段的消费引导

在企业成熟阶段应优化产品结构，加强新产品开发，抢占市场制高点。首先调整产品结构，无论是国内市场还是国际市场，就商品交易来说，最重要的是名优产品，市场扩张主要也是靠名优产品制胜。一个企业同市场沟通，首先要靠产品创新，面对需求千变万化，新产品需要层出不穷，拥有名优产品，巩固已有消费群体，发现和开辟新产品，引导消费需求的新潮流。

9.3.5　市场商情分析与数据挖掘技术

1. 市场商情分析的内容

市场商情分析主要是指市场上商品的供给与需求状况，以及与供需有关的市场基本行情分析。市场的商情分析是最基本的环境研究内容，是其一切经营活动的基础。对任何企业，商情分析是最基本、最重要的内容。

1）商品供需分析

国际市场基本是一个自由竞争的市场，供需关系在其中起着决定性作用。在市场经济中，某种商品的供给量、需求量和价格水平是互相制约、互相影响的。商品供过于求会导致价格下降，进而达到供求平衡。同样，商品供不应求又会使价格上涨。这里供求关系的变化影响着价格，反过来，价格变化又会自动调节供求。因此，市场供求关系即是指商品供给与需求在数量上的关系，也包括供给和需求通过价格机制相互调节的关系。

研究国际市场的供求关系主要包括研究该商品市场供求的一般规律（如商品特征、价格需求弹性等）、该目标市场上商品的实际供给量和需求量、世界上该商品总供需情况，以及进入该目标市场国的主要供给商等。国际市场供求关系受到众多因素的影响与制约，在研究分析市场供求关系的同时，对其相关影响因素也需进行充分了解。

2）价格分析

市场价格是一个极复杂的问题，是众多因素共同作用的结果。供求关系是影响价格的最主要因素之一，除此之外，还有许多因素也起着重要作用，如一国经济发展和宏观调控失衡导致的通货膨胀、商品流通过程及流通环节等。

3）政府管制

许多国家为了保护本国经济、稳定市场、引导公平而有秩序的竞争，经常对在本国市场上销售的商品进行管制，特别是针对进口商品的价格、数量等进行一定程度的干预和控制。

4）市场壁垒

市场壁垒是市场准入的最基本内容。随着商品经济日益发展，国际市场营销活动的竞争也越来越激烈。几乎所有的国家由于各种原因，希望别国尽可能多地开放市场，而本国则尽可能地树起市场壁垒，把本国市场保护起来。为了尽可能地保护好本国市场而又不至于授人以柄，而引起贸易纠纷，人们采用了各种各样的市场壁垒手段。国际市场的经济活动有相当大一部分就是围绕着树立市场壁垒和打破对方壁垒的竞争活动。市场壁垒可分为两大类，即关税壁垒和非关税壁垒。

2. 商情分析的常用工具

1）回归分析

回归线是一条最能代表散点图上分布趋势的直线。常用的拟合这条回归线的原则：各点与该线纵向距离的平方和为最小。确定这条线的方程称为回归方程。一元线性回归是指只有一个自变量的线性回归，常用最小二乘方法或求截距的方法计其回归系数。二元线性回归方程是指一个因变量对两个自变量的线性回归方程，二元线性回归方程也用最小二乘法来确定回归系数。多元线性回归方程中的自变量多于两个，其目的是从组成回归方程的所有自变量中选出最优的自变量，或对所有可能的回归方程逐一检验、逐步回归，选择一个最显著的方程。

2）判别分析

判别分析是判别样本所属类型的一种多元统计方法，在生产、科研与日常生活中经常用到。判别分析就是在已知研究对象分为若干类型（组别）并已经取得各种类型的一批已知样品的观测数据基础上，根据某些准则，建立起尽可能把属于不同类型的数据区分开来的判别函数，然后用它们来判别未知类型的样品应该属于哪一类。根据判别的组数，判别分析可以分为两组判别分析和多组判别分析；根据判别函数的形式，判别分析可以分为线性判别和非线性判别；根据判别时处理变量的方法不同，判别分析可以分为逐步判别、序贯判别等；根据判别标准的不同，判别分析有距离判别、Fisher 判别、Bayes 判别等。

3）聚类分析

聚类分析又称群分析和类分析，它是依据某种准则对个体（样品或变量）进行分类的一种多元统计分析方法。通俗地讲，聚类分析就是多元统计分析中研究所谓“物以类聚”现象的一种方法，其职能是对一批样本或指标，按照它们在性质上的亲疏程度进行分类。例如，在一项全国范围的市场调研中，需要对我国 32 个省、市、自治区的经济发展状况进行分析。一般不是逐个省、市、自治区去分析，较好的做法是选取能反映经济发展状况的有代表的指标，如国民生产总值（GNP）、工农业总产值、第三产业比重、固定资产投资额、人均国民收入、城市和农村人均月收入及通货膨胀率等指标，根据这些指标对 32 个省、市、自治区进行分类。然后依据分类结果，对经济发展情况进行综合评价，这就易于得出科学的结论。常用的聚类分析方法有样品聚类法、系统聚类法、模糊聚类法等。

4）相关分析

两个变量之间不精确、不稳定的变化关系称为相关关系。用来描述两个变量之间变化方向及密切程度的数字特征量称为相关系数。表示相关系数的值，仅仅是一个比值。它不是由相同单位度量而来（即不等距）的。因此，不能直接做加、减、乘、除运算。相关系数只能描述两个变量之间的变化方向及密切程度，并不能揭示二者之间的内在本质联系。当两个变量都是正态连续变量，而且两者之间呈线性关系时，表示这两个变量之间的相关称为积差相关。等级相关是指以等级次序排列或以等级次序表示的变量之间的相关。质与量的相关是指一个变量为质，另一个变量为量，这两个变量之间的相关。

5）时间序列

所谓“时间序列”，是随机过程的等时间隔的离散数值记录。通常，在工商企业和政府机构的数据库中，有大量的数值记录是时间序列。它们各自反映了客观现实世界某一特定对象的运动状态和发展过程。以横坐标为时间、以纵坐标为序列的状态数值，绘出时间序列的图形，可直观地看到某一过程的历史演变情况。时间序列分析是根据系统观测得到的时间序列数据，通过曲线拟合和参数估计来建立数学模型的理论和方法。它一般采用曲线拟合和参数估计方法进行。

3. 数据挖掘技术在商情分析中的应用

数据挖掘（Date Mining，DM）又称数据库中的知识发现（Knowledge Discovery in Datebase，KDD），是指从大型数据库或数据仓库中提取隐含的、未知的、非平凡的及有潜在应用价值的信息或模式，它是数据库研究中的一个很有应用价值的新领域，融合了数据库、人工智能、机器学习、统计学等多个领域的理论和技术。

数据挖掘技术是人们长期对数据库技术进行研究和开发的结果。起初各种商业数据是存储在计算机的数据库中的，然后发展到可对数据库进行查询和访问，进而发展到对数据库的即时遍历。数据挖掘使数据库技术进入了一个更高级的阶段，它不仅能对过去的数据进行查询和遍历，并且能够找出过去数据之间的潜在联系，从而促进信息的传递。

数据挖掘工具能够对将来的趋势和行为进行预测，从而很好地支持人们的决策。例如，经过对公司整个数据库系统的分析，数据挖掘工具可以回答诸如“哪个客户对我们公司的邮件报销活动最有可能做出反应？”“为什么？”等类似的问题。有些数据挖掘工具能够快速地浏览整个数据库，找出一些专家们不易察觉的极有用的信息，解决一些很消耗人工时间的传统问题。

用于数据挖掘的技术包括与上下文相关的解释、数据表达精炼、深入分析、合并不同的数据源及使用带外资源。数据挖掘结果有助于实现损失评估、攻击预测、监视及警告。采用的挖掘技术、使用的工具将直接与入侵检测需求联系在一起。行为数据辨析的核心是在一个由不同信息组成的数据库中进行的一系列查询与调查，以查找感兴趣的模式。行为数据辨析工具通常包括一个绑定到图形报表书写程序上的分析工具、一个用于二进制数据源的原始审计观察器、一个 SQL 接口及记录本。行为辨析包括图形解释、原始审计分析及数据查询。数据挖掘算法的好坏直接影响到所发现知识的好坏。数据挖掘计算是一个反复的过程，包含多个相互联系的步骤：预处理、提出假设、选取算法、提取规则、评价和解释结果、将模式构成知识，最后应用。

9.4 网络营销策略

在网络环境下，企业在市场分析和目标市场选择之后，需要针对所选定的目标市场制订最佳的营销组合方案。网络营销组合方案的主要内容通常包括产品、价格、渠道和促销四个基本部分。企业通过采取系统与整合的思路，将各种可支配、可控制的市场营销资源及其手段进行有机组配，使之达到整体最佳的效果，以实现企业的战略目标。

9.4.1 网络营销产品与服务内容和策略

1. 网络营销产品与服务内容

产品是指由企业向市场提供的、可以满足消费者某种需求的物质形态和非物质形态的总和。物质形态部分包括产品实体、质量、式样、商标、包装等；非物质形态部分包括安装、送货、信贷、保证等，可以给消费者带来心理满足与附加利益。

从现代营销学观点来看，市场营销过程是一个发现消费者需求并满足消费者需求的过程。一般而言，消费者的需求是多方面的，包括物质方面的需求和精神方面的需求。因此，产品的含义十分丰富。作为一个整体，产品包括三个基本层次：核心产品、形式产品和附加产品。核心产品主要指的是产品能提供给消费者核心的使用价值；形式产品指的是产品的外观式样、包装、商标、质量等；附加产品指的是产品的安装、送货、信贷、保证等。

在网络虚拟市场中，企业与消费者之间的互动性大大增强了，消费者的多样化与个性化的需求得到了更好的满足。在网络营销环境下，网络产品的层次在传统营销产品的基础上进一步扩展，在保留了传统市场营销产品整体概念中已有的 3 个层次（核心产品、形式产品、附加产品）的前提下，又扩展出期望产品与潜在产品两个层次，以满足消费者的个性化需求，如图 9.1 所示。

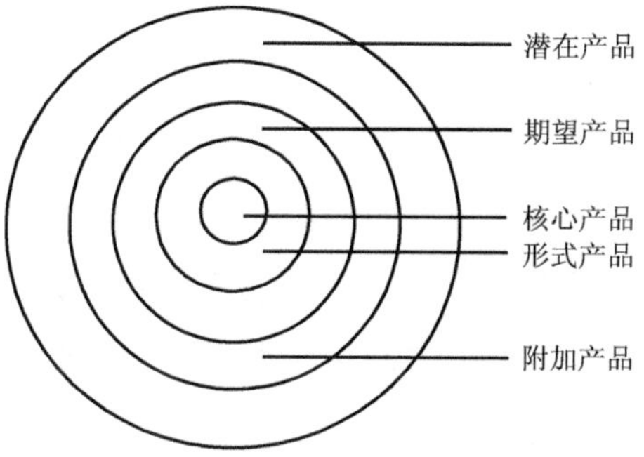

图 9.1　整体产品结构图

1）核心产品

其含义与传统产品整体概念中的核心产品的意义相同，是指产品或服务所能提供给消费者的最基本的效用。例如，消费者购买空调是为了调节室内气温，购买书籍是为了获取信息和知识，购买游戏软件是为了娱乐等。网络营销的突出特点是互动性，通过网络能充分地了解消费者的需求，更好地为消费者服务是网络营销的一大优势。因此，从事网络营销的企业，在进行新产品的开发与设计时，要以消费者为中心，使自己产品提供的基本效用符合消费者的需求。同时，由于不同类型的消费者对同种产品的核心需求存在着差异，在营销过程中也应注意识别。

2）形式产品

其含义与传统产品整体概念中的形式产品的意义相同，包括品牌、包装、质量、外观式样等。形式产品是核心产品的物质载体，产品的基本效用通过形式产品的物质形态反映与体现出来。

3）期望产品

期望产品是网络营销产品的整体概念中特有的层次。随着时代的发展与生产力水平的提高，消费者的需求正在向多样化与个性化的方向发展，而网络营销增强了企业与消费者的互动联系，与传统的营销方式相比，网络营销能更好地满足消费者的这种个性化与多样化的需求。因此，在网络营销产品的整体概念中，核心产品与形式产品之外增加了一个新的层次——期望产品。期望产品是指消费者在购买前对产品的质量、特点、使用方便程度等方面的期望值。期望产品对企业开发与设计核心产品和形式产品具有指导作用。作为开展网络营销的制造企业，为了能快速响应消费者提出的期望产品，要提高自身在设计、生产等环节的灵活性，并积极引导消费者在上述环节中的参与程度。

4）附加产品

其含义与传统产品整体概念中的形式产品的意义相同，是指消费者在购买产品时，从产品的生产者或经营者那里得到的附加服务，产品的这一层次的主要作用是协助消费者更充分、更好地享受核心产品带来的基本效用。在网络营销中，延伸产品层次包括售后服务、送货、质量保证、信贷等。

5）潜在产品

潜在产品是网络营销产品整体概念所特有的层次，位于附加产品之外，是指企业向消费者提供能满足其潜在需求的产品。与附加产品不同，潜在产品对消费者更好地使用核心产品而言，并不是必不可少的，它属于一种增值服务。

2. 网络营销产品与服务策略

激烈的竞争导致市场细分的不断深化，互联网的发展加剧了这种趋势，未来的市场将以消费者个体为基准单位，消费者主导的个性化消费将成为主流。面对网络环境下消费者需求迅速发展，产品竞争的瞬息万变，唯有不断改进老产品、开发新产品与服务，企业才能赢取竞争。

由于网络时代信息和知识共享的加强，科学技术扩散速度加快，当一种新产品成功后，竞争对手立即可对之进行模仿，从而使新产品的生命周期大为缩短。 网络时代，特别是互联网的发展带来的新产品开发的困难，对企业来说既是机遇又是挑战。企业开发的新产品如果能适应市场需要，可以在很短时间内占领市场，打败其他竞争对手。如果企业的新产品开发跟不上，企业很可能马上陷入困境。网络时代，企业的产品开发与创新将呈现出立体化态势。

根据策略制订的环境和操作方法差异，网络新产品与服务的开发与创新策略主要有下面几种类型。

（1）开发全新产品。网络时代使得市场需求发生了根本性变化，消费者的需求和消费心理也发生了重大变化。因此，需要全新的产品构思和服务概念，运营全新的技术手段，进行全新的消费诠释。

（2）扩充产品线。由于市场不断细分，市场需求差异性增大，针对现有产品线的不足，增加新的产品线，满足不同层次的差异性需求。

（3）升级现有产品。不断改进现有产品和进行功能升级，提高现有产品的感知价值。

（4）降低产品成本。即提供同样功能但成本较低的具有价格优势的产品。网络时代的消费者虽然注重个性化消费，但消费的个性化程度受支付购买力的制约，而且消费者的消费意识更趋理性化，消费者更强调一定投入基础上的产品所带来的价值。

（5）重新定位产品。在全球的广大市场上，企业重新定位产品，结合网络营销市场特点和互联网特点，开发新市场，可以取得更多的市场机会。

9.4.2　网络产品价格策略及定价方法

1. 免费价格策略

免费价格策略是市场营销中常用的营销策略，它主要用于促销和推广产品，这种策略一般是短期和临时性的。但在网络营销中，免费价格不仅是一种促销策略，还是一种有效的产品和服务定价策略，许多新兴公司凭借免费价格策略一举获得成功。

网络营销中产品实行免费策略是要受到一定环境制约的，并不是所有的产品都适合于免费策略。互联网作为全球性开放网络，它可以快速实现全球信息交换，只有那些易于数字化、具有无形化特点、零复制成本、高成长性、间接收益突出或具有后续商业价值发掘的网络产品与服务才适合采用免费价格策略。

免费价格策略就是将企业的产品和服务以零价格形式提供给顾客使用，满足顾客的需求。免费价格形式有这样几类：第一类是产品和服务完全免费，即产品（服务）从购买、使用和售后服务的所有环节都实行免费服务，如人民日报的电子版在网上可以免费使用；第二类是对产品和服务实行限制免费，即产品（服务）可以被有限次使用，超过一定期限或次数后，取消这种免费服务，付款后可申请继续使用；第三类是对产品和服务实行部分免费，如一些著名研究公司的网站公布部分研究成果，如果要获取全部成果必须付款作为公司客户；第四类是对产品和服务实行捆绑式免费，即购买某产品或服务时赠送其他产品和服务。

免费价格策略之所以在互联网上流行，是有其深刻的背景的。一方面，由于互联网的发展得力于免费策略实施；另一方面，互联网作为 20 世纪末最伟大的发明，它的发展速度和增长潜力令人生畏，任何有眼光的人都不会放弃发展与成长的机会，免费策略是最有效的未来市场占领手段，具有很大的市场竞争优势和巨大的市场赢利潜力。

2. 低价定价策略

借助互联网进行销售比传统销售渠道的费用低廉，因此，网上销售价格一般来说比流行的市场价格要低。由于网上的信息是公开和易于搜索比较的，因此网上的价格信息对消费者的购买起着重要作用。根据研究，消费者选择网上购物，一方面是因为网上购物比较方便，另一方面是因为从网上可以获取更多产品信息，从而以最优惠价格购买商品。

（1）直接低价定价策略。直接低价定价策略就是由于定价时大多采用成本加一定利润，有的甚至是零利润。这种定价在公开价格时就比同类产品要低。它一般是制造业企业在网上进行直销时采用的定价方式。

（2）折扣定价策略。另外一种低价定价策略是折扣定价策略，它是以在原价基础上进行折扣来定价的。这种定价方式可以让顾客直接了解产品的降价幅度以促进顾客的购买。这类价格策略主要用在一些网上商店，它通过对购买的产品按照市面上流行的价格进行折扣定价。

（3）促销定价策略。企业为打开网上销售局面和推广新产品，常采用临时促销定价策略，比较常用的有有奖销售、附带赠品销售、价格折扣策略等。

3. 定制生产定价策略

在网络营销服务策略中分析了个性化服务的特点。作为个性化服务的重要组成部分，按照顾客需求进行定制生产是网络时代满足顾客个性化需求的基本形式。定制化生产根据顾客对象可以分为两类，一类是面对工业组织市场的定制生产，这部分市场属于供应商与定货商的协作问题，如波音公司在设计和生产新型飞机时，要求其供应商按照其飞机总体设计标准和成本要求来组织生产。这类属于工业组织市场的定制生产主要通过产业价值链，从下游企业向上游企业提出需求和成本控制要求，上游企业通过与下游企业进行协作设计、开发并生产满足下游企业的零配件产品。

另一类是面对大众消费者市场的定制生产，由于消费者的个性化需求差异性大，加上消费者的需求量又少，因此企业实行定制生产必须从管理、供应、生产和配送各个环节上，整合企业的各种资源和技术手段，积极适应这种要求小批量、多批次、多式样、多规格和多品种的生产和销售变化，以满足顾客个性化需求的定制生产及按定制生产定价。

4. 使用定价策略

所谓使用定价，就是顾客通过互联网注册后可以直接使用某公司产品，顾客只需要根据使用次数进行付费，而不需要将产品完全购买。这一方面减少了企业为完全出售产品进行不必要的大量生产和包装浪费，同时可以吸引那些有顾虑的顾客使用产品，扩大市场份额。顾客每次只是根据使用次数付款，节省了购买产品、安装产品、处置产品的时间，还可以节省不必要的开销。采用按使用次数定价，一般要考虑产品适合通过互联网传输，可以实现远程调用。目前，比较适合的数字化的信息产品有软件、音乐、电影等。

5. 网络竞拍竞价

网络竞拍是目前发展比较快的领域，经济学认为市场要形成最合理的价格，手段包括拍卖和拍买。网上拍卖中，消费者通过互联网轮流公开竞价，在规定时间内价高者赢得。网络竞拍竞价方式是一种比较合理的市场化定价方法，随着互联网市场的拓展，将有越来越多的产品通过互联网拍卖竞价。目前国外比较有名的拍卖站点是：http://www.ebay. com，它允许商品公开在网上拍卖，拍卖竞价者只需要在网上进行登记即可，拍卖方只需将拍卖品的相关信息提交给 eBay 公司，经公司审查合格后即可上网拍卖。根据供需关系，网上拍卖竞价方式有下面几种。

（1）竞价拍卖。最大量的是 C2C 的交易，包括二手货、收藏品，也可是普通商品以拍卖方式进行出售，如 HP 公司也将公司的一些库存积压产品放到网上拍卖。

（2）竞价拍买。是竞价拍卖的反向过程，消费者提出一个价格范围，求购某一商品，由商家出价，出价可以是公开的或隐蔽的，消费者将与出价最低或最接近的商家成交。

（3）集体议价。在互联网出现以前，这种方式在国外主要是多个零售商结合起来，向批发商（或生产商）以数量换价格的方式。互联网出现后，使得普通的消费者能使用这种方式购买商品。集体议价模式，是一种由消费者集体议价的交易方式。这在目前的国内网络竞价市场中还是一种全新的交易方式。

上面几种价格策略是企业开展网络营销的常用策略。企业应根据产品特性和网上市场发展状况来选择网络商品的定价策略。不管采用何种策略，企业的定价策略应与其他策略相互配合，以推进企业总体营销目标的实现。

9.4.3 网络渠道策略及营销渠道应用

网络渠道就是依托互联网实现将产品从生产者流向消费者的中间环节，包括网络直接营销渠道和网络间接营销渠道。网络渠道一方面要为消费者提供产品信息，让消费者进行多元比较与选择；另一方面，向消费者提供产品与服务，促成交易实现。

如图 9.2 所示，在传统营销渠道中，渠道中间商占有重要地位。渠道中间商凭借其业务往来关系、经验、专业化和规模化经营，提供给公司的利润通常高于自营商店所能获取的利润。随着互联网的发展和商业应用，传统营销中间商的地缘优势遭遇虚拟化的互联网冲击，互联网的高效率信息交换，改变了传统营销渠道的诸多环节，并对传统中间商产生了巨大冲击，形成新的营销渠道结构，如图 9.3 所示。

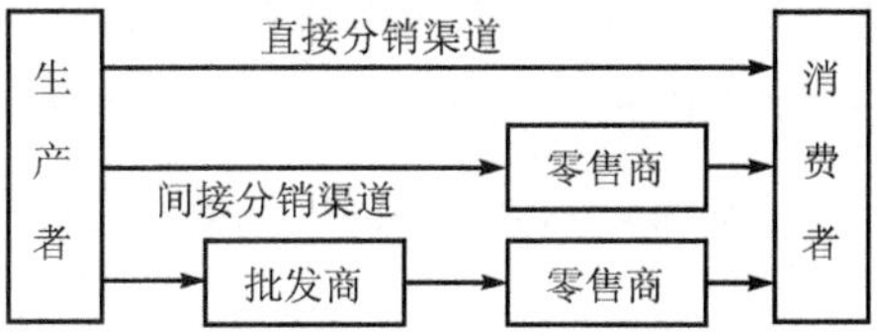

图 9.2　传统营销渠道

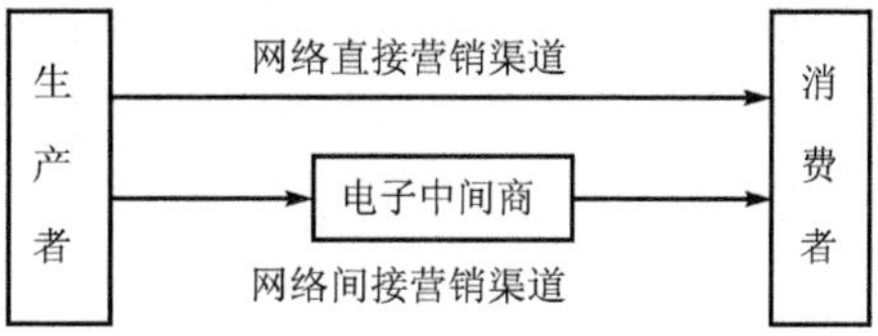

图 9.3　网络营销渠道

网络营销渠道可以分为两大类。一类是通过互联网实现的从生产者到消费者（使用者）的网络直接营销渠道（简称网上直销）。网上直销渠道的建立，使得生产者和最终消费者直接连接和沟通。利用互联网的信息交互特点，网上直销市场得到大力发展。另一类是通过融入互联网技术后的中间商机构提供网络间接营销渠道。

1. 网络直销渠道策略

网络直销与传统直接分销渠道一样，都没有营销中间商。网络直销渠道一样也要具有上面营销渠道中的订货功能、支付功能和配送功能。网络直销与传统直接分销渠道不一样的是，生产企业可以通过建设网络营销站点，顾客可以直接从网站订货。通过与一些电子商务服务机构合作（如网上银行），可以直接提供支付结算功能，简化了过去资金流转的问题。对于配送方面，网络直销渠道可以利用互联网技术来构造有效的物流系统，也可以通过互联网与一些专业物流公司进行合作，建立有效的物流体系。订货功能的设计和实现在上面已经详细分析，在后面将着重分析网上支付和实现配送的物流管理与控制。

与传统分销渠道相比，不管是网络直接营销渠道还是间接营销渠道，网络营销渠道有许多更有竞争优势的地方。

（1）利用互联网的交互特性，网络营销渠道从过去单向信息沟通变成双向直接信息沟通，增强了生产者与消费者的直接连接。一方面，企业可以在互联网上直接发布有关产品的价格、性能、使用方法等的信息；另一方面，消费者也可以直接通过互联网访问以了解产品信息，从而做出合理购买决策，同时，生产者还可以直接了解消费者对产品购买和使用的反馈。

（2）网络营销渠道可以提供更加便捷的相关服务。一是生产者可以通过互联网提供支付服务，顾客可以直接在网上订货和付款，然后就等着送货上门，这一切大大方便了顾客的需要；二是生产者可以通过网络营销渠道为客户提供售后服务和技术支持，特别是对于一些技术性比较强的行业（如 IT 业），提供网上远程技术支持和培训服务，既方便了顾客，同时生产者可以以最低的成本为顾客服务。

（3）网络营销渠道的高效性，可以大大减少过去传统分销渠道中的流通环节，有效降低成本。对于网络直接营销渠道，生产者可以根据顾客的订单按需生产，做到实现零库存管理。同时，网络直接销售还可以减少过去依靠推销员上门推销的昂贵的销售费用，最大限度地控制营销成本。对于网络间接营销渠道，通过信息化的网络营销中间商，它可以进一步扩大规模，实现更大的规模经济，提高专业化水平；通过与生产者的网络连接，可以提高信息透明度，最大限度地控制库存，实现高效物流运转，降低物流运转成本。

2. 网络分销渠道策略

与传统商务相比，电子商务的显著特点和优越之处就是可以在网上进行直销，通过“一对一销售”、“柔性销售”和“直接对话”等方式，企业和客户的直接联系跳过了中间商。生产者与消费者之间的直接交易，减少了商品流通的环节、降低了交易成本，使交易的双方均可以获得更好的效益。

随着电子商务在全球范围内的蓬勃发展，市场交易关系和交易行为正在发生重大的变化，研究和应用电子商务的人们普遍认为：互联网将重新设定生产者和消费者之间的关系，使生产者与消费者之间的直接交互沟通成为可能。生产者可以利用互联网直接向消费者提供商品和服务，消费者则可以通过互联网直接向生产者订购商品和服务，或者直接向生产者提出个人需求和建议以定制个人化的商品或服务。其结果将使传统价值链中的中间商的作用面临消失的威胁，很多学者对电子商务环境下中间商是否还有存在的必要提出了质疑。

然而，电子商务实际的发展情况却与上述预测和分析恰恰相反，互联网上正涌现出越来越多的网络中间商。并且，网络市场中的这些网络中间商被赋予了新的形式和功能。适应网络市场的新型中间商与传统市场中的中间商有所区别，所具有的功能使它们在电子商务的价值链中具有重要的作用和地位。电子商务的发展并没有使中间商消亡，反而使中间商越出了传统的范畴而获得了新的发展，这些新型中间商在网络市场中发挥出其独一无二的优势，其结果是在网络市场上网络直销不能一枝独秀。

3. 网络市场中间商

电子商务的出现和发展不仅没有使中间商消失，反而给传统的中间商带来了新的发展机遇。随着电子商务的日益盛行，在互联网上出现了越来越多的为用户提供信息服务中介功能的新型网络中间商。在互联网上出现的新型网络中间商主要有以下类型。

（1）目录服务商。

目录服务商对互联网上的网站进行分类并整理成目录的形式，使用户能够从中方便地找到所需要的网站。目录服务包括三种形式：综合性目录服务，为用户提供了各种各样不同站点的综合性索引；商业性目录服务，如互联网商店目录，仅仅提供对现有的各种商业性网站的索引，而不从事建设和开发网站的服务；针对某一专业领域或主题建立的专业性目录服务网站，通常由该领域中的公司或专业人士提供内容，包括为用户提供对某一品牌商品的技术评价信息、同类商品的性能比较等，对商业交易具有极强的支持作用。

（2）搜索引擎服务商。

与目录服务商不同，搜索引擎站点为用户提供基于关键词的检索服务，如 AltaVista、WebCrawler 等站点，用户可以利用这类站点提供的搜索引擎对互联网进行实时搜索。

（3）虚拟商场。

虚拟商场是指包含与两个以上的商业性站点链接的网站。虚拟商场与商业性目录服务商的区别在于：虚拟商场为需要加入的厂商或零售商提供建设和开发网站的服务，并收取相应的费用，如租用服务器的租金、销售收入的提成等。

（4）互联网内容供应商。

互联网内容供应商即在互联网上向目标客户群提供所需信息的服务提供者。这类站点提供了访问者感兴趣的大量信息，目前互联网上的大部分网站都属于这种类型。然而，现在大多数互联网内容供应商的信息服务对网络浏览者是免费提供的，其预期的收益主要有以下几方面的来源：在互联网上免费提供信息内容，以促进传统信息媒介的销售；降低信息传播的成本，从而提高利润率；为其他网络商家提供广告空间，并收取一定的广告费或销售提成。

（5）网络零售商。

如同传统零售商一样，网络零售商通过购进各种各样的商品，然后把这些商品直接销售给最终消费者，从中赚取差价。由于在网上开店的费用很低，因而网上零售商店的固定成本显著低于同等规模的传统零售商店，另外，由于网上零售商店的每一笔业务都是通过计算机自动处理完成的，节约了大量的人力，使零售业从原来的劳动密集型行业转变为技术密集型行业，并使网上零售商店的可变成本显著低于同等规模的传统零售商店。网上零售商店还可以比传统零售商店更容易获得规模经济和范围经济，具有极强的价格竞争优势，常以打折、优惠券等促销方式来吸引消费者购物。

（6）虚拟评估机构。

互联网是一个开放性的网络，任何人都可以在互联网上设立站点，对基于互联网而形成的网络市场来说也同样如此，任何人都可以在网络市场中开设商店、销售商品，也就是说，网络市场的进入障碍非常低以至于无法将具有不良企图的经营者从一开始就排除在市场之外，因而在网络市场中充斥着良莠不齐的厂商和销售商，使消费者的购物风险显著地升高。虚拟评估机构就是一些根据预先制订的标准体系对网上商家进行评估的第三方评级机构，通过为消费者提供网上商家的等级信息和消费评测报告，来降低消费者网上购物的风险，对网络市场中的商家的经营行为起到了间接的监督作用。

（7）网络统计机构。

电子商务的发展也需要其他辅助性的服务，如网络广告商需要了解有关网站访问者的特征、不同的网络广告手段的使用率等信息，网络统计机构就是为用户提供互联网统计数据的机构，如 Forrester、A.C. Nielsen 及国内的 CNNIC 等。

（8）网络金融机构。

交易的完成还需要得到金融机构的支持，如网上交易过程中的信贷、支付、结算、转账等金融业务，网络金融机构就是为网络交易提供专业性金融服务的金融机构。

（9）虚拟集市。

虚拟集市为那些想要进行物品交易的人提供一个虚拟的交易场所，任何人都可以将想要出售的物品的相关信息上传到虚拟集市的网站上，也可以在站点中任意选择和购买，虚拟集市的经营者对达成的每一笔交易收取一定的管理费用，网上拍卖站点是较具代表性的一种虚拟集市。

（10）智能代理。

随着电子商务在全球范围内的飞速发展，网上的商业信息正以指数级数增长，面对网上浩瀚的信息，消费者不得不花费更多的时间和精力进行筛选和处理。智能代理（intelligent agent）就是利用专门设计的软件程序（智能代理软件/程序），根据消费者的偏好和要求预先为消费者自动进行所需信息的搜索和过滤服务的提供者。智能代理软件在搜索时还可以根据用户自己的喜好和别人的搜索经验自动学习、优化搜索标准。对于那些专门为消费者提供购物比较服务的智能代理，又称为比较购物代理（comparison shopping agent）、比较购物引擎（comparison shopping engine）、购物机器人（shopbot/pricebot）等，从一个侧面反映了这种服务对消费者的价值。比较购物代理及比较电子商务的出现，其意义不仅在于使消费者的购物过程更加快捷、方便，更重要的是其所提供的服务可能会对网络市场的竞争状况产生重大的影响。

综上所述，电子商务的发展对中间商提出了更高的要求，传统意义上的中间商必须向网络中间商转型，以适应电子商务环境的要求。网络中间商使厂商和消费者之间的信息不对称程度显著降低，提高了网络交易的效率和质量，增加了网络市场的透明度，在电子商务的价值链中扮演着重要的角色，具有不可替代的作用和功能，网络中间商的存在促进了电子商务的应用和发展。

4．网络营销渠道应用

由于网上销售对象不同，因此网络销售渠道是有很大区别的。一般来说，网上销售主要有两种方式：一种是 B2B，即企业对企业的模式，这种模式每次交易量很大、交易次数较少，并且购买方比较集中，因此，网络销售渠道建设的关键是建设好订货系统，方便购买企业进行选择；由于企业一般信用较好，通过网上结算实现比较简单；另一方面，由于量大次数少，因此配送时可以进行专门运送，既可以保证速度又可以保证质量，减少中间环节。第二种方式是 B2C，即企业对消费者模式，这种模式每次交易量小、交易次数少，而且购买者非常分散，因此网络销售渠道建设的关键是结算系统和配送系统，这也是目前网上购物必须面对的门槛。由于国内的消费者信用机制还没有建立起来，加之缺少专业配送系统，因此开展网上购物活动时，特别是面对大众购物时，必须解决好这两个环节，这样才有可能获得成功。

在选择网络销售渠道时还要注意产品的特性，有些产品易于数字化，可以直接通过互联网传输，如大多数的无形产品和服务都可以通过互联网实现远程传输，可以脱离对传统配送渠道的依赖。但对大多数有形产品，还必须依靠传统配送渠道来实现货物的空间移动，对于部分产品依赖的渠道，可以通过互联网进行改造，最大限度地提高渠道的效率，减少渠道运营中的人为失误和时间耽误造成的损失。

在具体建设网络营销渠道时，还要考虑到下面两个方面。首先，从消费者角度设计渠道，订货系统要简单明了，结算方式设计应考虑到目前实际发展状况；其次基于结算安全方面，应尽量提供多种方式以方便消费者选择，建立完善配送及服务支持系统。

9.4.4 网络促销策略及网络广告应用

网络促销是指利用现代化的网络技术向虚拟市场传递有关产品和服务的信息，以启发需求，提醒消费注意，引起消费兴趣，激发购买欲望，促成购买行为的一系列活动的总称。网络促销形式主要有网络广告、网络站点推广、网络销售促进和网络公关关系四种基本类型。其中，网络广告和网络站点推广是主要的网络促销形式。

（1）网络广告。

网络广告类型很多，根据形式不同可以分为旗帜广告、电子邮件广告、电子杂志广告、新闻组广告、公告栏广告等。网络广告主要借助网上知名站点（如 ISP 或 ICP）的站点或提供免费电子邮件服务，以及一些免费公开的交互站点（如新闻组、公告栏）上发布企业的产品信息，来对企业及企业产品进行宣传推广。网络广告作为有效、可控制的促销手段，被许多企业用于在网上促销，但花费的费用也不少。

（2）网络站点推广。

网络站点推广就是利用网络营销策略扩大站点的知名度，吸引网上流量访问网站，起到宣传和推广企业及企业产品的效果。网络站点推广主要有两类方法：一类是通过改进网站内容和服务，吸引用户访问，起到推广效果；另一类是通过在网络广告宣传推广站点。前一类方法的费用较低，而且容易稳定顾客访问，但推广速度比较慢；后一类方法，可以在短时间内扩大站点知名度，但费用不菲。

（3）网络销售促进。

网络销售促进就是企业利用可以直接销售的网络营销站点，采用一些销售促进方法如价格折扣、有奖销售、拍卖销售等方式，宣传和推广产品。网络公共关系营销是通过借助互联网的交互功能吸引用户与企业保持密切关系，培养顾客忠诚度，提高顾客的收益率。

（4）网络公共关系。

网络公共关系是指企业为了塑造形象、赢得消费者信任、取得竞争优势，通过网络沟通工具来影响各类相关公众的科学。信息技术飞速发展，推动了网络技术在商业领域的广泛应用，也给企业带来了新的、无限广阔的营销天地，给企业公关活动开创了新的领域。在因特网上，已经出现了诸如新闻媒介、网络社区和公共论坛等直接或间接与企业相关的公众。与这些公共建立良好的关系是企业网络公共关系的重要内容。

根据国内外网络促销的大量实践，网络促销的实施程序由 6 个方面组成：确定网络促销对象、设计网络促销内容、决定网络促销组合方式、制订网络促销预算方案、衡量网络促销效果、网络促销过程的综合管理和协调。

（1）确定网络促销对象。

网络促销对象主要包括产品的使用者、产品购买的决策者、产品购买的影响者。促销对象不同，选择的促销方式、促销信息内容及其信息表达形式将不同。

（2）设计网络促销内容。

网络促销的最终目标是希望引起购买。消费者的购买过程是一个复杂的、多阶段的过程，促销内容应当根据购买者目前所处的购买决策过程的不同阶段和产品所处的经济寿命周期的不同阶段来决定。一般来讲，一项产品完成试制定型后，从投入市场到退出市场，大体上要经历 4 个阶段：投入期、成长期、成熟期和衰退期。在新产品刚刚投入市场的开始阶段，是消费者对该种产品还非常生疏的阶段，促销活动的内容应侧重于宣传产品的特点，引起消费者的注意。当产品在市场上已有了一定的影响力之后，促销活动的内容则需要偏重于唤起消费者的购买欲望；同时，还需要创造品牌的知名度。当产品进入成熟阶段后，市场竞争变得十分激烈，促销活动的内容除了针对产品本身的宣传外，还需要对企业形象做大量的宣传工作，树立消费者对企业产品的信心。在产品的衰退阶段，促销活动的重点在于密切与消费者之间的感情沟通，通过各种让利促销延长产品的生命周期。

（3）决定网络促销组合方式。

促销组合是一个非常复杂的问题。网络促销活动主要通过网络广告促销和网络站点促销两种促销方法展开。但由于企业的产品种类不同，销售对象不同，促销方法与产品种类和销售对象之间将会产生多种网络促销的组合方式。企业应当根据网络广告促销和网络站点促销两种方法各自的特点和优势，结合自己产品的市场情况、顾客情况，扬长避短，合理组合，以达到最佳促销效果。

（4）制订网络促销预算方案。

明确促销对象、网上促销的方式方法，确定网络促销的目标，围绕这些目标测算投入的多少，包括文案的数量、图形的多少、色彩的复杂程度；投放时间的长短、频率和密度；广告宣传的位置、内容更换的时间间隔及效果检测的方法等。这些细节确定好了，对整体的投资数额就有了预算的依据，与信息服务商谈判时也有了一定的把握。

（5）衡量网络促销效果。

网络促销的实施过程到了这一阶段，必须对已经执行的促销内容进行评价，衡量一下促销的实际效果是否达到了预期的促销目标。对促销效果的评价主要依赖于两个方面的数据：主页访问人次、点击次数、千人广告成本（Cost Per-one-thousand Impression，CPM）；销售量的增加情况，利润的变化情况，促销成本的降低情况，判断促销决策是否正确。同时，还应注意促销对象、促销内容、促销组合等方面与促销目标的因果关系的分析，从而对整个促销工作做出正确的判断。

（6）网络促销过程的综合管理和协调。

网络促销是一项崭新的事业。要在这个领域中取得成功，科学的管理起着极为重要的作用。在衡量网络促销效果的基础上，对偏离预期促销目标的活动进行调整是保证促销取得最佳效果的必不可少的程序。同时，在促销实施过程中，不断地进行信息沟通的协调，也是保证企业促销连续性、统一性的需要。

9.5　网络品牌管理

品牌（Brand）是一种名称、术语、标记、符号或设计，或是它们的组合运用，其目的是借以辨认某个销售者，或某群销售者的产品和服务，并使之同竞争者的产品和服务区别开来。在现代营销领域，品牌是企业重要的无形资产，由产品品质、商誉诚信、企业标识、广告口号、公共关系等混合交织形成。企业通常会运用多元的营销活动开展多元的营销刺激，理性与感性兼具，配合卓有成效的公共关系，创建出价值无穷的品牌，驱动消费者对之产生兴趣、肯定、认同、支持、依赖的感觉，甚至促成立即的购买行动。

9.5.1　网络品牌的含义及其价值表现形式

网络品牌是指依托互联网络影响网络市场消费的品牌，商品品牌和网络域名是网络品牌的核心。与传统市场类似，网络品牌对网络消费市场影响巨大。网络品牌的影响力由产品品质、企业信誉、企业文化、品牌标识、整合传播等多种因素综合而成，网络品牌的价值主要表现在以下方面。

（1）有助于企业的产品销售和市场扩展与渗透，有助于应对竞争者的进攻。好的品牌一般代表较高的质量和性价比，容易吸引消费者，促进消费者的品牌忠诚，保护企业竞争，维护产品的价格稳定，降低营销费用，扩大市场。

（2）有助于吸引网络消费者并驱动其网络消费行为，提高消费者在消费过程中对商品的识别与选择，节约时间，提高效率，降低消费者购买成本，促进消费者的品牌偏好形成。

（3）有助于网络虚拟空间的合作，吸引并结盟优势合作伙伴，改善竞争资源组合，提升企业的竞争力。

网络品牌远远不是一个“牌子”，网络品牌是网络时代企业极其重要的无形资产，越来越多的企业积极开展网络营销，精心打造和维护自己的网络品牌，提升与消费者间的关系，推进企业的成长与发展。

9.5.2 网络品牌的创建

传统优势品牌不一定是网络优势品牌，网络优势品牌的创立需要重新进行规划和投资。美国著名咨询公司 Forrester Research 公司在 1999 年 11 月发表了题为《Branding For A Net Generation》的调查报告，该报告指出："知名品牌与网站访问量之间没有必然的联系。"在调查报告中指出"通过对年龄在 16～22 岁的青年人的品牌选择倾向和他们的上网行为进行比较，研究人员发现了一个现象。尽管可口可乐、耐克等品牌仍然受到广大青少年的青睐，但是这些公司网站的访问量并不高，知名品牌与网站访问量之间没有必然的联系，这个结果还意味着公司要在网络经营中取得成功，绝不能指望依赖传统的品牌优势。"网络品牌的创建，最重要的是站点域名的命名与注册。

1. 域名命名

域名是用于识别和定位互联网上计算机的层次结构式字符标识，与该计算机的互联网协议（IP）地址相对应，类似于互联网上的门牌号码，但相对于 IP 地址而言，更便于使用者理解和记忆。域名属于互联网上的基础服务，基于域名可以提供 WWW、E-mail、FTP 等应用服务。

域名的选取和命名以英文字母为基础，由于英文字母的有限性，导致容易识别和记忆的域名资源比较有限，以及顶级域名的国际标准规定，导致域名的选择的局限性很大。考虑到域名资源的特性，域名的命名与商标设计一样，必须审慎从事，否则会对企业发展产生不必要的负面影响。域名命名首先要按照国际标准，符合国际惯例。

（1）一致性或关联策略。与企业已有商标或企业名称保持一致或具有相关性。如能将企业名称、商标与企业域名统一，可以营造一个完整、立体的企业形象体系，不但便于消费者在差异性环境中的准确识别，而且网上宣传与传统宣传可以起到相互补充、相互促进的互动推进作用。

（2）简洁、易于识记。域名作为企业站点的网络地址，要方便消费者直接与企业站点进行信息交换，所以要求域名尽量避免复杂、避免拼写错误、避免产生错误联想。一般而言，域名名称选择尽量短小精悍，一般以 3～5 个字母为宜，字母数量过多让人难于记忆、识别和联想。

（3）多域名策略。由于域名命名的限制和申请者广泛，极易出现申请类似的域名，干扰消费者的识别，导致消费者的识别错误，因此，企业一般需要同时申请多个类似相关的域名以保护自己的核心域名，形成企业的域名防护体系。

（4）注意国际化。由于互联网的开放性、国际性，网站访问用户遍布全球，域名的选择必须选择国际化的沟通语言，结合企业现在和未来拟开展的国际业务，选择和使用国外大多数用户能容易识别、接受和记忆的国际化域名。

2. 域名注册

域名的注册遵循先申请先注册原则，管理机构对申请人提出的域名是否违反了第三方的权利不进行任何实质审查。同时，每一个域名的注册都是独一无二的、不可重复的。因此，在网络上，域名是一种相对有限的资源，它的价值将随着注册企业的增多而逐步为人们所重视。

域名的申请注册必须向授权组织申请。根据互联网国际特别委员会（IAHC）报告，将顶级域名分成三类：国家顶级域名、国际顶级域名、通用顶级域名。1994 年 3 月公布的 RFC1591 规定有：.com（公司企业）、.net（网络服务机构）、.org（非营利组织）、.edu（教育机构）、.gov（政府部门）、.mil（军事部门）；后又增加七个顶级域名：.firm（公司企业）、.store（销售公司）、.web（www 活动单位）、.arts（艺术）、.rec（娱乐）、.info（信息）、.nom（个人）。

由于互联网的发展，原来由 InterNIC 单独受理域名申请，现在发展为多个申请注册中心，如果申请通用顶级域名.com、.org 和.net，则由 InterNIC 负责；但企业也可以根据需要在本国顶级域名下申请，体现企业的国籍，如中国的企业可以在顶级域名.cn 下注册（CNNIC 负责，http://www.cnnic.net.cn），如果引起冲突，还可以在国内得到妥善解决。

一般顶级域名选择没有多大本质区别，但如果是国际性企业，则应在通用域名下申请，以体现企业的国际性。从实际使用的角度来讲，到底注册哪类域名，取决于该企业开展业务的地域范围、主要用户群的居住地、主要目标市场的地域和企业未来的发展和目标。 由于注册的时间优先原则和国际性，域名的抢注是一个非常棘手的问题，企业可根据规模和发展需要提前申请注册。另外，如果现阶段不想注册上网，企业可以利用申请时的 60 天域名公开期和对有争议的域名将不得批准的规定，定期检索，向有抢注问题域名提出异议，以保护企业域名不被侵害。如果已申请域名被第三方占用，可以根据情况进行协商转让，在互联网 Society 第 6 届会议上，负责制订互联网标准的组织（IETF）同意设立一个工作组，试验主机地址转让市场。但如果是被非法抢注的，可借助现行法律如商标法来争取企业合法权益，但由于争议可能是国际方面的问题，本国法律可能无能为力，只能望“址”兴叹。因此，企业必须主动采取措施，具有战略眼光。

域名注册有直接注册和委托注册两种。

（1）直接注册，在注册域名时可以自己直接到域名管理机构进行注册，这种方式直接，但需要自己准备有关材料，而且也不是很专业；

（2）委托注册，是比较常用的注册方式，即委托专业公司代理其域名注册，只需要交纳一定的代理费用即可，专业公司不但可以提供注册服务，还可以帮助企业推广所注册的域名，扩大企业在网络的知名度。

3. 域名管理

域名的管理主要是针对域名对应站点的内容管理，因为消费者识别和使用域名是为了获取有用的信息和服务，站点的页面内容才是域名的真正内涵。站点必须有丰富的内涵和服务，否则再多的访问者可能都是过眼云烟，难以树立域名的真正形象。要保证域名使用和访问频率高，必须注意下面几点。

（1）信息服务定位。域名作为商标资源，必须注意与企业整体形象保持一致，提供信息服务必须和企业发展战略进行整合，避免提供的信息服务有损企业已建立的形象和定位。

（2）内容的多样性。丰富的内容才能吸引更多用户，才有更大的潜在市场，一般可以提供一些与企业相关联的内容或站点地址，使企业页面具有开放性。还必须注意内容的多媒体表现，采取生动活泼的形式提供信息，如声音、文字和图像的配合使用。

（3）时间性。页面内容应该是动态的、经常变动的，因为固定页面访问一次就可以了，没有再次访问的必要，这一点非常重要，因为企业大部分收益是由少数固定消费者消费实现的。

（4）速度问题。由于互联网发展过于迅猛，使得通信成为一制约瓶颈，使用者的选择机会很多，因此对某站点的等待时间极其短暂，如果在短时内企业未能提供信息，消费者将毫不犹豫地选择另一域名站点。因此，企业的首页一般可设计得简洁些，以便用户可以很快地查看内容，不致感觉等待太久。

（5）国际性。由于访问者可能来自国外，企业提供的信息必须兼顾国外用户，一般对于非英语国家都提供两个版本：一个是母语；另一个是将内容翻译成英语，供查询时选择使用。

（6）用户审计。加强对域名使用访问者的调查分析，针对特定消费者提供一对一的特殊服务，如采取 Cookie 技术对用户进行记录和分析，以提高与消费者交互的质量，提高消费者域名忠诚度。必须注意的是不能强行记录消费者有关个人隐私信息，如姓名、住址和收入等，这是目前上网者最担心的问题。

9.5.3　网络品牌的拓展与维护

提高站点内容丰富性和服务性，还须注重域名及站点发展问题，以尽快发挥域名的商标特性和站点商业价值，避免出现影响企业形象的有关域名站点问题。创建网络域名品牌其实与建立传统品牌的手法大同小异。

1. 立体化多方位宣传

域名是网络虚拟空间的一种识别符号，企业在开始进入互联网时，域名还鲜为人知，知名度比较低，此时企业应善用知名网络门户媒体和传统的报纸、杂志、电视、广播等平面与电子媒体，投资开展系统立体化的整合性传播，提高域名网址的曝光度。例如已经获得网络用户肯定的品牌 Amazon.com、Yahoo，都已经在传统大众媒体上投入数千万美元，而且毫无停歇之势。一家试图改变经营模式的网站 Onsale.com 所推出的网络行销活动——“成本价大特卖”的活动，为此在传统沟通媒介耗费 40% 的广告预算，向消费者宣告企业策略的转移。此外，企业应同时与高点击率、高信度的不同站点和页面建立链接、登记检索引擎注册，通过建立相关链接提高站点访问率，扩大知名度。

2. 重视访问用户的网站使用体验

访问用户的网站使用体验的满意程度对网站是否受欢迎、能否深入人心、品牌能走多远具有决定性意义。两大网络顾问公司 Jupiter Communications 和 Forrester 都不约而同地指出，广告在消费者内心激发出的感觉固然有建立品牌的功效，但比不上网友上网站体会到的整体浏览或购买经验。例如，戴尔电脑让消费者在线上根据个人需求订制电脑；Yahoo 和 AOL 都提供一系列的个人化工具。Amazon.com 更坚定指出，Amazon.com 的品牌基石不是任何形式的广告或赞助活动，而是网站本身。据这个网站的调查，对 Amazon.com 的感觉有七八成来自他们在这个网站的使用经验，因此，亚马逊网上书店（Amazon.com）也花费相当心力改善自己的网站，增加类似于“一键购书”（One-Click Shopping）的功能等。

3. 运用公共关系造势

运用公共关系营造软性攻势，这对新兴网站的品牌建构和拓展非常重要。运用传统的公共关系沟通方式及网络公共关系沟通方式，积极与各类公众开展卓有成效的公共关系活动，在公众心中烙印企业形象。Yahoo! 两位出名的年轻创办人杨致远与 David Filo，以及 Sohu 的张朝阳等都极擅长使用这种塑造品牌形象的方式帮助企业扩展品牌。利用公关造势，必须注意树立良好形象。鉴于互联网传播的国际性和广泛性，企业必须审慎对待谣言和有损形象的信息，积极维护企业及其品牌形象。

4. 遵约守规

互联网开始是非商用的，使其形成使用低廉、信息共享和相互尊重原则。商用后企业提供服务的收费最好是免费或非常低廉，注意发布信息道德规范，未经允许不能随意向消费者发布消息，而且可能引起消费者反感，如美国联邦地方法院限制任何组织向素不相识的用户发送未经许可的促销邮寄广告宣传品，包括电子邮件。

5. 持续不断塑造网络品牌形象

创建品牌是一个持久的系统工程，消费者对品牌的信任的形成可能需要很长时间，但改变可能在朝夕之间。创建品牌是企业经营的终身事业。对于年轻的网络企业，可以快速建立起品牌，但如何不断地加强影响，构建强势品牌，没有一家公司能够违背品牌建设的金科玉律：持久的细节关注，持久的价值创新。想要成为网络的可口可乐或迪士尼，需要长久不断的努力与投资。在瞬息万变的网络世界之中，只有掌握住这个不变的定律，才能建立起永续经营的基石。

9.5.4　网络环境下的品牌危机管理

品牌危机是指由于企业外部环境的突变、企业运营或品牌管理的失常，而对品牌形象造成不良影响，并从局部客户快速波及社会公众，使企业品牌受到冲击、声誉遭受毁损，甚至危及企业生存的窘困状态。危机的出现往往都具有突发性、破坏性和不确定性。网络环境下的信息传播不仅突破了时间与空间的障碍，传播速度、广度与深度超乎寻常，同时发展变异也更加迅猛。网络环境下，若对突发的品牌危机事件处置不当，可能毁掉的将不仅是一个正在走俏的品牌，甚至是一个企业，抑或阻碍一个行业的发展。因此，无论从品牌发展的战略角度还是品牌的日常运作角度看，建立完善的危机防范机制和应对体系，对品牌长期、稳定、可持续发展具有重要意义。

1. 网络环境下品牌危机管理的基本原则

品牌危机是品牌整个生命历程中无可回避的一种现象。品牌危机由于发生的不可预测性，事先极难防范，而一旦发生，则传播速度快、波及面广。而且品牌越是知名，危机发生后传播的速度越快，影响面更广，处理不当对品牌的损害也就更大。为此，企业的品牌危机管理应遵循以下基本原则。

（1）主动性原则。

危机一旦爆发，将迅速成为公众舆论关注的焦点，网络流言迅即纷飞。因此，当务之急是要积极地直面危机，要阻断、控制其蔓延、扩散的速度、范围，有效控制局势，为直塑品牌形象，渡过危机奠定基础，切不可因急于追究责任而任凭事态发展。

（2）快速行动原则。

对品牌危机的反应必须快捷，无论是对受害者、消费者、社会公众，还是对新闻媒介，都尽可能成为首先到位者，以便迅速、快捷地消除公众对品牌的疑虑。危机发生的第一个24 小时至关重要，如果危机处理失去最佳时机，即使事后再努力，也往往于事无补。迅速的行动会给消费者多一份信任，迅速的行动能在媒体和消费者处于兴奋和关注状态下，不断报道和传播企业积极的态度和真诚的行动，让消费者更多地感知到品牌的价值。

（3）真诚原则。

真诚面对，如实相告。面对危机，消费者的权益高于一切，保护消费者的利益、减少受害者的损失，是品牌危机处理的第一要务。因此，品牌危机发生后，企业应采取正确的危机应急处理策略及技巧，及时勇敢地站出来向消费者、受害者表示歉意，向公众坦陈事实真相，勇于承担责任，力争消费者、受害者及社会公众和舆论的广泛原谅、理解和同情，并将之作为新一轮发展的契机。

（4）统一性原则。

品牌危机处理必须冷静、有序、果断，指挥协调统一、宣传解释统一、行动步骤统一，而不可失控、失真、失序。因为危机一般来得突然，处理时不可能事先有周密安排，需当机立断、灵活处理，才能化险为夷，扭转公众对企业包括品牌的误解、怀疑甚至反感。

（5）全员参与原则。

企业全体员工都是企业信誉、品牌的创建者、保护者、巩固者，当危机来临时，他们不是旁观者，而是参与者。提高危机透明度，让员工了解品牌危机处理过程并参与品牌危机处理，不仅可以发挥其整体宣传作用，减轻企业震荡，而且可以使公众通过全员参与，重新树立对企业及品牌的信心。

品牌危机处理的原则是为了更好地处理危机。无论发生何种品牌危机，无论采取的手段如何，只要始终把公众和消费者的利益放在首位，采取一系列对社会和消费者负责的行为，就能够增强社会和公众对企业的理解、对品牌的信任感和忠诚度，也就能够在市场中开拓更具胆识、睿智与远见的品牌，并在竞争中化险为夷，重拾生机。

2. 网络环境下品牌危机管理的基本策略

企业在整个经营活动过程中，总会遇到一些难以预料的突发事件，如管理不善出现企业形象危机、质量下降出现的品牌信用危机等，对于危机管理，企业应积极预防，努力做好各种应急措施。在企业内部树立危机意识，从管理者到普通员工，树立强烈的危机感。危机经常是企业发展历程中的转折点，处置得当，企业走向更大的成功，处置失败，企业将走向衰败。

（1）树立品牌危机意识。

企业必须始终有一种强烈的危机意识，未雨绸缪，居安思危。品牌企业的最高管理层要始终保持清醒的头脑，意识到公司的市场领先地位只是暂时的，任何自满、故步自封的情绪对公司的发展都是有害而危险的。保持危机意识，对很多公司来说可能就是巨大的挑战。否认危机的存在是很普遍的现象，这妨碍很多公司认识并处理显而易见而且根深蒂固的公司经营问题。否认危机不仅是当公司有危机时才有的一种反应，它更经常地出现在那些取得成功之后患有严重的“成功综合征”的公司中。如何防患于尉然，关系到企业的长期生存发展。

（2）建立有效的品牌危机预警系统。

加强品牌危机信息监测，及时、准确地收集相关信息、信号，捕捉危机信号，建立品牌自检自诊制度，定期、不定期地从不同层面、不同角度进行检查、剖析和评价品牌危机，及时发现薄弱环节，及时采取有效措施，减少乃至消除发生危机的诱因。

（3）加强品牌危机防范。

对于品牌危机，企业应该秉承“预防为主，防治结合”的管理思路。品牌危机的防范是品牌危机管理的首要任务，也是其第一要旨。品牌危机的防范意识渗透到企业经营管理的全过程，从制度上、流程上发动全体成员共同参与，积极努力，规避品牌危机。

（4）提高品牌危机的快速应对处置能力。超前决策，制订危机预案。针对发生概率较大的危机，预先制订应对策略方案，构筑企业品牌危机管理的第二道防线。加强全员危机应急应对培训与预案的演练，增强企业员工的应变和危机处置能力。在危机来临之际，企业应该积极面对，以顾客为中心，从顾客的利益出发，正确对待，加强沟通，采取果断措施，勇于承担责任。

本章小结

随着互联网络的迅猛发展与快速普及，电子商务营销作为一种依托互联网的新型营销方式，极大地影响着现代企业的竞争，其对于现代企业的生存和发展极为关键。

网络营销是企业以现代营销理论为基础，利用因特网（包括企业内部网和外部网）技术和功能，通过科学、系统、深入的市场调研，准确掌握网上消费需求及消费者行为特点，有针对性地制订营销策略及其组合，最大限度地满足客户需求，以达到开拓市场、增加赢利等企业目标的经营过程。

电子商务作为一种新型的商业模式，得到了飞跃式发展。在网络环境下，无论是传统企业还是电子商务企业，面对日趋激烈的市场竞争，必须加强其电子商务营销管理，通过深入调研，及时而准确地识别互联网络中潜在的种种商机，科学研究网络环境下的消费需求与消费行为模式，从产品、价格、渠道、沟通及其品牌等多维度更有效地满足网络用户需求，培养客户忠诚度，赢得竞争。

问题讨论

1. 简述网络营销战略规划的基本流程。
2. 简述网上市场调研的一般过程与主要内容。
3. 简述网络消费者的消费需求、消费动机及购买决策过程。
4. 网络营销有哪些基本策略及方法？
5. 如何创建和维护网络营销品牌？

实验难点分析 9-1

互联网时代企业对消费者的营销沟通

消费者是企业的重要资源，是企业利润的源泉，它有数量和质量两个重要维度。数量反映了消费者的规模，代表了其市场占有率。质量主要指消费者的信任度、购买率、忠诚度。谁失去消费者，谁就将失去市场，失去生存空间。企业应积极拓展新顾客、留住老顾客、培育顾客忠诚度，提高他们的购买率，最大限度地挖掘他们的消费潜力。

资料显示：我国品牌消费者持续购买率仅为 12.4%，而国际著名品牌的消费者持续购买率一般都在 50%以上。在新经济体系中，企业必须学会运用新技术手段与消费者建立并加强“战略伙伴关系”，研究消费者需求，倾听消费者声音，满足消费者要求。

1．互联网时代营销的差异性

以前习惯于从家人或朋友处了解产品口碑并获得建议的消费者，现在开始阅读在线评论，在网站上对产品特性和价格进行比较，并通过社交网站对各种选择进行讨论。这种信息流不仅增强了消费者的能力，而且还使营销部门在消费者积极地了解产品种类并对选择进行评估时，能够参与与消费者的对话。事实上，无论是企业对消费者（B2C）还是企业对企业（B2B）的买家，都越来越希望营销商能够帮助他们做出明智的购买决定。他们不希望感觉到被人强行推销，希望营销商能够参与他们的决策过程，而不是命令他们做出决定。数字技术改变了这一切。

从由企业主导的单向销售思维转向与消费者双向沟通的关系，需要营销商从根本上改变自己的经营方法。尽管有些企业进行了有效的调整，但是，大多数企业只是在尝试脑子里冒出来的各种想法，因为他们不能确定哪种方法会奏效。企业正在探索视频广告、赞助商内容和在线促销等各种数字营销手段。有针对性的在线广告投递形式不断涌现。网站已经彻底改版，而针对特定产品或促销活动的微型网站的数量也在成倍增长。企业正在自己的业务范围内购买数千条关键检索词，为了满足营销商对创新内容、用户工具或社会实验不断增长的渴求，新的代理机构层出不穷，新举措不断涌现。

2．依托数据库，通过加强沟通建立良好的消费者关系

产品销售只是一个开端，应将建立并维持良好的互动关系作为企业的战略目标。如何听取和处理顾客的意见反映了企业建立与消费者关系的水平，所有高明的企业都不仅重视和善于倾听来自消费者的声音，同时更能妥善处理好它们。通过企业要给顾客满意的答案和回应，增加顾客对企业的好感和信任，更有利于品牌形象的建立与传播。

数据库是顾客的资源库，是市场调查的结果，是营销的依据和基础。日常交易记录、

顾客访谈、追踪服务、报刊、互联网等都是数据库资料的来源。数据库的建立，可以为市场研究、产品开发、营销策略的制订与执行提供帮助，可以帮助企业对顾客跟踪服务，也可以帮助决策者找出最有利的顾客群，建立交流渠道，预测市场变化的趋势，从而成为决策者进行决策的参谋和助手。

在传统的市场营销中，营销人员和消费者建立关系的模式单调：营销人员主动寻找消费者，消费者被动适从。互联网时代的来临为营销人员和消费者的双向交流提供了一个崭新的平台。消费者只需在搜索引擎中输入自己感兴趣的内容，就可以找到自己所需要的营销者。互联网缩短了企业及品牌与消费者的距离，使两者的沟通更加快捷。

3. 精心策划完整的消费者体验

无论是接收营销电子邮件、搜索在线产品，还是使用移动设备寻找零售优惠券，今天的消费者在做出购买决定的过程中，不断地与品牌进行互动。但是，这种与品牌之间的互动往往由企业中完全不同的部门管理。数字渠道可以使消费者的体验统一协调起来，让消费者更有效地参与，提升销售转化率，并在售后加深消费者与品牌的关系。

在消费者体验的整个过程中，电视广告应能有效激发消费者进行关键字搜索。出色的搜索排名须能提供易于寻找的网络链接，指向在其他媒体中正在促销的特定产品，链接还应该深入到特定的地方，以帮助消费者了解并购买产品。零售商网站应该以相同的图片和丰富的描述来展示同一种产品，并提供库存信息。而且，所有这些图片和信息都应该保持一致。为了确保营销投资与对潜在客户的购买决定所产生的影响能够成比例，需要采取类似的严格措施。

分析案例，思考网络时代企业对消费者开展营销沟通的基本策略及具体措施，以及企业在网络时代应该如何培养营销沟通竞争力。

第 10 章

电子商务项目管理

内容提要

电子商务项目是指将基于 Internet 的现代电子信息工具运用到商务活动中,在众多限制下开展的有特定商务目标的、相对独立自成一体和有时限的任务。

电子商务项目既有一般项目的本质特点，又有其风险更大、生命周期更短、技术依赖更强等独特之处。如何将一般项目管理知识融入电子商务项目管理领域、确保电子商务项目的成功实施，这给项目管理人员提出了更大的挑战。

为此，本章将从电子商务项目策划、电子商务项目管理过程、电子商务项目实施管理、电子商务项目评价这 4 个方面来探讨电子商务项目管理。

本章重点

- 电子商务项目策划文案;
- 电子商务项目实施计划;
- 电子商务项目管理过程;
- 工作分解结构（WBS）和甘特图;
- 电子商务项目成本管理;
- 电子商务项目质量管理;
- 电子商务项目风险管理;
- 电子商务项目综合评价的一般过程;
- 电子商务网站评价的内容和指标体系。

10.1　电子商务项目策划

电子商务集经济、管理、技术、法律于一体，因此电子商务项目具有高综合性的特点，于是项目策划就显得尤为重要，可以说电子商务项目策划是整个项目管理工作的核心，是决定项目成功的关键因素。

10.1.1　电子商务项目策划的内容

电子商务项目策划就是根据企业对电子商务的具体需求，根据拟实施的电子商务项目的功能要求和目标，进行总体规划与设计，经筛选形成总体规划方案。总体规划方案一方面为可行性研究提供依据，另一方面也是项目后期设计实施的纲领。具体来说，电子商务项目策划包括对电子商务项目的未来进展做合理的预测，确定项目实施的必要性、可行性，确定项目实现的目标及为实现目标所必须完成的各项工作和活动，识别并分析在实现目标的过程中可能遇到的风险和不确定性因素，提出解决问题的手段和措施。这样一来，电子商务项目策划的成功就意味着一个新项目的诞生。

10.1.2　电子商务新项目策划过程

在电子商务项目策划的具体任务中，有的在任何情况下都必须由客户（业主）或承建商来承担，有的在不同的运作模式下将由不同的主体来承担。不过无论由谁承担，其策划过程都大体相同，包括分析需求并提出建议、可行性分析、确认需求、制订并发布需求建议书、构思项目并提出解决方案、评价选择方案、合同签约、项目后评估等多项任务，其流程如下所述。

1. 分析需求并提出建议

分析客户的电子商务需求并提出项目建议通常有两种情况：第一种情况是客户企业内部的管理人员结合本身工作实际，通过研究发现需求，提出建议；第二种情况是客户企业外部机构（如咨询公司），凭借其专业背景，对电子商务发展的认识比较深，了解的信息比较多，有的还与客户有一定的业务关系，对客户比较了解，因而比较容易发现客户有需求，并帮助客户进行需求分析，提出项目建议。

2. 可行性分析

无论是客户企业内部人员提出的建议，还是企业外部人员或机构提出的建议，企业在做决定之前，一般都会进行可行性分析，初步研究项目的开展是否可行。企业通常会在内部指派专门人员来进行这项研究，或者委托咨询公司进行可行性研究，最终提出一份详细的报告供企业高层讨论决策。

3. 确认需求

确认需求是客户企业内部的决策过程。如果企业高层通过投资方案，就开始准备需求建议书；如果企业高层不同意投资，则项目到此结束；如果企业高层原则上同意本项目，但对可行性方案不满意，则返回有关负责可行性研究的人员，继续研究并修正方案。

4. 制订并发布需求建议书

需求建议书或招标书，是由客户针对要建设的项目而提出的需求文档，其中会定义项目要达到什么目标，解决什么问题，提供什么资源，有什么时间限制，对承建商有什么要求及各类指标的评价标准等内容。需求建议书一般是由客户企业制订发布（当然也可以委托咨询机构帮助）。

然而，并不是所有情况下都有一个正式的需求建议书。例如，有些中小企业没有能力明确电子商务的需求，一般都不发布需求建议书，而直接由承建商在明确需求的情况下提出解决方案。

5. 构思项目并提出解决方案

在客户发布需求建议书后，相关承建商会仔细研究需求建议书，以决定是否投标。如果承建商决定投标，他就要提出相应的解决方案，一般包括商务和技术两大部分。商务部分主要包括承建商的资质、实力、同类项目经验、交付物及报价等内容；技术部分主要包括电子商务系统设计、集成方案，项目实施的任务、进度及人员组织计划、培训及售后服务等内容。每个承建商都会以书面方式把有关信息交给客户。研究并提出解决方案是承建商为争取客户项目合同所必须完成的工作，一般是独立完成的。

6. 评价选择方案

评价选择方案阶段的工作必须由客户企业主持。客户将所有投标人的投标书提交给一个专业评审小组，按照评价标准进行评议，以确定其中的最优方案。如果可以确定一个满足要求的最优方案，客户就会选择相应的投标人为本项目的承建商，与他洽商合同签约事宜。如果所有的投标书都无法满足要求，就要回头重新研究需求建议书，确定哪些要求或条件不合理，以便修正后再次发布。

7. 合同签约

合同签约是客户与承建商双方必须共同参与的工作。通常由主动的一方或有经验的一方先起草一份合同的框架，供双方代表作为讨论的基础。

8. 项目后评估

在项目投入运营后，反馈验证项目投资策划的科学性和准确性，并对尚存在的问题提出相应的解决办法。

10.1.3 电子商务优化项目的策划过程

一个新项目的提出，或者说在一个新项目的概念阶段，我们对项目的认识还是比较肤浅的，项目的规划也是比较粗略的，因此有必要进一步完善它。完善的过程，也是一个逐步细化的过程，其实这就是对项目的优化。实际上，对项目的优化应从确认需求后就开始，在这个过程中，对同一个问题，可能有多个方案可供选择，所要做的是选择最优方案。可以用头脑风暴法来集思广益，也可以用名义小组技术或德尔菲技术等来确定最佳方案，当然，也可以用网络计划技术优化项目。问题是，电子商务项目是高综合性的，对项目的优化，到底该从何处着手呢？这就涉及项目的优化过程。对于这个优化过程，可以概括为“五大模式”，所谓五大模式分别是：业务模式、经营模式、技术模式、资本模式和管理模式。

1. 业务模式

如果说电子商务项目是解决“做什么”的问题，其业务模式就是为达成此特定目标而构建“如何做”的框架性体系。从商业买卖角度出发，业务模式由商品选择开始，将信息的发布、商品的呈现、交易的达成、款项的交付、实物的流动或服务的提供等连成一线。从搭建角度讲，业务模式又可包括后台的布置、前台的规划、前后台交流线路设计等。可以说，业务模式勾画出项目策划过程的每一必要环节，明晰项目策划路径。当然，对具体的电子商务项目而言，所需环节都是不同的。例如，建造一个全新的B2C企业就需要考虑从商品选择到交易达成的全过程，而一个电子政务项目则只需最优化策划各部门的应用路径。

2. 经营模式

经营模式与业务模式是密切相连的。如果说业务模式注重对整体环节的设计和具体路径的选择的话，那么经营模式则主要考虑如何展开行动，实现业务模式各环节设想，促进预期目标达成的问题。这不仅包括选择各环节协作者、协作方式、分成方法，还包括非业务模式环节的市场开拓、广告宣传等事宜。可以说，经营模式将业务模式的框架饱满、灵活化了。

3. 技术模式

技术模式是电子商务项目策划过程中实现业务模式和经营模式的技术支撑系统，主要维护体系正常运行及意外发生时负责保护与恢复硬件、软件及相关人员配备。硬件系统包括通信、计算机及其他有专项功能的设备、仪器，如路由器、服务器、个人 PC、扫描机、刷卡机等。软件系统主要涵盖系统软件和应用软件。

虽然技术模式是基于项目策划的业务模式构建而成的，但在应用过程中尤其要注意几项问题。其一，对每一模块需运用的方法和工具要提出多样化选择方案，通过综合评价，采用最适宜的系统。这样，在能够保证工具的先进性、系统的操作性，使前、中、后期的投入量尽可能达到均衡，在解决不必要支出的同时，防止后期隐患。其二，要从全局出发，考虑各子模块及各阶段的兼容性，保证系统的较全面结合。最后，还应注意对前期设备和数据的整合运用，提高系统的有效性。

4．资本模式

资本模式囊括了从资本进入（选择类型、计划筹措）、运作（内部运作与外部运作）到退出（主动退出、被动退出）的整个过程。要策划一个电子商务新项目或在原有基础上建设一个大的电子商务项目，对资本模式的规划必不可少。同样，在资本模式设计过程中要权衡各方因素，选择最优提案。资本获取有多种方式，它可以是自有资金、天使基金、风险资金、银行贷款、招商入股或股票发行、售卖债券等。一般对于新项目而言，以前三者为主要形式，招商入股和银行贷款也常常使用，但有一定风险。而对于大的增进型项目，股票发行、售卖债券或进行企业股份制改造则较为常见。作为项目负责人，不仅要考虑项目建设阶段的资金筹集及投放环节，还要为后期资金运作和退出做好一定规划。

5．管理模式

一般意义上讲，项目管理自始至终都伴随着项目。这里的管理模式指组织上提供的为保证项目正常运行和发生意外时能保护与恢复项目的法律、标准、规章、制度、机构、人员和信息系统等，它能对系统的运行起到跟踪监测、反馈控制、预测和决策的作用。

上述五大模式按照流程或关联度可有不同划分。从分析步骤讲，项目策划应首先探讨业务模式，研究项目各环节的逻辑框架，形成项目策划的大体思路。接下来进入技术模式分析阶段，按照业务模式模型，细化相应的技术路线和工具。工作完成后，移交下一阶段的经营模式策划，即在业务模式和技术模式的支持下，具体分析经营路径和方法，做出较全面的计划。管理模式策划主要负责安排相应工作，制订详尽的任务书，预备实施事宜。资金模式作为最后一个环节，要全局考虑各项需求，筹划资金引入和运作方式。

10.1.4　电子商务项目策划文案

电子商务项目策划的成果包含多种类型的报告或文档，这些文档的内容有不同的，也有相似或相近的。

1. 电子商务项目概述

简要说明项目的要点，让读者了解整个项目的大体情况，包括以下内容。

（1）项目名称。

（2）项目背景（需求和迫切性）。

（3）项目的目标。

（4）项目的内容（包括实现的主要功能和采用的相应技术）。

（5）项目的投资规模、建设周期。

（6）项目的收益。

2. 电子商务项目需求分析

根据需求调研得到的结果，从行业、企业、市场、竞争等方面详细分析电子商务能为企业解决哪些问题，带来哪些商业机会，说明企业开展电子商务的必要性。

（1）企业业务分析：从企业自身角度分析电子商务的需求情况。

① 企业简介。简要介绍企业的概况，包括企业名称、主要业务、所属行业、行业的概况、特点及发展趋势、企业拥有的资源和优势、商务模式、业务流程等情况。

② 存在的问题。目前存在哪些问题，可从工作效率、信息传递速度、客户服务效果等方面考虑。

③ 企业的电子商务需求。说明电子商务能否解决存在的问题、产生新的商机，以及企业自身有哪些电子商务需求。

（2）市场分析：从企业目标客户角度分析电子商务的需求情况。

① 企业的目标市场。说明企业目标市场的范围。

② 目标市场的特点。分析企业目标客户的特点，如个人客户的上网情况，企业客户的信息化情况。

③ 目标市场的电子商务需求。说明目标市场有哪些电子商务需求，电子商务是否更能满足目标客户要求、稳固现有客户群，是否能发掘新的目标客户群，潜力有多大。

（3）竞争对手分析。

列出主要的竞争对手，分析其电子商务开展情况及效果，说明竞争对手可供借鉴的内容，以及本企业的竞争优势。

3. 电子商务项目可行性分析

从技术、经济和业务等方面分析项目实施的可行性。

（1）技术可行性。根据当前技术发展状况，结合项目特点，从技术角度分析可行性。

（2）经济可行性。定性或定量分析项目带来的经济价值。

（3）业务实施可行性。说明项目实施对企业商务活动、目标客户及合作伙伴会产生哪些影响，分析这些影响是否成为项目实施的障碍。

4．电子商务项目总体规划

（1）项目目标定位。说明电子商务项目的业务领域和服务对象，以及项目建设所要达到的目的，明确项目不同阶段要达到的目标。

（2）项目商务规划。包括商务模式、主要业务流程及赢利方式。其中主要业务流程可以流程图的方式表示电子商务下的核心业务流程，并加以文字说明。

（3）项目技术规划。

① 系统体系结构。说明电子商务系统的基本组成、逻辑层次结构及相互关系。

② 技术路线选择。比较目前主流的技术路线并根据项目特点加以选择。

（4）网站域名规划。

（5）安全保障。

① 安全环境。内部网络安全环境和外部安全环境。

② 安全体系。计算机系统安全、网络系统安全、应用安全措施。

③ 安全策略。

④ 交易安全。

5．系统集成方案

（1）系统平台选择。① 平台结构；② 软件及中间件，包括应用服务器、数据库系统、中间件产品、应用开发工具等；③ 硬件，包括主机、网络设备及其他外围设备。

（2）应用集成方案。有网站形象设计和系统功能设计，其中网站的形象是指站点展现在用户面前的风格，包括站点的标志、色彩、字体、版面等方面的内容，系统功能设计以图形方式表示系统的功能结构，并用文字说明各模块所要实现的功能。

6．电子商务项目实施方案

（1）项目实施的主要任务。可从业务流程改造、域名注册、合作伙伴选择、系统平台建设、应用系统开发、系统测试与验收等方面考虑。

（2）系统实施进度计划。

（3）系统实施过程分阶段目标。

（4）项目实施人员组织。确定项目实施各项任务的执行部门或单位及其职责划分。

7．电子商务项目运营管理计划

（1）电子商务系统管理计划。系统运营过程中的软、硬件及网络系统的管理、维护工作。

（2）电子商务组织管理计划。保证系统正常运行的组织结构、岗位职责等。

（3）电子商务安全管理计划。确保系统安全运行的管理措施。

（4）网站推广计划。

8. 项目预算

总体预算及明细列表，可从如下方面考虑。

（1）基本建设投资。

- 房屋和设施；
- 数据通信设备；
- 环境保护设备；
- 安全与保密设备；
- 操作系统和应用软件；
- 数据库管理软件。

（2）其他一次性开支。

- 研究费用；
- 数据资源规划与数据库、数据仓库设计；
- 应用软件开发及转换；
- 技术管理；
- 培训、差旅费；
- 安装、调试、测试。

（3）经常性支出。

- 设备的租金和维护；
- 软件的租金和维护；
- 数据通信费用；
- 人员工资；
- 房屋、空间的使用开支；
- 公用设施；
- 保密安全；
- 其他。

9. 电子商务项目评估

从技术、经营、管理、市场等方面评估系统实施可能面临的风险，以及可以获得的收益，并对面临的风险提出改进的策略。

10. 其他说明

（1）法律方面的问题；

（2）使用方面的问题；

（3）其他。

10.2 电子商务项目管理过程

电子商务项目是一种信息技术应用型项目，它既有一般项目的一次性、目标的独特性、资源的约束性、不确定性等本质特点，又有其风险更大、生命周期更短、技术依赖更强等独特之处。如何将一般项目管理知识融入电子商务项目管理领域，确保电子商务项目的成功实施，这给项目管理人员提出了更大的挑战。

10.2.1 电子商务项目管理特点

电子商务项目管理既有一般项目管理的普遍特征，又有其特殊之处。和传统项目相比，电子商务项目管理主要有如下的特点。

1. 电子商务项目管理更具有灵活性和动态性

传统项目的范围较狭窄，项目目标在项目开始就设定好，较为明确和固定，而电子商务项目的范围会随着竞争对手的业务开展情况有扩宽的趋势，目标可能会随着新科技而更新变动。传统项目的生命周期长，通常大于一年或更长，而电子商务项目由于市场机会的短暂性，生命周期短，可能不到一年。所以对电子商务项目的管理就要求更具有灵活性和适应变化的能力。

2. 电子商务项目管理对人员的要求更高

在传统的项目管理中，项目管理者主要运用网络图、甘特图和性能评审技术等多种项目管理工具来领导项目的计划、组织、控制工作，主要担负着监管人的角色；在整个电子商务项目的管理中，可能随时会面临着要解决问题，甚至是处理危机，那么项目的领导者除了以上的工作，还要花相当长的时间来解决问题。在传统的项目管理中往往只指定一个经理；在动态的电子商务项目中，可能会指定多个项目经理。传统的项目管理中，团队成员完成的是单独任务并全心为项目工作；电子商务项目中则要求团队更具挑战性，成员要能够划定并更新自己分内的任务，同时，还要通过资源共享来加强与其他工作的关联，这样对于团队协作的要求就更高。

3. 电子商务项目管理中对人员技术的要求相对更高

在传统项目管理当中，技术只是传统项目的一部分；而电子商务项目是一种信息技术应用型项目，技术的作用更为广泛和重要。不管是对项目实施人员还是对项目管理人员，电子商务项目对人员的技术要求都相对更高。

4．电子商务项目应更重视风险管理

电子商务项目的动态性和复杂性等都决定了电子商务项目较一般传统项目具有更大的风险。因此，为确保成功，电子商务项目就更应该重视风险管理。

5．电子商务项目更加注重客户的满意度

在传统的项目管理中，判断一个项目是否成功，主要看项目的时间指标、成本指标和质量指标是否满足项目的约束条件。然而，对一个电子商务项目来说，失败除了表现在工期拖延、成本超支、质量不过关之外，主要表现在完成的项目不能使客户满意。因此，电子商务项目管理应更加注重客户满意。

除了以上这些主要的特性之外，电子商务项目管理和传统项目管理还有其他的一些不同特性，总结如表 10.1 所示。

表 10.1　电子商务项目管理和传统项目管理的特性对照表

特　　性	传统项目管理	电子商务项目管理
目标	狭窄、固定	宽阔、变动
范围	范围狭窄	范围较宽，且有扩展趋势
工作人员	需要全职工具	基本上为兼职，从其他岗位抽出人员
关键路径	基于最长路径	基于最大风险的任务路径
技术	支持的角色	主要的角色
需求	稳定	动态的
初始项目周期	一年或更长	短于一年
工作类型	基于一次	持续性，基于发展
项目终点	达到里程碑即告结束	达到里程碑只代表指向新工作
与其他工作的关联	有限	通过资源共享而深化
任务结构	连续任务居多	并行任务居多
部门的态度	支持	可能受敌视

10.2.2　电子商务项目管理过程

电子商务项目是一类特殊的项目，电子商务项目管理也是一类特殊的项目管理。电子商务项目管理与现代项目管理之间存在着一定的共性，它也有着一般项目管理的生命周期，包括电子商务项目的概念阶段、规划阶段、实施阶段和收尾阶段。电子商务项目管理从这 4 个阶段入手，就形成了 4 个过程。当然，具体地说，每个生命周期阶段又包括启动、计划、实施、控制和收尾 5 个过程组。

1. 电子商务项目概念阶段

电子商务项目概念阶段的主要工作是选择并定义电子商务项目，提出并论证电子商务项目的可行性。这个阶段的工作内容主要包括电子商务需求的收集、电子商务项目策划、电子商务项目范围和目标的界定、可行性研究、风险评估、初步成本估算及商务计划书的编写等工作。

其中，在对电子商务项目进行可行性分析的时候，主要从经济、技术、社会环境等方面进行分析。

2. 电子商务项目规划阶段

电子商务项目建议书获得批准后，就进入电子商务项目的规划阶段。电子商务项目规划阶段是对项目的实施进行总体策划设计，主要任务是对项目工作和资源进行详尽的计划和配置，包括确定项目组成员、选择技术路线、对项目进行工作分解、对项目的成本进行更为准确的估算、对风险进行评估、制订项目实施计划等。

当然，其他电子商务项目规划阶段的工作还有很多，如项目进行工作分解、项目的成本估算、风险的评估等。

3. 电子商务项目实施阶段

电子商务项目的各项实施计划经过论证获得批准后，即可进入实施阶段，电子商务项目的实施即是进行电子商务系统的开发或电子商务服务的提供。电子商务项目实施阶段的主要工作内容包括：系统开发、系统试运行和测试及系统交付和切换等。

1）系统开发

电子商务系统的开发主要是根据系统设计，完成系统应用软件的编码和调试，进行电子商务系统和原有信息资源的集成，以及软、硬件的集成。具体的工作内容包括程序的编写和调试，计算机及网络设备的购置、安装和调试，网络环境的搭建，硬件系统和软件系统的集成，相关人员的培训等。

电子商务系统包括一系列的电子商务标准和协议及信息系统两部分。在开发电子商务系统时，既要重视信息系统的建设，又要重视电子商务标准和协议的制订。

2）系统试运行和测试

系统试运行是将开发的电子商务系统投入运行，并用模拟的数据流来检测系统的各模块的运行状况。在系统试运行的过程中，需对系统运行的各项状态指标进行测试。系统测试的目的是努力找出软件、系统中的错误，并最终纠正错误，测试阶段发现的错误越多，后期的纠错和维护工作就越少。系统测试的内容主要包括接口与路径测试、功能测试、健壮性测试、性能测试、用户界面测试、安全测试、压力测试、可靠性测试、安装与反安装测试等。对测试中发现的问题，应予以分析并加以修正。测试完成后，还需要编写系统测试报告，并予以备案。

3）系统交付和切换

系统开发完成并通过试运行和测试等阶段后，需交付项目成果。如果最终的项目成果为电子商务系统，则还需进行新旧系统的切换。系统切换有 3 种方法：直接切换法、并行切换法和试点过渡法。

4. 电子商务项目收尾阶段

电子商务项目的收尾阶段的主要工作就是对项目进行财务清算、文档总结、评估验收、移交项目成果和对该电子商务项目进行经验总结和后评价。这个阶段的工作内容和一般项目管理大致相同。

10.2.3　电子商务项目实施计划

项目计划制订是收集其他分计划编制过程的结果，并将它们整合称为项目计划书的活动；项目计划书是经批准的正式文件，用于指导项目的实施，促进项目干系人之间的沟通，并为项目的进度测评和控制等提供一个基准线。由于电子商务项目具有较大的不确定性，电子商务项目计划和一般工程项目计划相比，应该具有更大的灵活性和动态性，并能随着环境和项目本身的变更进行适当的动态调整。一份合理的项目计划既能指导项目的实施，又能对项目的实施过程起到监督和评估作用。

1. 项目计划的内容

对大多数的项目计划来说，存在一定的一般性。一个项目计划必须包括项目的整体介绍、项目的组织描述、项目所需的管理程序和技术程序，以及所需完成的任务、时间进度和预算等。

1）项目整体介绍

项目整体介绍或概述至少要包括以下一些内容。

项目名称：每个项目都需要一个专用的项目名称。专用名称可以区分不同的项目，避免与相关项目混淆。

项目及项目所需满足需求的简单描述：该描述要明确表述项目的目标和组织项目的原因，并给出一个大致的时间和成本预算。

发起人的名称：任何一个项目都需要有相应的发起人。要在介绍中给出其姓名、头衔和联系方法等。

项目经理和主要项目组成员的姓名：项目经理应该始终是项目信息的联络人。项目组主要成员主要根据项目的大小和性质来确定。

项目可交付成果：这一部分用来简要列举和表述作为项目产出的产品。软件包、硬件设备、技术报告、培训材料都可作为可交付成果。

重要资料清单：许多项目都有一个前期形成的过程。将一些与项目有关的文件和会议等列在这里有利于项目各干系人了解项目的历史。这一部分要把项目和其他几个方面所做的计划都列举出来。

合适的话，列举有关定义和缩写词的说明。许多项目，特别是 IT 项目，会涉及一些专门行业或技术专用的术语。把定义和缩写词列出有利于理解。

2）项目的组织描述

对项目组织情况的描述应该包括以下一些内容。

组织结构图：除了项目发起人公司和客户方公司的组织结构图外，还应包括一个项目的组织结构图，以说明项目的权力、义务和沟通的关系。

项目责任：项目计划的这一部分应该说明项目的主要职能和任务并明确各自都由哪些具体的人负责。责任任务书就是一种用来说明这些信息的常用工具。

其他与组织或过程相关的信息：根据项目的性质，有时候还需要在这里记录项目之后的一些主要过程信息。

3）项目所需的管理程序和技术程序

项目计划中用来描述项目的管理和方法的部分，主要包括以下内容。

管理目标：如何理解上级管理层对项目的想法？项目都有哪些要优先考虑的因素？都有哪些假设条件和限制条件？搞清楚这些是很重要的。

项目控制：这部分主要描述如何对项目运行进行监控，并处理变更。

风险管理：这部分用来简要地讲述如何进行风险的识别、管理和控制。如果项目需要，就应该参考该计划进行描述。

项目人员：该部分描述项目所需人员的数量和类型等信息。如果项目需要，就应该参考该人员分配计划进行描述。

技术过程：这一部分用来叙述项目可能用到的一些具体方法及信息的归档方法。

4）项目所需完成的任务

整体项目计划中用来描述项目任务的那部分应当参考范围管理计划的内容，并概括叙述以下内容。

主要工作包：一般都要通过运用 WBS 将项目工作分解成一些工作包，并且还要制订一个工作说明来描述工作的细节内容。这部分应简要总结项目的主要工作包并参考范围管理计划的适当内容。

主要可交付成果：这部分要把项目产出的主要产品列举出来，同样，还要说明对每一个可交付成果的质量要求。

与工作有关的其他信息：这一部分要重点突出项目要做工作的一些重要信息。

5）项目进度信息

项目进度信息部分应包括以下几个内容。

进度概要：能够在一页纸上浏览整个项目进度安排，这样肯定会有帮助。根据项目大小和复杂程度的不同，进度概要可能只列出一些关键的可交付成果和计划完成日期。

进度细要：这一部分用来详细描述项目进度计划。这里应该提及进度管理计划并讨论项目活动的相互依赖关系，这些关系对项目进度影响很大。

与进度有关的其他信息：在做项目进度计划时会有一些假设文件，这部分要记录一些主要假设并重点说明一些与项目进度有关的其他信息。

6）项目预算部分

整体项目的预算部分应该包含以下内容。

预算概要：预算概要要对整个项目有一个整体的估算，还可以包括按特定的预算种类给出每个月或每年的预算估算。

预算细要：这部分需要总结成本管理计划的有关内容，给出较为详细的预算资料。

与预算有关的其他信息：这部分内容记录并强调与项目资金有关的其他一些信息。图 10.1 是一个软件项目管理计划的简要例子。

项目管理计划部分					
	介绍	项目组织	管理过程	技术过程	工作包、进度和预算
各部分内容	项目概述 项目可交付成果 项目管理计划的制订过程 参考资源 有关定义和缩写说明	过程模型 组织结构 组织界限和界面 项目责任	管理目标和优选级 假设条件 依赖关系和约束条件 风险管理 监督与控制机制 人员计划	方法、工具和技巧 软件文件 项目各项辅助职能	工作包依赖关系 资源要求 预算与资源分配及进度计划

图 10.1　软件项目管理计划示例图

项目管理的最终目的就是要使项目满足或超过项目干系人的需求和期望，因此，在项目计划中纳入项目干系人分析是非常重要的。项目干系人要记录重要的干系人的名字、公司，他们各自在项目中的角色、每个干系人的实际情况、他们各自项目利益的大小，以及各自对项目的影响程度、管理这些项目干系人的有关建议等。由于项目干系人分析经常会有一些比较敏感的信息，这最好不要作为项目整体计划的一部分，因为每个项目干系人都会看到整体计划。

2．项目计划过程

一般项目计划知识框架可以用图 10.2 表示。

其中，项目计划是一份经过批准的正式文件，用来管理项目执行。应该明确区分项目计划和项目绩效测量基准计划。项目计划是一个文件或文件集，随着有关项目信息的获得而不断变化。项目绩效测量基准计划通常仅间歇地改变，并且一般只是对已批准的工作范围变更或可交付成果变更做出响应时才改变。

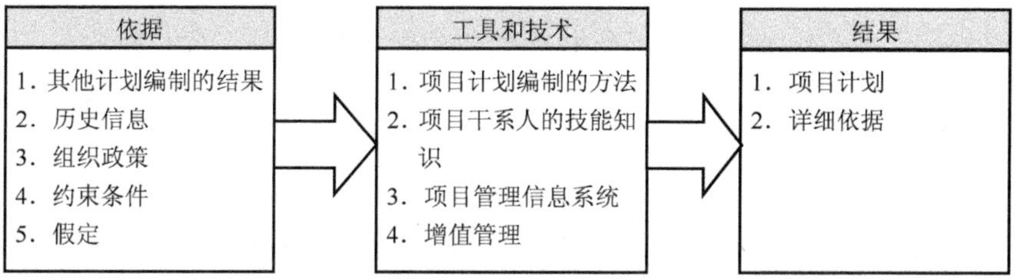

图 10.2　项目计划知识框架

3．项目计划的实施

项目计划的实施是指管理和执行项目计划中所规定的工作，项目计划实施的结果便是项目最终成果的产出和变更申请。其中变革申请是指随着项目工作的进行，时常会提出变更申请（如扩大或缩小合同的范围，变更项目成本[预算]或进度估算[日期等]）。

项目整体管理将项目计划和项目计划的实施视为相互渗透、不可分割的活动。项目计划的主要职能就是要用来指导项目实施工作，一个好的项目计划应当有助于生产出好的产品和项目成果。在项目实施过程中，必须持续监控相对于项目基准计划的绩效，以便将实际绩效和项目计划进行对照，并以此为基础采取相应的纠正措施。项目实施管理的知识框架可以用图 10.3 表示。

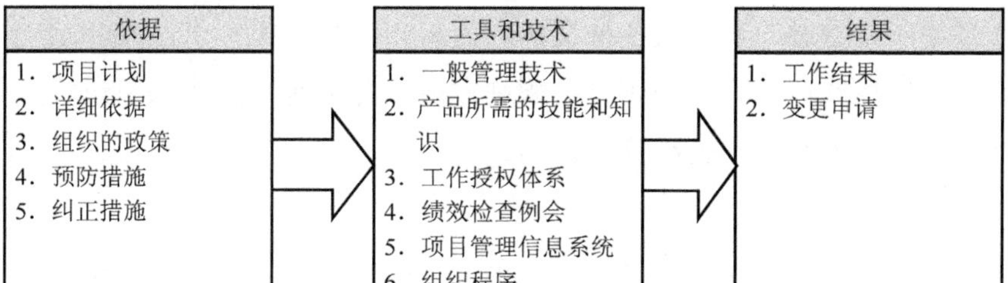

图 10.3　项目实施管理的知识框架

10.3　电子商务项目实施管理

电子商务项目计划制订后，接下来所要做的就是按照计划的要求对电子商务项目实施管理了，电子商务项目实施管理涉及项目管理的方方面面，作为管理者，尤其要综合考虑多方面的情况，做出合理的安排。

10.3.1　电子商务项目范围管理

正如美国凯勒管理研究生院的项目经理威廉.V.黎巴所言，缺少正确的项目定义和范围核实是导致项目失败的主要因素。项目范围管理是确保项目包括成功完成项目所需的全部工作，但又只包括成功完成项目所必需的工作的各个过程，项目范围管理的目的是确定与控制哪些工作应该包含在项目范围之内、哪些不应该包含在项目范围之内。

1．项目范围

项目范围，是指为提供具有规定特征与功能的产品、服务或成果而需要完成的工作。项目范围是否完成是以项目管理计划、项目范围说明书、相应的工作分解结构，以及工作分解结构词汇表作为衡量标准的。

2．项目范围管理

项目范围管理是指对项目范围的定义与控制过程。这个过程用于确保项目组和项目干系人对作为项目结果的项目产品及生产这些产品所用到的过程有一个共同的理解。项目范围管理由 5 个过程组成，分别是：启动、范围计划编制、范围定义、范围核实和范围变更控制。

1）*启动*

启动是指组织正式开始一个项目或继续到项目的下一个阶段。启动过程的一个重要结果就是项目章程。项目章程用来正式承认项目的存在并对项目提供一个概览。

2）*范围计划编制*

范围计划编制是指进一步形成各种文档，为将来项目决策提供基础，这些文档中包括用以衡量一个项目或项目阶段是否已经顺利完成的标准等。作为项目过程的输出，项目组要制订一个范围说明书和范围管理计划。

3）*范围定义*

范围定义是指将项目主要的可交付成果细分成较小的、更易管理的组分。范围定义过程输出就是项目工作分解结构（WBS）。

4）*范围核实*

范围核实是指对项目范围的正式认定。项目主要干系人，如项目客户和项目发起人等要在这个过程中正式接受项目可交付成果的定义。

5）*范围变更控制*

范围变更控制是指对有关项目范围的变更实施控制。主要的过程输出是范围变更、纠正行动和教训总结。

3．工作分解结构（WBS）

前已述及，WBS 范围定义过程的输出，而且 WBS 也是一种重要的分析方法。

可以来看看 WBS。工作分解结构是一种以结果为导向的分析方法，用于分析项目所涉工作，所有这些工作构成了项目的整个范围。这是项目管理的一个非常基础的文件，因为它是计划和管理项目的进度、成本和变更的基础。项目管理专家认为，没有包含在 WBS 里的工作是不应该做的。

WBS 常常表示为一个任务导向的活动家族图。通常是围绕项目产品或项目阶段展开的。它有点像组织结构图，人们可以通过它看到整个项目图景及每一个主要的组成部分。图 10.4 是一个企业内部网项目的 WBS。注意：这里的产品内容成了该 WBS 设计的结构基础。在这个例子中，WBS 有一项是进行网络站点的设计，还有企业内部网的主页、市场部的网页及销售部的网页等。

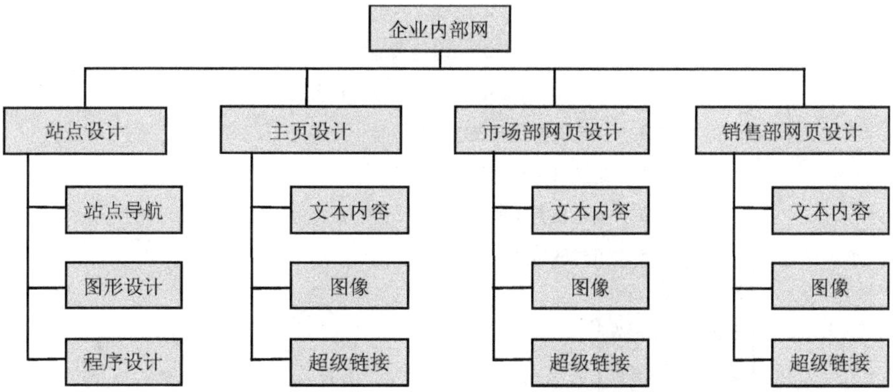

图 10.4　按产品进行组织的企业内部网项目的 WBS 示例

相反，同样一个企业内部网项目的 WBS 还可以按项目阶段来设计，如图 10.5 所示。注意，这里的概念、站点设计、站点开发、投入使用、维护等成为 WBS 设计的结构基础。

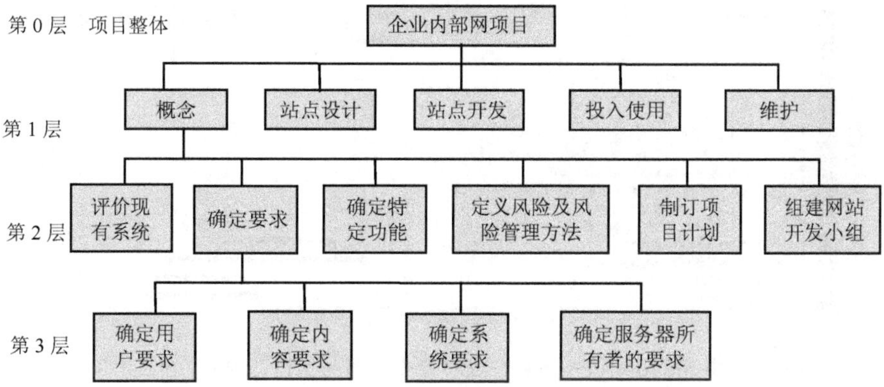

图 10.5　围绕项目阶段设计的企业内部网项目的 WBS

同样，还是这个 WBS，在表 10.2 中给出了表格的形式，其中各项内容都没有改变，但序号及任务项的缩进表示了该 WBS 的结构。这种表格形式运用很广泛，在合同中就经常用到。

图 10.6 显示了用 Microsoft Project 生成的以项目阶段为导向的企业内部网项目的 WBS，其中标有同样的序号。从这个图上还可以看出，WBS 是项目进度计划的基础。注意，WBS 处于该图的左边，生成的甘特图在图的右边。

表 10.2　用表格形式表示的企业内部网的 WBS

1.0 概念		
	1.1 评价现有系统	
	1.2 确定要求	
		1.2.1 确定用户要求
		1.2.2 确定内容要求
		1.2.3 确定系统要求
		1.2.4 确定服务所有人的要求
	1.3 确定特定功能确定需求	
	1.4 定义风险和风险管理办法	
	1.5 制订项目计划	
	1.6 组建网站开发小组	
2.0 站点设计		
3.0 站点开发		
4.0 投入使用		
5.0 维护		

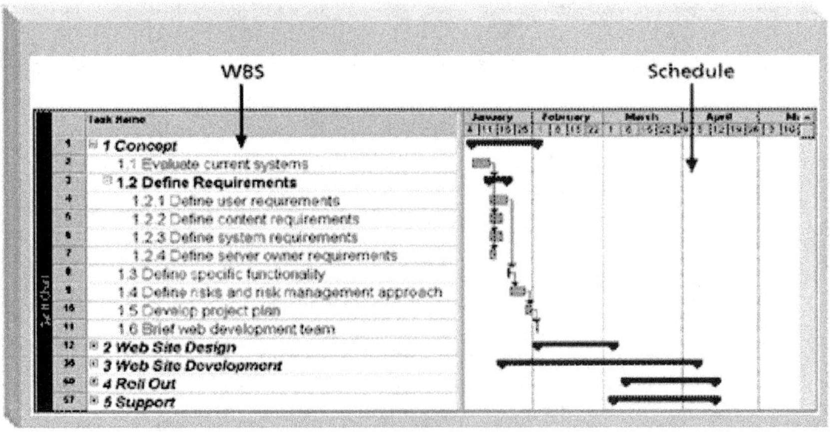

图 10.6　用 Microsoft Project 生成的企业内部网项目的 WBS 和甘特图

图 10.4、图 10.5、表 10.2 中的分解结构都在以层级形式表述有关内容。WBS 的最

顶层即第 0 层，代表整个项目。紧接着一个层面是第 1 层，用以表示主要的项目产品或主要的项目阶段。第 2 层则包含了第 1 层所含的主要子项。

在 WBS 的最低层指的就是工作包。工作包就是指处于工作分解结构最低层的可交付成果或产品。总的规则是，WBS 中的每一个工作包都意味着大约 80 小时的工作任务。还可以从责任块与工作汇报的角度来看工作包的概念。如果某个项目要求的时间相对比较短，并要求每周有一个进度报告，那么一个工作包可能代表 40 小时的工作任务。另外，如果某个项目时间很长，并要求每季度有一个进度报告，那么一个工作包就可能意味着一百多个小时的工作任务了。

10.3.2　电子商务项目进度管理

1．电子商务项目进度管理的概念

电子商务项目进度管理又叫电子商务项目时间管理，是为确保电子商务项目按时完成所进行的各项过程。这些过程包括采用科学的方法对电子商务项目范围所包括的活动及其之间的相互关系进行分析，对各项活动所需的时间进行估算，并在项目总时间期限内进行合理的安排，控制各个活动的开始时间和结束时间。一个电子商务项目的时间和资源是有限的，良好的时间管理可以在满足项目时间要求的情况下，使资源配置和成本达到最佳状态。

2．电子商务项目进度管理涉及的主要过程

一个完整的电子商务项目进度管理涉及以下主要过程。

（1）活动定义。活动定义即确定为产生项目各种可交付成果而必须进行的具体的计划活动。一项项目活动即一部分工作，一般在 WBS 里面可以找到，它有一个预期的历时、成本和资源要求。

（2）活动排序。活动排序是通过分析各项活动之间的逻辑关系，以科学地确定各项活动的开始和结束的先后顺序。

（3）活动资源估算。活动资源估算即是估算完成各计划活动需要哪些资源及每种资源的数量等，电子商务项目所需的资源包括人力、资金、时间及相关的软、硬件设施等。

（4）制订进度计划。通过分析活动顺序、活动资源估算和资源要求及项目制约因素等，以制订项目进度计划。

（5）进度计划变更控制。控制项目进度表变更。

以上过程彼此相互影响，也与外界的过程交互影响。在实际的执行过程中，每一过程由专人或数人或一组人加以完成。在项目各阶段，每个过程通常至少出现一次。通过

执行电子商务项目管理进度计划的这些过程，使用一些基本的项目管理工具和技术，如甘特图、网络图和关键路径分析等，可以改善项目时间管理。

3．制订进度计划的工具——甘特图

目前制订项目进度计划的工具较多，较常见的有甘特图、PERT 分析和关键路径分析等。甘特图是显示项目信息最常用的工具。

甘特图又称条形图或棒图，是对简单项目进行计划与排序的一种常用工具。解决负荷和排序问题时较为直观。

甘特图是一种最原始的表示工作进度的方法，它可以清楚、明确地表示项目各项工作的开始时间、先后顺序、持续时间、结束时间、总工期等情况，一目了然，因此，在项目管理中被广泛采用。传统的甘特图的主要缺点是不能反映工作之间的相互限制关系，如果一项工作被延误，将不能反映出其他一些工作受到什么影响。如今，大多数人们使用项目管理软件来创建更复杂的甘特图，因而也可以很容易地改进甘特图、更新信息。

如图 10.7 显示的是一个软件投放市场项目的较复杂的甘特图，甘特图中的活动应该与工作分解结构中的活动一致。以此图为例，来讲解甘特图中的相关概念及其在甘特图中的表示方法。

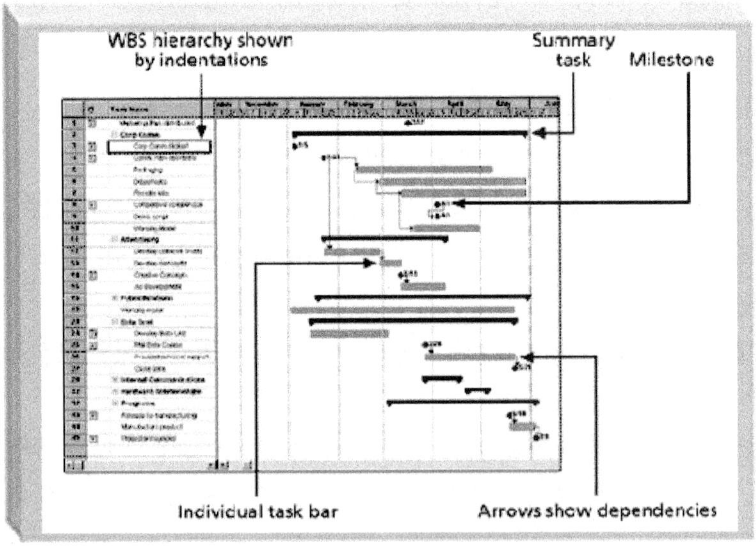

图 10.7　软件投放市场项目甘特图示例

（1）里程碑——黑钻石状的符号代表里程碑，它是具有零历时的重要事件。

（2）总括任务——用在开始与末端具有箭头的粗黑横道儿表示。在大多数的项目管理软件中，用任务和子任务表示 WBS 中的活动。

（3）任务历时——用浅灰色的水平横道表示。例如，任务间的关系——用连接这些

符号的箭线表示。甘特图通常不能反映依赖关系，这也是甘特图最大的缺陷。但是，如果在 Microsoft Project 中建立了依赖关系，这些依赖关系会自动显示在甘特图上。

在使用甘特图时应注意以下几点。

（1）将任务以概要形式列出，并为任务加上编号（和 WBS 统一）。

（2）安排活动顺序， 要注意紧前紧后工作的排序，对于可以同步进行的工作，若安排同步进行，就可以缩短整个项目的工期；例如，xx 和 yy 就可以同步进行，不然工期无法保证。

（3）绘制甘特图时，任务中的缩写词要注意统一，一般甘特图上方数字表示时间，左侧是各项工作的名称，右侧棒线的长度表示工作持续时间。

10.3.3　电子商务项目成本管理

1. 项目成本

项目成本是指在项目实施的每一个过程中所花的费用。项目成本主要包括有形成本和无形成本，有形成本是能够以货币衡量的成本，如项目建设所花费的固定资本和资金；无形成本很难用货币来衡量，如项目开发时的思考时间等。

就一个具体的电子商务项目来说，其成本主要来源于以下几个方面。

（1）人力资源成本。与项目人员相关的成本开销，包括项目成员工薪和红利、外包合同人员和临时雇员薪金、加班工资等。

（2）资产类成本。资产类成本，指产生或形成项目交付物所用到的有形资产，包括计算机硬件、软件、外部设备、网络设施、电信设备、安装工具等。

（3）管理费用。用于项目环境维护，确保项目完工所支出的成本，包括办公室供应、房屋（租金，设备）、支持服务等。

（4）项目特别费用。在项目实施及完工过程中的成本支出，包括差旅费、餐费、会议费、印刷及复印等费用。

2. 项目成本管理

项目成本管理是指在满足项目质量和进度要求的前提下，对项目实施过程中所花费的成本，通过计划、估算、预算和控制等活动实现项目成本目标，并尽可能降低项目成本费用的一种科学的管理活动。项目成本管理过程主要包括以下内容。

（1）资源计划，包括决定为实施项目活动需要使用什么资源（人员、设备和物资），以及每种资源的用量和投入的时间，资源计划的其主要输出是资源需求清单。

（2）成本估算，包括估计完成项目所需资源成本的近似值，成本估算过程的主要输出是成本估算、辅助的细节和成本管理计划。

（3）成本预算，是指将整体成本估算配置到各项项目活动，以建立一个衡量绩效的基准计划，成本预算的主要输出是成本基准计划。

（4）成本控制，包括控制项目成本估算的变化，成本控制过程的主要输出是修正的成本估算、更新预算、纠正行动、完工估算和取得的教训。

10.3.4　电子商务项目质量管理

项目质量管理是项目管理九大知识领域中的重要内容，必须把质量看得与项目范围、时间和成本同等重要。项目质量通常体现在两个方面：一是项目可交付成果的质量；二是项目工作的质量。项目可交付成果的质量指的是可交付成果的使用价值及其属性；项目工作的质量是项目可交付成果质量的保证，它反映了与可交付成果质量直接有关的工作对可交付成果质量的保证程度。项目质量管理的主要目的是确保项目最终能够产出可交付成果，并且产出的可交付成果的各种属性及项目实施过程满足预先设定的要求，满足或超越干系人的需求和期望。

电子商务项目风险大、动态性强、技术革新较快，其质量管理尤为重要。除了要求实施过程的各项指标满足项目干系人的期望外，最终的可交付成果还要求功能上满足客户需求、代码要规范、运行效率要高、安全性要强等。

1．质量管理的发展及一些著名的质量管理专家

从近代质量管理的发展历史来看，大体经历了质量检验管理、统计质量控制和全面质量管理三个阶段，在全面质量管理方面做出贡献的专家学者有 W.爱德华.戴明、约瑟夫.M.朱兰、菲利浦.B.克劳斯比、石川馨等。其中，戴明提出的著名的“戴明环”，朱兰开发了“朱兰三部曲”，克劳斯比开发了提高质量的 14 步骤，石川馨提出了质量圈的概念，并首先应用了鱼翅图。

2．ISO 9000 质量管理体系

ISO 9000 族标准是国际标准化组织（ISO）在 1994 年提出的概念，是指由 ISO/TC176（国际标准化委员会质量管理和质量保证技术委员会）制订的所有国际标准，称为 ISO 9000 族标准。该标准族可帮助组织实施并有效运行质量管理体系，是质量管理体系通用的要求或指南。

2000 年 12 月 15 日，2000 版的 ISO 9000 族标准正式发布实施，2000 版 ISO 9000 族国际标准的核心标准共有四个。

（1）ISO 9000：2000 质量管理体系——基础和术语；

（2）ISO 9001：2000 质量管理体系——要求；

（3）ISO 9004：2000 质量管理体系——业绩改进指南；

（4）ISO 19011：2000 质量和环境管理体系审核指南。

我国也于 1992 年采用了 ISO 国际标准，并发布了 GB/T 19000 系列标准，用于指导我国的质量体系认证工作。根据 ISO 9000：2000 系列标准，于 2000 年 12 月 28 日发布了 GB/T 19000—2000《质量管理体系——基础和术语》、GB/T 19001—2000《质量管理体系——要求》、GB/T 19004—2000《质量管理体系——业绩改进指南》。这一系列标准将是我国在今后一段时间内指导组织建立质量管理体系、进行质量体系认证的主要依据。

3. 电子商务项目质量管理过程

项目的质量管理是一个系统的过程，主要依赖于质量计划、质量控制、质量保证及质量改进所形成的质量保证系统来实现。项目质量管理包括三个主要过程。

（1）质量计划编制。主要是确认与项目有关的质量标准，并决定如何去实现它们。对于一个电子商务项目，质量标准可能包括确定系统必需的功能结构，允许系统的升级、可移植，计划一个合理的响应时间，以及确定系统达到的安全等级等。

（2）质量保证。质量保证是开展规划确定的系统的质量活动，确保项目实施满足要求所需的所有过程。质量保证过程不仅要对项目最终的可交付成果的质量负责，而且要对整个项目过程承担质量责任。

（3）质量控制。质量控制包括监控特定的项目可交付成果，并确保它们遵循了质量计划编制中确认的相关质量标准，并识别提高整体质量的途径。

这三个过程彼此之间及与其他知识领域的过程之间存在相互的影响。根据项目需要，每一过程都包含了一个或多个个人或团体的共同努力。在每个项目阶段中，每一过程一般至少涉及一次。而且在实践中，这三个过程可能会交叉重叠，互相影响。

10.3.5 电子商务项目风险管理

项目风险是指由于项目所处的环境和条件本身的不确定性和项目业主/客户/项目组织或项目其他相关利益主体主观上不能准确预见或控制的影响因素，使项目的最终结果与项目相关利益主体的期望产生背离，并存在给当事者带来损失的可能性。

风险管理是对潜在的意外损失进行识别、评估、预防和控制的过程。它对项目的选择、项目范围的确定、项目进度计划的制订和项目成本的估算等都有积极的影响。项目风险管理已经成为总体项目管理的重要组成部分，它促使项目管理团队着眼于不确定性的未来，制订出合适的行动计划，以防范和避免任何有可能给项目带来不利影响的潜在因素。对于电子商务这类技术发展和更新速度快、安全因素多、不确定性大、环境复杂的项目，风险管理的重要性显得尤为突出。

项目风险管理主要包括风险管理计划编制、风险识别、风险识别、风险评估、风险应对计划编制和风险监控等几个过程。

（1）风险管理计划编制。决定如何采取和计划一个项目的风险管理活动。

（2）风险识别。确定何种风险可能影响项目，并将这些风险的特性整理成文档。

（3）风险评估。对项目中可能发生的各种风险进行估计和度量，估算风险发生的概率和损失的大小等。

（4）风险应对计划编制。开发制订一些程序和技术手段，用来提高实现项目目标的机会并减少对实现项目目标的威胁。

（5）风险监控。对项目风险进行监督，制订合理的风险应对措施，对风险进行控制，以使其对项目影响在允许范围之内。

项目风险管理的这些过程之间相互作用，同时也与其他知识领域中的各种过程相互作用。在每一个项目中，每个过程一般至少会出现一次。我们在讲解的时候是作为彼此独立、相互间有明确界面的组成部分分别介绍的，但在实践中，它们往往会交叉重叠，互相影响。

10.3.6　电子商务项目人力资源管理

正如美国现代管理之父彼得 • 德鲁克（Peter Drucker）所言，“企业或事业的唯一真正资源是人。管理就是充分开发人力资源以做好工作。”人力资源已经成为一个企业的核心竞争力，决定了一个企业或项目的成败。在电子商务这类以智力型和创造性的劳动为主的项目中，人力资源的作用更为重要。如何有效地管理好人力资源也成为项目经理们所面临的最艰巨的挑战。

人力资源管理发展于传统的人事管理，但它与传统的人事管理有着本质的区别。项目人力资源管理是指项目组织对该项目的人力资源所进行的科学的计划、适当的培训、合理的配置、准确的评估和有效的激励等方面的一系列管理工作。项目人力资源管理的目的在于充分发挥项目组织各方面的主观能动性，以实现既定的项目目标和提高项目效益。

项目人力资源管理包括项目组织规划、项目人员的获得与配备、项目组织成员的开发与项目团队的建设等内容。具体内容如图 10.8 所示。

（1）项目组织规划。项目人力资源管理的首要任务是项目组织的规划。项目组织规划是项目整体人力资源的计划和安排，是按照项目目标通过分析预测项目所需的人力资源在时间、数量和质量上的要求。项目组织规划的内容主要包括：项目组织设计、项目组织职务与岗位分析和项目组织工作的设计。

（2）项目人员的获得与配备。项目人力资源管理的第二项任务是项目人员的获得与配备。项目组织通过招聘或其他方式获得项目所需人力资源，并根据所获人力资源的技能、素质、经验、知识等进行工作安排和配备，从而构建成一个项目组织或团队。

（3）项目组织成员的开发。项目人力资源管理的另一项重要任务是项目组织成员的开发。项目组织成员的开发包括：项目人员的培训、项目人员的绩效考评，项目人员的激励与项目人员创造性和积极性的发挥等。这一工作的目的是使项目人员的能力得到充分开发和发挥。

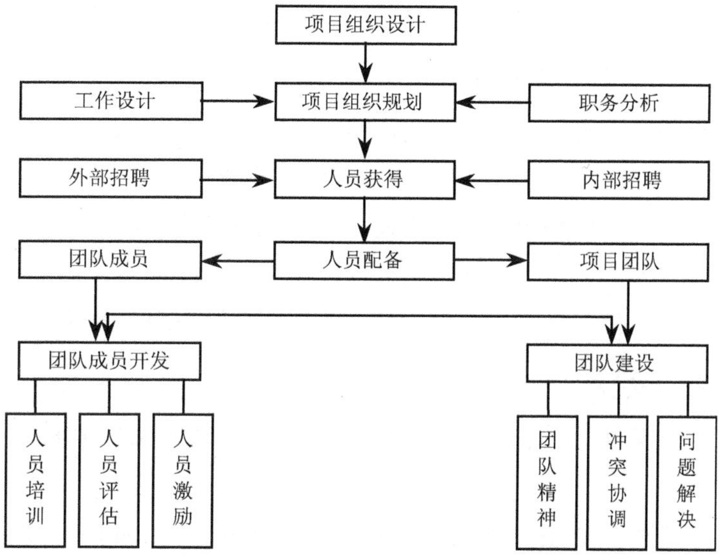

图 10.8　项目人力资源管理内容图

（4）项目团队建设。项目团队建设贯穿于整个项目全过程中，它需要针对具体的项目、具体的项目团队、具体的团队成员去开展实际有效的管理工作。项目团队建设主要包括：项目团队精神文明建设、团队效率提高、团队工作纠纷、冲突的处理和解决，以及项目团队沟通和协调等。

项目人力资源管理不同于项目的其他职能管理，它具有以下特点。

（1）项目人力资源管理强调团队建设。在项目的实施中，项目的所有工作都是以团队的方式完成的，因此，建设一个团结、积极向上的项目团队是项目人力资源管理的首要任务。

（2）项目人力资源管理强调高效快捷。项目团队是一种临时性的组织，在项目人力资源管理中十分强调管理的高效和快捷。除了一些大型和时间较长的项目，一般项目团队的存续时间相对于运营组织而言是很短的，所以必须在项目团队建设和人员开发方面采取高效、快捷的方式与方法，否则很难充分发挥项目人力资源管理的作用。

10.3.7　电子商务项目采购管理

日益全球化的经济为企业利用外部资源提供了便利。利用外部资源可以取得他人的技术，减少资金的投入，克服进入他国市场的障碍，利用他人的地理优势，降低投资风险；利用他人满足客户的急迫要求，保证稳定的原料来源，提高项目成果交付能力等。要做到以上各点，项目管理人员必须提高项目采购和合同管理能力。

项目的采购管理指的是在整个项目过程中有关项目组织从外部寻求和采购各种项目所需资源的管理过程，包括对于项目获得各种商品物料资源和各种劳务的管理。

1. 电子商务项目采购管理的特点

（1）该类项目的技术内容和要求多变，难以准确定义。

（2）该类项目受用户的业务目标的变化、组织策略变化和最终用户习惯的影响很大。

（3）在整个项目生命周期内会受到飞速发展的新技术的影响。

（4）项目周期一般比较短，但缺陷责任期或保修期可能较长。

（5）该类项目几乎做不到没有任何缺陷，其评估只能在用户的使用过程中进行。

2. 采购管理工作过程

各种类型的项目采购，如工程采购、货物采购、咨询服务项目采购或IT项目采购都有其共性。

在美国项目管理协会PMI的项目管理知识体系PMBOK2004版中，项目采购管理的主要过程包括：

（1）采购规划——确定采购何物、及何时、如何采购；

（2）发包规划——记录产品、服务或成果要求，并确定潜在卖方；

（3）询价——根据情况获取信息、报价、投标书、报盘或建议书；

（4）选择卖方——评定报价，选择潜在的卖方，并与卖方洽谈书面合同；

（5）合同管理——管理合同及买卖双方之间的关系，审查并记录卖方当前的绩效或截止到目前的绩效，管理与合同相关的变更，以确定所需要的纠正措施，并在适当时管理与项目外部买方的合同关系；

（6）合同收尾——完成并结算合同，包括解决任何未解决的问题，并就与项目或项目阶段相关的每项合同进行收尾工作。项目采购管理过程如图10.9所示。

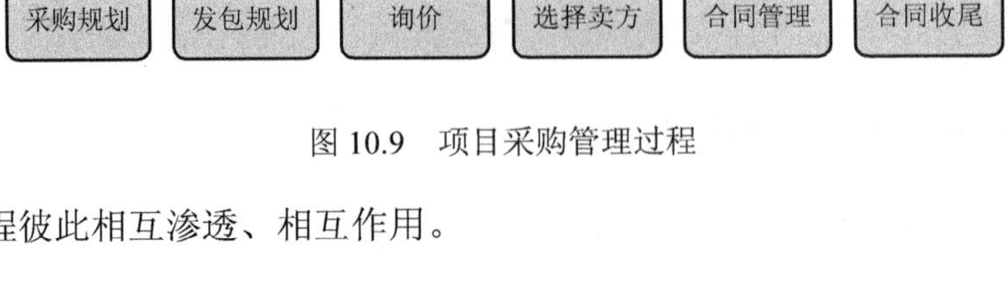

图10.9　项目采购管理过程

上述过程彼此相互渗透、相互作用。

10.3.8　电子商务项目沟通与冲突管理

正如英特尔公司的前任 CEO 安迪·格鲁夫（Andrew S.Grove）所言，“领导公司成功的方法是沟通、沟通、再沟通。”沟通可谓无处不在、无处不需，沟通的好坏已经成为决定组织运行效率乃至企业成败的关键因素。

1．项目沟通管理

1）项目沟通管理的概念

项目沟通管理是指为实现项目目标，对项目实施过程中的各种形式、各种内容的沟通行为进行管理的过程，从而保证项目的有关信息能及时并适当地创建、收集、发送、处理、存储和交流。良好的项目沟通是进行项目活动的一个基础，是项目成功的根本和关键，只有做好项目的沟通管理，才能保证项目其他几个方面的管理得以顺利实施。一个完整的沟通管理系统包括沟通计划编制、信息分发、绩效报告和管理收尾等阶段。

2）影响项目有效沟通的因素

在实际的项目沟通管理中，很多项目经理知道沟通的重要性，也知道怎么去沟通，但就是效果不明显，有时还甚至引出许多问题。沟通不难，但做到有效沟通不简单，以下列举了一些影响项目沟通有效性的因素。

（1）有效的沟通是建立在信任基础之上的；

（2）沟通必须是平等的；

（3）沟通之前必须有一个预定的目标；

（4）必须注意沟通技巧。

沟通技巧包括多方面，如语言的表达方式、沟通时机和场景的选择、肢体语言的选择、聆听的艺术等。

作为一名管理者，还应该主动听取意见，善于聆听，只有善于听取信息才能成为有洞察力的领导者。领导者不仅要倾听，还要听懂员工的意思。在听对方讲话时要专心致志，不要心不在焉；其次，不要心存成见，也不要打断对方讲话、急于做出评价，或者表现出不耐烦，这样会使对方不愿把沟通进行下去；最后，要善解人意，体味对方的情感变化和言外之意，做到心领神会。

2．冲突

前已述及，沟通很重要，事实上，管理者 70%的时间都用在沟通上，管理过程中，70%的问题也是源自缺少沟通或沟通不当。有时候，缺少沟通或沟通不当会应引发冲突，这就涉及电子商务项目管理的冲突管理问题，那么，该如何看待冲突呢？

多数人认为冲突是一件坏事，应尽量避免。然而，在项目工作中冲突是必然存在的，有各种不同意见是正常的，甚至有时冲突对项目团队的建设是有益的。项目工作中的冲突解决也是项目团队学习的好机会，它是项目团队建设工作中的一部分。因此，项目团队必须对冲突有十分清醒的认识。

1）冲突的原因

在项目工作过程中的冲突可能来源于各种各样的原因和情况。它涉及项目团队成员、项目经理及项目业主/客户。项目工作中的几种主要冲突来源包括：工作内容方面的冲突、资源分配方面的冲突、进度计划方面的冲突、预算或成本方面的冲突、项目组织方面的冲突、个体差异造成的冲突。

2）冲突的处理

项目团队中的冲突不能完全靠项目经理来处理和解决，团队成员间的冲突应该由相关项目团队成员来处理和解决。处理冲突的主要方法有五种：其一是回避或撤退，回避或撤退的方法使那些卷入冲突的成员撤出以避免发生冲突升级而形成对抗；其二是竞争或逼迫，竞争或逼迫的方法是一种单赢的冲突解决方法，这种方法认为在冲突中获胜是解决冲突的最好办法，人们甚至会使用各种手段来处理冲突；其三是调停或消除，这一方法是尽力在冲突双方中找出一致的方面，忽视差异的方面，从而消除冲突，这种方法只能缓和冲突但不能彻底解决冲突；其四是妥协与合作，这种方法要求冲突的团队成员寻求一个调和折中的解决方案，使每个成员得到某种程度的满意，从而消除冲突和共同合作；其五是正视冲突和解决问题，这要求团队成员直接正视问题，努力寻求一种双赢的结局，要求以积极的态度对待冲突并就冲突广泛交换意见，尽力找出最好和最全面的冲突解决方案。

除了上述方法以外，项目团队解决冲突的方法还有很多，每种方法都有适合的环境与条件，所以并没有客观评价上述方法好坏的标准，项目团队解决冲突的最佳方法要视冲突双方的个性、冲突的原因、冲突的性质等各种因素而定。但是，有一条是肯定的，项目团队冲突的解决是项目团队建设的一项重要的内容。

10.4　电子商务项目评价

电子商务项目实施总体情况如何，是否实现了项目预期的目标，项目或规划是否合理有效，其产生的经济效益和社会效益如何，这些都涉及电子商务项目评价的问题。事实上，电子商务项目评价有着非常重要的作用，电子商务项目评价首先是一个向实践学习的过程。它是在项目投资完成以后，通过对项目目的、执行过程、效益、作用所进行的全面系统的分析，总结正反两方面的经验教训，使项目的决策者、管理者和建设者学习更加科学合理的方法和策略，提高决策、管理和建设水平。同时，它还是增强投资活动工作者的责任心的重要手段。另外，它还能提高投资决策服务，而且具有重要的监督功能，它与项目的前期评估、实施监督结合在一起，构成了对投资活动的监督机制。

10.4.1　电子商务项目的实施评价

对电子商务项目的实施评价也是一个系统工程，因此有必要对其进行综合评价。

1. 项目综合评价的一般程序

（1）确定电子商务项目的评价目标。

应对项目总目标及分目标给予明确定义，并明确目标之间的主次和隶属关系。

（2）建立综合评价指标体系。

指标在某种程度上体现了项目的目标，同时也是项目目标衡量测定的尺度。

（3）对指标进行标准化处理。

它包括两项内容：一是将指标标准化；二是将指标定义数量化。

（4）确定指标权重。

由于各指标对目标的相对重要程度不同，或者说各指标对目标的贡献不同，因此，对不同指标应赋予不同的权值。

（5）构造综合评价模型。

综合评价结果不是各指标值的简单加总，需要根据一定的数学方法进行处理，其数学方法称为评价模型。

（6）综合评价结果。

根据综合评价模型计算出评价结果。

在这六步中，综合评价指标体系的建立显得尤为重要。

2. 电子商务项目评价的内容

1）电子商务项目实施过程评价

项目的过程评价应对照立项评估或可行性研究报告时所预计的情况和实际执行的过程进行比较和分析。找出差别，分析原因。过程评价一般要分析以下几个方面：

（1）项目的立项、准备和评估；

（2）项目的内容和建设规模；

（3）工程进度和实施情况；

（4）配套设施和服务条件；

（5）受益者范围及其反映；

（6）项目的管理和机制；

（7）财务执行情况。

2）技术评价

技术评价是以投资项目中所采用的技术措施为评价对象。评价的目的是考虑技术措施能否实现系统的整体功能及实现的程度。评价的内容包括软件和硬件系统的先进性、可行性、可靠性、成功率、标准化等。

3）经济效益评价

经济效益评价是指项目竣工后对项目投资经济效果的再评价，它是项目评价的重要组成部分。项目经济效益评价包括财务评价和经济评价（国民经济评价），其评价的原理和主要内容与项目前期评估一样，只是评价的目的和数据取值不同，它是对已发生的财务现金流量和经济流量采用实际值，并按统计学的原理加以处理。

4）项目社会效益评价

项目社会效益评价是指就项目给经济、环境和社会造成的影响进行评价。

具体有以下几个方面。

（1）经济影响评价。主要分析评价项目对所在地区、对电子商务行业和国家所产生的经济方面的影响。经济效益评价要注意和项目效益后评价中的经济分析区别开来，避免重复。评价的内容主要包括分配、就业、国内资源成本（或换汇成本）、技术进步等。由于经济影响评价的部分因素一般只能定性分析，所以可以把这部分内容并入社会影响评价的范畴。

（2）环境影响评价。项目的环境影响评价一般包括项目的污染控制、自然资源利用和保护、区域生态平衡和环境管理等。项目的环境影响评价可对照项目前期评估时批准的“环境影响评价”，重新审定项目环境影响的实际效果，审核项目环境的管理决策、规范、参数的可靠性和实际效果。

（3）社会影响评价。项目的社会影响评价是对项目在社会的经济、发展方面的有形和无形的效益和结果的一种分析，重点评价项目对所在地区和社区的影响。影响一般包括贫困、平等、参与、妇女和持续性等内容。

对于电子商务这类高风险的项目，重点是评价项目可持续性问题。项目的可持续性是指在项目的建设资金投入完成之后，项目的既定目标是否还能继续，项目是否还可以继续发展下去，接受投资的项目业主是否愿意并可能依靠自己的力量继续去实现既定目标，项目是否具有可重复性，即是否可在未来以同样的方式建设同类的项目。

10.4.2　电子商务网站的评价

对电子商务项目的实施评价，其实就是对电子商务项目的一个总体评价，在评价过程中，必然涉及对电子商务网站的评价，有理由认为，电子商务网站就是电子商务项目实施的一个重要结果。当然，对电子商务网站的评价就显得尤为重要了。

1．电子商务网站评价的含义

电子商务网站评价是指根据一定的评价方法和评价内容与指标对电子商务网站运行状况和工作质量进行评估。

2．电子商务网站评价的作用

可以从多个方面来探讨其作用，对被评价的电子商务网站来说，可以扩大知名度，了解行业竞争状况，吸引新用户，增加保持力和忠诚度，促使网站更加重视客户的满意度。

电子商务网站评价的社会需求促使一种新的电子商务模式的产生：比较电子商务。评比网站作为比较电子商务的主要组织形式，是电子商务网站与消费者之间联系的通道，帮助消费者选择合适的网站。另外，评比网站还能监督促进电子商务网站的经营逐渐趋于规范和完善，它关于网站的评价及其评价指标对网站经营管理者具有指导意义。另外，对于顾客来说，电子商务网站评价能够在一定程度上解决商务网站和顾客之间的信息不对称问题。顾客可以根据中立的网站评价结果，获得可靠的各个商务网站的评价信息，从而降低信息搜寻成本，并且有助于更方便、更迅速地选择合适的网站进行商务活动或获得最好的服务。

3．电子商务网站评价的方法

网站评价方法可以分为三类。

第一类是基于软件测量的统计方法，包括网站跟踪统计、软件实时测量和网络计量学方法。

第二类是基于用户行为的数据挖掘方法，包括服务器日志文件数据挖掘和商业价值驱动型评价方法。

第三类是基于指标体系的综合评价方法，包括系统综合评价、信息构建方法、网站服务质量（e-Service Quality）评价和消费者行为评价四种方法。

当然，对于电子商务网站的评价，众多专家学者还提出了其他方法，如调查问卷、专家评议法、网上调查法等，但都应是在系统综合评价中收集数据的方法，不应作为独立的评价方法。

4．电子商务网站评价的内容和指标体系

上述对网站的评价诸多方法，都涉及网站的指标体系的划分问题，简言之，对网站的评价就是运用什么方法从哪些方面来评价。对于商业性网站，可以从以下六个方面进行评价。

（1）界面指标。包括整体视觉效果、美工设计、页面布局、网站结构与分类深度、使用的方便性等。

（2）资讯指标。包括提供信息的数量、质量及种类、信息更新频率、个性化信息服务等。

（3）技术指标。包括站点速度、系统稳定性与安全性、链接的有效性等。

（4）客户服务指标。包括物品配送的收费和配送方式的选择性、送货准时性、顾客支持的水平和质量、个性化定制能力、网站与用户的交互性、个人隐私保护等。

（5）信用指标。诚信是商品交易的基础，调查结果表明：用户经历过“已订了货付了款后而未收到商品”的情形占 15.58%。因此，信用也是重要的考虑因素！此指标的评价可以选取每 1000 笔交易中因为商家的信用问题而导致的纠纷件数。

（6）经营业绩指标。包括网站流量（点击率）、交易额、成本利润率、甚至股票价格等。

本章小结

电子商务项目是指将基于 Internet 的现代电子信息工具运用到商务活动中，在众多限制下开展的有特定商务目标的、相对独立自成一体和有时限的任务。

电子商务项目是一类特殊的项目，电子商务项目管理也是一类特殊的项目管理。电子商务项目管理与现代项目管理之间存在着一定的共性，它也有着一般项目管理的生命周期，包括电子商务项目的概念阶段、规划阶段、实施阶段和收尾阶段。

电子商务项目策划是整个项目管理工作的核心，是决定项目成功的关键因素，主要在项目的概念和规划阶段进行。电子商务项目策划的成功，就意味着一个新项目的诞生，随后就要制订项目计划，电子商务项目的各项实施计划经过论证获得批准后，即可进入实施阶段。电子商务项目实施阶段包括电子商务项目范围管理、电子商务项目进度管理、电子商务项目成本管理、电子商务项目质量管理、电子商务项目风险管理、电子商务项目人力资源管理、电子商务项目采购管理、电子商务项目沟通与冲突管理八个方面。电子商务项目实施总体情况如何，是否实现了项目预期的目标，这就涉及收尾阶段对电子商务项目的评价。

问题讨论

1. 可从哪些方面来撰写电子商务项目策划文案？
2. 电子商务项目管理包括哪几个生命周期阶段？
3. 简述电子商务项目计划的内容。
4. 电子商务项目实施管理包括哪几个方面？
5. 试简述电子商务项目进度管理的主要过程和电子商务项目成本管理过程。
6. 简述电子商务网站评价的内容和指标体系。

实验难点分析——Project在项目管理中的应用

随着计算机技术的迅速发展和普及，项目管理软件成为重要的项目管理工具，它不仅能够通过现代化手段管理项目，而且能够实现项目信息的集成和共享，并进行准确分析和预测，有助于更好地规避项目风险、提高项目管理的工作绩效。其中，Project2003就是一个重要的项目管理软件。对于Project2003的使用，可以结合下面有关电子商务项目管理的案例来探讨。

北京某软件公司要为另一公司开发一个物流信息系统，2008年7月双方签订了项目合同。合同名称即为物流信息系统开发，根据合同，结合项目管理的有关知识来看，需明确下列内容。

1. 项目目标与特点

为了使项目成员更加明确理解项目目标，项目经理需要首先对项目的总目标做出界定。项目经理从交付物、工期和费用三方面向项目组成员做出详细描述。

（1）交付物成果：一套物流信息系统，包括硬件网络系统和软件系统。

（2）工期目标：2008年8月1日开始，最晚于2008年10月15日完成。

（3）预算目标：20万元。

2. 项目基本过程及相关规定

目前，常用的软件开发过程包括三种主要的模型：瀑布模型、迭代模型、螺旋模型。瀑布模型强调开发的阶段性，强调早期计划及需求调查，强调产品测试，但其对于项目风险的控制能力较弱，软件项目常常延期完成或开发费用超出预算，项目开发进度往往会被意外发生的问题所打乱。在早期的软件开发中，瀑布式开发模型应用很普遍。现在，对于需求简单、目标明确的单一部门级应用软件或大型应用软件的部分简单模块，均可采用此种方式。本案例也采用瀑布式开发流程来开发系统。公司的目标是在开发过程中引入项目管理，来降低瀑布式方法的风险。公司采用的这些基本开发流程包括开发环境准备、业务调研、需求分析、系统设计、系统开发、系统交付。其中，业务调研、需求分析与系统交付三个过程由客户与公司共同完成。项目的里程碑事件为业务调研完工与系统开发完工。

项目实施过程中，公司规定在每天下班前，项目团队所有成员都必须通过项目管理平台向项目经理报告项目进度，每周末团队全体成员会召开一周总结会议，协调项目关系，解决项目所遇到的困难。每个月末项目经理都会和客户沟通，汇报项目进展，并且根据客户提出的新的要求做好变更处理。

3. 项目资源与团队构成

项目资源主要包括三类：人、材料、机械。多数项目具备这三种资源，但是软件开发项目具有特殊性，主要使用的资源只有人。在本项目中，人员包括项目经理 1 名、项目助理 2 名、业务专家 2 名、系统分析员 2 名、软件工程师 5 名、硬件工程师 2 名、测试工程师 2 名。除了人力资源外，项目利用的机械资源还包括计算机 10 台、网络服务器 1 台、数据线若干。

在本项目中，项目经理根据项目实际需要，组成了项目团队，并分配了任务，具体如下。

业务专家：在业务调研阶段负责项目流程的分析与改造，并与客户沟通；在系统交付阶段帮助客户测试使用。

系统分析员：对业务进行分析，转换成系统需求，并搭设系统框架。

软件工程师：根据分析员的指示具体实现软件系统各个功能模块。

硬件工程师：根据分析员的指示实现系统的硬件安装与网络连接。

测试工程师：在系统交付阶段对软件程序及功能进行测试。

项目助理：在各阶段辅助其他人员实现各自职能，协调项目进程，及时向项目经理反映项目具体状况与可能存在的问题。

4. 项目工作分解结构

项目的工作分解结构（WBS）包含了项目实施过程的全部工作，一个理想的 WBS 应具备的特点是：

（1）项目的组成明确、清晰、透明；

（2）各项目单位与参与者界限分明，可方便地进行二次拆分；

（3）利于网络计划的建立与分析，利于进度计划控制；

（4）方便项目协调，利于变更处理；

（5）便于建立完整的项目保障体系。

下面是该信息系统开发项目的 WBS 图。

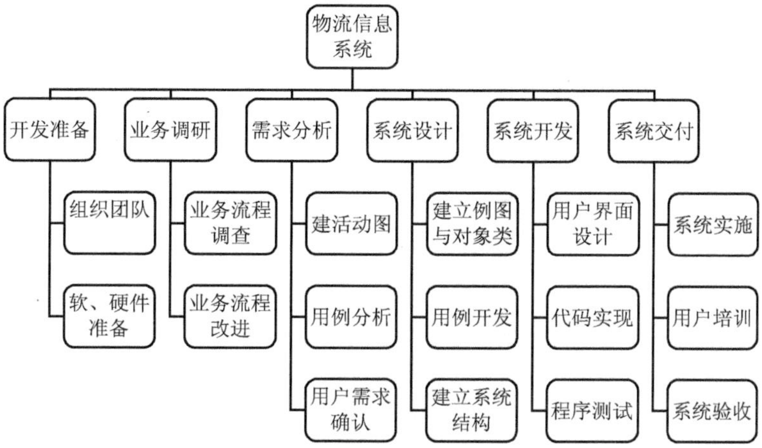

图 10.10　WBS 图

讨论：

请根据以上案例背景说明，结合本章所学有关电子商务项目管理的知识，利用 Project2003 完成案例中项目计划的制订，同时对项目实施过程进行模拟。

第 11 章 电子商务安全管理

内容提要

随着信息技术的进步，电子商务作为一种新的商业运作模式得到了发展，在互联网上开展电子商务的一个首要问题是解决商务过程各环节的安全性和可靠性。任何电子商务系统必须提供高度的安全性、可靠性和可用性，才能赢得客户和商家的认同。

信息技术的进步给电子商务的发展提出了严峻的考验，系统瘫痪、黑客入侵、病毒感染、网页改写、客户资料的流失及公司内部资料的泄露等，严重危害了社会正常的秩序。电子商务既面对巨大的发展机遇，也面临着各种风险。因此，必须重视电子商务安全管理。

电子商务安全是指通过制订安全策略，并在安全策略的指导下构建一个完整的综合保障体系，来规避信息传输风险、信用风险、管理风险和法律风险，以保证网上交易的顺利进行。

本章重点

- 信息安全管理 PDCA 模型；
- 信息安全管理体系；
- 信息安全标准；
- 电子商务信用管理；
- 电子商务风险评估。

11.1 信息安全管理原理

信息安全是一个系统的概念，安全问题不仅是技术问题，更重要的还在于管理。信息安全管理需求对信息系统的各个环节进行统一的综合考虑、规划和构架，并要时时兼顾组织内外不断发生的变化。

11.1.1 信息安全管理的重要性

信息安全是指信息系统的系统资源与信息资源不受自然和人为有害因素的威胁和危害，防止窃取、篡改和非法操作。信息安全问题是国家信息化建设的关键问题，对信息安全问题的重视和解决程序，将直接制约信息化进程和发展。

信息安全“三分靠技术，七分靠管理”，目前组织普遍采用现代通信、计算机、网络技术来构建组织的信息系统，大多数组织的最高管理层对信息资产所面临的威胁的严重性认识不足，缺乏明确的信息安全方针、完整的信息安全管理制度，相应的管理措施不到位，这些都是造成信息安全事件的重要原因。组织应该用合适的管理和规程来支持信息安全，在要求规范和设计阶段把信息安全控制结合进去，把信息安全控制做得更加有效。

随着互联网的快速发展和普及，它所面临的各种安全问题成了人们关注的热点。信息安全已成为关系到国家、企业安全的重大问题。一方面，通过计算机安全模块所构筑的信息安全屏障逐渐增多；另一方面，计算机犯罪越来越猖獗，计算机犯罪所使用的技术手段也越来越高明。国际上，有关非法侵入计算机网络的事件层出不穷，给各国的政治经济秩序造成极大损失。

信息安全主要是为了实现以下目标：对信息的来源进行判断，保证信息的真实性，对伪造来源的信息予以鉴别；保证机密信息不被窃听，即便被窃听也不能了解信息的真正含义；保证数据的完整性，防止数据被非法用户篡改；保证合法用户对信息和资源的使用不会被不正当地拒绝；建立有效的责任机制，防止用户抵赖其行为；对信息的传播及内容具有控制能力；对出现的网络安全问题提供调查的依据和手段。

信息安全管理还包括对用户的安全教育，建立相应的安全管理机构，不断完善和加强管理功能，实施安全管理，加强信息安全的立法和执法力度等。其目的是利用各种措施来支持安全策略和安全机制的实施及完善，进行与安全有关的信息报告及相关事件的记录，以便审计追踪和依法处理。保障信息安全必须制订相应的安全策略，并在安全策略的指导下构建一个完整的综合保障体系，来规避信息传输风险、信用风险、管理风险和法律风险。

11.1.2 信息安全管理的 PDCA 模型

PDCA 循环是休哈特在 19 世纪 30 年代的构想，随后被戴明引用宣传，并获得普及，所以它也被称为“休哈特环”或“戴明环”。最初，此概念的提出是为了持续改善产品质量，随着全面质量管理理念的深入，该循环在质量管理领域得到广泛使用，取得良好效果。PDCA 是由英文 Plan、Do、Check 和 Action 的第一个字母构成的。PDCA 循环将一个过程抽象为计划、实施、检查、行动四个阶段，每个阶段都有阶段性的任务和目标，四个阶段为一个循环，通过这样一个持续的循环，使过程的目标业绩持续改进。PDCA 具体代表的含义如下：

（1）P（Plan）——计划，确定方针和目标，确定活动计划；

（2）D（Do）——实施，实现计划中的内容；

（3）C（Check）——检查，总结执行计划的结果，注意效果，找出问题；

（4）A（Action）——行动，对总结检查的结果进行处理，成功的经验加以肯定并适当推广、标准化，失败的教训加以总结，以免重现，未解决的问题放到下一个 PDCA 循环。

信息安全管理可以看做动态地对信息安全风险的管理，实现对信息和信息系统的风险进行有效管理和控制。既然信息安全是一个管理过程，则对 PDCA 模型有适用性，结合信息安全管理相关标准 BS7799（ISO27001），信息安全管理过程就是 Plan-Do-Check-Action（计划—实施与部署—监控与评估—维护和改进）的循环过程。信息安全体系（ISMS）的 PDCA 管理模型如图 11.1 所示。

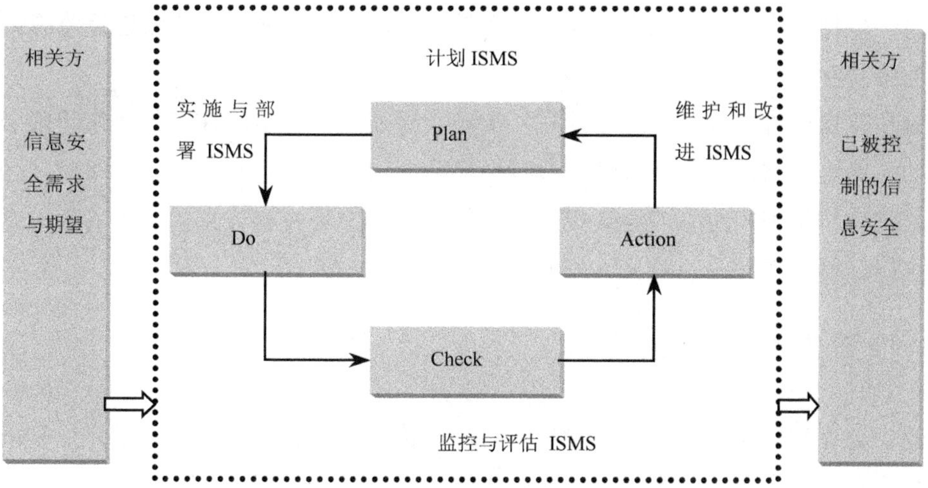

图 11.1 信息安全体系的 PDCA 管理模型

以上四个过程成为一个闭环，通过这个环的不断运转，使信息安全管理体系得到持续改进，使信息安全绩效螺旋上升。

PDCA 在信息安全管理体系中的具体内容如下所述。

（1）计划阶段。

建立信息安全管理体系环境和风险评估。要启动 PDCA 循环，必须有“启动器”，提供必须的资源，选择风险管理方法，确定评审方法、文件化实践。计划阶段就是为了确保正确建立信息安全管理体系的范围和详略程度，识别并评估所有的信息安全风险，为这些风险制订适当的处理策划。

（2）实施与部署阶段。

实施并运行信息安全管理体系。PDCA 循环中这个阶段的任务是以适当的优先权进行管理运作，执行所选择的控制。对于那些被评估认为是可接受的风险，不需要采取进一步的措施；对于不可接受的风险，需要实施所选择的控制，这应该与策划活动中准备的风险处理策划同步进行。策划的成功实施需要有一个有效的管理系统，其中要规定所选择方法、分配职责和职责分离，并且要依据规定的方式方法监控这些活动。在不可接受的风险被降低或转移之后，还会有一部分剩余风险，应对这部分风险进行控制，确保不期望的影响和破坏被快速识别并得到适当管理。本阶段还需要分配适当的资源（人员、时间和资金），运行信息安全管理体系及所有的安全控制。

（3）监控与评估阶段。

监视并评审信息安全管理体系。监控与评估阶段又叫学习阶段，是 PDCA 循环的关键阶段，是信息安全管理体系分析运行效果，寻求改进机会的阶段。如果发现一个控制措施不合理、不充分，就要采取纠正措施，以防止信息系统处于不可接受风险状态，组织应该通过多种方式检查信息安全管理体系是否运行良好，并对其业绩进行监视。

（4）维护和改进阶段。

改进信息安全管理体系。经过计划、实施、检查之后，组织在维护改进阶段必须对所策划的方案给以结论，是应该继续执行，还是应该放弃，重新进行新的策划。当然，该循环给管理体系带来明显的业绩提升，组织可以考虑是否将成果扩大到其他的部门或领域，这就开始了新一轮的 PDCA 循环。

11.2　信息安全管理体系

信息安全管理体系是机构高层管理人员用以监控信息安全、减少商业风险和确保安全管理体系持续符合企业、客户及法律要求的手段。

11.2.1　安全管理体系的建立

信息安全管理体系（Information Security Management System，ISMS）是一个系统化、

程序化和文件化的管理体系，基于系统、全面、科学的安全风险评估，体现以预防控制为主的思想，强调遵守国家有关信息安全的法律法规及其他合同方要求，强调全过程和动态控制，本着控制费用与风险平衡的原则，合理选择安全控制方式，保护组织所拥有的关键信息资产，使信息风险的发生概率和结果降低到可接受的水平，确保信息的保密性、完整性和可用性，保持组织业务运作的持续性。

加强信息安全除了采取一定的安全技术措施以外，还要有完善的安全策略和良好的内部管理。信息安全管理体系就是组织在整体或特定范围内建立的信息安全方针和目标，以及完成这些目标所用的方法和体系。它是直接管理活动的结果，表示为方针、原则、目标、方法、计划、活动、程序、过程和资源的集合。组织可以参照信息安全管理模型，按照先进的信息安全管理标准建立、组织完整的信息安全管理体系并实施与保持，达到动态、系统、全员参与、制度化、以预防为主的信息安全管理方式，用最低的成本达到可接受的信息安全水平，从根本保证业务的连续性。

基于最新国际标准 ISO/IEC27001:2005 的信息安全管理体系是目前国际上先进的信息安全解决方案，正在被越来越多的组织所采用。它运用 PDCA 过程方法和 133 项信息安全控制措施来帮助组织解决信息安全问题，实现信息安全目标。

如图 11.1 所示，在 Plan 阶段，就需要遵照 BS7799 等相关标准、结合企业信息系统实际情况，建设适合于自身的 ISMS 信息安全管理体系。

ISMS 的构建包含以下主要步骤。

（1）应用组织的业务性质、组织、方位、资产和技术确定 ISMS 的范畴和安全边界，即确定信息安全管理体系的范围。

（2）应用组织的业务性质、组织、方位、资产和技术定义信息安全策略、方针和指南。

（3）确定风险评估的系统化的方法，为信息安全管理体系建立方针和目标以降低风险至可接受的水平。

（4）确定风险，在信息安全管理体系的范围内，识别资产及其责任人、对这些资产的威胁、可能被威胁利用的脆弱性。

（5）评价风险，评估由安全故障带来的业务损害，估计风险的等级。

（6）识别和评价处理风险的可选措施，应用合适的控制措施，有目的地接受风险、避免风险、转移相关业务风险到其他方面。

（7）选择控制目标和措施处理风险，根据风险评估和风险处理过程的结果调整。

（8）准备一份适用性声明。

（9）实施和运营初步的 ISMS 体系。

（10）对 ISMS 运营的过程和效果进行监控。

（11）在运营中对 ISMS 不断进行优化。

11.2.2　安全管理体系的运行

1. 信息安全管理体系的试运行

信息安全管理体系运行的初期即试运行期，在此期间，运行的目的是要在实践中检验体系的充分性、适用性和有效性。在体系试运行期，通过实施 ISMS 手册、程序和各种作业指导性文件等一系列体系文件，实现体系各项功能，及时发现体系本身存在的问题，找出问题的根源，采取纠正措施，并按照更改控制程序要求对体系予以更改，以达到进一步完善信息安全管理体系的目的。

在 ISMS 实施的过程中，重点注意以下问题：领导带头支持宣传贯彻执行 ISMS 的有关规章制度，明确各级员工信息安全职责；有针对性地宣传贯彻 ISMS 文件；完善信息反馈与信息安全协调机制；加强对 ISMS 运行信息的管理。

2. 保持信息安全管理体系的持续有效

信息安全管理体系通过试运行，体系的充分性和适用性得到保证，下一步进入正式运行阶段，保持信息安全体系的持续有效。组织可以通过定期审核来检验体系的有效性，并对发现的问题采取及时纠正，并检验纠正后的实施结果，信息安全管理体系的运行环境不可能永远保持不变，当组织的信息系统、组织结构等情况发生重大变更时，组织应根据风险评估的结果对体系进行适当的调整。

ISMS 毕竟仅提供一些原则性的建议，如何将这些原则性的建议与各个组织单位自身的实际情况相结合，构架起符合组织自身状况的 ISMS，并使有效运行，才是真正具有挑战性的工作。在建立和运行安全的信息系统时，信息安全技术、信息安全产品是信息安全管理的基础，信息安全管理是信息安全的关键，人员管理是信息安全管理的核心，信息安全策略是进行信息安全管理的指导原则，信息安全管理体系规范建立与有效运行是实现信息安全管理最为有效的手段。

11.2.3　安全管理体系的评审

1. 管理评审

管理评审指组织的最高管理者按规定的时间间隔对信息安全管理体系进行评审，以确保体系的持续适宜性、充分性和有效性。

管理评审的总目标是检查信息安全管理体系的有效性，以识别需要的改进和需要采取的行动。在确定目前的安全状态是否令人满意的同时，应注意技术的变化和业务需求的变化及新威胁和脆弱点的发生，以预测信息安全管理体系未来的变化并确保其在未来持续有效。评审应包括评价信息安全管理体系改进的机会和变更的需要，包括安全方针和安全目标。评审的结果应清楚地文件化，保持管理评审的记录。

2．评审的输入与输出

1）评审输入

管理评审的输入应包括以下方面的信息：

（1）信息安全管理体系审核和评审的结果；

（2）相关方的反馈；

（3）可以用于组织改进其信息安全管理体系绩效和有效性的技术、产品或程序；

（4）预防和纠正措施的状况；

（5）以前风险评估没有足够强调的脆弱性或威胁；

（6）以往管理评审的跟踪措施；

（7）任何可能影响信息安全管理体系的变更；

（8）改进的建议。

2）评审输出

管理评审的输出应包括以下方面有关的任何决定和措施：

（1）对信息安全管理体系有效性的改进；

（2）修改影响信息安全的程序，必要时，回应内部或外部的可能影响信息。

3．评审信息安全管理体系的措施

（1）执行监控程序和其他控制措施，以实时探测处理结果中的错误，及时识别失败和成功的安全破坏和事故，能够使管理层确定分派给员工的或通过信息技术实施的安全活动是否达到了预期的目标，确定解决安全破坏的行动是否反映了运营的优先级。

（2）进行常规的信息安全管理体系有效性的评审，考虑安全评审的结果、事故，以及来自所有利益相关方的建议和反馈。

（3）评审残余风险和可接受风险的水平，考虑以下方面的变化：组织、技术、业务目标和过程、识别威胁、外部事件。

（4）在计划的时间段内实施内部信息安全管理体系审核。

（5）经常进行信息安全管理体系管理评审，以保证信息安全管理体系的范围仍然足够。

（6）记录所采取的行动和能够影响信息安全管理体系的有效性或绩效性的事件。

11.2.4　安全管理体系的认证

所谓认证，即由认证机构依据特定的审核准则，按照规定的程序和方法对受审核方实施审核，以确定特定事项的符合性的活动。认证的基础是标准，认证的方法包括对产品的特性的抽样检验和对组织体系的审核与评定，认证的证明方式是认证证书与认证标志。

信息安全管理体系认证是一个组织证明其信息安全水平和能力符合国际标准要求的有效手段，它将帮助组织节约信息安全成本，增强客户、合作伙伴等相关方的信心和信任，提高组织的公众形象和竞争力。

ISO/IEC27001:2005 是信息安全管理体系认证标准，该标准旨在确保选择充分而合适的安全控制措施，采用过程方法建立、实施、运行、监控、审查、维护和改信息安全管理体系。

针对 ISO/IEC27001:2005 的受认可的认证，是对组织信息安全管理体系符合 ISO27001 要求的一种认证。这是一种通过权威的第三方审核之后提供的保证。受认证的组织实施了信息安全管理体系，并且符合 ISO27001 标准的要求。通过认证的组织，将会被注册登记，并且与认证委员会、DTI 及 ISMS IUG 的国际网络相联系。

ISO27001:2005 信息安全管理体系，需要企业在安全方针、组织信息安全、资产管理、人力资源安全、实体和环境安全、通信和运作管理、访问控制、信息系统获得、开发和维护、信息安全管理、业务连续性管理、符合性等方面达到信息安全管理体系规定的要求标准，保证重要信息资产的保密性、完整性和可用性。

组织在建立并实施 ISMS 之后应该运行一段时间，确保体系功能正常、用户得到有效培训、文件和记录系统运转正确，一旦 ISMS 根据设计规范运转达到了令组织满意的状态，就可以联系一家被认可的认证机构，准备相关资料，提出认证申请。

ISO/IEC27001:2005 认证审核的过程大致分两个阶段，即文件审核阶段和现场审核阶段，当然，有时候为了稳妥，组织可以选择在正式审核之前进行一次预审核。整个审核过程如图 11.2 所示。

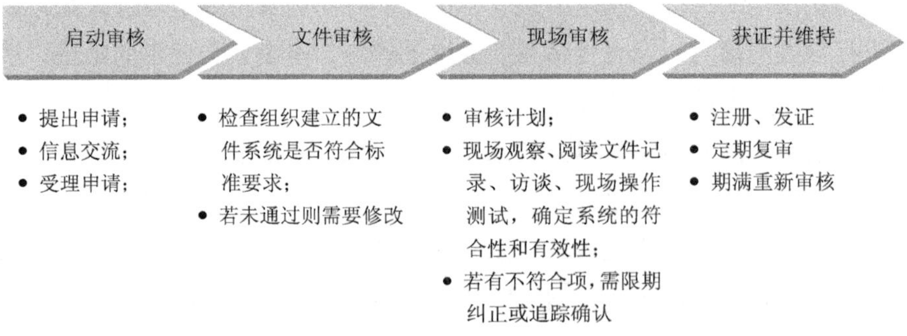

图 11.2　ISO27001 认证审核过程

11.3　安全标准及法律法规

随着信息安全技术的不断发展，信息安全标准及法律法规也不断得到完善和发展，国际比较著名的有 ISO/IEC27001、ISO/IEC15408（CC）、SSE-CMM、ITIL 等。有一些地区还有适合本地区的地方标准，我国也制订了符合本地区的信息安全标准与法律法规。

11.3.1　BS7799

BS7799 是英国标准协会（BSI）针对信息安全管理而制订的一个标准，该标准具有很高的权威性。BS7799 于 1993 年由英国贸易工业部立项，1995 年首次出版 BS 7799-1:1995《信息安全管理实施细则》，它提供了一套综合的、由信息安全最佳惯例组成的实施规则，其目的是作为确定工商业信息系统在大多数情况所需控制范围的参考基准，并且适用于大、中、小组织。1998 年英国公布标准的第二部分 BS 7799-2《信息安全管理体系规范》，它规定信息安全管理体系要求与信息安全控制要求，它是一个组织的全面或部分信息安全管理体系评估的基础，它可以作为一个正式认证方案的根据。

BS7799-1 与 BS7799-2 经过修订于 1999 年重新予以发布，1999 版考虑了信息处理技术，尤其是在网络和通信领域应用的近期发展，同时，还非常强调商务涉及的信息安全及信息安全的责任。2000 年 12 月，BS7799-1:1999《信息安全管理实施细则》通过了国际标准化组织 ISO 的认可，正式成为国际标准 ISO/IEC17799-1:2000《信息安全管理实施细则》。2002 年 9 月 5 日，BS7799-2:2002 草案经过广泛的讨论之后，终于发布成为正式标准，同时，BS7799-2:1999 被废止。BS7799 标准得到了很多国家的认可，是国际上具有代表性的信息安全管理体系标准。

2005 年 6 月，ISO 对 ISO/IEC17799-1:2000 进行了较大幅度的修订后重新发布，即 ISO/IEC17799:2005。ISO/IEC17799 从 2007 年 4 月正式更名为 ISO/IEC27002，更名后的标准已于 2007 年 6 月 15 日正式出版发行。2005 年 10 月 ISO27001:2005 出版，取代了之前的 BS7799-2:2002。7799 系列标准的编号将会发生一定的改变，更改为 ISO27001 系列，随着信息技术的发展和电子商务及 Internet 应用的普及，目前正逐渐为业界所接受。

BS7799 作为信息安全管理领域的一个权威标准，最大意义就在于它给管理层一整套可量体裁衣的信息安全管理要项、一套与技术负责人或在高层会议上进行沟通的共同语言及保护信息资产的制度框架。

BS7799 将 IT 策略和组织发展方向统一起来，确保 IT 资源用得其所，使与 IT 相关的风险受到适当的控制。该标准通过保证信息的机密性、完整性和可用性来管理和保护组织的所有信息资产，通过方针、惯例、程序、组织结构和软件功能来确定控制方式并实施控制，组织按照这套标准管理信息安全风险，可持续提高管理的有效性，不断提高自身的信息安全管理水平，降低信息安全对持续发展造成的风险，最终保障组织的特定安全目标得以实现，进而利用信息技术为组织创造新的战略竞争机遇。BS7799 主要提供了有效地实施 IT 安全管理的建议，介绍了安全管理的方法和程序。用户可以参照这个完整的标准制订出自己的安全管理计划和实施步骤，为发展、实施和估量有效的安全管理实践提供参考依据。

BS7799 信息安全管理体系标准强调风险管理的思想。传统的信息安全管理基本上还处在一种静态的、局部的、少数人负责的、突击式、事后纠正式的管理方式，导致的结果是不能从根本上避免、降低各类风险，也不能降低信息安全故障导致的综合损失。而 BS7799 标准基于风险管理的思想，指导组织建立信息安全管理系统。

ISO27001 作为参照的信息安全管理最佳惯例，依然在全球范围被接受和采用。如今，ISO27001 已经成为国际标准，ISO27001 所掀起的“浪潮”势必更加激烈。据统计，截至目前，已有二十多个国家和地区引用 ISO27001 作为本国（地区）标准，并有四十多个国家和地区开展了与此相关的业务。

我国台湾和香港地区也已经采用并推广了 BS7799 标准，在我国台湾地区，BS7799-1:1999 被引用为 CNS17799，而 BS7799-2:2002 则被引用为 CNS 17800。在中国内地，BS7799 标准的国标化一直是个热点议题（目前，ISO17799-1:2000 已被转化为 GB/T 19716:2005），而相关的 ISMS 认证工作正在试点运行。

ISO/IEC27001:2005 标准为各类性企业提供保护其客户、知识产权和其他商业信息的平台，同时，也为企业在与其客户进行信息安全交流时提供统一标准，更有助于提高机构信息安全管理水平，增强机构间商业往来的信心与信任。任何使用内部或外部计算机信息系统、拥有机密资料或依赖信息系统进行商务活动的机构均应采用 ISO/IEC27001:2005 标准对信息进行安全管理。

ISO/IEC27001 的宗旨是确保机构信息的保密性、完整性及可用性。为达成上述宗旨，标准共提出了 39 个控制目标及 134 项控制措施。在贯彻 ISO/IEC27001 标准过程中，机构可在其中选择适用于其业务的控制措施，同时也可增加其他的控制措施。而与ISO/IEC27001 相辅的ISO17799:2005 标准是信息安全管理指南，为如何贯彻控制措施提供实施细则。

11.3.2 ISO/IEC15408

ISO/IEC15408（CC）于 1999 年批准为信息技术安全评估准则，它是在 TESEC、ITSEC、CTCPEC、FC 等信息安全标准的基础上综合形成的。由三部分组成：第一部分，简介和一般模型；第二部分，安全功能要求；第三部分，安全保证要求。其中心内容是：当在 PP（安全保护框架）和 ST（安全目标）中描述 TOE（评测对象）的安全要求时，应尽可能使其与第二部分描述的安全功能组件和第三部分描述的安全保证组件相一致。

CC 在第一部分描述了对安全保护框架（PP）和安全目标（ST）的要求。与传统的软件系统设计相比较，PP 实际上就是安全需求的完整表示，ST 则是通常所说的安全方案。

CC 在第二部分和第三部分分别详细介绍了为实现 PP 和 ST 所需要的安全功能要求和安全保证要求，并对安全保证要求进行了等级划分（共分为七个等级）。对于安全功能要求，CC 虽然没有进行明确的等级划分，但是在对每一类功能进行具体描述时，要求上还是有差别的。

CC 框架下的评估类型如下。

（1）PP 评估。PP 评估是依照 CC 第三部分的 PP 评估准则进行的。评估的目标是为了证明 PP 是完备的、一致的、技术合理的，而且适合于作为一个可评估 TOE 的安全要求的声明。

（2）ST 评估。针对 TOE 的 ST 评估是依照 CC 第三部分的 ST 评估准则进行的，ST 评估具有双重目标：首先是为了证明 ST 是完备的、一致的、技术合理的，而且适合于用做相应 TOE 评估的基础；其次，当某一 ST 宣称与某一 PP 一致时，证明 ST 满足该 PP 的要求。

（3）TOE 评估。TOE 评估是使用一个已经评估过的 ST 作为基础，依照 CC 第三部分的评估准则进行的，评估的目标是为了证明 TOE 满足 ST 中的安全要求。

三种评估的关系如图 11.3 所示。

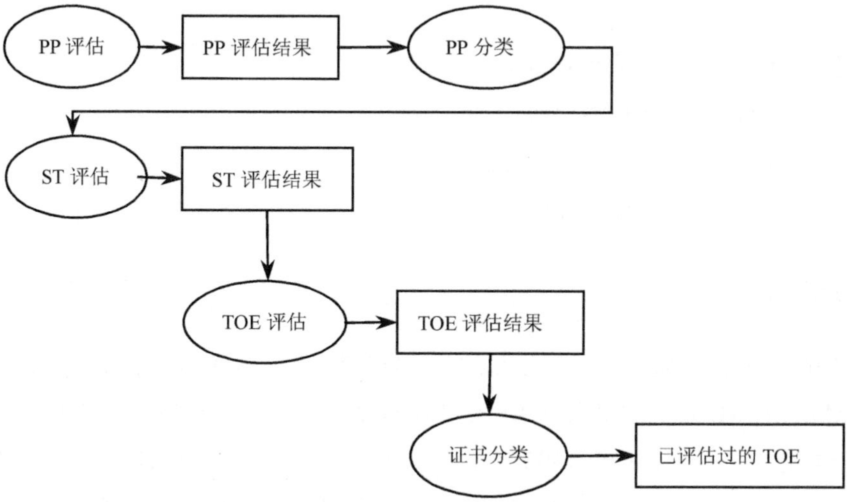

图 11.3　PP、ST 和 TOE 评估的关系

CC 在对安全保护框架和安全目标的一般模型进行介绍以后，分别从安全功能和安全保证两方面对 IT 安全技术的要求进行了详细描述，主要内容如下。

（1）安全功能要求。

CC 将安全功能要求分为以下 11 类：安全审计类、通信类（主要是身份真实性和抗抵赖）、密码支持类、用户数据保护类、标识和鉴别类、安全管理类（与 TSF 有关的管理）、隐秘类（保护用户隐私）、TSF 保护类（TOE 自身安全保护）、资源利用类（从资源管理角度确保 TSF 安全）、TOE 访问类（从对 TOE 的访问控制确保安全性）、可信路径/信道类。

这些安全类又分为族，族中又分为组件。组件是对具体安全要求的描述。从叙述上看，每一个族中的具体安全要求也是有差别的，但 CC 没有以这些差别作为划分安全等级的依据。

如果对 CC 的十一个安全类的内容稍加分析便可看出，其中的前七类的安全功能是提供给信息系统使用的，而后四类安全功能是为确保安全功能模块（TSF）的自身安全而设置的。因而，可以看成是对安全功能模块自身安全性的保证。

（2）安全保证要求。

安全保证要求在对安全保护框架和安全目标的评估进行说明以后，将具体的安全保证要求分为以下 8 类：配置管理类；分发和操作类；开发类；指导性文档类；生命周期支持类；测试类；脆弱性评定类；保证的维护类。

按照对上述 8 类安全保证要求的不断递增，CC 将 TOE 分为如下 7 个安全保证级。

第一级：功能测试级。

第二级：结构测试级。

第三级：系统测试和检查级。

第四级：系统设计、测试和复查级。

第五级：半形式化设计和测试级。

第六级：半形式化验证的设计和测试级。

第七级：形式化验证的设计和测试级。

11.3.3　SSE-CMM

SSE-CMM 是系统安全工程能力的成熟度模型（Systems Security Engineering Capability Maturity Model）的缩写。SSE-CMM 模型是 CMM 在系统安全工程这个具体领域应用而产生的一个分支，源于 1993 年 5 月美国国家安全局发起的研究工作，专门用于系统安全工程的能力成熟度模型。SSE-CMM 第一版于 1996 年 10 月出版。1999 年 4 月，SSE-CMM 模型和相应评估方法 2.0 版发布。2002 年被国际标准化组织采纳成为国际标准 ISO/IEC21827:2002《信息技术系统安全工程——成熟度模型》。我国国家质量监督检验检疫总局和国家标准化管理委员会于 2006 年 3 月 14 日通过 GB/T 20261-2006《信息技术系统安全工程能力成熟度模型》的国家标准，并于同年 7 月 1 日正式执行。

SSE-CMM 确定了一个评价安全工程实施的综合框架，提供了度量与改善安全工程学科应用情况的方法。SSE-CMM 项目的目标是将安全工程发展为一整套有定义的、成熟的及可度量的学科。SSE-CMM 模型及其评价方法可达到以下目的。

（1）将投资主要集中于安全工程工具开发、人员培训、过程定义、管理活动及改善等方面。

（2）基于能力的保证，也就是说这种可信性是建立在对一个工程组的安全实施与过程成熟性的信任之上的。

（3）通过比较竞标者的能力水平及相关风险，可有效地选择合格的安全工程实施者。

SSE-CMM 描述的是为确保实施较好的安全工程，过程必须具备的特征，SSE-CMM 描述的对象不是具体的过程或结果，而是工业中的一般实施。这个模型是安全工程实施的标准，它主要涵盖以下内容。

（1）它强调的是分布于整个安全工程生命周期中各个环节的安全工程活动，包括概念定义、需求分析、设计、开发、集成、安装、运行、维护及更新。

（2）它应用于安全产品开发者、安全系统开发者及集成者，还包括提供安全服务与安全工程的组织。

（3）它适用于各种类型、规模的安全工程组织，如商业、政府及学术界。

尽管 SSE-CMM 模型是一个用以改善和评估安全工程能力的独特的模型，但这并不意味着安全工程将游离于其他工程领域之外实施。SSE-CMM 模型强调的是一种集成，它认为安全性问题存在于各种工程领域之中，同时，也包含在模型的各个组件之中。

目前，SSE-CMM 已经成为西方发达国家政府、军队和要害部门组织和实施安全工程的通用方法，是系统安全工程领域里成熟的方法体系，在理论研究和实际应用方面具有举足轻重的作用。我国国家及军队信息安全测评认证中心已准备将 SSE-CMM 作为安全产品和信息系统安全性检测和认证的标准之一。

11.3.4　ITIL

信息技术基础设施框架（Information Technology Infrastructure Library，ITIL），是英国政府中央计算机与电信管理中心（CCTA）在 20 世纪 80 年代开发的一套 IT 服务管理标准库，CCTA 又在 HP、IBM、BMC、CA、Peregrine 等主流 IT 资源管理软件厂商所做出的一系列实践和探索的基础之上，总结了 IT 服务的最佳实践经验，形成了一系列基于流程的方法，旨在提高 IT 资源的利用率和服务质量。20 世纪 90 年代初期，ITIL 被引入欧洲其他国家，成为欧洲事实上的 IT 服务管理标准。自 CCTA 并入英国政府商务部（OGC）后，ITIL 版权、发行属 OGC 所有，2001 年 OGC 开始更新 ITIL，发布英国国家标准 BS15000，2002 年 BS15000 被国际标准化组织（ISO）接纳，启动了 ITSM 的标准化历程。

ITIL 目前已经成为业界通用的事实标准，是业界普遍采用的一系列 IT 服务管理的实际标准及最佳实践指南，这套标准被欧洲、美洲和澳洲的很多企业采用，目前全球已经有 1 万多家知名的公司在参考其中的方法管理自己的 IT系统。

ITIL 包含如何管理 IT 基础设施的流程描述，它以流程为向导、以客户为中心，通过整合 IT 服务与企业服务，提高企业的 IT 服务提供和服务支持的能力和水平。ITIL 可以引导组织高效和有效地使用技术，让既有的信息化资源发挥更大的效能。

ITIL 主要包括六个模块，即服务管理、业务管理、ICT 基础架构管理、IT 服务管理规划与实施、应用管理和安全管理。服务管理是核心模块，该模块包括服务提供和服务支持两个流程组。ITIL 构成的框架如图 11.4 所示。

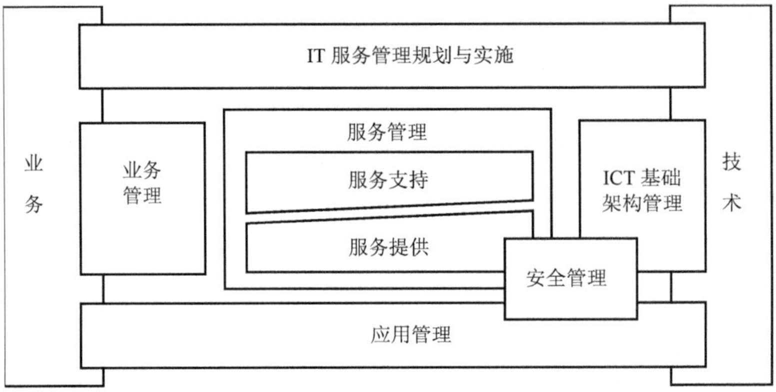

图 11.4　ITIL 的构成框图

1. 服务管理

服务管理是 ITIL 的核心模块，服务管理模块一共包括了十个流程和一项职能，这些流程和职能又被归结为两大流程组，即“服务提供”和“服务支持”。其中服务支持流程组归纳了与 IT 管理相关的一项管理职能及五个运营级流程，即事故管理、问题管理、配置管理、变更管理和发布管理；服务提供流程组归纳了与 IT 管理相关的五个战术级流程，即服务级别管理、IT 服务财务管理、能力管理、IT 服务持续性管理和可用性管理。

2. 业务管理

ITIL 所强调的核心思想是应该从客户（业务）而不是 IT 服务提供者（技术）的角度理解 IT 服务需求，也就是说，在提供 IT 服务的时候，首先应该考虑业务需求。业务管理这个模块就是用于帮助业务管理者如何利用商业思维分析 IT 问题，深入了解 ICT 基础架构支持业务流程的能力和 IT 服务管理在提供端到端 IT 服务过程中的作用，以及协助他们更好地处理与服务提供方之间的关系，以实现商业利益。

3. ICT 基础架构管理

IT 服务管理的本质也是对 ICT 基础架构的管理，它采取的是一种与通常的管理方法不同的方式，即将对 ICT 管理的任务标准化和模块化，然后打包成服务，按需提供给客户。ICT 基础架构管理模块覆盖了 ICT 基础架构管理的所有方面，从识别业务需求、实施、部署及支持和维护基础架构。其目标是确保提供一个稳定可靠的 IT 基础架构，以支撑业务运作。

4. IT 服务管理规划与实施

ITIL 基本上只告诉人们要做什么，没有告诉如何做，因此，提供一个一般性的规划和实施方法是非常必要的。IT 服务管理规划和实施模块就是用于解决这个问题的。它为客户如何确立远景目标，如何分析现状、确定合理的目标并进行差距分析和如何实施活动的优先级，以及如何对实施的流程进行评审，提供全面指导。

5. 应用管理

IT 服务管理包括对应用系统的支持、维护和运营，而应用系统是由客户或 IT 服务提供者或第三方开发的。IT 服务管理的职能应该合理地延伸，介入应用系统的开发、测试和部署。应用管理模块解决的是如何协调这两者，以使它们一致地服务于客户的业务。

6. 安全管理

安全管理模块是 ITIL1.0 版本发布之后加入的，其目标是保护 IT 基础架构，使其避免未经授权的使用。安全管理模块为如何确定安全需求、制订安全政策和策略及处理安全事故提供全面指导。

11.3.5　我国的标准与法律法规

信息安全标准和规范是信息化建设的基础，也是指导和规范全国各地网络与信息安全建设的重要依据，意义重大。我国早在 1984 年 7 月就组建了数据加密技术委员会，并于 1997 年 8 月改组成全国信息技术标准化委员会的信息安全技术分委员会，负责制订信息安全的国家标准。全国信息技术标准化技术委员会信息安全分技术委员会和其他各部门，转化了一批国际信息安全基础技术标准。另外，信息产业部、公安部、安全部、国家保密局、国家密码管理委员会等相继制订、颁布了一批信息安全的行业标准，为推动信息安全技术在各行业的应用和普及发挥了积极的作用。目前初步形成了我国信息安全标准体系，如图 11.5 所示。

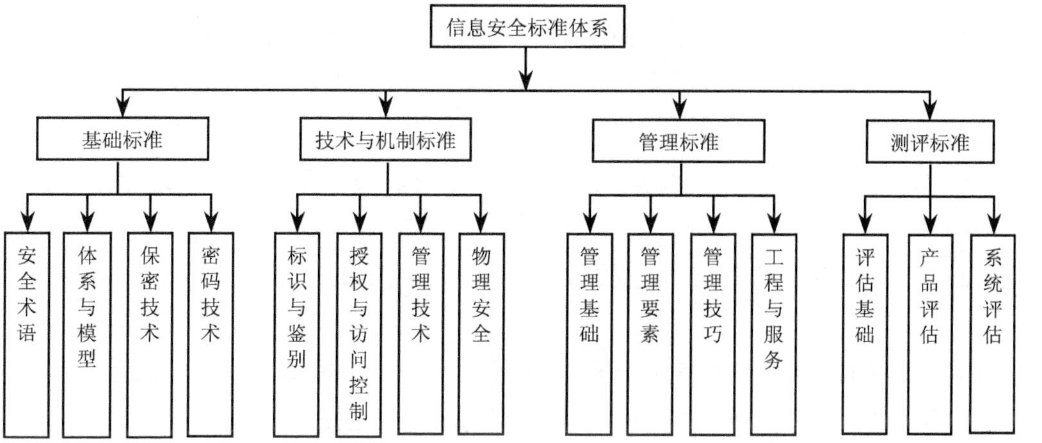

图 11.5　我国信息安全标准体系

最近几年，我国加大了信息安全管理体系建设，并取得了很大成绩。首先，完成了信息安全管理体系国际标准ISO/IEC27001:2005和ISO/IEC27002:2005的转化工作；其次，我国在参与信息安全管理体系国际标准化活动方面取得突破，由我国提交的国际标准提案《信息安全管理体系审核指南》已成为国际标准项目（ISO/IEC27007）；再次，我国信息安全管理体系认证需求明显增长，据不完全统计，目前我国获得信息安全管理体系认证证书的机构约有200家，2008年同比增长率超过100%。

信息安全标准化是一项涉及面广、组织协调任务重的工作，需要各界的支持和协作。我国制订信息安全标准的组织有全国信息安全标准化技术委员会、公安部信息系统安全标准化技术委员会、中国通信标准化协会网络与信息安全技术工作委员会，除上述三个专业性信息安全标准化组织外，我国其他有关主管部门和地方政府也发布了部分信息安全行业标准或地方标准。

全国信息技术标准化技术委员会发布的与信息安全相关的标准简述如下。

（1）GB/T 15843.1—1999 信息技术 安全技术 实体鉴别 第1部分：概述。

（2）GB 15843.2—1997 信息技术 安全技术 实体鉴别 第2部分：采用对称加密算法的机制。

（3）GB/T 15843.3—1998 信息技术 安全技术 实体鉴别 第3部分：用非对称签名技术的机制。

（4）GB/T 15843.4—1999 信息技术 安全技术 实体鉴别 第4部分：采用密码校验函数的机制。

（5）GB 15851—1995 信息技术 安全技术 带消息恢复的数字签名方案。

（6）GB 15852—1995 信息技术 安全技术 用块密码算法作密码校验函数的数据完整性机制。

（7）GB 17859—1999 计算机信息系统 安全保护等级划分准则。

（8）GB/T 17901.1—1999 信息技术 安全技术 密钥管理 第1部分：框架。

（9）GB/T 17902.1—1999 信息技术 安全技术 带附录的数字签名 第1部分：概述。

（10）GB/T 17903.1—1999 信息技术 安全技术 抗抵赖 第1部分：概述。

（11）GB/T 17903.2—1999 信息技术 安全技术 抗抵赖 第2部分：使用对称技术的机制。

（12）GB/T 17903.3—1999 信息技术 安全技术 抗抵赖 第3部分：使用非对称技术的机制。

（13）GB/T 17964—2000 信息技术 安全技术 *n*位块密码算法的操作方式。

（14）GB/T 18019—1999 信息技术 包过滤防火墙安全技术要求。

（15）GB/T 18020—1999 信息技术 应用级防火墙安全技术要求。

（16）GB/T 18238.1—2000 信息技术　安全技术　散列函数　第 1 部分：概述。

（17）GB/T 18238.2—2002 信息技术　安全技术　散列函数　第 2 部分：采用 n 位块密码的散列函数。

（18）GB/T 18238.3—2002 信息技术　安全技术　散列函数　第 3 部分：专用散列函数。

（19）GB/T 18336.1—2001 信息技术　安全技术　信息技术安全性评估准则　第 1 部分：简介和一般模型。

（20）GB/T 18336.2—2001 信息技术　安全技术　信息技术安全性评估准则　第 2 部分：安全功能要求。

（21）GB/T 18336.3—2001 信息技术　安全技术　信息技术安全性评估准则　第 3 部分：安全保证要求。

（22）GB/T 19713—2005 信息技术　安全技术　公钥基础设施　在线证书状态协议。

（23）GB/T 19714—2005 信息技术　安全技术　公钥基础设施　证书管理协议。

（24）GB/T 19715.1—2005 信息技术　信息技术安全管理指南　第 1 部分：信息技术安全概念和模型。

（25）GB/T 19715.2—2005 信息技术　信息技术安全管理指南　第 2 部分：管理和规划信息技术安全。

（26）GB/T 19716—2005 信息技术　信息安全管理实用规则。

（27）GB/T 15843.5—2005 信息技术　安全技术　实体鉴别　第 5 部分：使用零知识技术的机制。

（28）GB/T 17902.2—2005 信息技术　安全技术　带附录的数字签名　第 2 部分：基于身份的机制。

（29）GB/T 17902.3—2005 信息技术　安全技术　带附录的数字签名　第 3 部分：基于证书的机制。

（30）GB/Z 19717—2005 基于多用途互联网邮件扩展（MIME）的安全报文交换。

（31）GB/T 16264.8—2005 信息技术　开放系统互连　目录　第 8 部分：公钥和属性证书框架。

（32）GB/T 19771—2005 信息技术　安全技术　公钥基础设施　PKI 组件最小互操作规范。

（33）GB/T 20008—2005 信息安全技术　操作系统安全评估准则。

（34）GB/T 20009—2005 信息安全技术　数据库管理系统安全评估准则。

（35）GB/T 20010—2005 信息安全技术　包过滤防火墙评估准则。

（36）GB/T 20011—2005 信息安全技术　路由器安全评估准则。

（37）GB/T 20269—2006 信息安全技术　信息系统安全管理要求。

（38）GB/T 20270—2006 信息安全技术 网络基础安全技术要求。

（39）GB/T 20271—2006 信息安全技术 信息系统通用安全技术要求。

（40）GB/T 20272—2006 信息安全技术 操作系统安全技术要求。

（41）GB/T 20273—2006 信息安全技术 数据库管理系统安全技术要求。

（42）GB/T 20274.1—2006 信息安全技术 信息系统安全保障评估框架 第一部分：简介和一般模型。

（43）GB/T 20275—2006 信息安全技术 入侵检测系统技术要求和测试评价方法。

（44）GB/T 20276—2006 信息安全技术 智能卡嵌入式软件安全技术要求（EAL4 增强级）。

（45）GB/T 20277—2006 信息安全技术 网络和终端设备隔离部件测试评价方法。

（46）GB/T 20278—2006 信息安全技术 网络脆弱性扫描产品技术要求。

（47）GB/T 20279—2006 信息安全技术 网络和终端设备隔离部件安全技术要求。

（48）GB/T 20280—2006 信息安全技术 网络脆弱性扫描产品测试评价方法。

（49）GB/T 20281—2006 信息安全技术 防火墙技术要求和测试评价方法。

（50）GB/T 20282—2006 信息安全技术 信息系统安全工程管理要求。

（51）GB/Z 20283—2006 信息安全技术 保护轮廓和安全目标的产生指南。

公安部信息系统安全标准化技术委员会发布了如下 14 个标准。

（1）GA 0135—1996 DOS 操作环境中计算机病毒防治产品测试方法。

（2）GA 163—1997 计算机信息系统安全专用产品分类原则。

（3）GA 173—2002 计算机信息系统防雷保安器。

（4）GA 174—1998 基于 DOS 的信息安全产品评级准则。

（5）GA/T 367—2001 视频安防监控系统技术要求。

（6）GA/T 368—2001 入侵报警系统技术要求。

（7）GA/T 387—2002 计算机信息系统安全等级保护网络技术要求。

（8）GA/T 388—2002 计算机信息系统安全等级保护操作系统技术要求。

（9）GA/T 389—2002 计算机信息系统安全等级保护数据库管理系统技术要求。

（10）GA/T 390—2002 计算机信息系统安全等级保护通用技术要求。

（11）GA/T 391—2002 计算机信息系统安全等级保护管理要求。

（12）GA/T 403.1—2002 信息技术入侵检测产品技术要求 第 1 部分：网络型产品。

（13）GA/T 403.2—2002 信息技术 入侵检测产品技术要求 第 1 部分：主机型产品。

（14）GA/T 404—2002 信息技术 网络安全漏洞扫描产品技术要求。

国防科学技术工业委员会发布的国家军用标准如下。

（1）GJB 1281—1991 指挥自动化计算机网络安全要求。

（2）GJB 1295—1991 军队通用计算机系统使用安全要求。

（3）GJB 1894—1994 自动化指挥系统数据加密要求。

（4）GJB 2256—1994 军用计算机安全术语。

（5）GJB 2646—1996 军用计算机安全评估准则。

（6）GJB 2824—1997 军用数据安全要求。

国家技术监督局和建设部 1993 年联合发布了《电子计算机机房设计规范》（GB 50174－1993）。

电子工业部 1993 年发布了《电子计算机机房施工及验收规范》（SJ/T30003－1993）。

中国证监会 1998 年颁布了《中国证券经营机构营业部信息系统技术管理规范（试行）》、《证券经营机构营业部信息系统技术管理规范（试行）》。

中国人民银行 2001 年发布了金融行业标准《银行卡联网联合安全技术要求》（JR/T 0003—2001）。

2002 年，北京市发布了《党政机关信息系统安全测评规范》（DB11/T 171—2002）。

上海市发布了《计算机信息系统安全测评通用技术规范》（DB31/T 272—2002）。

山东省发布了《计算机信息网络安全管理要求》（DB37/T 313—2002）等。

国家关于信息安全制订的政策法规有：

（1）计算机信息系统安全保护条例；

（2）国家信息化领导小组关于我国电子政务建设指导意见；

（3）国家信息化领导小组关于加强信息安全保障工作的意见；

（4）2004 年 1 月全国信息安全保障工作会议精神；

（5）信息安全等级保护工作的实施意见；

（6）电子政务信息安全等级保护实施指南。

11.4 信用管理

面对电子商务全球化的发展趋势，电子商务交易的信用危机却悄然袭来。虚假交易、假冒行为、合同诈骗、网上拍卖哄抬标的、侵犯消费者合法权益等各种违法违规行为屡屡发生。这些现象在很大程度上制约了我国电子商务的快速、健康发展，而随着电子商务在全球范围内的兴起，必须加强信用体系建设。

11.4.1 信用管理的现状

电子商务中的信用是指参与电子商务交易的成员或组织被他人信任的程度、守承诺的程度。电子商务中的信用问题是指电子商务交易过程中因缺乏一定的信任关系而导致电子商务的交易成本上升，使交易复杂化、混乱化，甚至无法正常进行。完整的信用管理体系应该包含信用信息采集系统、信用评价及查询系统、信用动态跟踪及反馈系统、信用保障系统等子系统。其中，信用信息的采集是体系运作的基础；信用评价及查询系统则是信用管理体系进行成果展示的窗口，实现信用信息的公开、透明；信用动态跟踪及反馈系统的有效运作维持着整个信息管理体系的正常运作。

当前全球电子商务发展正处于飞速发展时期，中国也是如此。网络技术对经济活动带来的深刻影响已经不可逆转，电子商务正在以自身独特的魅力逐步改变着传统的交易方式。经济活动中的低信任度无疑是困扰当前中国电子商务发展的一个路障，与传统商务的信用问题相比，电子商务信用问题尤为突出。在电子商务全球化的发展趋势中，电子商务交易的信用危机也悄然袭来，虚假交易、假冒行为、合同诈骗、网上拍卖哄抬标的、侵犯消费者合法权益等各种违法违规行为屡屡发生，这些现象在很大程度上制约了我国电子商务的快速、健康发展。

据《中国电子商务诚信状况调查》显示，有23.5%的企业和26.34%的个人认为电子商务最让人担心的是诚信问题，具体表现在产品质量、售后服务及厂商信用得不到保障，以及安全性得不到保障和网上提供的信息不可靠等。信用问题一直是困扰网络用户进行网上交易的最大问题。

由此可见，信用危机已经成为电子商务发展中最大的瓶颈，要使我国电子商务健康、有序地发展，必须建立电子商务信用管理体系，对企业和相关商业网站的信用进行评级，验证客户真实身份，同时，还应不断收集客户资料，评估和授予信用额度，保障债权，保障应收账款安全和及时回收，为电子商务的发展营造一个较为宽松的信用环境，推动电子商务市场的健康发展，它是企业信用管理体系的重心。

11.4.2 信用管理模式

目前，已有的信用管理模式中有以政府为主体的有“网络公证计划”模式；以企业为主体的有中介人模式、担保人模式、网站经营模式和委托授权模式，这四种信用模式所依据的规则基本上都是企业性规范，缺乏必要的稳定性和权威性，是以企业网站的信用为前提的，也就是交易双方必须信任网站的公正、公平和安全。

1. 以政府为主体的“网络公证计划”模式

2000年在南京成立的司法部网络公证研究课题组，历时两年，提出了系统解决电子商务信用与安全的全套方案，称之为“网络公证计划”。其核心内容包括：网上身份审核确认、网上数据备份保全、电子提存。“网络公证计划”依托中国公证网，将传统的公证证明应用到CA证书的身份审核上，其具体的解决办法是：将遍布全国的数千家公证机构通过 Internet，联成一个统一的整体平台——即公证行业的“中国公证网”平台。当用户需要申请 CA 认证时，即可以到所在地的公证机构进行离线的面对面的审核，即 RA 审核。审核严格按照公证机构要求与流程进行，公证机构自然对所审核的内容承担相应的法律责任；审核后的资料统一进入公证机构的中心数据库中，进行安全存放，完成网上身份审核确认。网上数据保全的解决方案是：提供第三方数据保管服务。当交易双方在网上达成协议后，各自用 CA 证书对合同进行加密签名，并将合同的电子数据内容提交到网络公证计划的数据保全中心。如果交易双方出现纠纷，解密打开的合同将由公证机构出具证据保全公证书。电子提存就是按照传统的提存公证思路结合网络技术展开网络提存业务，即买方将货款提存到网络公证的提存中心，在其收到货物后签署完相关单据，提存中心再将货款直接交给卖方，彻底解决了网络交易双方对网上交易合同的履行。也就是在电子交易流程中加入了双方信任的“公正的第三方”，资金不直接流向卖方而通过公正、可信的第三方中转。

详细解读“网络公证计划”，该计划将政府信用作为主导，利用公证行业的“中国公证网”平台做身份认证，由政府指定的“公正的第三方”执行技术保障——网上数据保全。从技术层面和法规层面较好地解决了电子商务的安全交易问题，适合我国的国情。但不难看到，交易过程中完全抛开了商务网站的功效，不可避免地出现交易速度慢和交易成本高的问题。

2. 电子商务企业的“网站信用”模式

电子商务企业的“网站信用”模式主要采取四种较为典型的信用模式，即中介人模式、担保人模式、网站经营模式和委托授权模式。

1）中介人模式

中介人模式是将电子商务网站作为交易中介人，达成交易协议后，购货的一方将货款、销售的一方将货物分别交给网站设在各地的办事机构，当网站的办事机构核对无误后再将货款及货物交给对方。这种信用模式试图通过网站的管理机构控制交易的全过程，虽然能在一定程度上减少商业欺诈等商业信用风险，但需要网站有充足的投资去设立众多的办事机构，这种方式还存在交易速度慢和交易成本高的问题。

2）担保人模式

担保人模式是以网站或网站的经营企业为交易各方提供担保为特征，试图通过这种担保来解决信用风险问题。这种将网站或网站的主办单位作为一个担保机构的信用模式，有一个核实谈判的过程，相当于无形中增加了交易成本。因此，在实践中，这一信用模式一般只适用于具有特定组织性的行业。

3）网站经营模式

网站经营模式通过建立网上商店的方式进行交易活动，在取得商品的交易权后，让购买方将货款支付到网站指定的账户上，网站收到货款后才给购买者发送货物。这种信用模式是单边的，是以网站的信誉为基础的，这种信用模式主要适用于从事零售业的网站。

4）委托授权模式

委托授权模式是网站通过建立交易规则，要求参与交易的当事人按预设条件在协议银行中建立交易公共账户，网络计算机按预设的程序对交易资金进行管理，以确保交易在安全的状况下进行。在这种信用模式中，电子商务网站不直接进入交易的过程，交易双方的信用保证是以银行的公平监督为基础的。

我国电子商务目前所采用的这四种信用模式，是从事电子商务的企业为解决商业信用问题所进行的积极探索。但各自存在的缺陷也是显而易见的。特别是，这些信用模式所依据的规则基本上都是企业性规范，缺乏必要的稳定性和权威性，要克服这些问题，政府部门必须加强对发展电子商务的宏观规划，包括银行、工商、公安、税务等部门的协作，这样才能使交易双方在政府信用为背景的基础上建立起对电子商务的信心。

11.4.3　信用跟踪机制

信用跟踪是指对被调查对象信用状况进行的追踪活动，以便随时了解被调查对象信用状况的变化趋势和特点。电子商务的信用跟踪机制是信用管理体系中的核心环节，该机制的有效运作，是信用管理系统发挥长效作用的保障。信用跟踪是一个动态持续的机制，可分为动态跟踪与反馈两个子系统。

信用动态跟踪与反馈系统主要是信用信息采集系统按照定期或不定期两种方式，对信用主体的信用信息进行重复采集，并将相关信息传递到信用评估与查询系统，通过定性与定量分析之后，给出信用评估等级和新的查询数据库。

信用动态跟踪与反馈系统是信用管理体系当中的核心环节，其功能失灵，将导致信用管理体系有名无实，失去本身应有的作用。一般而言，信用动态跟踪的工作方法以定性分析为前提，当信用评估机构发现被评机构或组织的信用状况发生足以影响信用等级变化的时候，它们就按相应的跟踪评价程序对受评机构或组织进行定量复评，跟踪评价结果按已有公告程序进行公告。信用反馈的工作流程一般是评估单位选择受评机构或组织业务领域内组织或个人担任评价委托人，当然，受评机构或组织也可对信用评价结果提出异议。当评价委托人或受评机构或组织对评价结果提出异议，且提供足够对评价结果有影响的、真实的补充资料时，信用评估机构按照相应的信用评价指标体系进行修正，并确定最终评价结果。这种工作流程被国内外评估机构（如穆迪、标准普尔、安博尔、北京国商国际等）普遍采用。

另外，在电子商务中，顾客自身对于受评企业或机构的反馈是信用评价的重要指标，无论是在 B2B、B2C 还是在 C2C 模式中，如国内较大的电子商务平台阿里巴巴、雅宝、易趣网等，都将客户对交易过程的反馈作为重要的信用评价指标。

11.4.4　信用评价机制

信用评价机制指在互联网上建立电子商务平台的企业对在其电子商务平台内从事经营活动的企业或个人进行信用评价，向消费者提供信用评价信息。

根据科学性、针对性、全面性、公正合法性及可操作性的原则，可以从定性和定量两种角度进行企业和个人信用的评价。其中，电子商务个人信用评价可以采用个人信用静态评价法和个人信用动态追踪评价法。作为信用管理手段之一的信用评价是伴随着信用风险的产生扩大而发展的，是防范信用风险、避免交易损失的客观要求。

信用评价的结果分别展示了企业及个人的资信状况或诚信程度。可以把广义的信用评价称为声誉评估、信用评估。

信用评估即由专业的机构或部门按照一定的方法和程序，在对企业进行全面了解、考察调研和分析的基础上，做出有关信用行为的可靠性、安全性程度的评价，并以专用符号和简单的文字形式来表达的一种管理活动。

评估的基本内容是企业的经营风险和财务风险，评估指标包括企业经营者素质、企业财务状况、企业创新能力、企业成长与发展能力。

评估的基本程序包括：接受评级申请或委托；成立评估机构；制订评估方案；搜集评估基础数据和基础资料；通知被评估计分；形成初步评估结论；撰写初步评估报告；评估报告复核；进行评估计分；形成初步评估结论；通知被评企业或委托人，建立评估项目档案，公布评估结果；连续跟踪检测等。

信用报告包括：信用决策过程的信用报告、信用跟踪过程中的信用报告、判断清算价值的信用报告。

11.4.5　信用保证机制

电子商务信用保障机制是有效实现其信用管理所必需的，保障机制的存在意义在于加快建设良好的电子商务信用环境，同时推进整个社会信用体系的完善。目前，阻碍和困扰电子商务发展的首要问题就是网络诚信问题，因此，要从建立信用保障体系入手。

1. 建立完善的社会信用体系

首先，要建立完善的个人信用体系。在发达市场经济国家中，个人信用记录被称为现代社会的“第二身份证”。其次，要建立完善的企业信用体系。在进行电子商务交易前，交易双方都可以通过信用机构了解对方的资信状况，进而做出是否进行交易的决定。在长期的交易过程中，企业也应当建立自己的客户信用记录数据库，将信用记录差的客户列入黑名单，并在行业内部交流。

2. 完善电子商务信用相关法律法规

电子商务涉及的相关法律法规虽然种类繁多、形式多样，但在解决办法上，基本可以分为三大类型。其一，已有成熟的解决方案，只要尽快进行立法或修订法律，就基本可以解决问题，典型的如电子签章的法律效力问题。这类问题可以马上制订相关法规给予规范。其二，目前对于该问题还没有成型的解决方案，需要更多地从理论层面进行探寻，较为典型的有网络的管辖权问题、数字产品电子商务的税收问题。这类问题需要专家和政府进行研究，给出解决措施。其三，也是最为普遍的一类，就是即便是出台或修订了相关的法律规定，其中的法律问题也难以马上解决，这方面的例子有电子商务的信息安全问题、电子商务知识产权的保护问题、电子商务的安全可靠保障问题、电子商务的法律救济问题等。这类问题需要相应的法律辅助机制的配合，或一个完善的法制环境。

3. 发挥政府职能

政府在保障企业产权、明确信用主体方面应发挥一定作用。政府主管部门在加大信用宣传力度的同时，应采取各种激励措施，推动和保障行业信用体系建设，建立一个完善健全的信用管理体系，包括国家关于信用方面的立法、执法，以及政府对诚信行业的监督管理、行业自律等方面。

中央政府应将电子商务信用体系的建设作为国家重大的社会系统工程，领导、组织、协调、统一各地、各部门的信用系统建设工作，认真解决目前国内信用体系面临的信用信息条块分割的问题。努力维护网络安全、信息安全、网络交易安全、网络交易的信用及网络知识产权。社会信用体系建设中重要的一个环节就是建立惩罚机制，根据欧美等发达国家的实践经验，依法设置的惩罚机制能够杜绝大多数商业欺诈和不良动机的投机行为，让遵纪守法的企业能够得到保护和发展，而将不守信用的企业从市场中摒弃，并根据其情节严重程度，在一定的时段内，阻止它们再度进入市场。

4. 借鉴外国先进做法并开展国际合作

在制度方面，我国计算通信技术发展较晚，无论是在电子商务实务方面，还是在立法与司法方面，都还缺乏。现在，世界大部分发达国家都有较完善的电子商务立法，电子商务本质上是国际性的商事活动，调整电子商务的法律规范，必须以全球解决方案为其最终目标。因此，研究、借鉴国际组织与发达国家的立法经验，是我国在电子商务立法中所应做的基础工作。

5. 建立第三方信用保障服务机构

第三方信用保障服务是独立于买卖双方的第三方通过搜集客观、可靠的信息，判断企业是否达到某种标准和是否可信任，从而使得买家能够迅速地判断可信任的企业。

建立和培育专业的第三方信用服务认证机构。在整个电子商务交易过程中，为实现电子商务的安全交易，认证机构有着不可替代的地位和作用。认证机构作为第三方来承担电子商务安全交易认证服务、签发数字证书并确认用户身份的服务机构，目的是使交易双方彼此相信对方的身份。认证机构还扮演着一个交易双方签约、履约的监督管理的角色，交易双方有义务接受认证机构的监督管理，从而保证交易的安全进行。工商机关因其具有“市场运行的裁判员，市场秩序的坚强卫士”的工作性质和基本职能，在建立和培育专业的第三方信用服务认证机构方面，发挥着关键性的推动作用和权威性的监督作用。工商机关应在借鉴国外成功经验的基础上，结合我国实际，依据公平、公正、独立的原则，建立和培育我国的电子商务主体信用认证机构，监督信用认证机构电子商务主体评价的客观公正性，促进电子商务的良性发展。

11.5　风险管理

随着电子商务的深入开展，技术手段已经不能从根本上解决系统存在的安全问题，电子商务的安全问题应该转向系统工程的角度看待。建立完善的风险管理机制，分析系统目前与未来的风险，以及可能带来的安全威胁与影响程度，确定安全策略，促进电子商务的安全运行。

11.5.1　风险管理概述

风险指危险发生的意外性和不确定性，包括损失发生与否及损失程度大小的不确定性。风险是客观存在的，是不可避免的，并且在一定的条件下还有某些规律性。因此，人们可以降低风险的发生概率或减小其产生破坏的程度，而不可能将其完全消除。

风险管理起源于美国。1931 年，美国管理协会保险部首先提出了风险管理的概念。风险管理在 20 世纪 30 年代兴起，在 50 年代得到推广并受到普遍重视，当时美国一些大公司发生了重大损失，使公司高层决策者开始认识到风险管理的重要性。此后，对风险管理的研究逐步趋向系统化、专门化。后来，随着经济、社会和技术的迅速发展，人类开始面临越来越多、越来越严重的风险。1979 年 3 月美国三里岛核电站的爆炸事故、1986 前苏联乌克兰切尔诺贝利核电站发生的核事故等一系列事件，使风险管理的概念得到了高度的重视。同年，风险管理国际研讨会在新加坡召开，这次会议表明，风险管理由大西洋向太平洋区域发展，成为由北美到欧洲再到亚太地区的全球性风险管理运动。

电子商务是通过互联网所进行的买卖交易及相关服务，交易的安全性能否得到保障是电子商务的核心问题。近几年来，我国的电子商务发展较快，但各种风险问题也日趋突出。一般来说，电子商务中常见的风险可分为经济风险、管理风险、制度风险、技术风险和信息风险。电子商务安全的风险管理是对电子商务系统的安全风险进行识别、衡量、分析，并在此基础上尽可能地以最低的成本和代价实现尽可能大的安全保障的科学管理方法。其本质就是防患于未然：事前加以消减和控制，事后积极响应和处理，为响应和处理所做的准备就是制订应急计划。

电子商务风险管理就是通过风险的识别、预测和衡量、选择有效的手段，以尽可能降低成本，有计划地处理风险，以获得企业安全运作的经济保障。这就要求企业在日常经营过程中，应对可能发生的风险进行识别，预测各种风险发生后对资源及日常经营造成的消极影响，使企业能够顺利经营。可见，风险的识别、风险的预测和风险的处理是企业风险管理的主要步骤。

1. 风险识别

风险识别是在收集有关各种威胁、漏洞和相关对策等信息的基础上，识别各种可能对电子商务系统造成潜在威胁的安全风险。风险识别的手段五花八门，对于电子商务系统的安全来说，风险识别的目标主要是对电子商务系统的网络环境风险、数据存在风险和网上支付风险进行识别。

2. 风险预测

风险预测是指运用分析、比较、总结等各种定性、定量的方法，对未来在电子商务运作过程中可能会遇到的各种问题进行预测和分析，做好可能会出现的大的问题的解决方案，从而使电子商务能够更加顺利地进行。

3. 风险处理

风险处理就是选择和运用一定的风险控制手段，以保障风险降到一个可以接受的水平。风险处理是风险管理中最重要的一个环节，是决定风险管理成败的关键因素。电子商务安全风险处理的目标在于改变企业电子商务项目所承受的风险程度。

11.5.2 风险评估

风险评估是指在风险事件发生之后，对于风险事件给人们的生活、生命、财产等各个方面造成的影响和损失进行量化评估的工作。风险评估是辨别各种系统的脆弱性及其对系统构成威胁的过程。管理部门必须确定什么风险是不可接受的，如天灾、人祸和其他危及生命和财产安全的潜在威胁。对这些威胁必须认真对待。而对一些很少发生且对系统影响很小的人为错误，则不必采取过多的手段。因此，风险评估一般从财产遭受威胁和攻击引起的损失等方面来考虑。按照有意或无意破坏、修改、泄露信息及设备误用所出现的概率来定量地确定。作为风险管理的基础，风险评估是组织确定信息安全需求的一个重要途径，属于组织信息安全管理体系策划的过程。

风险评估是在综合考虑成本效益的前提下，通过安全措施控制风险，使残余风险降低到可以控制的程度。因为任何信息系统都会有安全风险，所以人们追求所谓的安全信息系统，实际上指信息系统在实施了风险评估以后做出了风险控制，仍然存在残余风险是可被接受的信息系统。追求信息系统安全就不能脱离全面、完整的信息系统安全评估，就必须运用信息系统安全风险评估的思想和规范对信息系统进行安全评估。

风险评估的主要任务是识别组织面临的各种风险，评估风险概率和可能带来的负面影响，确定组织承受风险的能力，确定风险消减和控制的优先等级，推荐风险消减对策。

信息安全风险评估就是依据有关信息安全技术与管理标准，对信息系统及由其处理、传输和存储的信息的机密性、完整性和可用性等安全属性进行评价的过程。它要评估资产面临的威胁及威胁利用脆弱性导致安全事件的可能性，并结合安全事件所涉及的资产价值来判断安全事件一旦发生对组织造成的影响。

我国已经制订完成信息安全风险评估的国家标准——《信息安全风险评估指南》。其中规定了信息安全风险评估的工作流程、评估内容、评估方法和风险判断准则，适用于信息系统的使用单位进行自我风险评估，以及风险评估机构对信息系统进行独立的风险评估。《信息安全风险评估指南》分为两个部分。第一部分：主体部分。主要介绍风险评估的定义、风险评估的模型及风险评估的实施过程。第二部分：附录部分。包括信息安全风险评估的方法、工具介绍和实施案例。目的是使用户了解风险评估方法的多样性和灵活性。

2005 年 12 月 16 日，国家网络与信息安全协调小组正式通过了《关于开展信息安全风险评估的若干意见》，标志着我国将开始在全国范围内推进信息安全风险评估工作。当前，国家关键基础设施对信息系统的依赖性及信息系统间的互依赖性越来越强，信息资源越来越复杂，因此，许多重要信息网络和重要信息系统单位对进行信息安全风险评估的需求越来越迫切，一些大的应用行业在考虑信息系统建设的布局时，已经在信息安全评估、咨询和规划方面投入了实质性的资金支持。全国范围内的大规模推广将使市场需求大幅提升。

在信息安全风险评估过程中，要评估的部门会委托一些具有一定资质的信息安全风险评估公司来做除最核心部分以外的信息安全风险评估工作。在这方面，专业的信息安全公司会担当信息安全风险评估的重要角色。风险评估工作通过对现有系统的硬件、软件及信息资产进行分类、等级分析，得到现有资产的重要程度及威胁状况；依据现有的国家标准，从网络安全、设备安全、系统软件、应用信息保护等方面识别信息资源子系统、信息处理子系统的脆弱性，同时，分析系统在病毒防范、入侵检测、安全备份与恢复、网络可用性、安全管理等方面的安全保障能力，评估基于资产重要性、威胁发生的可能，为企业的信息安全提供保障。

11.5.3　风险处理

风险处理是指针对不同类型、不同规模、不同概率的风险，采取相应的对策，使风险损失对企业生产经营活动的影响降到最低限度。风险管理的一条基本原则是：以最低的成本获得最大的保障。风险处理的方法主要有避免风险、预防风险、自保风险、转移风险等方法。

1．避免风险

避免风险实际上是一种消极躲避风险的方式，主动避开损失发生的可能性。避免风险也具有很大的局限性，并不是所有的风险都可以回避的。例如人身意外伤害，无论如何小心翼翼，这类风险总是无法彻底消除。再如避免航空事故可改乘火车出行，即便如此也不一定能够避免火车灾祸，又给日常生活带来极大的不便，实际上也是不可行的。

2．预防风险

预防风险是指采取预防措施，以减少损失发生的因素及损失程度。例如，为了防止水灾导致的仓库进水，采取增加防洪门、加高防洪堤等，可大大减少因水灾导致的损失。要加强对风险的监督，发现问题及时处理，争取在损失发生之前阻止情况恶化或提前采取措施减少风险造成的损失。

3．自保风险

企业自己承担风险，如将小额损失纳入生产经营成本，损失发生时用企业的收益补偿。针对发生的频率和强度都大的风险建立意外损失基金，损失发生时用它补偿，带来的问题是挤占了企业的资金，降低了资金使用的效率。

4．转移风险

转移风险是指利用某些合法的交易方式和业务手段将风险全部或部分地转移给他人的行为。在危险发生前，通过采取出售、转让、保险等方法，将风险转移出去。

11.5.4　风险计算方法

常用的风险计算方法包括风险矩阵测量法、威胁分级计算法、风险综合评价法及安全属性矩阵法等，这几种方法在使用中各有侧重点，评估者可以根据组织的需求和实际情况，选择相应的判断方法和过程。

1．风险矩阵测量法

风险矩阵测量法的特点是事先建立资产价值、威胁等级和脆弱性等级的一个对应矩阵，预先将风险等级进行了确定。然后根据不同资产的赋值从矩阵中确定不同的风险。使用本方法需要首先确定资产、威胁和脆弱性的赋值，要完成这些赋值，需要组织内部的管理人员、技术人员、后勤人员等方面的配合。对于每一资产的风险，都将考虑资产价值、威胁等级和脆弱性等级。例如，如果资产值为 3，威胁等级为“高”，脆弱性为“低”。查表可知风险值为 5。如果资产值为 2，威胁为“低”，脆弱性为“高”，则风险值为 4。

当一个资产是由若干个子资产构成时，可以先分别计算子资产所面临的风险，然后计算总值。例如，系统 S 有三种资产 A1、A2、A3。并存在两种威胁：T1、T2。设资产 A1 的值为 3，A2 的值为 2，A3 的值为 4。如果对于 A1 和 T1，威胁发生的可能性为“低”，脆弱性带来的损失是“中”，则频率值为 1，A1 的风险为 4。同样，设 A2 的威胁可能性为“中”，脆弱性带来损失为“高”，得风险值为 6。对每种资产和相应威胁计算其总资产风险值。总系统分数 ST=A1T＋A2T＋A3T。这样可以比较不同系统来建立优先权，并在同一系统内区分各资产。

2．威胁分级计算法

威胁分级计算法是直接考虑威胁、威胁对资产产生的影响及威胁发生的可能性来确定风险。

使用这种方法时，首先确定威胁对资产的影响，可用等级来表示。识别威胁的过程可以通过两种方法完成：一是准备威胁列表，让系统所有者去选择相应的资产的威胁；二是由评估团队的人员识别相关的威胁，进行分析和归类。

然后评价威胁发生的可能性。在确定威胁的影响值和威胁发生的可能性之后，计算风险值。风险的计算方法，可以是影响值与可能性之积，也可以是之和，具体算法由用户来定，只要满足是增函数即可。

3．风险综合评价法

风险综合评价法中风险由威胁产生的可能性、威胁对资产的影响程度及已经存在的控制措施三个方面来确定。与风险矩阵测量法和威胁分级计算法不同，本方法将控制措施的采用引入风险的评价之中。

在这种方法中，识别威胁的类型是很重要的。从资产的识别开始，接着识别威胁及威胁产生的可能性；然后对威胁造成的影响进行分析，在这里对威胁的影响进行了分类型的考虑，如对人员的影响、对财产的影响、对业务的影响。在考虑这些影响时，是在假定不存在控制措施的情况下的影响。将以上各值相加添入数值表中。例如，本例中将威胁的可能性分为 5 级：1～5；威胁的影响也分为 5 级：1～5。在威胁发生的可能性和威胁的影响确定后，计算总的影响值。

最后，分析是否采用了能够减小威胁的控制措施。这种控制措施包括从内部建立的和从外部保障的，并确定它们的有效性，对其赋值。本例中将控制措施的有效性由小到大分为 5 个等级：1～5。在此基础上根据公式求出总值，即风险值。

4．安全属性矩阵法

安全属性矩阵法将资产的三个安全属性（完整性、机密性、可用性）与两个安全风险（意外行为、故意行为）联系到一起，形成一个风险矩阵。通过这个矩阵，在风险分析过程中识别风险，同时识别控制措施。评估中，首先识别要评估的资产，接着对影响资产的完整性、机密性和可用性的威胁进行识别。形成一个风险列表（风险矩阵）。然后，根据这个风险矩阵形成控制措施的矩阵，也可以首先建立通用风险矩阵和通用控制措施矩阵，然后在其中选择可能会面临的风险及相应的控制措施。

11.5.5 风险评估工具

风险评估工具是保证风险评估结果可信度的一个重要因素。国信办《信息安全风险评估指南》将风险评估的工具分为：风险评估辅助工具、安全管理评价系统、系统软件评估工具三类。

1．风险评估辅助工具

风险评估辅助工具是一套集成了风险评估各类知识和判据的管理信息系统，或者是用于收集评估所需要数据和资料的日志系统，如入侵监测系统。同时，安全审计工具、安全漏洞库、知识库都是风险评估不可或缺的支持手段。

入侵检测系统，帮助检测各种攻击试探和误操作，也可以作为警报器，提醒管理员发生的安全状况；安全审计工具主要用来分析系统或网络安全状况，为风险评估提供安全现状数据。

科学的风险评估需要大量的实践和经验数据的支持，因此历史数据和技术数据的积累是风险评估科学性和预见性的基础。根据评估过程需要的知识和数据，可以将评估辅助工具分为：评估指标库、知识库、漏洞库、算法库和模型库。

2．安全管理评价系统

安全管理评价系统主要从安全管理方面入手，通过结构化的推理过程建立模型、输入相关信息，得出评估结论。通常，这种系统在对信息安全风险进行评估后都会有针对性地提出风险管理措施。

安全管理评价系统通常建立在一定的算法基础之上，根据影响风险的诸因素来确定系统结论，也有的是利用专家系统，根据专家经验进行分析得出系统结论。常用的安全管理评价系统有 CRAMM、ASSET、CORA 等。

3．系统软件评估工具

系统软件评估工具包括脆弱性扫描工具和渗透性测试工具。此类工具主要用于对操作系统、数据库系统、网络、设备等的安全漏洞进行分析，或实施基于漏洞的渗透性测试。通常扫描工具和渗透工具配合使用。常用的系统软件评价工具有：Nessus、ISS、CyberCop Scanner、SAINT 等。

以上各类工具有不同的功能，在风险评估过程中，必须将各类工具结合起来，才能使评估结果更加全面、客观。

本章小结

电子商务安全的建设是一个系统工程，它需要对系统的各个环节进行统一的综合考虑、规划和构架，并要时时兼顾组织内外不断发生的变化，任何环节上的安全缺陷都会对系统构成威胁。

电子商务安全管理一般包括制订信息安全政策、风险评估、控制目标与方式选择、制订规范的操作流程、对员工进行安全意识培训等一系列工作，通过在安全方针策略、组织安全、资产分类与控制、人员安全、物理与环境安全、通信与运营安全、访问控制、系统开发与维护、业务持续性管理、符合法律法规要求十个领域内建立管理控制措施，来为组织建立起一张完备的信息安全“保护网”，以保证组织信息资产的安全与业务的连续性。

总之，电子商务安全管理是组织中用于指导和管理各种控制信息安全风险的一组相互协调的活动。

问题讨论

1. 简述信息安全管理体系框架。
2. 简述国际著名的信息安全标准。
3. 简述电子商务信用体系的未来发展趋势。
4. 简述电子商务风险评估具体方法。

实验难点分析——2008 信息安全调查：五大安全误区

目前，《信息周刊》研究部和 IBM 公司合作进行了 2008 年“中国信息安全调查”，调查结果全面揭示了当前不容乐观的安全形势，对首席信息官（CIO）而言，安全威胁正在增多；环境日趋复杂；威胁手段更加多样，使得企业对安全问题越发不敢掉以轻心。

首先，安全威胁数量的增长令企业遭受了更猛烈的攻击。目前，全球恶意程序已经超过 1 100 万个，而且 70%的恶意代码能够窃取机密信息。“如果按照现在的增长速度，到 2015 年将会有 2.33 亿恶意程序，每小时会有 26 598 个新病毒需要处理。”

庞大的黑客经济产业链也在为不稳定的安全形势推波助澜。在互联网上，只要付费，用户不但能订购恶意程序，还能保证该程序不被任何安全厂商检测到。

误区 1：最需要防御的未必得到足够重视

《信息周刊》研究部调查显示，实际上，数据安全的危害性正在日益上升，如未经授权的雇员对文件或数据的访问、带有公司数据的可移动设备遗失或失窃等，但是这一点并没有引起企业足够的重视。

信息技术市场调研公司高德纳公司（Gartner）早些时候曾进行一项关于数据被窃的调查，发现被访者中只有 25%的个案是源于不法之徒的恶意攻击，60%的问题是由于移动设备丢失或被窃。

误区 2：攘外重于安内

要防范威胁，首先要了解威胁来自哪里。“通常，人们都会认为来自计算机黑客、恶意代码编写者等外部的安全威胁远远大于内部，实际情况并非如此。”赛门铁克公司技术经理曹如玮表示，一般企业安全范围的重点是在防范所谓的外部黑客攻击，但是超过一半的威胁恰恰来自企业内部，外部攻击仅占 46%。

其中，在企业内部的威胁中，50%的被调查企业表示是因为整个流程的文件处理不妥善；另外 60%是由于员工不小心。96%的内部安全威胁来自非蓄意的动机和错误；只有 1%才是真正的恶意行为。由此看来，内部威胁之所以“为所欲为”，归根结底，还是员工安全意识薄弱。

误区 3：头痛医头，缺乏全局眼光

“企业安全管理过于分散也是不容忽视的问题。”Check Point 软件技术有限公司安全顾问吴航表示。虽然市场上不乏优良的安全技术，但其部署往往是“头痛医头，脚痛医脚”，彼此间不能妥善协作，这不但会造成资源浪费，还会在安全部署上留下漏洞。此外，为了抵御更多的威胁，安全产品的功能越来越强大，但太复杂的安全部署会造成网络堵塞，又为 CIO 增添了新的烦恼。

误区 4：首席安全官继续缺位

要想制订统一的信息安全政策，首席安全官应该是一个恰当的人选。某大型清洁能

源集团是下辖众多子公司的国有企业，管理难度大，复杂度高。

从《信息周刊》的调查来看，目前，只有 13.9%的企业设立了这一职位。在 28.2%的企业里，IT 部门负责人兼任首席安全官；有 27.8%的企业，由安全管理员担负该职责。IBM 公司的李明表示，首席信息安全官的设立可以视企业的规模、信息化推进的程度等具体程度情况来定，但无论是设立专职还是兼职，安全策略都需要企业管理层的积极参与，并从安全管理者的角度来制订和推行整个策略。

误区 5：一味被动抵抗，很难先知先觉

企业得知受到攻击，通常都是在事发之后。这是一个让人颇为沮丧的事实。《信息周刊》2008 年“中国信息安全调查”数据发现，63.9%的企业表示：直到系统资源无法正常运行和服务，声誉和资产都遭到损失时，才着手弥补过错。

安永会计师事务所上海分所科技与信息安全咨询服务部合伙人阮祺康讲述了这样一个案例：某大型零售商的交易系统遭遇非法访问，数百万人的信用卡交易数据遭到泄露。在事件曝光之前，黑客就已经瞄准了该公司的金融数据库，并且不断进行攻击、侵入，然而该公司始终没有发现黑客入侵的迹象。客户资料被黑客多次窃取后，最终导致数千万顾客的信用卡和借记卡信息被泄露。这造成了严重的后果，不法分子利用窃取的信息制造假信用卡或诈骗其他零售商，累计损失达到了数百万美元。

——引自《信息周刊》

讨论：

分析案例，针对以上五个误区思考相应的应对策略，思考企业如何建立合理的信息安全管理体系。

第 12 章

电子商务管理工具与方法

内容提要

本节主要介绍电子商务管理的基本工具与方法：业务流程重组、企业资源计划、客户关系管理、供应链管理和知识管理。业务流程重组是主导企业电子商务活动的管理理论和技术，只有改变企业原有的组织结构、工作流程和经营模式，才能真正实现电子商务；企业资源计划紧紧抓住企业信息流程这条主线，以生产经营为目的，能有效地促进电子商务管理的现代化、科学化，适应竞争日益激烈的市场要求；客户关系管理作为一种全新的企业管理概念，是方法论、软件和 IT 能力的综合，只有多层次、多层面地提升 CRM 的管理水平，才能提升企业在电子商务中的竞争能力；供应链管理是多层次、多目标的系统工程，随着供应链赖以生存的市场环境的不断发展，供应链管理的核心任务也在不断变化，在迅猛发展的电子商务时代，供应链管理展现出多种多样优势；知识管理超越了数据管理、信息管理的领域，它整合了企业电子商务资源，释放了电子商务的潜能。

本章重点

- 业务流程重组的实施；
- 企业资源计划的管理思想；
- 客户关系管理战略；
- 供应链管理方法与相关技术；
- 知识管理流程与实施。

12.1　业务流程重组

随着信息技术和 Internet 的飞跃发展，人类社会的经济活动已进入 EC（Electronic Commerce）阶段。而企业作为社会经济活动的“细胞”，如何应对这种变化呢？一方面，电子商务要求企业精简、敏捷、高效率、富有创造性和竞争力；另一方面，当前我国大多数企业的现状却是臃肿、笨拙、低效率、缺乏创造性和竞争力。这种矛盾使人们不得不对当前企业的运行模式进行深刻的思索。为解决这一问题，一种有效的方法就是对企业的业务流程进行重建，建立适应现代企业经营管理的企业业务流程，即进行企业流程重组（Business Process Reengineering，BPR，又译做业务流程重组、企业流程再造、业务流程再造等）。

12.1.1　业务流程重组的概念

BPR 理论于 1990 年首先由美国著名企业管理大师、原麻省理工学院教授迈克尔•汉默（Michael Hammer）提出，随即成为席卷欧美等国家的管理革命浪潮。美国的一些大公司，如 IBM、科达、通用汽车、福特汽车、XEROX 和 AT&T 等纷纷推行 BPR，试图利用它发展壮大自己。实践证明，这些大企业实施 BPR 以后，取得了巨大成功，企业界把它视为获得竞争优势的重要战略，看成一场工业管理革命。

1993 年，迈克尔• 汉默与咨询专家詹姆斯（James Champy）合著并出版了《企业重构——经营管理革命的宣言书》。此书一问世，连续 8 周被美国《时代》杂志评为全美最畅销书，几十万册书很快告磬，位列美国当年商业类畅销书榜首。在该书中，作者阐述了 BPR 的基本概念，即对企业的业务流程（Business Process）进行根本性的重新思考和彻底翻新，以便使企业在成本、质量、服务、速度等表征企业业绩的重大特征上获得戏剧化的改善，并强调通过充分利用信息技术使企业业绩取得大幅提高。

在这个定义中，“根本性”、“彻底性”、“戏剧性”和“流程”是应关注的四个核心内容。

根本性表明企业流程重组所关注的是企业核心问题，如“我们为什么要做现在的工作？”“我们为什么要用现在的方式做这份工作？”“为什么必须是由我们而不是别人来做这份工作？”等。通过对这些根本性的问题的仔细思考，企业可能发现自己赖以存在或运转的商业假设是过时的甚至错误的。

彻底性再设计意味着对事物追根溯源，对既定的现存事物不是进行肤浅的改变或调整修补，而是抛弃所有的陈规陋习及忽视一切规定的结构与过程，创造发明全新的完成工作的方法；它是对企业进行重新构造，而不是对企业进行改良、增强或调整。

戏剧性意味着企业流程重组追求的不是一般意义上的业绩提升或略有改善、稍有好转等，进行重组就要使企业业绩有显著的增长、极大的飞跃。业绩的显著增长是 BPR 的标志与特点。

最后，企业流程重组关注的是企业的业务流程，一切“重组”工作全部是围绕业务流程展开的。“业务流程”是指一组共同为顾客创造价值而又相互关联的活动。哈佛商学院教授 Michael Porter 将企业的业务过程描绘成一个价值链（Value Chain），竞争不是发生在企业与企业之间，而是发生在企业各自的价值链之间。只有对价值链的各个环节（业务流程）实行有效管理的企业，才有可能真正获得市场上的竞争优势。

12.1.2　业务流程重组的特点

根据上节对业务流程重组概念的描述，不难发现，业务流程重组着眼于四个核心方面，即根本性（Fundamental）、彻底性（Radical）、戏剧性（Dramatic）和流程（Process）。根本性是指通过业务流程再造使企业的经营策略和管理理念发生根本性的转变。彻底性是指要彻底改造现行的组织结构和组织形式，寻找新的业务流程。戏剧性是指流程再造不是要取得小的、局部的改善，而是要使企业取得业绩上的突飞猛进。流程是指企业为完成某一目标或任务而进行的一系列逻辑相关的活动的有序集合。通过对业务流程再造理论的简单分析和概述，可以知道业务流程再造是一种有效的管理思想，它既适用于单独一个流程，又适用于整个组织。

企业流程再造具有以下几个本质特点。

（1）流程再造的对象是整个业务流程。业务流程是指为了某一目标而进行的一系列逻辑相关活动的有序集合，它强调的是通过“全新设计”或对现存流程进行“系统化改造设计”以获得“理想的”流程。

（2）流程再造的出发点是顾客的满意度。流程再造是企业内外环境变化共同作用的结果，但流程再造的直接驱动力是更快、更好地满足顾客不断变化的需求，从顾客的需求出发分析流程，站在顾客的立场上思考，是流程再造的出发点。

（3）流程再造的主要任务是彻底改进。业务流程再造的核心是“改之有进”而不是为改而改，它是建立在对企业现有业务流程“怀疑”的基础上的，以最大限度满足消费者需求为出发点，对企业流程和组织进行彻底改进。

（4）流程再造的目标是效益的巨大飞跃。企业流程再造追求的目标不是企业效益的渐进提高和边际进步，而是效益的巨大飞跃，它通过对企业流程的彻底变革，使企业管理发生根本性变化，以获得效益的戏剧性飞跃。

（5）流程再造的主要工具是信息技术。在企业流程再造进程中，信息技术将发挥巨大作用，它将对企业的业务流程发挥决定性的作用。

12.1.3 业务流程重组的类型

流程再造的对象是流程本身，因此，根据流程再造所涉及的企业范围不同，可将流程再造的类型分为职能部门内部的流程再造、职能部门之间的流程再造和组织之间的流程再造三类。

1. 职能部门内部的流程再造

部门内的流程再造通常是指对职能部门内部的流程进行重新设计或规划。在旧体制下，各职能管理机构重叠、中间层次多，而这些中间管理层一般只执行一些非创造性的统计、汇总、填表等工作，计算机完全可以取代这些业务而将中间层取消，使每项职能从头至尾只有一个职能机构管理，做到机构不重叠、业务不重复。例如，物资管理由分层管理改为集中管理，取消二级仓库；财务核算系统将原始数据输入计算机，全部核算工作由计算机完成，变多级核算为一级核算等。

2. 职能部门之间的流程再造

部门间的流程再造是指在企业范围内，跨越多个职能部门边界的流程重设计或再规划。例如，某一机床厂进行的新产品开发机构重组，以开发某一新产品为目标，组织集设计、工艺、生产、供应、检验人员为一体的承包组，打破部门的界限，实行团队管理，以及将设计、工艺、生产制造并行交叉的作业管理等。这种组织结构灵活机动，适应性强，将各部门人员组织在一起，使许多工作可平行处理，从而可大幅度地缩短新产品的开发周期。

3. 组织之间的流程再造

企业间的流程再造是指发生在两个以上企业之间的流程重设计或再规划，如通用汽车公司（GM）与 SATURN 轿车配件供应商之间的购销协作关系就是企业间 BPR 的典型例子。GM 公司采用共享数据库、EDI 等信息技术，将公司的经营活动与配件供应商的经营活动连接起来。配件供应商通过 GM 数据库了解其生产进度，拟订自己的生产计划、采购计划和发货计划，同时，通过计算机将发货信息传给 GM 公司。GM 的收货员在扫描条形码确认收到货物的同时，通过 EDI 自动向供应商付款。这样，使 GM 与其零部件供应商的运转像一个公司似的，实现了对整个供应链的有效管理，缩短了生产周期、销售周期和订货周期，减少了非生产性成本，简化了工作流程。这类 BPR 是目前流程再造的最高层次，也是再造的最终目标。企业间的 BPR 通常发生在同一供应链的相邻节点部位。

12.1.4 业务流程重组的实施方法

BPR 的实施方法可以分为两大类：一是系统的改造法，即辩证地全面分析理解企业现有的流程，通过对现有流程进行系统的分析和论断，在此基础上创造出符合企业发展新要求的新流程；二是全新设计法，即从根本上重新考虑产品或服务的提供方式，零起点地设计新的流程。这两种方法在实施业务流程重组时各有优劣，各自适用的环境也不同。一般来说，系统改造法最常用于短期绩效的改进，强调随着时间推移不断地变革。而全新设计法则被企业用于开拓中长期发展的竞争新途径，其实施过程是一个颠覆性设计的过程，目标流程往往与以往的流程联系不大，因此这种方式通常能带来绩效的飞跃式进步，但取得这种进步的风险也很大。

一个企业实施 BPR，从导入到固化至企业中是一个过程，不能一蹴而就。对于企业如何实施、推进 BPR，引进方需要通过结合企业自身的情况进行管理创新才能取得理想的效果。企业在引进 BPR 时首先要根据企业需要选择合适的发展战略，选择合适的重组路径，然后建立符合要求的流程与相应的组织结构等。图 12.1 描述了一个企业实施 BPR 的方法框架。

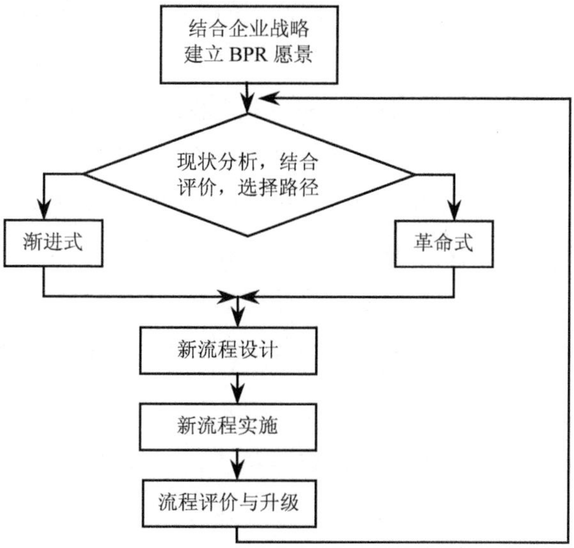

图 12.1　企业实施 BPR 的方法框架

1. 结合企业战略，建立 BPR 愿景

业务流程重组往往是随企业发展战略的调整而引发的，是企业中变革涉及面较为广泛的行动，在经过业务流程重组之后，企业往往会实行重大的战略目标的转移，如把以承揽工程转变为产品生产，从以产品为中心转向以客户为中心，把以销售为中心转向以服务为中心等。这就要求企业在进行业务流程重组时，必须结合企业的发展战略，实施适合企业发展需要的业务流程重组，而不能盲目地进行业务流程重组，以免造成适得其反的效果。

2. 现状分析及 BPR 路径选择

在设计新的业务流程时，首先要对现有的企业流程运行现状进行深入的研究和分析，找出合理之处和不合理之处，在此基础上进行改革。业务流程重组的实施会带来企业结构性震荡，会对企业带来冲击，因此，在进行业务流程重组的路径选择时，要考虑哪种路径最能降低结构性震荡对企业带来的冲击。这就要求企业在重组流程时根据具体的企业战略需要、流程现状，合理运用重组的渐进式或革命式路径。两种路径是对立统一的关系：渐进式路径中存在革命式的创新，革命式路径中存在渐进式的改变。在具体实施时，两种路径既要有所区别又要紧密结合，要综合各路径的优点，集成使用。

3. 流程的重新设计

企业流程在重新设计时要跳出原有规则、程序和价值观念的束缚，消除原有流程中对企业输出不增值、无贡献的活动，创造性地运用先进的信息技术、制造技术及并行工程（Concurrent Engineering）等方法，根据顾客的需求来设置流程，依据流程来设置组织结构、配置人员。在新流程设计时，尤其要注意结合企业特点，依靠信息技术的创新作用，创造出传统模式无法拟合的流程。许多业内权威人士认为正是信息技术的进步和广泛应用，BPR 才发展得如此迅猛。尽管并非每一个流程的重新设计都需要信息技术，但信息技术是一个强有力的推动因素，是 BPR 的使能器。多数情况下，借助诸如成像技术、数据库、客户服务系统等信息技术，新流程在衡量绩效的关键指标上将得到巨大改善。例如，柯达公司在一次性相机研发过程的 BPR 中，引进 CAD/CAM 技术，结合并行工程的方法，将开发周期缩短了一半，将工装、制造成本降低了 25%。

4. 新流程的实施

在实施业务流程重组之前，首先要注意在整个企业内部树立实施 BPR 的正确观念，使企业的员工理解 BPR 对于企业管理的重要性，并且要让企业的员工知道企业实施 BPR 的巨大意义及可能给企业带来的好处，避免因业务流程的大幅改动而使企业内部员工产生心理恐慌和对 BPR 的抵触情绪。其次，在实施过程中要组建 BPR 小组，由于 BPR 要求大幅地变革基本信念、转变经营机制、重建组织文化、重塑行为方式和重构组织形式，这就需要有很好的领导和组织的保证。负责 BRP 实施过程中以流程为导向的 BPR 企业中各种岗位的角色和描述会相应地改变、消失或重定义，新企业结构及详细的岗位分配要及时传达给受影响的员工，规定他们的新职责，以预期其行为的规范。对于一些做出重大调整的员工，在上岗前要做好充分的培训，确保员工在新岗位上的工作质量。最后，业务流程重组的实施不是一次性的彻底实施，需要有针对性、有步骤地逐步实施。新旧流程切换时按照由点到面的顺序逐步推进。试点流程要选择低风险、高收益、优先级别较高、有示范作用的流程，并投入充分的资源以保证其顺利实施。由试点流程的成功推动 BPR 的前进，步步为营，稳扎稳打，实现向新的流程型企业的平滑过渡。

5. 流程实施后的评价与升级

平滑过渡到 BPR 的流程型企业后，就开始对新流程进行事后的监测与评价，找出流程同设计的差距与不足，总结得失，建立起分析与实施之间的有效反馈环节，构成一个反馈环，为企业循环的、持续的 BPR 提供基础，形成一个闭环系统。BPR 企业的调整是一个循环、持续的过程，一次 BPR 的结束就代表着下一次的开始，通过不断的循环反复来保持流程同企业内外环境的适应匹配。企业领导在整个过程中要全程参与，提供指导和支持，坚持“一把手”负责制。例如，福特公司在 1999 年以前进行 BPR 时，用重组主管的职位代替了 CIO 的职位，全面负责企业的 BPR，有效地保证了 BPR 的不断推进，取得了良好的效果。

12.2 企业资源计划

随着经济全球化和大型企业集团的多元化经营，以及准时生产（Just In Time， JIT）、精益生产（Lean Production，LP）、敏捷制造（Agile Manufacturing， AM）、约束理论（Theory Of Constraints， TOC）、供应链管理（Supply Chain Management， SCM）等先进管理思想的诞生，作为一种面向企业内部应用的 MRP Ⅱ 系统已不能满足一些大型跨国集团公司的要求。在这个背景下，20 世纪 90 年代初期，美国著名的 IT 咨询公司——Gartner Group 公司根据当时计算机信息处理技术的发展和企业对供应链管理的需要，对信息时代以后制造业管理信息系统的发展趋势和即将发生的变革做了预测，提出了企业资源计划（Enterprise Resources Planning， ERP）这个概念。

12.2.1 企业资源计划的内涵

ERP 是信息时代的现代企业向国际化发展的更高层管理模式，代表了当前集成化企业管理软件系统的最高水平，具体可以从管理思想、软件产品、管理系统三个角度来理解 ERP 的含义。

1. 从管理思想的角度

ERP 是于 20 世纪 90 年代初由美国著名的计算机技术咨询和评估集团 Gartner Group 公司提出的一整套企业管理系统体系标准，其实质是在 MRP Ⅱ 基础上进一步发展而成的支持混合方式的制造环境、支持能动的监控能力、模拟分析和决策支持、面向供应链的管理思想。

2. 从软件产品的角度

ERP 是综合应用了客户机/服务器体系、关系数据库结构、面向对象技术、图形用户界面、第四代语言（4GL）、网络通信等信息产业成果，以 ERP 管理思想为灵魂的软件产品。

3．从管理系统的角度

ERP 是整合了企业管理理念、业务流程、基础数据、人力物力、计算机硬件和软件于一体的企业资源管理系统。

Gartner Group 公司从软件功能范围、软件应用环境、软件功能增强和软件支持技术等角度，提出 ERP 具备的功能标准应该包括四个方面。

（1）超越 MRP Ⅱ范围的集成功能。包括质量管理、实验室管理、流程作业管理、配方管理、产品数据管理、维护管理、管制报告和仓库管理等。

（2）支持混合方式的制造环境。包括既可支持离散又可支持流程的制造环境，按照面向对象的业务模型组合业务过程的能力和国际范围内的应用。

（3）支持能动的监控能力，提高业务绩效。包括在整个企业内采用控制和工程方法、模拟功能、决策支持和用于生产及分析的图形功能。

（4）支持开放的客户机/服务器计算环境。包括客户机/服务器（C/S）体系结构、图形用户界面（GUI）、关系数据库（RDB）结构、计算机辅助系统工程（CASE）、面向对象（O-O）技术、使用 SQL 对关系数据库查询、内部集成的工程系统、商业系统、数据采集和外部集成 EDI 等。

从本质上看，ERP 仍然以 MRP Ⅱ为核心，但在功能和技术上超越了传统的 MRP Ⅱ，它是以客户驱动的、基于时间的、面向整个供应链管理的企业资源计划。

12.2.2　企业资源计划的管理思想

ERP 的核心管理思想就是实现对整个供应链的有效管理，主要体现在以下三个方面。

1．体现对整个供应链资源进行管理的思想

在知识经济时代，仅靠自己企业的资源不可能有效地参与市场竞争，还必须把经营过程中的有关各方如供应商、制造工厂、分销网络、客户等纳入一个紧密的供应链中，才能有效地安排企业的产、供、销活动，满足企业利用全社会一切市场资源快速、高效地进行生产经营的需求，以进一步提高效率和在市场上获得竞争优势。换句话说，现代企业竞争不是单一企业与单一企业间的竞争，而是一个企业供应链与另一个企业供应链之间的竞争。ERP 系统实现了对整个企业供应链的管理，适应了企业在知识经济时代市场竞争的需要。

2．体现精益生产、同步工程和敏捷制造的思想

ERP 系统支持对混合型生产方式的管理，其管理思想表现在两个方面。

其一是“精益生产 LP（Lean Production）”的思想，它是由美国麻省理工学院（MIT）

提出的一种企业经营战略体系，即企业按大批量生产方式组织生产时，把客户、销售代理商、供应商、协作单位纳入生产体系，企业同其销售代理、客户和供应商的关系，已不再简单地是业务往来关系，而是利益共享的合作伙伴关系，这种合作伙伴关系组成了一个企业的供应链，这即是精益生产的核心思想。

其二是“敏捷制造（Agile Manufacturing）”的思想。当市场发生变化，企业遇有特定的市场和产品需求时，企业的基本合作伙伴不一定能满足新产品开发生产的要求，这时，企业会组织一个由特定的供应商和销售渠道组成的短期或一次性供应链，形成“虚拟工厂”，把供应和协作单位看成是企业的一个组成部分，运用“同步工程（SE）”，组织生产，用最短的时间将新产品打入市场，时刻保持产品的高质量、多样化和灵活性，这即是“敏捷制造”的核心思想。

3. 体现事先计划与事中控制的思想

ERP 系统中的计划体系主要包括：主生产计划、物料需求计划、能力计划、采购计划、销售执行计划、利润计划、财务预算和人力资源计划等，而且这些计划功能与价值控制功能已完全集成到整个供应链系统中。

另外，ERP 系统通过定义事务处理（Transaction）相关的会计核算科目与核算方式，以便在事务处理发生的同时自动生成会计核算分录，保证了资金流与物流的同步记录和数据的一致性。从而实现了根据财务资金现状，可以追溯资金的来龙去脉，并进一步追溯所发生的相关业务活动，改变了资金信息滞后于物料信息的状况，便于实现事中控制和实时做出决策。

此外，计划、事务处理、控制与决策功能都在整个供应链的业务处理流程中实现，要求在每个流程业务处理过程中最大限度地发挥每个人的工作潜能与责任心，流程与流程之间则强调人与人之间的合作精神，以便在有机组织中充分发挥每个人的主观能动性与潜能。实现企业管理从“高耸式”组织结构向“扁平式”组织机构的转变，提高企业对市场动态变化的响应速度。

总之，借助 IT 技术的飞速发展与应用，ERP 系统得以将很多先进的管理思想变成现实中可实施应用的计算机软件系统。

12.2.3　企业资源计划系统的功能模块

1. 财务管理模块

财务管理模块主要包括会计核算和财务管理。其中，会计核算主要是记录、核算、反映和分析资金在企业经济活动中的变动过程及其结果。它由总账模块、应收账模块、应付账模块、现金管理模块、固定资产核算模块、多币制模块、工资核算模块及成本模块构成。财务管理的功能主要是对会计核算的各种数据进行分析，从而进行相应的预测、管理和控制活动。

2. 生产控制管理模块

生产控制管理模块是ERP系统的核心所在，它将企业的整个生产过程有机地结合在一起，使得企业能够有效降低库存，提高效率。其主要功能模块包括：主生产计划、物料需求计划、能力需求计划、车间控制、制造标准。

1）主生产计划

主生产计划是根据生产计划、预测和客户订单的输入来安排将来的各周期中提供的产品种类和数量，它将生产计划转为产品计划，在平衡了物料和能力的需要后，精确到时间、数量的详细的进度计划，是企业在一段时期内的总活动的安排，是一个稳定的计划，是以生产计划、实际订单和对历史销售分析得来的预测产生的。

2）物料需求计划

在主生产计划决定生产多少最终产品后，再根据物料清单，把整个企业要生产的产品的数量转变为所需生产的零部件的数量，并对照现有的库存量，可得到还需加工多少、采购多少的最终数量。这才是整个部门真正依照的计划。

3）能力需求计划

能力需求计划是在得出初步的物料需求计划之后，将所有工作中心的总工作负荷，在与工作中心的能力平衡后产生的详细工作计划。用以确定生成的物料需求计划是否是企业生产能力上可行的需求计划。能力需求计划是一种短期的、当前实际应用的计划。

4）车间控制

车间控制是随时间变化的动态作业计划。将作业分配到具体各个车间，再进行作业排序、作业管理、作业监控。

5）制造标准

在编制计划中需要许多生产基本信息，这些基本信息就是制造标准，包括零件、产品结构、工序和工作中心，都用唯一的代码在计算机中识别。

3. 物流管理模块

1）分销管理

分销管理主要有四方面的功能：对客户信息的管理和服务、对销售订单的管理、对销售数据的统计与分析、营销管理。

2）库存控制

库存控制是一种相关的、动态的库存控制系统，以最低限度的占用资本保证稳定的物流，支持正常的生产。具体功能包括：为所有的物料建立库存，决定何时订货采购，同时，作为采购部门采购、生产部门做生产计划的依据；订购物料的质量检验入库，生产的产品的质量检验入库；收发料的日常业务处理工作。

3）采购管理

采购管理主要完成随时提供订购、验收的信息，跟踪和催促对外购买或委外加工的物料，保证货物及时到达；建立供应商档案和信息，及时用成本信息来调整库存成本等。

4．人力资源管理模块

人力资源管理模块的主要功能包括人力资源规划的辅助决策、招聘管理、工资核算、工时管理及差旅核算等。

1）人力资源规划的辅助决策

人力资源规划是决策者为确保在适当的时候，为适当的职位配备适当数量和类型的工作人员，并使他们能够有效地完成促进企业实现总体目标的任务的这样一个过程。ERP 的人力资源规划模块可以有效地辅助决策者实现这一过程，具体表现在以下三个方面：评价现有的人力资源；预估将来需要的人力资源；制订满足未来人力资源需要的行动方案。

2）招聘管理

ERP 提供的招聘系统一般从以下几个方面提供支持：进行招聘过程的管理，优化招聘过程，减少业务工作量；对招聘的成本进行科学管理，从而降低招聘成本；为选择聘用人员的岗位提供辅助信息，并有效地帮助企业进行人才资源的挖掘。

3）工资核算

能根据公司跨地区、跨部门、跨工种的不同薪资结构及处理流程制订与之相适应的薪资核算方法；与时间管理直接集成，能够及时更新，对员工的薪资核算动态化；通过和其他模块的集成，自动根据要求调整薪资结构及数据。

4）工时管理

根据本国或当地的日历，安排企业的运作时间及劳动力的作息时间表；运用远端考勤系统，可以将员工的实际出勤状况记录到主系统中，并把与员工薪资、奖金有关的时间数据导入薪资系统和成本核算中。

5）差旅核算

系统能够自动控制从差旅申请、差旅批准到差旅报销的整个流程，并能通过集成环境将核算数据导进财务成本核算模块中去。

12.2.4　企业资源计划系统的实施方法

1．前期准备工作

（1）调查摸底。前期准备的摸底工作可以分为三个方面进行。一是摸清企业自身的底，了解并确定企业管理中的各种症状并找出造成症状的原因，找出所有非增值作业和各种响应迟缓的因素。二是摸清其他同行或类似企业的底，掌握其基本情况并学习它们的经验和教训。三是摸清软件公司和咨询公司的底，寻找能够解决企业相应问题的合作伙伴。

（2）机构重组。这是企业资源计划系统实施过程中难度最大的一环。企业必须调整和变革组织机构和业务流程，这就必须采取机构重组的手段。

（3）培训指导。企业资源计划作为管理技术和信息技术的有机结合体，通常比较深奥而且转变很快，这就要求企业各级管理层在不断学习先进的管理理论的同时，积极动员每一位员工参与进来，对 ERP 项目实施所涉及的人员进行多角度、多层次的软件具体功能的培训。

2. 实施工作

（1）组织专门机构实施。企业要想顺利实施企业资源计划系统，就要在其内部成立三级专门机构，即领导小组、项目小组和职能小组来负责不同层面的工作。由于企业资源计划的实施关系到企业内部管理模式的调整、业务流程的变化及相关人员的变动。所以，各专门机构要各司其职，充分发挥作用。

（2）参与确定技术方案。一个优秀的应用模型如果没有相应的技术框架来承载，这个模型的管理将无法发挥作用，而且势必流于形式。因而，一个精确的技术解决方案可以作为企业资源计划软件运行的载体和基础。技术平台的变迁和进度对企业管理软件的发展产生了巨大的影响，使管理范围、管理能力和管理手段发生了相当大的变化。怎样去选择一个适合企业管理要求、满足现状和未来发展的技术平台，是一个非常重要的问题。

（3）对企业原型模拟。进行适应性实验要建立在系统培训、全面了解企业资源计划的基础上，结合本企业的具体情况和需求，验证系统对具体问题解决的程度，以确定二次开发的工作。原型测试的数据不必采用企业实际的业务数据、可以是模拟的。

（4）优化调整系统。任何一个企业资源计划系统内含的先进管理模式都不可能完全符合特定企业的管理要求，因此，需要考虑行业背景与行业管理模式，对软件功能做适当调整，以适应特定行业管理上的特殊要求。这就要选择不同的企业资源计划模型和软件，推出不同的与行业相适应的解决方案，对企业资源计划系统进行调整。

（5）进行系统模拟运行。模拟运行可以在完成了用户化和系统调整后进行，这个时候可以先选择一部分比较成熟稳健的业务来进行试运行，从而确保新系统的平稳过渡和运行。

（6）平稳切换系统。企业资源系统在运行过程中，如果没有发生什么异常的现象，运行相对正常后，就可以替换原来的业务系统，企业资源系统就可以比较平稳、正常地运作下去。

12.3　客户关系管理

为客户创造可感知的价值并不断增值是客户关系管理的精髓和出发点。在电子商务时代，信息技术革命极大地改变了商业模式，对企业与客户之间的互动关系产生了巨大的影响。在一切都触手可及的信息社会，客户可以极方便地获取信息，并且更多地参与到商业过程中。深入了解客户需求，及时将客户意见反馈到产品、服务设计中，为客户提供更加个性化、深入化的服务，这将成为企业成功的关键。

12.3.1　客户关系管理的内涵

“客户就是上帝”自 20 世纪 40 年代以来一直被奉为圣旨，客户关系管理的基本思想和方法是“客户就是上帝”思想在当今信息技术时代的具体化。随着网络经济、知识经济的迅猛发展和全球市场竞争的日益激烈，人们在大量研究和实践的基础上对网络经济时代的 CRM 又赋予了如下的新的内涵。

1. 客户资源是客户关系管理的基本对象

客户关系管理中的“客户”包括分销商、零售商、最终消费者及其合作伙伴在内的企业外部客户。企业还有另一类客户，就是企业的内部客户——内部员工。为了提高有价值员工的满意度和忠诚度，需要对企业的内部员工进行分类。

针对不同类型的内部客户，企业要采取不同的维系策略，以内部服务提高员工的满意度，让满意的员工忠诚，从而为外部客户提供高价值的服务，提高外部客户的满意度和忠诚度，最终达到提高企业赢利最大的目的。

2. 核心客户的管理

从企业所关注的价值角度，将客户分成以下 4 类：重要客户（VIP Clients），也就是在过去特定期间为公司带来最多交易的前 1%客户；主要客户（Major Clients），指除 VIP 客户之外，在此特定期间内交易数额占最多的前 5%客户；普通客户（Common Customers），指除了 VIP 客户与主要客户外，交易金额最多的前 20%客户；小客户（Minor Customers），指除了上述三种客户外，交易金额为其他 80%的客户。当然，这个比例因其所在的行业或公司而有所差异，在比例数值上可能是 10%～30%甚至 40%不等。

前两类客户称其为企业的核心客户（也称为关键客户），要为此类用户建立专门的档案；指派专门的销售人员负责销售业务；提供销售折扣；定期派人走访用户；采用直接销售的渠道方式。对介于二三类客户之间的最具成长性的客户，可以在一定范围内提供个性化服务；除非客户需要，否则不应为其而改变价格；开发客户的消费潜力和长期价值。特别地，对于企业的低于零点客户，即导致了企业成本发生的客户，支持和服务于这一客户组的成本超出了所需的边际成本，对这类客户分类管理的策略应该是，收取的服务费用或产品价格达到较高的某一点，在这点上，客户或者是离开企业转向他处，或者能够带来值得企业去保留的价值。

3．客户知识管理

客户知识管理通过一组解决方案的集合寻找和识别与问题有关的关键性信息，并将这些信息进行提取，形成对某一问题的专门知识，用知识指导决策并付诸行动，再将该行动转化为利润。CRM 的根本要求就是要建立与客户关系之间的“学习关系”。CRM 是一个不断学习的过程，需要企业积极主动地与现有的客户和潜在的客户进行不断交流，积累有关客户的信息，并对这些信息进行组织和分析，建成有关客户的知识。目的是辅助企业生产和经营决策。企业将客户信息转化为客户知识的方法如下所述。

（1）采集信息。企业通过电话、传真、Web 网站和 E-mail 等渠道与有关客户接触。在接触的基础上与客户建立“学习关系”，通过每一种渠道的每一次接触不断积累客户的个性化信息。

（2）分析整合。对客户档案数据库的数据运用数据挖掘技术进行关联分析、聚类分析、差异分析和趋势分析等。然后对信息进行整合，在企业内部实现信息充分共享。

（3）获取知识。通过对各个渠道的客户历史数据及在线数据挖掘，获取有关客户的知识。

（4）运用知识。利用这些知识可以评估营销计划的准确性，测量各种运营参数等；可以从中发现变化趋势、产品的成本和利润、有价值的细分市场等。将获得的客户知识运用到企业的客户服务、生产计划等各个部门，以便让这些知识发挥出杠杆作用。

4．对企业与客户的关系进行全面的管理

客户关怀是关键，是 CRM 的中心。CRM 的核心是企业与客户的关系。企业与客户之间的关系，不仅包括单纯的销售过程所发生的业务关系，如合同签订、订单处理、发货、收款等，而且包括在企业营销及售后服务过程中发生的各种关系。客户关怀活动包括在客户从购买前、购买期间到购买后的客户体验的全过程中。购买前的客户关怀为公司与客户之间关系的建立打开一扇大门，为鼓励和促进客户购买产品或服务做了前奏。购买期间的客户关怀则与公司提供的产品或服务紧紧地联系在一起。包括订单的处理及各种有关的细节，都将要与客户的期望相吻合，满足客户的需求。购买后的客户关怀活动则集中于高效的跟进和圆满地完成产品的维护和维修的相关步骤。售后的跟进和提高有效的关怀，其目的是使客户能够重复购买公司的产品或服务。对企业与客户的关系进行全面的管理时，要体现客户关怀的思想，营造出友好、激励、高效的氛围。对客户关

怀意义最大的 4 个实际营销变量是：产品和服务（这是客户关怀的核心）、沟通方式、销售激励和公共关系。CRM 软件的客户关怀模式充分地将有关的营销变量纳入其中，使得客户关怀这个非常抽象的问题能够通过一系列相关的指标来测量，便于企业及时调整对客户的关怀策略，使得客户对企业产生更高的忠诚度。

12.3.2　客户关系管理系统的类型

客户关系管理系统的类型主要有运营型、分析型和协作型三种，下面分别介绍这三种类型的客户关系管理系统。

1．运营型 CRM 系统

运营型 CRM 系统建立在这样一种概念上，客户管理在企业成功方面起着很重要的作用，它要求所有业务流程的流线化和自动化，包括经由多渠道的客户“接触点”的整合，前台和后台运营之间的平滑的相互连接和整合。

CRM 是基于 Web 技术的全动态交互的客户关系应用系统。CRM 使企业在网络环境中以电子化方式完成从市场、销售到服务的全部商务过程。它主要有以下五个方面的应用。

（1）CRM 销售套件。该套件为企业管理销售业务的全过程提供丰富强大的功能，包括销售信息管理、销售过程定制、销售过程监控、把握机会、完成销售的有力工具，并支持其提高销售能力。CRM 销售套件对企业的典型作用在于帮助企业管理跟踪从销售机会产生到结束各销售阶段的全程信息和作用。

（2）CRM 营销套件。该套件提供企业由始至终掌握市场营销活动的信息管理、计划预算、项目跟踪、成本明细、效果评估等功能，帮助企业管理者清楚了解所有市场营销活动的成效与投资回报率。

（3）CRM 服务套件。该套件帮助企业以最低的成本为客户提供包括服务请求及投诉的创建、分配、解决、跟踪、反馈、回访等相关服务环节的闭环处理模式，从而帮助企业留住老客户、发展新客户。

（4）CRM 电子商务套件。CRM 电子商务套件是 CRM 让企业商务过程电子化的前端办公系统，帮助企业将门户站点/各种商务渠道集成在一起，开拓新的销售渠道及商务处理方式。

（5）CRM 的商务平台套件。CRM 平台是产品的基础核心平台，实现产品的基础数据维护、安全控制、动态配置与工作流定制等功能。

2．分析型 CRM 系统

分析型 CRM 系统主要分析运营型 CRM 和原有系统中获得的各种数据，进而为企业的经营和决策提供可靠量化依据。分析型 CRM 一般需用到一些数据管理和数据分析工具，如数据仓库、OLAP 和数据挖掘等。

1）分析型 CRM 的特点

分析型 CRM 是对客户资料进行仓储、分析和利用的商务智能体系。运用数据仓库、数据挖掘和 OLAP 等技术把企业大量的销售、服务、市场及业务数据进行整合，分析和提取其内在隐含的规律、模式等信息，进而为企业的经营决策提供科学的依据。

在整个客户关系管理策略中，分析型 CRM 扮演了对客户的行为特征和属性特征进行整理和描述的角色。使企业的经营管理者和具体事物的操作者可以对客户进行有针对性的营销和服务策略，使企业的利益最大化。

2）分析型 CRM 的功能

分析型 CRM 的功能具有强大的分析功能，其主要应用方式如下所述。

（1）能够统计大量的客户信息并支持对客户进行多维的特征分析。

在某些行业中，如金融、保险、电信、传媒、零售等行业，客户数据量是庞大的，要对这些客户数据进行分析，要求分析工具必须能够处理大量的客户信息。TurboCRM 与亚信最近联手开发的向中国电信某省数据局提供的 CRM 解决方案中，客户数据量达到百万级。而且，每个客户的属性描述包括地址、年龄、性别、证件号码、收入、职业、教育程度等多个字段。系统必须能够支持对这样多维的组合性的分析，可以快速给出符合分析条件的客户名单和数量。在分析型 CRM 中，速度成为重要的衡量指标，在对海量的数据进行分析的时候，速度的要求几乎是第一位的。

（2）能够处理复杂的数据并支持对客户进行行为分析。

由于在上述提到的行业中通常已经具备业务系统，对于现有客户的最初的信息来源也是现有的业务系统，因此，更有意义的分析是结合客户信息对某一类客户群的消费行为进行分析。这要求 CRM 中的分析工具可以从多个数据库中抓取并形成复杂的数据立方体。在此基础上，可以分析某类客户的消费行为。例如，电信行业可以分析经常打漫游电话的人群具备什么样的客户特征；年龄在 30 岁左右，月收入在 5000 元以上的女性是否是长途电话消费主体，她们的通话习惯时段是从几点到几点；周末的长途漫游消费是否有明显不同于周日的特征等。行为分析是比特征分析更为复杂的分析，因为它涉及行业知识和分析模型的结合。

（3）具有自定义的建模方式和参数调整的功能。

除了特征分析和行为分析，预测正在日益成为强大的分析功能必须提供的应用。在详细了解了消费行为之后，很自然地，我们会想到对数据的参数进行某些调整，如价格的变化，如果调整周末的消费费率，对整体收入会带来什么影响？如果着力吸引那些能够带来高价值的客户，那么初期的投入应当在什么范围内？客户的消费点临近什么值的时候开始成为“正利润”客户？其生命周期至少要在多长时间以内才具有成为“忠诚客户”的潜力？现有的模型分析在很大程度上是为企业的市场研究和分析人员提供的，有助于他们能够更理性地制订市场细分策略。

（4）能够进行融合了人工智能的数据挖掘。

客户信息的录入和储存方式是数据（data），但是，对于决策者来讲，独立的、单个的数据的意义并不大，更重要的是信息（information）和知识（knowledge）。现有的数据挖掘方法已经能够支持进行按照内置逻辑语言进行归纳和演绎。例如，根据模型数据，系统建议以达成最高利润为目标进行的价格优化政策。输入抽样调查的测试数据，可以根据呼出电话的反馈率、直邮的反馈率、电视广告反馈率、巡展的反馈率等数据确定最佳的市场活动模式，以最低的成本获得最好的市场活动效果。

3. 协作型 CRM 系统

协作型 CRM 应用就是能够让企业客户服务人员同客户一起完成某项活动。如支持中心人员通过电话指导客户修理设备。而前面的操作型应用和分析型应用都是企业员工自己单方面的业务工具，在进行某项活动时，客户并未一起参与。

显然，协作型应用的设计有其本身的特点。由员工和客户一起完成某种任务，就有时间紧迫感。这种速度需要就要求 CRM 的应用必须能够帮助员工快速、准确地记录客户请求内容及快速找到问题的答案。换句话说，对特定协作业务必须有知识量丰富和智能查询等特点；同时，员工本身也必须经验丰富。如果问题无法在线解决，协作型应用还必须由智能路由器对请求进行升级处理，员工必须及时做出任务转发的决定。

协作型应用目前主要由呼叫中心、客户多渠道联络中心、帮助台及自助服务帮助导航，向员工解释特定网页的内容等。具有多媒体多渠道整合能力的客户联络中心是今后协作应用的主要发展趋势。

以上对 CRM 应用大致分类做了简单的描述。其实，可以用一个形象的比喻来说明这种功能分类，即可以将 CRM 应用比做一个人，分析型应用就是人的大脑，操作型应用相当于手和脚，而协作型则有点像人的感觉器官，虽然不完全贴切，也有一定的相似性。

12.3.3　客户关系管理战略

但凡成功的企业都有自己的战略，战略如同一个企业的生存所必需并为之依靠的灵魂。而 CRM，作为企业思考经营和发展的新的角度，基于客户的战略就显得更加得要。这是企业进行客户需求导向的风向标，客户战略直接影响企业怎么认识客户和怎么对待客户，也就是直接影响着企业的生存和发展的大计。

1. 什么是 CRM 战略

商业成功的关键在于针对客户的需要，提供产品和服务来满足这种需要，然后通过对客户关系的管理确保客户满意和再次交易。然而，在过去，很多组织以为他们的产品和服务无与伦比，客户会一如既往地使用他们的产品。过去的一切已成明日黄花，客户变得越来越大胆和挑剔，他们不仅要求优质的产品，而且需要优质的服务。

客户关系管理不是一种概念，也不是一项计划，它是一种商业战略，它着眼于理解和管理某个组织当前和潜在的客户需求。它是一个漫长的历程，在该过程中，有战略、机构和技术的改变，通过这些改变，公司可以围绕客户行为更好地管理自己的企业。这使得获取客户信息成为必要，利用不同接触点客户的信息在最大满意度内平衡年收入和赢利。

然而，CRM 战略必须适应各个市场细分的需要，这样将面临着挑战和机遇。为了更有效地管理客户关系，一个组织必须做到几下几点。

（1）定义自己的客户战略。为做到这点，有必要理解客户细分和他们的需要。如果一家公司能了解自己提供的产品服务，而且这些供给对每个细分都是相同的，那就有必要定义自己的客户战略。

（2）建立产品和渠道策略。这保证了一个组织能有效地配送其产品，确保销售能力和有效渠道管理。

（3）相互协调的战略。这个战略能创造出可以和客户建立关系并满足客户需要的环境，这需要具有激进客户管理和互动客户关怀的能力。

总而言之，在组织内建立客户关系管理文化是势在必行的，应确保这种文化能深入人心并渗入到客户的行为当中。

2. 构建 CRM 战略的意义

客户关系管理是一种经营管理战略和理念，并非是某种信息技术。在具体操作中，是通过一系列的战略设定、流程优化与改造、经营职能的重新设计和技术辅助手段等整合的过程而实现的。

客户关系管理是企业实施新的战略举措而进行的管理工作，如果没有根据企业总体发展战略和目标制订明确的客户关系管理战略，就无法有效实现过程中在组织、营运和流程等方面的优化和改善，如果没有一个明确的战略目标，就无法确保客户关系管理的目标收益。

基于关键要素整合而成的客户关系管理战略对于企业进行相关工作的重要意义在于以下几个方面。

（1）以企业发展战略为基础，明确未来以客户为中心的业务营运模式蓝图，理解客户关系管理工作在实现企业战略过程中的重要性、预期收益和战略使命。

（2）对于目标客户价值定位的总体分析，明确哪一部分客户是企业客户关系管理工作的重点目标，形成未来这部分客户与企业之间关系的愿景。

（3）对于客户关系管理工作的总体目标有明确的设定，并可据此逐步分解到效益收益、客户管理、业务运营、组织人员和信息技术等具体客户关系管理目标。

（4）明确企业进行客户关系管理工作的准备度，根据客户关系管理目标设计在具体工作开展中的方式和原则。

（5）对下一步实施和推广过程中的工作成果形成评估的方法，并可以有原则地对工作方法和目标进行优化。

3. 基于平衡记分卡的 CRM 战略描述

1）平衡记分卡

20 世纪 80 年代末 90 年代初期，世界经济环境发生了巨大的变化，经济一体化趋势明显，科学技术飞速发展，产品生命周期大幅度缩短，消费者需求不断变化，全球企业间的竞争也日趋激烈。面对如此众多的变化，欧美很多学者和大型企业发现，传统的以财务为单一衡量指标对企业进行绩效考核的方法已经无法适应发展的需要，甚至成为阻碍企业进步的一大原因。1992 年，罗伯特·S·卡普兰、大卫·P·诺顿在对当时绩效测评方面处于领先地位的 12 家公司进行的项目研究的基础上，在《哈佛商业评论》上发表了论文“平衡记分卡：良好绩效的测评体系”，第一次提出了平衡记分卡的概念。他们于 1993 年在《哈佛商业评论》上发表了论文“平衡记分卡的实际应用”，1996 年在《哈佛商业评论》上发表了论文“把平衡记分卡作为战略管理体系的基石”，使得平衡记分卡的理论框架更加完善。

平衡记分卡就是企业通过财务（Financial）、客户（Customers）、内部流程（Internal Business Progress）、学习与成长（Learning and Growth）四个方面的指标来考核自身的业绩，展现企业的战略轨迹，以实现企业的战略目标。

（1）财务视角。

作为市场主体，企业必须以赢利作为生存和发展的基础，企业各个方面的改善都应该最终归于财务目标的实现，所以平衡记分卡将财务方面作为所有考核的焦点。如果说每项考核指标都是综合绩效考核这条纽带上的一部分，那么因果链上的结果还是归于“提高财务绩效”。通常这些财务指标包括收入增长指标、成本降低或生产率提高指标、资产利用或投资战略指标等。

及时和准确的财务数据从来都是管理层能够有效管理企业的重要因素，财务目标也是管理者在制订战略时首先要考虑的目标。平衡记分卡在设计中引入其他角度的指标，不是否认财务数据的重要性，而是在财务指标的基础上，对传统企业管理中因过度重视财务而忽视了其他方面所造成的“不平衡”状况进行修整，使财务指标成为四项主要考核指标之一。

（2）客户视角。

客户角度考虑的是客户如何看待企业的问题。因为，只有客户的购买行为才能够将企业生产出来的产品和提供的服务转化成为财务收入，才能将企业的生产、经营活动与财务数据相联系，才能够保证企业财务目标的实现。所以，企业为了获得长远的财务绩效，就必须要想办法去吸引客户、留住客户。而企业要想培养长期稳定的忠诚客户群，首先就要了解目标客户的需要和想法、了解客户对企业及其产品的看法，然后才能有针对性地创造出让客户满意的产品和服务，吸引客户购买。客户角度的绩效指标主要包括市场份额、客户保有率、客户获得率、客户满意度、客户利润贡献率和客户价值取向等。需要强调的是，客户的价值取向决定了企业产品和服务的特性，企业的活动必须以客户价值为出发点，全面洞察客户对企业产品、企业服务、客户关系及企业形象的要求与喜好。

（3）内部流程视角。

内部流程反映了企业内部的资源和效率。这是平衡记分卡突破传统绩效考核方法的显著特征之一。传统绩效考核中虽然加入了生产提前期、产品质量回报率等指标，但是往往只停留在对单一部门的绩效考核上，仅仅依靠对这些指标的改进，只能有助于企业生存，而不能形成企业独特的竞争优势，不利于企业发展战略的实现。平衡记分卡从满足投资者和客户需要的角度出发，从价值链上针对企业内部的业务流程进行分析。其内部流程角度的指标主要包括：设计能力、设计水准、制造效率和安全性等。

平衡记分卡在内部流程方面的优势在于它既重视改善现有流程，又要求确立全新的流程，并且通过内部流程将企业的学习与成长、客户价值与财务目标联系起来。对内部流程的分析有助于管理层了解企业各项业务的运行情况，以及企业产品和服务满足客户需要的情况；同时，管理层还可以评估他们及其组织在行为方法上的有效性，通过评估，管理者可以发现企业组织内存在的问题，并采取相应措施加以改进，进而提高企业内部的管理效率。

（4）学习与成长视角。

学习与成长角度所要解决的是企业如何才能够继续发展提高并不断创造更多价值的问题。这个角度的观点为其他领域的绩效突破提供了手段。平衡记分卡实施的目的和特点之一就是要尽量避免短期行为，强调对未来投资的重要性，同时并不只局限于传统的设备改造和升级，而更加注重对员工系统和业务流程进行投资。平衡记分卡分析了满足客户需求所需要的能力与企业现有能力之间的差距，将注意力集中在内部技能的改进和提高上，并通过员工培训、技术改造、产品服务等措施来弥补这些差距。学习与成长角度的相关指标主要包括：员工的素质、员工的满意度及企业信息的获取能力等。

2）基于平衡记分卡的 CRM 战略

（1）财务视角。

CRM 战略的最终目的是使企业长期赢利。有两种途径实现财务业绩：提高客户收益和降低客户成本。提高客户收益的途径主要由两部分组成：增加新客户收益和提高老客户价值。通过开发新市场、新产品而获取新客户，以获取新的收益；通过培育客户关系，提升客户忠诚度，扩大客户重复购买量和增加交叉购买，进而提升客户价值。降低客户成本途径强调提升现有客户运作行为的有效性，主要通过改变客户成本结构来实现。例如，可以通过疏远无价值客户来降低成本，采用先进技术降低客户获取成本和保持成本，降低产品与服务的直接成本和间接成本等，从而提升运作效率。

（2）客户视角。

这个视角与前面的类似，强调企业应当了解目标客户的需要和想法、了解客户对企业及其产品的看法，然后才能有针对性地创造出产品和服务以吸引客户和留住客户。这里重点介绍客户价值主张。客户价值主张决定了企业的客户定位，以及针对目标客户企业如何做得比竞争对手更独特、更出色。Treacy 和 Wiersema 给出如下三条价值准则。① 产品领先。强调产品的快速创新，领导整个行业，以获取和保持产品敏感型客户。以产品领先为价值主张的企业必须在产品或服务的性能、特征和表现上领先，即生产一流的产品。② 客户亲密。强调客户关怀，良好的客户体验以保持客户关系。以客户亲密为价值主张的企业必须关注提供给客户个性化的解决方案、创建一个良好的客户体验氛围，即创建一流的客户经历。③ 运营卓越。强调提供给客户无人能比的质量、价格和购买便利的组合。以运营卓越为价值主张的企业需要在价格、客户认知的质量、订货及时性等方面表现突出，强调高效率的运作流程，即实施一流的运作流程。企业可以根据自身特点，选择其中之一作为自己的客户价值主张。

（3）内部流程视角。

可以鉴别出 CRM 战略的五个关键流程。① 客户识别流程，要求企业在收集客户数据的基础上进行客户价值分析，判断与客户建立关系的可能性，以确定目标客户。② 客户获取流程，要求企业利用数据挖掘工具对客户数据进行整分析，预测客户需求，通过开展一对一营销与客户建立合作关系。③ 客户保持流程，要求企业为了防止客户流失，采取各种措施从时间和水平两个维度强化已经建立的客户关系。④ 客户关系恢复流程，要求企业针对流失客户进行分析，有针对性地实施补救措施，以恢复合作关系。

（4）学习与成长视角。

学习与成长是整个战略的基础，是 CRM 战略实施的关键。它包括三部分。① CRM 战略能力，员工实施战略所需要的技能和知识，如客户知识管理能力、员工之间的客户知识的共享等。② CRM 战略技术，即 CRM 战略的技术，如数据库、数据仓库、知识发现、数据挖掘等，用于过滤、分析、分类、模拟和管理客户数据；③ 支持CRM战略的经营氛围，建立使员工与CRM战略保持一致的企业文化，如高层管理者的支持、员工对战略的认知度、激励的手段和方法、相互协作等。

12.4　供应链管理

供应链管理（Supply Chain Management，SCM）作为一种新的学术概念首先在西方被提出来后，此后，很多人对此展开研究，企业也开始了这方面的实践。《财富》（Fortune）杂志就将供应链管理能力列为企业一种重要的战略竞争资源。在经济全球化的今天，从供应链管理的角度来考虑企业的整个生产经营活动，对广大企业提高竞争力将是十分重要的。

12.4.1　供应链管理的内涵

1．供应链管理产生背景分析

进入21世纪，以全球化、客户需求个性化、产品生命周期变短等为特征的市场环境使得企业在面对快速变化市场的同时还要面临日益激烈的企业间竞争。为了能够集中精力培养自身的核心竞争能力，在恰当的时间、恰当的地点为恰当的顾客提供恰当的产品或服务，企业需要从整体流程的概念来进行管理，有必要对企业整个原材料、零部件和最终产品的供应、储存和销售系统进行总体规划、重组、协调、控制和优化，加快物料的流动、减少库存，并使信息快速传递，时刻了解并有效地满足顾客需求，从而大大降低产品成本，提高企业效益。供应链管理的出现可以归纳为以下几个原因。

1）低物流成本的需要

随着科学技术的进步和扩大化、共享化，企业通过降低物料消耗和降低活劳动力消耗取得利润的潜力越来越小，而通过降低物流费用取得利润的潜力越来越大。因此，人们开始把降低流通领域费用称做“第三利润源”。近年来的一些研究成果表明，物流费用的比重上升到产品总成本的30%～40%。因此，供应链的主体需要进行供需信息共享，充分了解需求和各节点库存状况以加强物流管理、降低物流费用，从而提高企业经济效益。

2）实时营销（Real-time Marketing）需要供销企业的大力合作

随着消费者需求行为的个性化和不确定性程度的不断增大，供销企业需要从分割、对立转向信息共享和合作，保持供应链中的信息透明和可视，将销售时点的信息同步传输到商品策划、设计、生产及库存地点，按照客户需求实现设计、生产、物流、经营等决策的一体化，建立供需对应型营销体制。

3）横向一体化战略需要供应链管理

为了能够提高竞争力和快速地响应市场，企业认识到必须摒弃过去从设计、制造直到销售都由自己负责的纵向一体化经营模式，转向集中精力和各种资源做好本企业能创造特殊价值、比竞争对手更擅长的关键业务工作，将其他非核心业务委托给另外的企业（供应商、外包商、销售商）完成，从而形成了横向一体化的管理思想。为了控制其他业务完成的质量、提前期和成本，横向一体化的企业需要与合作伙伴建立一种长期的战略联盟关系，并从整体上对构成的供应链业务流程进行规划和整合。

2．对供应链管理概念的不同理解

“供应链管理”的提出只有不到 20 年的时间，人们的理解还没有统一，从不同的角度出发，对供应链管理的理解也不尽相同。

1）国外学者的观点

国外学者对供应链管理的理解，大体可以分为物流型、信息型和整合型三种观点。

（1）物流型。

Houlihan（1988 年）认为，“供应链管理是对从供应商开始，经过生产者或流通业者，到最终消费者的所有物质流动进行管理的活动。”

Stevens（1990 年）认为，供应链管理是对于“从供应商开始，经附加价值（生产）过程或流通渠道，到顾客的整个过程中，物质流动的管理。”

（2）信息型。

Johannson（1994 年）认为，“供应链管理是为实现商品调达而使用的手段，这种手段追求的是供应链参与者之间信息的恰当提供，供应链管理中各种成员间的信息流，对供应链全体的绩效而言是极其重要的。”

（3）整合型。

Ellram 和 Cooper（1993 年）认为，“所谓供应链管理，就是为取得系统全体最高的绩效，面对供应商开始到最终用户整个网络的分析、管理。”

2）我国学者的观点

2001 年 8 月 1 日起实施的《GB/T 18354—2001：物流术语》中对供应链管理进行了定义：“供应链管理是利用计算机网络技术全面规划供应链中的商流、物流、信息流、资金流等，并进行计划、组织、协调与控制。”

综合以上对供应链管理的定义，我们认为，供应链管理是以现代信息技术为基础的一种战略管理模式，通过供应链参与企业之间建立战略合作关系和信息共享，对产品的原料供应、加工组装、分销配送等过程进行集成，对贯穿整个供应链的商流、物流、信息流和资金流进行协调、控制，实现供应链参与企业共同降低经营风险、共同提高竞争力、共同获利的目标。

12.4.2 供应链管理的特点

1. 管理目标呈现多元化特征和超常的性质

在传统的管理活动中，管理目标一般是针对现有问题来制订的，设计的管理行为主要着力于最终解决问题，因此管理的目标比较单一，供应链管理的目标则较复杂，它不仅追求问题的最终解决，而且关注解决问题的方式，要求以最快的速度、最优的方式、最佳的途径解决问题，并且，供应链管理的目标往往较少受到自身资源实力的限制，这是因为通过内外资源的集成使用，企业可以超越自身实力来进行管理目标定位，从而延伸企业的目标，显示出超常的性质。

2. 管理视域极大拓宽

管理视域代表着管理主体行为的活动范围。管理视域越窄，管理行为就越受限制，管理的影响力度也就必然越小。在集成思想指导下，供应链管理的视野得到极大的拓宽，过去那种围绕企业内某具体部门、某个企业或某个行业的点、线或面式的管理视域，现在已被一种更加开放的全方位、立体式的管理空间所取代。在这里，管理的触角从一个部门伸到了另外一个部门，从企业内伸到了企业外，从本行业伸到了其他相关的诸多行业。总之，管理视域是全方位、立体状的，从而为供应链管理提供了充分自由的运作空间。

3. 管理要素更加多样，包容度大大增加

在过去的管理活动中，人、财、物是基本的管理要素。随着社会科技的进步，一方面，上述管理要素的内容不断演化更新；另一方面，各种新的管理要素也大量涌现，各种管理要素的重要性也相继发生转换。在供应链管理中，管理要素的种类和范围都比以往有更大的拓展。从人、财、物，到信息、知识、策略等，管理对象无所不包，几乎涵盖了所有的软、硬资源要素，因而使得管理者的选择余地大大增加，同时，管理难度也进一步加大。由于供应链管理中知识、智力的含量大大增加，在许多情况下，信息、策略等软性要素常常是决定供应链管理成败的关键。

4. 管理系统的复杂度增加，系统边界日益模糊

企业供应链管理行为既是由企业内在本质所决定的受企业支配的各项活动的总和，又是随着外界环境的变化而变化的受外在环境刺激所做出的各种决策和对策的反应，供应链管理行为所涵盖的不只是企业内部的技术行为，而是一系列广泛而又复杂的社会经济行为。另外，由于供应链管理追求的是企业内外资源要素的优化整合，打破了传统管

理系统的边界限制，即企业的内部资源、功能及优势与外界的可以相互转化、协调及利用，形成一种“内部优势外在化、外部资源内在化”的态势，使管理的系统边界日益模糊。

12.4.3　供应链管理的内容

1．供应链管理涉及的主要领域

供应链管理研究的内容主要涉及四个主要领域：供应、生产计划、物流、需求，如图 12.2 所示。供应链管理是以同步化、集成化生产计划为指导，以各种技术为支持，尤其以 Internet/Intranet 为依托，围绕供应、生产作业、物流（主要指制造过程）、满足顾客需求来实施的。供应链管理主要包括计划和合作控制从供应商到用户的物料（零部件和成品等）和信息。

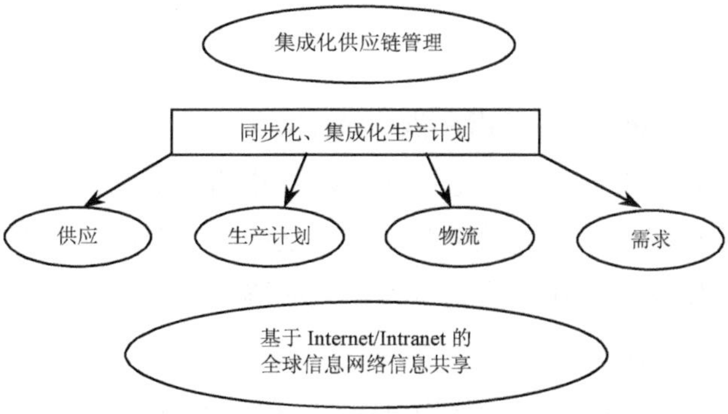

图 12.2　供应链管理研究的内容

在以上四个领域的基础上，可以将供应链管理细分为职能领域和辅助领域。职能领域主要包括产品工程、产品技术保证、采购、生产控制、库存控制、仓储管理、分销管理。辅助领域主要包括客户服务、制造、设计工程、会计核算、人力资源、市场营销。

2．供应链管理涉及的主要问题

供应链管理涉及的不仅是物料实体在供应链中的流动，供应链管理还注重以下主要问题。

（1）随机性问题。包括供应商可靠性、运输渠道可靠性、需求不确定性、价格波动影响、汇率变动影响、随机固定成本、提前期的确定、顾客满意度的确定等的研究。

（2）供应链结构性问题。包括规模经济性、选址决策、生产技术选择、产品决策、联盟网络等的研究。

（3）供应链全球化问题。包括贸易壁垒、税收、政治环境、产品各国差异性等的研究。

（4）协调机制问题。如供应—生产协调，生产—销售协调，库存—销售协调等。

此外，供应链管理还包括以下主要内容：

（1）战略性供应商和用户伙伴关系管理；

（2）供应链产品需求预测和计划；

（3）全球节点企业的定位、设备和生产的集成化计划、跟踪和控制；

（4）企业内部与企业之间物料供应与需求管理；

（5）基于供应链管理的产品设计与制造管理；

（6）基于供应链的用户服务和运输、库存、包装等管理；

（7）企业间资金流管理（汇率、成本等问题）；

（8）基于 Internet/Intranet 供应链交互信息原理。

12.4.4　供应链管理方法与相关技术

1．供应链管理方法

1）快速响应（QR）方法

快速反应（Quick Response）是指在供应链中，为了实现共同的目标，零售商和制造商建立战略伙伴关系，利用 EDI 等信息技术，进行销售时点的信息交换及订货补充等其他经营信息的交换，用多频度、小数量配送方式连续补充商品，以实现缩短交货周期、减少库存、提高客户服务水平和企业竞争力的供应链管理方法。

2）有效客户响应（ECR）方法

有效客户反应（Efficient Consumer Response，ECR），它的应用始于食品杂货分销系统中，分销商和供应商为消除系统中不必要的成本和费用，给客户带来更大效益而进行密切合作的一种供应链管理方法。ECR 以满足顾客要求和最大限度地降低物流过程费用为原则，能及时做出准确反应，使提供的物品供应或服务流程最佳化的一种供应链管理战略。

3）联合库存管理（JMI）方法

联合库存管理（Jointly Managed Inventory，JMI）是一种在供应商管理库存（Vendor Managed Inventory，VMI）的基础上发展起来的上游企业和下游企业权利责任平衡和风险共担的库存管理模式。联合库存管理（JMI）强调双方同时参与、共同制订库存计划，使供应链过程中的每个库存管理者（供应商、制造商、分销商）都从相互之间的协调性考虑，保持供应链相邻的两个节点之间的库存管理者对需求的预期保持一致，从而消除了需求变异放大现象。任何相邻节点需求的确定都是供需双方协调的结果，库存管理不再是各自为政的独立运作过程，而是供需连接的纽带和协调中心。

2．供应链管理相关技术

1）供应链管理的信息支持技术

在信息社会中，企业能否在激烈的市场竞争中生存和发展，关键是要看企业能不能及时、有效地获得生产经营管理中所需的各种信息。供应链中的信息可以分成两大类，即供应链各节点间的信息和各节点企业内部的信息。信息是企业各层级、供应链的各成员间密切配合和协同工作的黏合剂。

当今社会每天在全球范围内发生数以百万计的交易，每一笔交易的背后都伴随着产品的运动（物流）及资金的运动（资金流）和信息的运动（信息流）。供应链管理的信息支持技术就是为了优化业务流程、降低运行成本和费用而产生的。这些技术主要包括射频技术（RF）、地理信息系统技术（GIS）、全球定位系统（GPS）、条形码技术等。

2）基于 EDI 的供应链管理信息技术支撑体系

EDI 意为电子数据交换。国际标准化组织（ISO）于 1994 年确认了电子数据交换的技术定义：根据商定的交易或电文数据的结构标准，实施商业行政交易从计算机到计算机的电子传输。

在供应链管理的应用中，EDI 是供应链企业信息集成的一种重要工具、一种在合作伙伴企业之间交互信息的有效技术手段，特别是在全球进行合作贸易时，它是在供应链中连接节点企业的商业应用系统的媒介。通过 EDI，可以快速获得信息，减少纸面作业，更好地沟通和通信，降低成本，提高生产率，并且能为企业提供实质性的、战略性的好处，如改善与客户的关系、提高对客户的响应、缩短订货周期、增强企业的国际竞争力等。

除了传统的 EDI 数据交换模式外，随着因特网的出现，也可以采用一种新的基于因特网的 EDI 模式：Internet/MIME 的 EDI 模式，因为 Internet 灵活多样的入网方式和开放统一的通信标准，消除了贸易伙伴之间的通信壁垒，而且收费标准低、带宽高，有利于降低 EDI 的通信成本和时间，因此利用 Internet 传输 EDI 单证，更适合于供应商对零散用户的库存管理。

3）基于 Internet/Intranet 的供应链管理信息技术支撑体系

当今存在的一个趋势是使用 WWW 和 Internet/Intranet 进行供应链管理。供应链从本质上讲是以链的方式连接生产商、零售商、客户和供应商的一种业务过程，并在这个过程中开发和发送产品。在供应链中，所有的角色都结合在一个虚拟的技术和资源合作的组织内。其目标在于通过"平滑的"从生产产品到出售到客户手中的过程而获利。所谓"平滑"，是指减少障碍，如库存费用等，这种平滑过程是通过提供及时的需求信息及合作伙伴之间的业务过程协作实现的。

Internet 是基础，是网络基础和包括 Intranet 和 Extranet 在内的各种应用的集合；Intranet 强调企业内部各部门的联系，业务范围仅限于企业内部；Extranet 强调各企业间的联系，业务范围包括贸易伙伴、合作对象、零售商、消费者和认证机构。Intranet 在供应链企业中的应用及与 Internet 的集成，是不可避免的趋势。这种集成使企业的内部工作模式和相互间的合作方式都发生了改变，人们重视供应链管理的目的也从单纯地提高效率和减少成本转移到了更好的客户服务、增加客户的数量和提高收入上去。也就是说，供应链由原来的生产商推动型转换为客户的需求拉动型。

12.5　知识管理

知识管理（Knowledge Management，KM）是网络新经济时代的新兴管理思潮与方法，管理学者彼得•杜拉克早在 1965 年就预言：知识将取代土地、劳动、资本与机器设备，成为最重要的生产因素。受到 1990 年代的信息化蓬勃发展的影响，知识管理的观念结合网际网络建构入口网站、数据库及应用计算机软件系统等工具，成为组织积累知识财富，创造更多竞争力的新世纪利器。

12.5.1　知识管理的体系

企业知识管理的实质就是对知识链进行管理，使企业的知识在运动中不断增值。一个企业要进行有效的知识管理，关键在于建立起一个适合的知识管理体系。

知识管理体系总体上分为知识管理理念和知识管理的软、硬件两大部分，具体组成如图 12.3 所示。其中，知识管理理念分为企业制度和企业文化两个方面，企业制度包括确立企业的知识资产和制订员工激励机制；企业文化包括企业共享文化、团队文化和学习文化，帮助员工破除传统独占观念，加强协作和学习；知识管理系统包括知识管理软件和硬件，知识管理的硬件对应的是知识管理平台，它是一个支撑企业知识收集、加工、存储、传递和利用的平台，通过因特网、内联网、外联网和知识门户等技术工具将知识和应用有机整合；知识管理的软件指的是一个建立在管理信息系统基础之上的实现知识的获取、存储、共享和应用的综合系统，通过文件管理系统、群件技术、搜索引擎、专家系统和知识库等技术工具，使企业显性知识和隐性知识得到相互转化。

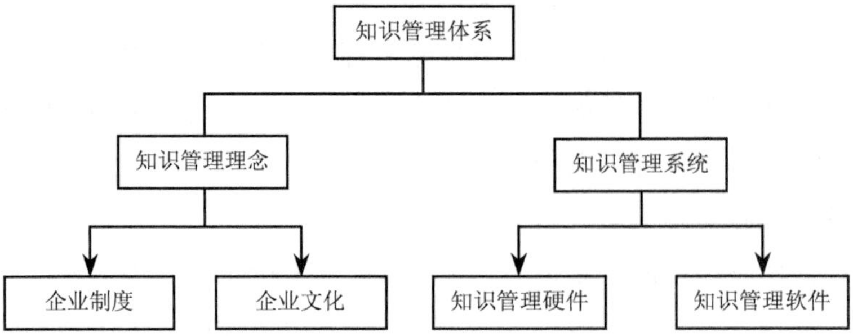

图 12.3　知识管理的体系

实施成功的知识管理体系包括下面 6 个方面。

（1）企业最高管理者的管理职责发生了本质的变化。

主要是制订知识管理战略，特别是建立知识创新激励机制、制度和政策，确立知识管理的方针和目标；建立核心能力的动态联盟，提高企业核心竞争力；塑造知识型企业的企业文化，提高员工素质；建立新的资源分配机制和原则；主持知识管理体系的管理评价；实施企业再造，建立知识型企业的组织机构。

（2）设置知识主管（CKO）。

专门负责企业知识管理工作，开发、应用和发挥企业员工的智力、知识创新能力及集体创造力，通过一系列的知识管理活动提升企业竞争力。

（3）市场分析和顾客需求分析。

对知识、技术、资本、资源、产品等市场进行分析，对知识、技术产品的发展进行预测，对产品的市场占有率和竞争力进行分析；在对客户调查的基础上，做出客户现在和未来的需求分析及客户的未知需求分析。

（4）知识资源管理

建立人力资本投资和管理体系；增加知识存量，与企业的业务流程相结合，调整企业知识结构。

（5）建立企业知识管理系统

管理知识生产、交换、整合和内化，促进知识再生产过程形成良性循环，规避知识管理中的风险。

（6）知识管理的评价和改进

制订知识管理的评价原则、方法和体系；实施客户满意度评价，并及时进行知识管理改进。

12.5.2　知识管理的流程

知识管理的流程是知识管理理论中的一个重要问题。目前，国内外的学者在研究知识管理内涵时是围绕着知识流程的分析进行的，可以说这是对知识管理流程最早也是最基本的认识途径之一。美国得而福集团创始人之一、著名经济学家卡尔·费拉保罗认为：“知识管理就是利用集体的智慧提高应变能力和创新能力，是为企业实现显性知识和隐性知识共享提供的新途径。”该定义突出了知识管理的核心流程应该是知识共享、知识转移和知识创新。根据知识管理的内涵来分析，知识管理的核心流程有 5 个：知识获取、知识组织、知识应用、知识传递与共享、知识创新。

1. 知识获取

知识获取是知识管理流程中的第一个环节，也是确保其能有效运转的基础。知识获取是指从特定的知识源获取可能有用的问题求解知识和经验并转换为程序的过程。在知识获取阶段，不仅要收集企业自身的知识，更要收集外部知识；不仅要收集显性知识，包括组织的文档、数据等，更要收集隐性知识，如技能、经验等知识；不仅要有意识地搜集知识，还要对“偶然获取”的知识给予关注。

2．知识组织

知识组织是指知识的融合和有序化的过程，就是运用一定的方法、按一定的标准把知识对象中的知识因子和知识联系揭示出来，便于人们认识、学习、理解和接受，促进知识运用和知识创新。加强知识组织环节的管理有利于提高知识的规范化、标准化程度。

3．知识应用

知识应用就是知识从理论到实践的转化过程。当企业面临新的问题时，借助企业所掌握的显性知识或隐性知识，应用到实践中以解决问题，为企业创造价值。因此，知识应用是实现知识从知识形态本身到企业价值转化的拐点。

4．知识传递与共享

知识传递就是解决知识在不同个体之间、不同内部组织之间及不同组织和个体之间的有效传送问题。知识传递有正式的渠道和非正式的渠道之分。正式的渠道多依赖于企业或所拥有的设备、技术基础和规则制度进行，而非正式的渠道则多依赖于私人关系的建立和个人间良好的沟通能力。从根本上讲，知识传递是知识管理的动力，是知识共享的前提。

知识共享是指员工个人的知识财富（包括显性知识和隐性知识）通过各种交流方式（如电话、口头交谈和网络等）为组织中其他成员所共同分享，从而转变为组织知识财富。它是知识创新的源泉和重要前提。

5．知识创新

知识创新是在原有知识的基础上，通过群体成员大量的个人思维活动，伴随着成员之间的知识交流，相互反复激发、评价、修正，逐渐形成新的知识。

12.5.3　知识管理的实施

知识管理的实施是一项牵涉面广、复杂的系统工程，其成功实施只依赖先进技术的应用或某一理论的应用是远远不够的。根据系统科学的思想和方法，考虑管理任务的层次（战略管理、战术管理和操作管理）及知识管理实施的关键因素（技术、系统、过程和人），我们认为知识管理的实施应采取如图 12.4 所示的架构。其中，技术是构建知识管理系统的基础，主要考虑如何准确、快捷地将信息体内含的知识与工作实践中要解决的问题相关联。从根本上解决知识管理实施存在的知识获取、组织、应用、传递和共享、创新等问题。

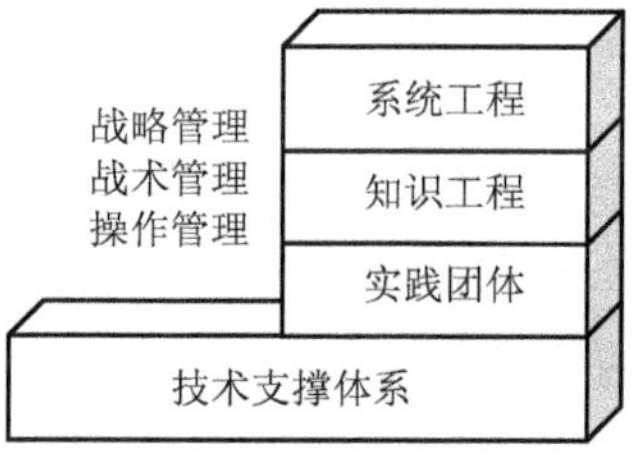

图 12.4　知识管理的实施架构

1．系统工程提供思想和理论

知识管理渗透到企业的各个方面，有必要将其与企业的发展战略、业务流程、企业文化等整合在一起。知识管理作为新一代管理模式，在企业的运作中是一项系统工程。美国麻省理工学院教授彼得·圣吉（1990 年）提出了“系统思考”（system thinking）的观点，把整个企业的经营看做一个系统，用全局的、整体的观点来看待组织发展问题。关于知识管理的研究，主要是沿着两条主线进行的。① 把重点放在信息管理上。信息管理的对象是信息资源和信息活动，信息资源是信息生产者、信息、信息技术的有机体，信息活动是指人类社会围绕信息资源的形成、传递和利用而开展的管理活动与服务活动。② 把重点放在人的管理上，研究者大都是具有社会科学与人文科学专业背景的人，他们着重研究人的行为、技巧和思维方式。由于知识管理的高度复杂性及跨学科的特点，兼有技术与人文两种具有交互作用属性，而知识的生产、传播与利用又形成了一个系统。因此，可以考虑把知识系统的研究提到系统工程的高度，为知识管理的研究开拓一条新途径。

2．知识工程提供方法和工具

“知识工程”是在 1977 年第五届国际人工智能联合会议上，由美国斯坦福大学计算机系教授 Feigenbaum 在作关于“人工智能的艺术”的讲演时首次提出的，“知识工程是应用人工智能的原理与方法，对那些需要专家知识才能解决的应用难题提供求解的手段。”知识工程是人工智能学科的发展，它通过知识分析、建模等技术手段来设计和构建具有智能特性的知识系统，为知识管理实施提供了有效的方法和工具，如表 12.1 所示。

表 12.1　知识管理与知识工程的对比分析

	知 识 工 程	知 识 管 理
战略	开发和保护智力资本	高效、有偿开发和使用智力资本
目标	是“知识”的工程，目的是建立一个基于知识的系统	适当的人，在适当的时间，在适当的地点获得适当的知识
对象	知识	知识、过程、人
实施内容	知识获取、知识表、知识推理	① 知识的创造、获取、加工、存储和应用的管理；② 与知识有关的各种资源和无形资产的管理
发展趋势	研究人、智能科学	研究人，知识科学
实施方法	从“转换”到“建模”	缺乏系统的实施方法

3. 实践社团是实施知识管理的有效组织方式

如果将知识管理简单看成是一种方法和技术，把知识管理的成功寄托在技术和人力资本的投入上，会导致许多企业陷入过分依赖技术、以技术为中心的误区。其实，人是知识管理中的关键成功因素之一，隐性知识能否有效地被挖掘并共享是知识管理实施成功的重中之重。实践社团就是有着同样的目标、工作或兴趣的一群人，通过在不断发展的基础上相互影响，就他们共同关注的问题进行讨论，从而促进知识共享，加深某一领域的知识和专业技术。借助现有的知识管理系统平台，组织中的实践社团既可以是虚拟存在的，又可以是实际存在的，它们的存在能够促进组织知识的共享与利用。在实施知识管理时，应注意积极引导和培育实践社团，不可忽视人在知识管理中的重要性。

目前的知识管理的实施理论研究，在战略管理层次上，需要吸收系统工程的理论和研究成果作为实施的指导思想；在战术管理层次上，需要引入知识工程的方法和工具用于知识管理的实施；在操作管理层次上，需要采用实践社团的组织形式将知识真正变成企业的财富。未来的知识管理实施理论极有可能回归到对人的研究，尤其是对人类自身智能本质的研究，必须吸取智能科学的研究成果并将之融入知识管理实践，知识管理实施理论将进一步提升为知识科学，以一套科学化、规范化、系统化的理论来指导知识管理实践。

本章小结

电子商务管理工具与方法是提高电子商务管理效能的重要手段，主要包括业务流程重组、企业资源计划、客户关系管理、供应链管理、知识管理等。

业务流程重组是对企业的业务流程做根本性的重新思考和彻底翻新，以便使企业在成本、质量、服务、速度等表征企业业绩的重大特征上获得戏剧化的改善，并强调通过充分利用信息技术使企业业绩取得巨大提高。通过业务流程重组，传统企业可以更好地适应电子商务给企业提出的新要求。

企业资源计划、客户关系管理、供应链管理被称为电子商务的“三驾马车”。企业资源计划提供的资源控制和管理系统能够确保企业对内部资源做出最合理的配置和开发，客户关系管理能够帮助企业有效提升对客户的反应能力，供应链管理可以帮助企业获得合作伙伴的战略支持以高效满足客户的需求。

知识管理是电子商务时代的新兴管理思潮与方法。通过构建合理的知识管理体系，可以有效提升企业的知识创新能力，进而满足电子商务对企业创新能力的新要求。

问题讨论

1. 传统企业向企业电子商务转型该如何开展业务流程重组?
2. 简述企业资源计划、客户关系管理、供应链管理的联系与区别。
3. 简述知识管理在电子商务中的应用价值。

实验难点分析——振兴集团实施 ERP 失败的原因诊断

河南振兴集团（化名，下文简称振兴）是河南省一家大型集团公司，虽然实施 ERP 失败，但是这个案例对于我们学习企业实施 ERP 有很多可以借鉴的教训，它能够为许多公司 ERP 的实施提供前车之鉴。

1998 年初，该公司采用 Symix 公司（现更名为 Frontstep 公司）的产品来实施 ERP，直到同年 7 月份，振兴实施 ERP 的进展都很顺利，可是随后的一系列变故让项目彻底失败。4 年过去了，振兴的销售额从当时的 15 亿元上升到目前的 22 亿元。但是，对振兴来讲，当初实施的 ERP 如今却成了个负担。

背景

在机械行业 100 强排名中，振兴排名第 29 位。振兴是以电力系统自动化、保护及控制设备的研发、生产及销售为主的国有控股大型企业，是国家 520 户重点企业和河南省重点组建的 12 户企业集团之一。集团公司下设两家上市公司——“振兴电气”和“天宇电气”，8 个中外（港）合资公司等 21 个子公司；现有员工 4260 人，各类专业技术人员 2550 余人，占全员的 60%，其中本科生 1375 人，硕士 216 人，博士、博士后 34 人，国家级突出贡献专家 8 位；公司占地面积 60 万平方米（以上数据不含天宇电气）。

振兴集团在坚持把主业做强、做大的同时，不失时机地跻身于民用机电、电子商务、环保工程、资产管理等行业，并取得了喜人的业绩。多年来，振兴集团坚持“一业为主，多元发展”的经营战略，支撑着企业的快速发展，2001 年，振兴集团实现销售收入 28.8 亿元（含税）、利润 2.5 亿元，比 2000 年分别增长 34%和 9.75%，各项经济技术指标再创历史最高水平，继续保持行业的龙头地位。

Symix 成立于 1979 年，总部位于美国俄亥俄州，专门从事企业管理软件的研发和推广，1995 年进入中国市场，设立赛敏思软件技术有限公司，并发展了多元电气、振兴电气、威力集团、西南药业等本土化用户。该公司倡导的“客户同步资源计划（CSRP）”理念已受到业界广泛关注并获得了客户认可。其 SyteLine 软件系统在中国的客户总数目前已达 140 余家。2001 年初，Symix 正式更名为 Frontstep，将公司业务从企业资源计划向全面的电子商务解决方案拓展。

ERP 选型

振兴希望 ERP 能解决三个方面的问题：第一方面是是希望通过 ERP 规范业务流程；第二方面是希望信息的收集整理更通畅；第三方面是通过这种形式，使产品成本的计算更准确。

ERP 选型时，振兴公司接触过包括 SAP、Symix、浪潮通软、利玛等国内外 ERP 厂商。开始振兴想用 SAP 的产品，但是 SAP 的出价是 200 万美元：软件费 100 万美元，实施服务费 100 万美元。而当时振兴上 ERP 的预算只有 500 万元人民币。国外 ERP 软件用不起，振兴并没有把目光转向国内软件企业。因为在考察了浪潮和利玛等几家国内厂商之后，振兴觉得国内软件厂商的设计思路和自己企业开发设计软件已实现的功能相差不大。挑来挑去，振兴最终选择了 Symix，一家面向中型企业的美国管理软件厂商。振兴当时的产值是 15 亿元，与美国的中小型企业相当，而 Symix 在中小型企业做得不错，价位也比较适中。而且按照一般的做法，签单的时候，一般企业的付款方式是分三笔：5:3:2 模式。而 Symix 开出的条件非常优惠：分 7 步付款的方式。双方就这样成交了。

ERP 实施

从 1998 年初签单，到同年 7 月份，振兴实施 ERP 的进展都很顺利。包括数据整理、业务流程重组，以及物料清单的建立。厂商的售后服务工作也还算到位，基本完成了产品的知识转移。另外，在培养振兴自己的二次开发队伍方面也做了一定的工作。如果这样发展下去，或许振兴会成为国内成功实施 ERP 企业的典范。然而，计划赶不上变化。

到了 1998 年 8 月份，振兴内部为了适应市场变化，发生重大的机构调整。原来，振兴没有成立企业内部事业部，而是以各个分厂的形式存在。而各个分厂在激烈的市场竞争中，出现了这样的怪现象：振兴自己制造的零部件，如每个螺钉在公司内部的采购价格是 5 分钱，在市场上却 3 分钱就可以拿到。这样必须进行大调整。

大调整的结果是将这些零部件分厂按照模拟法人的模式来进行运作。振兴的想法是给这些零部件厂商两到三年的时间，如果还生存不下去，再考虑其他办法，如工人下岗、企业转产、倒闭等。

实施 ERP 在先，公司结构大调整在后。但是振兴高层在调整的过程中，更多地是关注企业的生存、企业经营的合理化和利润最大化，显然没有认真考虑结构调整对 ERP 项目的影响。

企业经营结构变了，而当时所用的 ERP 软件流程却已经不能用了，Symix 厂商似乎也无能为力，想不出很好的解决方案。于是振兴不得不与 Symix 公司友好协商，项目暂停，虽然已经运行了 5 个月，但是继续运行显然已经失去了意义。Symix 的 ERP 现在只是在振兴一些分公司的某一些功能上还在运行。

讨论：

1. 分析案例，请你诊断河南振兴集团实施 ERP 不成功的根源。

2. 如果你是河南振兴集团领导，你会如何做以让振兴集团摆脱目前的困境，让振兴集团所上的 ERP 更好地为振兴集团服务?

实验难点分析——上海盛世易居的客户关系管理实施之路

上海盛世易居是集租赁、销售、装潢、物业管理于一身的房地产集团。由于房地产领域竞争日趋激烈，花一大笔钱在展会上建个样板间来招揽客户的做法已经很难起到好的效果了，在电子商务之潮席卷而来时，很多房地产企业都在考虑用新的方式来吸引客户。

盛世易居在上海有很多营业点，以前如果客户有购房、租房的需求，都是通过电话、传真等原始的手段与之联系。由于没有统一的客服中心，而服务员的水平参差不齐，导致用户常常要多次交涉才能找到适合解答他们关心问题的部门。又由于各个部门信息共享程度很低，所以用户从不同部门得到的回复有很大的出入，由此给用户留下了很不好的印象，很多客户因此干脆弃之而去。更让盛世易居一筹莫展的是，尽管以前积累了大量的客户资料和信息，但由于缺乏对客户潜在需求的分析和分类，这些很有价值的资料的利用率很低。

盛世易居的总经理彭加亮意识到，在 Internet 时代，如果再不去了解客户的真正需求，主动出击，肯定会在竞争中被淘汰。1999 年 5 月，盛世易居与美国艾克公司接触后，决定采用该公司的 eCRM 产品。

找到突破口

经过双方人员充分沟通后，艾克公司认为盛世易居的条件很适合实施客户关系管理系统，艾克公司的中国区产品行销总监张颖说："首先，盛世易居有很丰富的客户资料，只要把各个分支的资料放在一个统一的数据库中，就可以作为 eCRM 的资料源；另外，盛世易居有自己的电子商务平台，可以作为 eCRM 与客户交流的接口。"

但是盛世易居还是有不少顾虑，因为客户关系管理在国内还没有多少成功的案例。另外，传统的 CRM 系统需要具备庞大的客户数据样本库，并且建设的周期长，投资大，不是一般的企业可以承受的。最后，eCRM 系统的特色打消了盛世易居的顾虑，eCRM 系统与传统的 CRM 有很大的不同——它是模块化的结构，用户可以各取所需；用户选定模块后，厂商只需做一些定制化的工作就可以运行起来，实施的周期也很短，很适合中小企业使用。经过充分沟通以后，为了尽量减少风险，双方都认为先从需求最迫切的地方入手，根据实施的效果，再决定下一步的实施。

通过对盛世易居情况的分析，双方人员最后决定先从以下几个部分实施。

（1）盛世易居有营销中心、网上查询等服务，因此需要设立多媒体、多渠道的即时客服中心，提高整体服务质量，降低管理成本。

（2）实现一对一的客户需求回应，通过对客户爱好、需求分析，实现个性化服务。

（3）有效利用已积累的客户资料，挖掘客户的潜在价值。

（4）充分利用数据库信息，挖掘潜在客户，并通过电话主动拜访客户，向客户推荐满足客户要求的房型，以达到充分了解客户，提高销售机会。

（5）实时数据库资源共享使盛世易居的网站技术中心、服务中心与实体业务有效结合，降低销售成本和管理成本。

根据这些需求，艾克公司提供了有针对性的解决方案，主要用到艾克 eCRM 产品 eNterprise Ⅰ，该产品结合了网页、电话、电子邮件、传真等与客户进行交流，并提供客户消费行为追踪、客户行销数据分析功能，实现一对一行销。另外，结合艾克的电子商务平台 eACP，与盛世易居现有的系统有效整合。

艾克公司的方案

艾克公司为盛世易居提供的客户关系管理平台包括前端的“综合客户服务中心 UCC”及后端的数据分析模块。前端采用艾克 UCC3.20，该产品整合了电话、Web、传真等多渠道、多媒介传播及多方式分析系统的综合应用平台。在前端与后端之间是数据库，它如同信息蓄水池，可以把从各个渠道接收的信息分类，如客户基本信息、交易信息和行为记录等。后台采用艾克 OTO2.0，它用于数据分析，找出产品与产品之间的关系，根据不同的目的，从中间的数据库中抽取相应的数据，并得出结果，然后返回数据库。于是，从前端就可以看到行销建议或市场指导计划，由此构成了从前到后的实时的一对一行销平台。通过这个平台，解决了盛世易居的大部分需求。

在前端，UCC 系统整合电话、Web、传真等多种服务，客服人员在为客户提供多媒体交流的同时，还可以服务于来自电话、Web、传真等媒介的需求，管理人员可以实时监控、管理客服人员的服务状况，实现统一管理。这个统一的服务中心设立统一标准问题集及统一客服号，利用问题分组及话务分配随时让客户找到适合回答问题的服务人员，得到满意的答复。该系统中的 UCC-Approach 模块可以有效挖掘客户潜在的价值。

按计划实施

盛世易居与艾可认为，实施的原则是，必须以盛世易居的现有系统和业务不做大的改动为前提，充分利用现有的硬件、软件和网络环境，并且与以前的系统有效地整合在一起。

1．建立多渠道客户沟通方式

这一步骤包括 3 个部分 UCC-Web、UCC-Ware 和 UCC-Approach。

UCC-Web：客户通过 Web 进来时，客户的基本信息与以往交易纪录一并显示于服务界面，客服人员可给予客户个性化服务，并根据后端分析结果做出连带的销售建议。

UCC-Ware：客户租房、买房等咨询电话经话务分配后到达专门的服务人员，同时自动调用后台客户数据显示于客服界面供客服人员参考，而一些标准问题，可以利用 IVR 系统做自动语音、传真回复，节省人力。

UCC-Approach：根据 CRM 系统分析出数据所制订的服务和行销计划，对目标客户发送电话呼叫，将接通的电话自动转到适当的坐席，为客户提供产品售后回访或新产品行销服务。

2．实现 OTO 分析与前端互动功能的整合

利用 OTO 分析结果，直接进入 UCC 的 Planer 数据库，作为建议事项及外拨行销依据。目前，盛世易居有 4 项主营业务，已积累了大量的客户资料。该部分针对资料做检测，剔除无效信息，对有效信息按照业务需求类型分组，然后对分组数据做 PTP 分析，找出相关性最强的两种产品，据此可以做连带销售建议。同时，对目标客户贡献度做分析，找到在一定时效内对产品有购买能力与贡献度最大的客户，其余客户可按照时效及重要程度做不同力度和方式的跟踪处理。

另外，盛世易居以前的销售系统、楼盘管理系统、购房中心系统和业务办公系统，现在都通过艾克产品提供的接口，整合到客户关系系统内。该项目的实施总共只花了 3 个星期，由于前期的工作做得很充分，所以项目实施很顺利，并且很快就运行起来了。

应用艾克的客户关系管理系统之后，盛世易居很快取得了很好的效果，统一的服务平台不仅提高了企业的服务形象，还节省了人力、物力。通过挖掘客户的潜在价值，盛世易居制订了更具特色的服务方法，提高了业务量。另外，由于客户关系管理整合了内部的管理资源，降低了管理成本。

小步前进

现在回想起来，张颖说，虽然项目的实施时间并不长，但这个成功来之不易。CRM 对于中国企业来说还很陌生，没有多少成功的经验可以借鉴，所以要说动企业相信它就不是一件容易的事情。艾克为了让盛世易居相信 eCRM，做了大量的工作，并且把试用版本给盛世易居使用。虽然盛世易居承认它能够为自己带来很多好处，但是由于害怕风险，所以并不能立即决定采用，因为大家都知道上 CRM 意味着巨大的资金投入和管理革新。真正让盛世易居决定采用艾克产品的原因是，应用艾克的产品不需要

花很多钱，而且以前的设备很多可以保留下来，也不用进行伤筋动骨的人事和管理的调整。

在考虑如何与盛世易居原有系统连接问题时，双方的意见并不一致。作为艾克来讲，开始连接的系统越简单越好，而盛世易居则认为能把自己所有的系统和 CRM 整合起来当然最好——客户往往忽视过于复杂的实施会带来更大的风险。张颖说，国内的客户与国外的客户区别很大，国外的客户很清楚自己要什么，而国内的用户很多只知道自己大概要什么，具体的需求并不清楚，而一旦厂商提供了产品之后，他们又觉得很多地方要改进，使厂商又花很多精力重新做很多工作。

为了防止系统在实施过程中发生意外，艾克和盛世易居在实施之前签订了一个协议，明确规定什么时候完成什么事情，完成到什么程度，达到什么样的效果，由谁来负责，然后在实施过程中按照这个步骤执行，有效保证了系统的顺利实施。

通过艾克和盛世易居的共同努力，eCRM 系统在盛世易居集团内部很快就取得了成功，而且取得了较好的效果，可以说它是一个很成功的企业实施客户关系管理系统的案例，也对其他想要实施客户关系管理的企业提供了参考依据。

1. 分析案例，思考盛世易居集团实施客户关系管理成功的原因。

2. 盛世易居集团在实施客户关系管理过程中，与软件厂商合作实施客户关系管理系统时，有哪些地方值得其他想要实施客户关系管理系统的企业借鉴?

实验难点分析——惠普喷墨系列打印机的供应链

供应链（Supply Chain，SC）是 20 世纪 80 年代末提出来的一个概念，目前一般认为：供应链是围绕核心企业，通过对信息流、物流、资金流的控制，从采购原材料开始，制成中间产品及最终产品，最后由销售网络把产品送到消费者手中的将供应商、制造商、分销商、零售商、直到最终用户连成一个整体的功能网链结构模式。可见，供应链其实是一种业务流程，它在核心企业、供应商、供应商的供应商、用户和用户的用户之间构造了一个网络，完成由消费者需求到给消费者提供商品与服务的整个过程。

惠普喷墨系列打印机于 1988 年上市，此后成为了惠普最成功的产品，销售量稳步上升，1990 年就销售了 60 万台，约 4 亿美元。但随着销售额的上升，库存也不断上升。

惠普喷墨系列打印机的供应链如图 12.5 所示，该模式下，温哥华分公司不仅负责预测生产，并且将成品装配成通用打印机后直接进行客户化/差异化包装，再配送至其三个分销中心：北美、欧洲和亚太地区。所谓客户化/差异化包装是指根据欧洲和亚洲地区用户对打印机的不同要求，实行定制，合适的电源供应（110 伏或 220 伏）和电源终端（插件），使用恰当的语言（操作手册）。

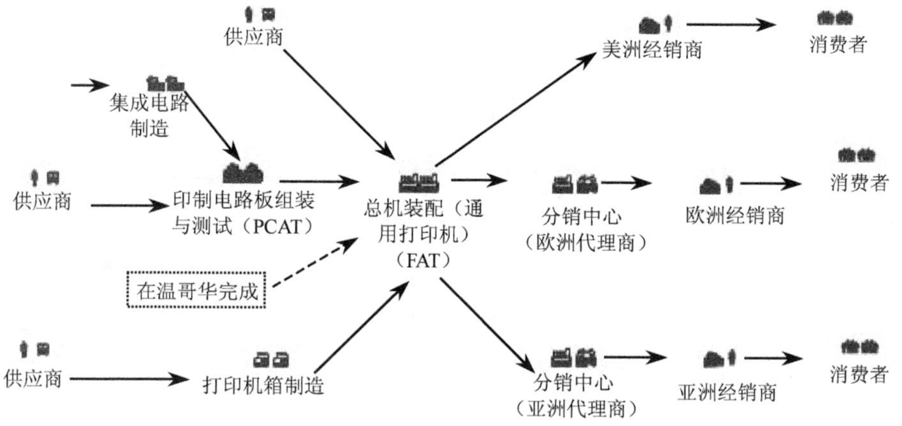

图 12.5　惠普喷墨系列打印机的供应链

在图 12.5 所示的供应链模式下，当打印机到达各地区分销中心时，客户需求可能早已随时间的推移而发生了改变。这样一来，由于打印机是为特定国家而生产的，分销商无法应付这样的需求变化，从而导致公司的销售额虽然仍在上升，但产品不断积压，形成高库存。之所以会出现这种情况，主要是因为原供应链不能灵活适应客户需求，缺乏弹性所致。

分析案例，思考惠普公司如何对其供应链进行改进设计？

实验难点分析——浪潮集团的困境

浪潮集团是中国领先的计算平台与 IT 应用解决方案供应商，也是中国最大的服务器制造商和服务器解决方案提供商。浪潮集团拥有“浪潮信息”和“浪潮软件”两家国内 A 股上市公司和在香港联交所创业板上市的浪潮国际有限公司，用户遍及中国金融、通信、政府、教育、制造业、烟草等行业和政府部门，力图全方位满足政府与企业信息化的需求。

为了应对激烈的市场竞争，2004 年浪潮进行了大规模的业务重组，把集团所有业务组合成四大产业群：计算机产业群、应用软件产业群、商业终端产业群和移动通信产业群。力图通过对组织、产品、区域、行业及品牌标志的一系列整合和结构调整，实现浪潮集团一体化、专业化、国际化的发展战略。整合后的浪潮致力于建立“以客户为关注焦点”的企业文化，同时，把技术创新和管理创新贯穿于企业文化建设的全过程，建立了统一的市场平台和对外窗口，更有利于实现产品和业务优势的互补。

然而，整合过程中许多新问题涌现出来，例如，各个产业单位和职能部门如何在各自的领域中形成核心竞争优势？集团公司业务需要不断拓展领域并走向国际化，成功模式如何进行不断地快速复制？如何联合各个产业单位和部门的产品和行业经验，充分发挥合力，给客户提供完整的解决方案？作为 IT 高新技术企业，许多知识都存在于员工的头脑中，如何解决因知识和经验流失而造成的组织失忆？技术研发如何摆脱“重复发明轮子”的窘境？如何低成本、高效率地提高员工的业务技能和素质？协作如何不受地域和组织单元的限制？

要解决这些问题，必须针对本行业的特点提出切实可行的知识管理方案，建立起符合自身发展需求的知识管理制度和体系，以更好地发挥知识的增值效应以提高集团的技术创新的绩效和市场竞争力。从 2006 年 2 月开始，浪潮集团建立了实施知识管理的六步法，经过 6 个环环相扣、层层递进的步骤，浪潮集团实现了对整个业务范围核心知识和关键文档的管理和共享。

1．明确职责和流程

要建立知识管理系统，首先要梳理企业的职责和流程，为进一步识别核心知识和关键文档打下基础。

在本阶段，首先要建立 KM 组织，落实人员，并进行必要的知识管理培训，确保 KM 组织成员了解知识管理的基础知识及实施方法。在此基础上，KM 相关人员开始分析本部门的目标及职责，梳理本部门的工作流程，并建立流程之间的层级关系（宏流程、子流程）；建立流程活动与岗位之间的关系。本阶段还需总结本单位的关键事件、关键行为并进行分类；建立关键事件与岗位之间的关系。组织的关键事件、关键行为的定义将是下一步关键文档适当而有效地得到定义的基础。最后，KM 小组相关人员需要结合岗位的目标、职责、流程活动和关键事件、关键行为，对岗位的能力需求进行分析。本步骤工作流程如图 12.6 所示。

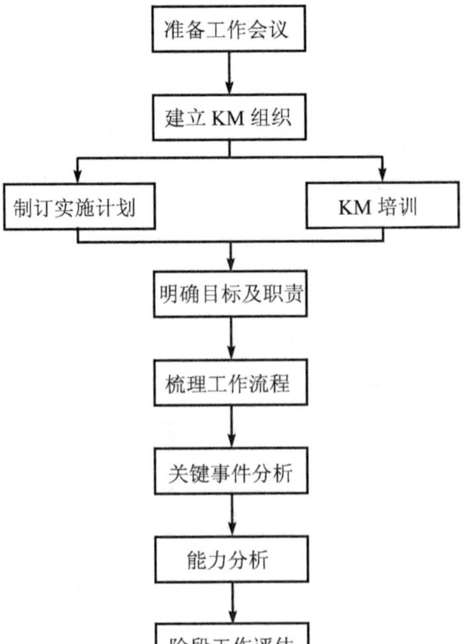

图 12.6　六步法第一步

2. 编绘知识地图，建立关键文档科目

在知识需求调研和分析的基础上，本步骤的主要工作是采用二维综合法，建立流程和核心知识文档之间的关系，将流程步骤分解为行为条件、行为和行为结果，并分别与核心知识进行综合。其中，关键之处在于对所需核心知识的分析，所综合的“核心知识”可以是已定义但尚待发展的核心知识，或是已物化、已存在但未认定的核心知识，或是已认定的核心知识。核心知识的定义，与流程步骤的综合是二维综合的基础，也是后续知识资产清理和核心知识发展规划的基础。

本步骤还需以岗位能力为基础，结合现有关键文档的情况，依据关键文档科目的要求，建立关键文档的科目，工作流程图如图 12.7 所示。

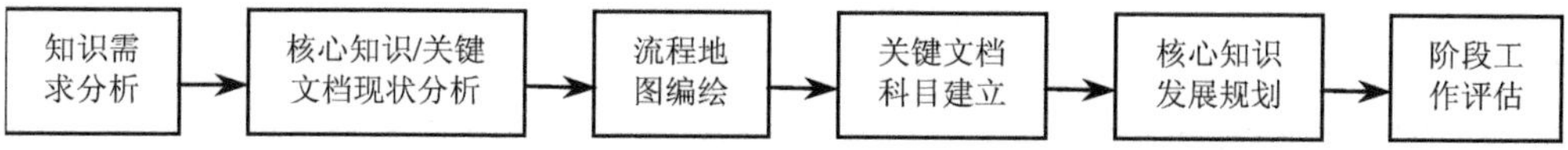

图 12.7　六步法第二步

3. 编绘专家地图，落实关键文档积累责任

大部分对企业发展具有重要意义的隐性知识都隐藏在知识专家的头脑中，因此实施知识管理还需要编绘专家地图以对隐性知识进行管理和共享。这就需要首先定义知识专家的分级标准；其次，调研知识专家现状，并分析、明确其分级标准；第三，编制专家地图，建立知识专家与工作流程、关键文档科目及知识文档之间的关系；最后，落实关键文档积累职责。工作流程如图 12.8 所示。

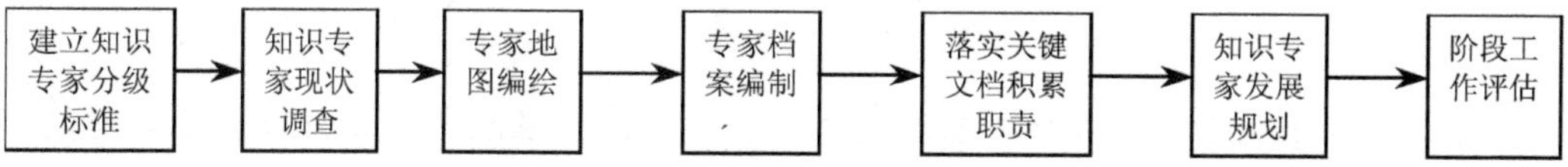

图 12.8　六步法第三步

4. 核心知识和关键文档物化

为了实现核心知识和关键文档能在整个集团范围内被全体员工所共享，我们需要将第二步中识别出来的核心知识和关键文档以员工能接受的形式表示，即核心知识和关键文档的物化。因此，本步骤首先要制订核心知识物化的规范、标准和关键文档的规范、模板和标准，并组织培训。然后，各产业单位组织知识专家和相关责任人，进行知识物化，实现核心知识和关键文档的生成。工作流程图如图 12.9 所示。

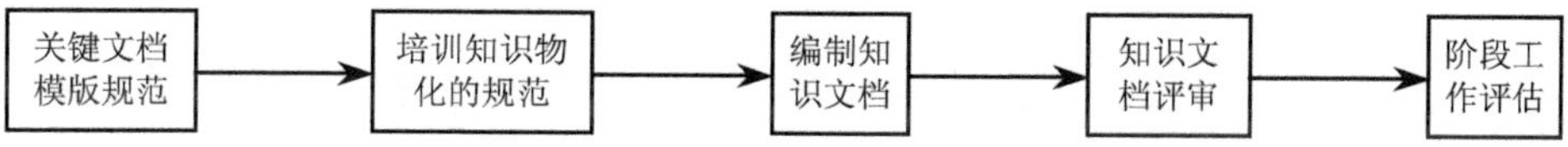

图 12.9　六步法第四步

5. 核心知识和关键文档入库

核心知识和关键文档的管理和共享离不开功能强大的数据库的支持。浪潮集团为此专门开发了 i-KSM（浪潮知识综合管理）系统作为支持知识管理的平台。因此，本步骤的主要工作是实现核心知识和关键文档进入 i-KSM 系统中的数据库。这需要相应的知识管理系统初始化，知识管理系统应用培训，核心知识审核、认定、入库，关键文档归档，知识管理系统试运行等工作。工作流程如图 12.10 所示。

图 12.10　六步法第五步

6. 知识管理评估及发展

企业的知识并不是一成不变的，而是在不断地被应用、被发展、被提升的，因此，为了更准确地把握对企业最有用的核心知识和关键文档，及时清理过时的知识和文档，知识管理的第六步需要定期评估核心知识资产、核心专家、关键文档科目，并结合当前的工作形式和工作需要制订定核心知识、核心知识专家发展规划。在发展规划的基础上及时对知识管理系统进行数据维护和版本更新。工作流程如图 12.11 所示。

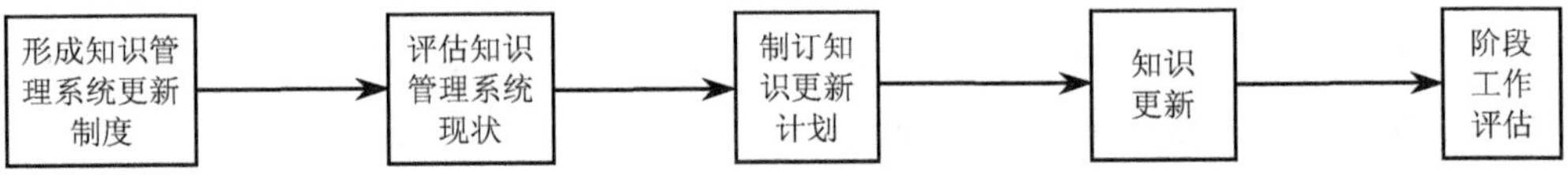

图 12.11　六步法第六步

知识管理的有效实施离不开先进的技术手段的支持，浪潮集团必须设计出合理的知识管理系统，实现了企业知识由数据、信息到经验、知识的全生命周期管理，不仅能完成对企业核心知识的管理，也能对大量的一般知识，包括隐性知识进行集中的管理和多维度分类，完成对隐性知识到显性知识的转化过程管理。浪潮集团陷入困境之中……

讨论：

分析案例，思考浪潮集团应如何建立合理的知识管理系统？

参 考 文 献

[1] 褚福灵．管理通论．北京：经济科学出版社，2004．
[2] 姜红波．电子商务概论．北京：清华大学出版社，2009．
[3] 王学东．企业电子商务管理．北京：高等教育出版社，2002．
[4] 吴清烈．电子商务管理．北京：机械工业出版社，2009．
[5] 李海刚．电子商务管理．北京：上海交通大学出版社，2009．
[6] 特伯恩，等．电子商务：管理新视角．王理平，等，译．北京：电子工业出版社，2003．
[7] 特班，等．电子商务管理视角．严建援，等，译．北京：机械工业出版社，2007．
[8] 周三多．管理学．北京：高等教育出版社，2007．
[9] 娄策群．信息管理学基础．北京：科学出版社，2009．
[10] 赵守香，王雯．企业信息化．北京：清华大学出版社，2008．
[11] 黄敏学．企业电子商务．武汉：武汉大学出版社，2001．
[12] 章学拯．电子商务．上海：上海人民出版社，2001．
[13] 甘早斌．电子商务概论．武汉：华中科技大学出版社，2000．
[14] 张大斌．电子商务技术基础．北京：高等教育出版社，2008．
[15] 李鼎．电子商务基础．北京：首都经济贸易大学出版社，1999．
[16] 吴迪．运营管理．上海：上海交通大学出版社，2010．
[17] 马克．J．施尼德詹斯，曹青．电子商务运营管理．王强译．北京：中国人民大学出版社，2005．
[18] 姚国章．电子商务与企业管理（第 2 版）．北京：北京大学出版社，2009．
[19] 王战平．网络营销．武汉：华中师范大学出版社，2003．
[20] 王学东．电子商务管理．北京：高等教育出版社，2005．
[21] 刘向晖．网络营销导论（第 2 版）．北京：清华大学出版社，2009．
[22] 昝辉．网络营销实战密码——策略、技巧、案例．北京：电子工业出版社，2009．
[23] 瞿彭志．网络营销（3 版）．北京：高等教育出版社，2009．
[24] 斯特劳斯，等．网络营销（第 4 版）．时启亮，金玲慧，译．北京：中国人民大学出版社，2007．
[25] 冯英健．网络营销基础与实践（第 3 版）．北京：清华大学出版社，2007．
[26] 史达．网络营销．辽宁：东北财经大学出版社，2006．
[27] 潘维琴．网络营销．北京：机械工业出版社，2006．
[28] 李纲，张天俊．网络营销教程．武汉：武汉大学出版社，2005．
[29] 瞿彭志．网络营销（第 2 版）．北京：高等教育出版社，2004．

[30] 孔伟成，陈水芬．网络营销．北京：高等教育出版社，2003．

[31] 方美琪，胡翼亮．网络营销．北京：清华大学出版社，2003．

[32] 吴健．电子商务物流管理．北京：清华大学出版社，2009．

[33] 齐二石．物流工程．北京：高等教育出版社，2006．

[34] 张铎．电子商务物流管理．北京：高等教育出版社，2002．

[35] 桂学文．电子商务物流．武汉：华中师范大学出版社，2001．

[36] 吴清一．物流学．北京：中国物资出版社，2007．

[37] 商丽景．物流成本管理．上海：上海交通大学出版社，2008．

[38] 德博拉 • L • 贝尔斯．电子商务物流与实施．赵凤山，译．北京：机械工业出版社，2002．

[39] 吴军．电子商务物流管理．杭州：浙江大学出版社，2009．

[40] 桂学文，王伟军．电子商务案例分析．北京：高等教育出版社，2010．

[41] 高本河，缪立新，沐潮．供应链管理．海天出版社，2004．

[42] 王国文，赵海然，佟文立．供应链管理——核心与基础．北京：企业管理出版社，2006．

[43] 刘刚．供应链管理．北京：化学工业出版社，2005．

[44] 阎子刚，吕亚君．供应链管理．北京：机械工业出版社，2003．

[45] 张成海．供应链管理技术与方法．北京：清华大学出版社，2002．

[46] Simchi-Levi，D．供应链设计与管理：概念、战略与案例研究．上海：上海远东出版社，2000．

[47] 樊治平．知识管理研究．沈阳：东北大学出版社，2003．

[48] 朱国麟，崔展望．电子商务项目策划与设计．北京：化学工业出版社，2009．

[49] 张基温，冯光明，王宁红．电子商务原理．北京：电子工业出版社，2002．

[50] 徐莉，赖一飞，程鸿群．项目管理．武汉：武汉大学出版社，2003．

[51] 中国电子商务协会．国际电子商务项目管理．北京：人民邮电出版社，2004．

[52] 程莉莉．项目管理仿真与软件应用．天津：南开大学出版社，2006．

[53] 胡伟雄．电子商务安全认证体系．武汉：华中师范大学，2005．

[54] 闫强，胡桃，吕廷杰．电子商务安全管理．北京：机械工业出版，2007．

[55] 孙铁，李嵩，等．通用信息系统风险评估工具的设计．北京：北京市信息安全测评中心，2009．

[56] 范红，冯登国，吴亚非．信息安全风险评估方法与应用．北京：清华大学出版，2006．

[57] 叶茂林．知识管理及信息化系统．北京：经济管理出版社，2006．

[58] 朱虹．电子商务管理发展研究．高校图书情报论坛，2006（2）：57-60．

[59] 何兵，吴应良．电子商务管理模式与信息技术的需求和支持关系．技术经济与管理研究，2002（1）：41-43．

[60] Maggie Yu．阿里巴巴商务信息流之王．中国科技财富，2008（1）：44-49．

[61] 樊澎涛．网络营销对定价的影响．价格月刊，2008，(08)．
[62] 庄小将，吴波虹．基于消费者购买行为的电子商务企业营销策略探讨．商业时代，2009（27）．
[63] 关青．经济危机环境下中小企业的网络营销策略研究．内蒙古科技与经济，2009（17）．
[64] 葛伟，赵新伟．中小企业网络营销策略初探．中国商贸，2009（17）．
[65] 李甫民．商业企业网络营销策略分析．商业研究，2003（01）．
[66] 刘福德．我国中小企业网络营销现状及应用策略．商场现代化，2007（12）．
[67] 朱圣堤，高韧．我国企业网络营销现状与发展策略．商业时代，2008（15）．
[68] 李琪，张仙锋．电子商务项目策划的“四流五式”探讨．中国流通经济，2003（10）．
[69] 王伟军．电子商务网站评价研究与应用分析．情报科学，2003（6）．
[70] 张小栓，高明，张健，等．电子商务网站评价方法研究综述．情报杂志，2007（6）．
[71] 张新祥，肖会敏，樊为刚．B2C 电子商务网站综合评价．河南科学，2006（6）．
[72] 陈深龙，张玉清，毛剑．综合风险评估工具的设计与实现．计算机工程，2007（17）．
[73] 阿拉木斯．如何建设电子商务的信用体系．互联网周刊，2004（4）．
[74] 杨艳．我国电子商务与信用信息管理系统整合的构想．情报科学，2005（2）．
[75] 肖又贤．论电子商务信用保障机制的建立．科技与法律，2003（3）．
[76] 陈丹，赵树宽，巩顺龙．电子商务的信用管理体系构建研究．情报科学，2006.24（1）．
[77] 周权．电子商务安全风险管理探析．新西部，2008（8）．
[78] 魏修建．中国物流的再构造——论电子商务对物流的影响及物流的变革．第四届中国国际电子商务大会论文集，2000．
[79] 魏寒露．电子商务下的物流管理．北京：中国邮电大学硕士学位论文，2004．
[80] 冯海霞．现代电子商务环境下的物流模式发展．中国控制与决策学术年会论文集，2005．
[81] 刘世芳．物流管理与电子商务的关系．重庆电力高等专科学校学报，2004（12）．
[82] 汪建文．企业物流管理的电子商务化应用对策．中国市场，2007（7）．
[83] 戚润州，杨爱霞．我国电子商务物流业的发展．科技情报开发与经济，2006（16）．
[84] 黄曼慧，黄小彪．电子商务与物流业发展．重庆大学学报（社会科学版），2003（4）．
[85] 谢兴龙，马克非，李晓峰．电子商务时代物流模式探索．西安联合大学学报，2001（4）．
[86] 成红．电子商务的物流模式分析．电子科技大学学报社科版，2001（3）．
[87] 邹丹，陈智高．电子商务中企业物流模式的分析及选择．华东经济管理，2001（1）．
[88] 程恒堂．我国电子商务时代物流模式的分析与选择．商业研究，2004（24）．
[89] 王道平，何海燕．论电子商务与现代物流．物流科技，2003（5）．
[90] 梁燕君．电子商务物流新旧模式之比较．商品储运与养护，2003（5）．
[91] 贺盛瑜．第三方物流的发展模式及发展策略．经济师，2003（7）．
[92] 邱冬阳．论电子商务物流的八种模式．中国流通经济，2001（1）．
[93] 沈江，周莉超，齐二石．铁路物流的电子商务策略及其应用系统．计算机集成制造系统，2001（7）．

[94] 杜红权，郑备军，葛立成．加强与物流企业合作实现电子商务规模经济性——探析电子商务下的物流模式．物流科技，2003（2）．
[95] 张宏山．物流再造——应对电子商务发展的基础前提．中国市场，2008（10）．
[96] 李东民，钟佩思，刘梅，辛纪光．基于业务流程的物流 Web 服务组合匹配研究．青岛农业大学学报（自然科学版），2009（1）．
[97] 仝丽娟．电子商务中企业的业务流程．现代情报，2000（5）．
[98] 宗刚，程建润．基于价值链的物流企业组织模式的探讨．改革与战略，2006（8）张雪宁，刘莉．物流发展与组织模式的演进及其规律．深圳大学学报（人文社会科学版），2004（4）．
[99] 饶坤罗．电子商务环境下的敏捷物流企业组织研究．商业时代，2007（33）．
[100] 邹宪民．企业物流成本的管理与控制．工业工程，2005（4）．
[101] 易华，张文杰．企业物流成本的战略成本动因研究．中国流通经济，2008（12）李花果．基于提高物流服务水平的物流成本研究．交通财会，2009（6）．
[102] 郑称德，吴爱胤．供应链管理的发展、问题及第三方管理机制．南京大学学报，2003（4）．
[103] 蒋云尔．知识管理的理论基础．淮阴师范学院学报，2003（6）．
[104] 窦永香．关于知识管理实施理论的思考．图书情报工作，2007（2）．
[105] 储节旺．国内外知识管理流程研究述评．情报理论与实践，2007（6）．
[106] 姜保雨．论基于电子商务的组织创新．电子商务，2009，（11）．
[107] 陈筠．建立电子商务环境下的企业组织模式．市场周刊（理论研究），2010（3）．
[108] 林鲁生．谈电子商务企业组织结构设计．商业时代，2009（12）．
[109] 一个失败的知识管理案例分析．http://www.qzrcsc.com/info/DisplayNewsDetails.asp?NewsId=2300．
[110] 浪潮集团知识管理系统创新．http://www.sdetn.gov.cn/qyc/rootfiles/2007/12/17/1197688628894845- 1197688628917406.doc．
[111] 龙腾网界．http://vecn.com/ecommerce.htm．
[112] 管理及其产生．http://www.doc88.com/p-11464271405.html．
[113] 企业管理的演变模型：战略－文化－结构．http://www.eduzw.com/news_show.asp?news_id=4627．
[114] 企业库存压力凸显 带旺电子商务外包 BBC 模式．http://tech.qq.com/a/20090123/000056.htm．
[115] 我国已制定完成信息安全风险评估的国家标准．http://www.hebei.gov.cn/article/20060317/198580.htm．
[116] PDCA 过程模式在信息安全管理体系的应用．http://hi.baidu.com/kevynday/blog/item/7186210152bf44de277fb5bd.html．
[117] IP 城域网中信息安全风险管理理论的应用 http://article.pchome.net/content-634788.html．
[118] 知识管理体系典型案例分析．http://blog.vsharing.com/hopeful/A408351.html．